加茂正典著

日本古代即位儀礼史の研究

思文閣史学叢書

思文閣出版

第一篇　序説

第二篇　即位式の研究

第三篇　大嘗祭の研究

第四篇　践祚儀（剣璽渡御儀礼）の研究

第五篇　資料篇

第一篇　序説

第一章　近年の日本古代即位儀礼研究の動向と課題

第一節　はじめに

古代日本における天皇即位儀礼の具体的な儀式次第の詳細を知ることができるのは平安時代である。朝廷の恒例・臨時の儀式・祭儀の次第を定めた官撰儀式書である『儀式』、『西宮記』『北山抄』『江家次第』等の私撰儀式書によると、平安時代における天皇即位儀礼は、先帝譲位或いは崩御の日におこなわれる践祚儀（剣璽渡御儀礼）、日を改めて挙行される即位式、十一月に斎行される大嘗祭、を主要な儀式・祭儀として構成される。

大嘗祭については、夙に先学による膨大な研究蓄績があり、重要な論点（神座の意味・祭神・成立の意義等）が次第に絞られ、儀式実態も比較的解明されつつある。ところが、践祚儀（剣璽渡御儀礼）、即位式に視点を移すと、研究業績は少なく、特に、践祚儀についての研究は、最近、漸く本格的な専論が報告されるようになったというのが現状である。こうした研究状況について、井上光貞氏は『日本古代の王権と祭祀』（東京大学出版部、昭和五十九年、のちに、『井上光貞著作集　第五巻　古代の日本と東アジア』〈岩波書店、昭和六十一年〉再録）において、「古代の即位儀礼（広義）が、二種類以上の即位儀礼からなっていたことはよく知られていることとおもうが、その場合にも、前者〈即位式〉はあまり重視されず、研究上の関心は、後者の大嘗祭の方にあったようである。しかしこれでは、両者が古代においてもっていたそれぞれの重みと両者の相関関係を見失っており、よって大嘗祭そのものの歴史的意味をも不明確にしている、と言わなければなるまい」と指摘されている（〈　〉内は加茂注）。

本章では、以下、古代の践祚儀、即位式、大嘗祭を対象とした、近年における研究の現状を私なりに窺い、その作業を通じて、今後の古代天皇即位儀礼研究の課題点を明らかにしたい。

第二節　践祚儀（剣璽渡御儀礼）についての研究動向と課題

「践祚」とは、祚（天子の位、また、同意義の「践阼」の「阼」は天子の登る階段のこと）に即くことで、本来「即位」と同義語である。先帝譲位或いは崩御の日におこなわれる剣璽渡御を中心の一つとする儀礼を、即位式と区別するために、本書においては践祚儀と呼ぶことにする。践祚儀には先帝崩御の場合と先帝譲位の場合があり、その両者に共通する儀礼が剣璽渡御儀礼であり、両者を総称する用語として用いることとし、両者を区別すべき時は諒闇践祚・受禅践祚と記す[1]（後述）。

践祚儀（剣璽渡御儀礼）については、従来の研究成果は乏しく、即位儀礼の歴史的展開の中において、践祚儀の意義を検証するという視点からの本格的な研究は、井上光貞氏『日本古代の王権と祭祀』（前掲）に始まる。井上氏の前掲著書は未完の書ではある（同書、笹山晴生氏「あとがきにかえて」を参照）が、践祚儀に関しての論点は以下に纏めることができる。

①　「神祇令」践祚条（天神之寿詞奏上、神璽之鏡剣奉上）は即位式についての規定条文であり、践祚儀についての規定条文は「神祇令」には存在しない。

②　即位式の行事であった天神寿詞奏上・鏡剣奉上の儀は、光仁天皇以前に、即位式から大嘗祭へ移された。

③　践祚儀（剣璽渡御儀礼――先帝崩御の日に剣璽以下のレガリアを奉献する）が開始されたのは、同儀の文献上の初見である平城天皇践祚の時からである。

④　践祚儀を制度化したのは桓武天皇ないしその朝廷であり、制度化の理由は、光仁天皇・桓武天皇の即位時において皇位継承期の政治的不安が高まったことを踏まえ、先帝崩御時の皇位継承にまつわる政治的不安を未然に防ぐためである。

⑤　④より践祚儀は先帝崩御時のための制度として開始されたが、陽成天皇以降は先帝譲位時においても譲位の日に神器を授与することとなり、以後、先帝の譲位・崩御の日に神器が新帝に授与されるという原則が定まる。

この井上氏説の内、②については、その移行の時期を桓武天皇大嘗祭よりとする私見（拙稿「大嘗祭〝辰日前段行事〟考」〈『文化史学』第三十九号、昭和五十八年〉、のちに、岩井忠熊・岡田精司編『天皇代替り儀式の歴史的展開―即位儀と大嘗祭―』〈柏書房、平成元年〉再録、本書第三篇第二章所収）を報告し、③に関しては、儀礼上の歴史的変遷より剣璽渡御儀礼の成立事情についての一仮説（拙稿「剣璽渡御儀礼の成立についての一試論」〈『歴史手帖』第十八巻十一号、平成二年〉、本書第四篇第一章所収）を述べたことがある。

さて、井上氏の研究後、践祚儀についての専論が報告されるようになる。

まず、柳沼千枝氏「践祚の成立とその意義」（『日本史研究』第三百六十三号、平成四年）がある。柳沼氏は、称徳天皇崩御の日、白壁王（光仁天皇）が皇太子に冊立され、固関使・騎兵が発遣され、即位式挙行迄のほぼ二箇月間、皇太子の身分による臨時執政が行われたことに着目する。固関使発遣・騎兵の差発のことより、称徳天皇崩御後、直ちに白壁皇太子は「鈴印・符節等の重器」を継承したと推定し、これを諒闇践祚の先蹤とする。そして、その意義について、「践祚とは皇太子の身分による臨時執政という変則的形態を、皇位継承を円滑におこなうためのシステムとして恒常化すべく創出された儀式」との見通しを述べ、光仁天皇即位時をプレ践祚儀ととらえ、践祚儀の成立を次の桓武天皇即位時とする。天応元（七八一）年四月辛卯条（三日）を践祚儀とし、癸卯条（十五日）を即位式と位置付ける。皇太子制、皇太子の臨時執政という観点から践祚儀の成立と意義を考察されたことが、柳沼氏論文の特長であるが、土井郁磨氏が批判するように(2)、立論の前提となる、称徳天皇崩御後、直ちに白壁皇太子が「鈴印・符節等の重器」を継承したことの証明がやはり必要であろう。また、柳沼氏は、桓武天皇即位記事「四月辛卯(三日)、是日、皇太子受レ禅即レ位。……癸卯(十五日)、天皇御二大極殿一、詔曰」(『続紀』)を主根拠として、践祚儀の成立を光仁天皇譲位・桓武天皇受禅時に求められるが、その一方で、同形態の文武天皇即位記事「文武元年八月甲子朔(一日)、受レ禅即レ位。……庚辰(十七日)、詔曰」(『続紀』)については、朔日条を即位式、庚辰条を即位詔宣制と考定されるので、桓武天皇即位記事も文武天皇即位記事のように理解することも可能となり、この点やや論理的整合性に問題が残る(3)。また、柳沼氏は言及されてはいないが、元明天皇即位記事もほぼ同形態である(4)。

次に、土井郁磨氏「践祚儀礼について」(『中央史学』第十八号、平成七年)は先帝崩御時(諒闇践祚)の践祚儀を考察したもので、先帝崩御直後の神器渡御の慣例は奈良時代には存在せず、また、溝口睦子氏「神祇令と即位儀礼」(後掲)に依拠して、神器・重器の渡御は新天皇即位の為の最初の重要要件ではなく、遺詔こそが天皇登極の決め手であることを指摘する。さらに、平城天皇より崩御即日の剣璽渡御が通例となるが、諒闇践祚から即位式迄の詳しい儀式次第は定式化された内容・構成が用意されており、唐の諒闇即位時の帝位継承儀礼を基本として倣ったものであろうと推定する。土井氏が依拠した溝口氏論文には反論もあり(三節参照)、また、平安時代においては特殊な例外を除いて(5)、先帝崩御即日に剣璽渡御が行われているので、「遺詔」と剣璽渡御を殊更分けず一連の儀として理解するほうが穏当であろうと思われる。

先帝譲位の場合（受禅践祚）の践祚儀に関する専論としては、まず、土井郁磨氏「「譲位儀」の成立」（『中央史学』第十四号、平成五年）がある。土井氏は、受禅践祚時、譲位宣命時点において皇太子を「新帝」と称していることより、剣璽渡御ではなく、天皇への昇位が達成・公示されるのは譲位宣命であることを確認した上で、「儀式　譲国儀」に規定される儀式次第は、平城天皇譲位時に整備され、次の嵯峨天皇譲位時に制度として成立した、とする。そして、譲位儀とは天皇との個人的な関係を有する近臣を中心におこなわれる儀で、また、新帝上表儀は父子間に果たされるべき孝を至上とした儒教道徳を、即位儀礼の一環として、臣下の眼前に具現化したもの、と説く。さらに、幼主の出現後は、幼主は譲位を表明する先帝のもとには同席せず、譲位宣命の実質的な意義が失われ、剣璽渡御の方に譲位儀礼の重点が移ったことを指摘する。次に、内田順子氏「「譲国儀」の検討―九世紀の王位就任儀礼の検討―」（岡田精司編『古代祭祀の歴史と文学』、塙書房、平成九年）は、即位式に先立ち、レガリアを新帝に奉献する践祚儀は桓武天皇即位時に開始された可能性が高いが、それは光仁天皇不予という事情を背景として言わば已むを得ざる状況で行われたとし、その制度化は桓武天皇崩御・平城天皇践祚時である、と考定する。また、「儀式　譲国儀」に明記される儀式次第は九世紀末までの状況に即応した規定であり、その儀式次第の骨子は、譲位式成立の重要な画期である嵯峨天皇譲位・淳和天皇受禅時に成立するが、確立・制度化は淳和天皇譲位・仁明天皇受禅時とする。

なお、践祚儀が開始された時期については、①光仁天皇譲位・桓武天皇受禅時、②桓武天皇崩御・平城天皇践祚時、の二説があり、①説に立つものとして、柳沼千枝氏「践祚の成立とその意義」（前掲）、高森明勅氏「神器相承と昇壇即位―古代皇位継承儀礼における連続性と非連続性―」（『神道宗教』第百五十五号、平成六年）、等があり、②説に立つものとしては、井上光貞氏『日本古代の王権と祭祀』（前掲）、石野雅彦氏「古代国家と即位儀―レガリア奉上儀を中心に―」（林陸朗・鈴木靖民編『日本古代の国家と祭儀』、雄山閣出版、平成八年）がある。

如上のように、践祚儀についての近年の研究は、開始・成立の時期、先帝崩御の場合（諒闇践祚）と先帝譲位の場合（受禅践祚）の相違とその儀式次第、「儀式　譲国儀」に到る迄の儀式的整備過程、その後の展開、といった論点にまで及ぶようになったが、いまだ研究が緒に着いたばかりという状況であり、開始・成立の時期とその理由の確定、具体的な儀式次第の復元（特に諒闇践祚時の儀式次第）、奉献品――「神器」「重器」以下の実態と奉献者、及び「神器」観の変遷、等の明らかにすべき課題が多い。

奉献される「神器」「重器」の内、鏡の神格化については、夙に宮地直一氏「内侍所神鏡考」（『神道史学』第一輯、昭和二十四年）が、奈良時代においては鏡は剣と共に、他の重器類と同じく蔵司の管理下にあり、宝器として取り扱われていたにすぎず、鏡が宝器より神霊の宿る神鏡と認識され、奉祭の対象となるのは十世紀前半であることを明らかにされている。この宮地氏説を検証した渡部真弓氏「神鏡奉斎考」（『神道史研究』第三十八巻二号、平成二年）は宇多天皇朝には内侍所奉祭体制が確立していたことを説く。また、拙稿「剣璽渡御と時刻―剣璽渡し奉ること、白昼の儀に無きに依り―」（『京都精華学園研究紀要』第三十一輯、平成五年、本書第四篇第三章所収）は剣璽渡御の時刻に着目し、十世紀以降の剣璽渡御は「夜の儀」として挙行されていることを明らかにし、その変化は剣璽の神格化によるものであることを論じる。

「伝国璽」とも称される「大刀契」（『小右記』長和五年正月二十二日条所引「天長十年記」）については、大石良材氏「大刀契―平安時代における神器観―」（『平安博物館研究紀要』第四輯、昭和四十六年、のちに、同『日本王権の成立』〈塙書房、昭和五十年〉所収）、笠井純一氏「大刀契と即位儀礼」（『続日本紀の時代』、塙書房、平成六年）、所功氏「『禁秘御抄補註』と『大刀契考』覚書」（『谷省吾先生退職記念　神道学論文集』、国書刊行会、平成七年）がある。大刀契は平安朝においては神鏡と共に温明殿に安置されており、神器に準じる取り扱いを受けており、また、百済渡来の所伝を持つ。このことより、大石氏は、大刀契はもと百済国王の宝器であり、百済滅亡後日本に伝えられ天智天皇の所有となり、日本国王兼百済国王の地位を象徴する宝器として以後の即位儀礼に用いられ継承するようになった、と推定される。一方、笠井氏は、大刀契が百済滅亡後日本に伝えられたことは認めながらも、即位儀礼のレガリアに加えられたのは桓武天皇朝であると説く。所氏は、伴信友の『禁秘御抄補注』大刀契条と『大刀契考』を関連史料を交え検討する。また、同論文には大刀契研究史とその課題点も指摘されている。

第三節　即位式についての研究動向と課題

令制以前の即位儀礼を考察するための文献史料は、言う迄もなく、『日本書紀』の即位記事であり、巻十三の「允恭天皇紀」以降、即位に際しての「璽」「璽綬」等の奉献、「昇壇」記事が散見する（允恭天皇・雄略天皇・清寧天皇・顕宗天皇・武烈天皇・継体天皇・宣化天皇・推古天皇・舒明天皇・天武天皇・孝徳天皇・持統天皇、本篇第二章参照）。具体的な記述がある孝徳天皇・持統天皇即位記事を除くこれらの即位記事について、「璽」「璽綬」等の奉献記事は書紀編纂段階において令制即位式の知識を基にして記載された可能性が高いことを指摘されたのは、直木孝次郎氏「建国神話の虚構性」（『歴史学研究』第三百三十五・三百三十七号、昭和四十三年、のちに加筆し、「建国神話の形成」と改題して、同『日本神話と古代国家』〈講談社学術文庫、平成二年〉所収）である。

この直木氏説に対して、『書紀』持統天皇即位記事・「神祇令」践祚条規定との比較から、『書紀』即位記事は必ずしも令制即位式の反映とは言えず、記載は断片的ではあるが、令制以前の即位式の実態を伝えたものと考定したのは、岡田精司氏「大王就任儀礼の原形とその展開—即位と大嘗祭—」（『日本史研究』第二百四十五号、昭和五十八年、のちに、岩井忠熊・岡田精司編『天皇代替り儀式の歴史的展開—即位儀と大嘗祭—』〈柏書房、平成元年〉に加筆収録、さらに補訂して、岡田精司『古代祭祀の史的研究』〈塙書房、平成四年〉所収）、井上光貞氏『日本古代の王権と祭祀』（前掲）、溝口睦子氏「神祇令と即位儀礼」（黛弘道編『古代王権と祭儀』、吉川弘文館、平成二年）、小林敏男氏「令制以前の即位儀礼について」（同『古代天皇制の基礎的研究』、校倉書房、平成六年）、高森明勅氏「神器相承と昇壇即位」（前掲）、である。岡田精司氏以下各氏が説かれるように、令制以前の即位式は、群臣によるレガリア（神器、宝器）奉献（吉村武彦氏「古代の王位継承と群臣」〈『日本歴史』第四百九十六号、平成元年〉）と「壇」（『書紀』古訓では「たかみくら」）に昇ること、の二要素を中心として挙行されていたことは認められる。但し、『書紀』即位記事の性格上、レガリア（神器、宝器）奉献と「昇壇」の関係、儀式としての成立時期に関しては、各論者の見解は異なり、特に成立時期については推定の域を出ない。

　また、和田萃氏「殯の基礎的考察」（『史林』第五十二巻五号、のちに、同『日本古代の儀礼と祭祀・信仰』上〈塙書房、平成七年〉所収）、井上光貞氏（前掲書）は、先帝崩御・殯と即位・遷宮の相互関係と順序を考察し、〈先帝崩御―殯―先帝葬―即位―遷宮〉が本来的な形態であったことを述べる。さらに、七世紀の天皇即位月が正月であることについて、岡田精司氏（前掲論文）は、即位式が初春の予祝儀礼を母体としたためであると想定され、井上光貞氏（前掲書）は、古代中国において挙行されていた代初の正月郊天祭祀の影響を示唆される。

　即位式の定点記事となるのは、持統天皇四（六九〇）年正月一日に挙行された持統天皇即位式である。『書紀』同年月日条に「物部麻呂朝臣樹㆓大盾㆒、神祇伯中臣大嶋朝臣読㆓天神寿詞㆒、畢忌部宿祢色夫知奉㆓上神璽剣鏡於皇后㆒、皇后即天皇位。公卿百寮、羅列匝拝、而拍㆑手焉」とあり、これに対応するのが、「養老神祇令」践祚条の「凡践祚之日、中臣奏㆓天神之寿詞㆒、忌部上㆓神璽之鏡剣㆒」規定である。持統天皇即位記事が、中臣氏の天神寿詞奏上と忌部氏の剣鏡奉上の儀が見える文献上の初見であるが、同記事と令規定が一致することを根拠の一つとして、井上光貞氏（前掲書）は、「養老神祇令」践祚条は即位式規定であり、同条こそが「「即位儀」の法源」であると位置付けられた。

　この井上氏の指摘に対して、疑義を提示したのが溝口睦子氏「神祇令と即位儀礼」（前掲）であり、溝口氏は律令には天皇を拘束する規定は存在しないということをまず前提として、践祚条に規定される中臣氏の天神寿詞奏上は持統天皇朝に開始された新儀であり即位式に不可欠の要素ではない、また、レガリア奉献は令制以前においては即位式とは別箇の行事であること、より、践祚条は即位式規定ではなく、即位に関連した特定の神事についての規定と考定される。拙稿「「神祇令」践祚条私注」（『皇學館大学神道研究所紀要』第十三輯、平成九年、本書第二篇第一章所収）では溝口氏説には従い難いとする私見を詳述したが、高森明勅氏「神器相承と昇壇即位」（前掲）、石野雅彦氏「古代国家と即位儀」（前掲）等、溝口氏説に与する論者は少なくない。「養老神祇令」践祚条規定の解釈、そして特に、レガリア奉献は令制以前においては即位式とは別箇の行事であるとする溝口氏説の当否はこれからの課題となろう。なお、高森明勅氏「神祇令践祚条の成立」（『神道宗教』第百三十六号、平成元年）は、「養老神祇令」践祚条規定は「浄御原令」において成立したとする。妥当な解釈であろうと思われる。

　レガリア（神器、宝器）の二種説と三種説とその実態に関しては、直木孝次郎氏「建国神話の虚構性」（前掲）は、レガリア奉献が即位儀礼として重要な位置を占めるようになるのは孝徳天皇朝以降であり、天智天皇・天武天皇朝では鏡剣玉の三種の神宝が奉献され、持統天皇朝以降は鏡剣の二種の神宝が奉献されたと説く。黛弘道氏「三種の神器について」（『古代史論叢』上巻、吉川弘文館、昭和五十三年、のちに、同『律令国家成立史の研究』〈吉川弘文館、昭和五十七年〉所収）では、「神祇令」践祚条規定のレガリア二種説（鏡剣）は忌部氏の所伝であり、三種説（玉を加える）は藤原・中臣氏の所伝とし、玉は天皇家の氏上への就任に際して奉献されたと推定する。西宮一民氏「三種の神器について」（『皇學館大学紀要』第二十一号、昭和五十八年）は、「記紀」の神話・伝承、律令規定より、神器は玉鏡剣の三種であり、即位式において忌部氏が鏡剣を奉献するのは、宮外で奉祀されていた八咫鏡と草薙剣を新帝に奉上するためであるとする。

　令制下におけるレガリアについては、川北靖之氏「律令における「神璽」の一考察」（『京都産業大学日本文化研究所紀要』創刊号、平成八年）は、「律令」条文中の「神璽」を考察し、律令条文規定の「神璽」は践祚条に規定される「鏡剣」とする。但し、「公式令」神璽条の「神璽」も「鏡剣」と断定できるのであろうか。また、坂本和子氏「神璽の奉祭について—尚侍試論—」（『神道宗教』第五十五号、昭和四十四年）では、令規定では神璽の鏡剣は尚蔵の管理であるが、内侍司が蔵司の職掌を兼任・包括するようになり、内侍司と蔵司との実質的な相違がなくなり、少なくとも奈良時代末以降は内侍司が神璽の鏡剣の奉仕を担当していることを明らかにする。さらに、拙稿「大嘗祭〝辰日前段行事〟考」（前掲）、高森明勅氏「中臣氏の天神之寿詞奏上と忌部氏の神璽之鏡剣奉上について—その変遷をめぐって—」（『神道学』第百四十二号、平成元年）は、即位式における中臣氏の天神寿詞奏上と忌部氏の鏡剣奉上の儀が大嘗祭に移行する経緯を跡付ける。また、石野雅彦氏の二論文「大王即位とレガリア奉上」（『国学院大学大学院紀要』第二十八輯、平成九年）・「古代国家と即位儀」（前掲）は、大化前代より平安時代の剣璽渡御迄のレガリア奉献儀礼の歴史的変遷と関連を考察する。さらに、橋本義彦氏「即位儀礼の沿革」（『書陵部紀要』第四十二号、平成三年）は、『儀式』天皇即位儀の成立に至る迄の経緯と変遷、その後の展開を述べる。なお、天神寿詞については大嘗祭の項を参照。

『書紀』即位記事に見られる「壇」と令制下即位式において天皇が着御する「高御座」を、包括的に論じたのは、和田萃氏「タカミクラ—朝賀・即位式をめぐって—」（『日本政治社会史研究』上巻〈塙書房、昭和五十九年〉、のちに、同『日本古代の儀礼と祭祀・信仰』上〈前掲〉所収）である。和田氏は「昇壇」即位の淵源を神が降臨する壇に求め、「昇壇」即位形態は雄略天皇朝から開始され、大王号の成立と密接な関係があり、大化前代の「壇」が令制下の大極殿に鋪設される「高御座」に踏襲されていくとする。「高御座」についての近年の研究としては、所功氏「高御座の来歴」（別冊歴史読本『皇位継承「儀式」宝典』、平成二年、新人物往来社）・同「高御座の伝来と絵図」（『京都産業大学世界問題研究所紀要』第十号、平成二年）・同「『高御座勘物』の紹介」（『産大法学』第二十四巻一号、平成二年）が報告されており、平安時代から近代に到る迄の高御座に関する史料を博捜し形状復元とその歴史的変遷過程を追究している。

「高御座」については不明なことが多い。以下の点が今後の課題となろう。

①　高御座の現存最古の図は『文安御即位調度図』であるが、その形状・装飾がどこまで遡るのか。なお、所功氏「高御座の伝来と絵図」（前掲）は、『文安御即位調度図』の成立を福山敏男氏説（同「大極殿の研究」〈『住宅建築の研究　福山敏男著作集五』〈中央公論美術出版、昭和五十九年〉）に拠りながらも、高御座細部の意匠から、内容的には平安後期ではなく鎌倉時代にまで降るのではないかと推定されている。

②　高御座が八角形であることは、少なくとも、『延喜式』（内匠寮式元正条）時点において確認され、八角形の形状はそれ以前に遡ると思われるが、八角形の意味について、例えば、網干善教氏「八角方墳とその意義」（『橿原考古学研究所論集第五』、昭和五十四年、吉川弘文館）は八角方墳以下の八角造形を検討し儒教思想に拠るものとし、和田萃氏「タカミクラ」（前掲）では天皇による日本全土の支配を象徴したものと説く、など諸説があり、未だ定見には至っていない。

③　令制下の即位式・元日朝賀式が唐文化の影響下で儀式的整備を計ったことは夙に指摘されており、現在不明である唐代皇帝御座の形状についての研究が進めば、高御座の由来解明が進捗するであろう。

平安朝的形態の即位式と元日朝賀式は略同じ儀式次第・構造であり、少なくとも令制下においては、即位式と元日朝賀式は歩調を合わせて儀式的整備が計られたと思われる。元日朝賀式の唐風化による儀式的整備過程・儀式構造については、倉林正次氏「正月儀礼の成立」（『国学院大学日本文化研究所紀要』第十四・十五・十六輯、昭和三十九・四十年、のちに、同『饗宴の研究　儀礼篇』〈桜楓社、昭和四十年〉所収）、西本昌弘氏「古礼からみた内裏儀式の成立」（『史林』第七十巻二号、昭和六十二年、のちに、同『日本古代儀礼成立史の研究』〈塙書房、平成九年〉所収）、所功氏「「朝賀」儀式文の成立」（同『平安朝儀式書成立史の研究』、国書刊行会、昭和六十年）、藤森健太郎氏「日本古代元日朝賀儀礼の特質」（『史学』第六十一巻一・二号、平成三年）が報告されている。平安朝的形態の即位式と元日朝賀式が同一儀式構造であることに関しては、楊永良氏「「天皇即位儀」と朝賀儀」（『明治大学大学院紀要』第二十一号、昭和五十九年）は、『儀式』天皇即位儀規定は唐の諸例よりすれば即位式ではなく、即位後の朝賀式であり、朝賀の儀が誤って採用された結果とする。持統天皇即位式は元日即位式、二日は朝賀式で、唐とほぼ同手順であったが、のちに即位式の概念が複雑に変化したために、朝賀の儀を即位式と見做すようになった、と指摘する。また、藤森健太郎氏「平安期即位儀礼の論理と特質」（『延喜式研究』第九号、平成六年）は、唐代皇帝即位儀礼との比較から、「譲国儀」を狭義の即位、即位式は既に天皇として正式の礼遇を受けている天皇の御座への即位と受朝賀の儀礼、と位置付け、この方式が定まるのは桓武天皇即位時であると考定している。さらに、三島京子氏「日本古代における天皇の即位儀礼―特に日中比較を中心に―」（『寧楽史苑』第四十号、平成七年）は、日本古代即位儀礼と唐代皇帝即位儀礼との比較を通して、日中間の相違は天命思想によるものであることを指摘する。

即位式・元日朝賀式において用いる装束・調度類等の実証的研究も今後深められる必要がある。天皇礼服・礼履を考察した最近の研究として、米田雄介氏「礼服御冠残欠について―礼服御覧との関連において―」（『正倉院年報』第十七号、平成七年）、同「袞冕十二章と礼履」（『日本歴史』第五百七十四号、平成八年）があり、また、西川明彦氏「日像・月像の変遷」（『正倉院年報』第十六号、平成六年）は、日像・月像について中国・朝鮮・日本の例を広く渉猟している。なお、橋本義則氏「朝政・朝儀の展開」（同『平安宮成立史の研究』、塙書房、平成七年）は大極殿前庭に建てられる七本の宝幢の中央に位置する烏形幢を日本独自のものと推測する。興味深いが、史料的徴証に乏しくさらに検討を要すると思われる。

本節の最後となったが、岡田精司氏「大王就任儀礼の原形とその展開」（前掲）は即位式と大嘗祭を視野に入れた雄編で論点は多岐に亙るが、本節との関連でいえば、折口氏大嘗祭論を否定して（四節参照）、即位式こそが天孫降臨神話の実修儀礼であると論断された点であろう。岡田氏は『儀式』、『書紀』持統天皇即位記事より令制下の即位式を推定復元し、その儀式実態と天孫降臨神話を比較して上の結論を導き出される。岡田氏論文はその後の引用率から見て次第に定説化しつつあり、現段階における古代即位儀礼研究の水準を示す論考の一つと謂える。しかし、岡田氏説への批判は桜井好朗氏「天孫降臨と大嘗祭」（同『祭儀と注釈―中世における古代説話―』、吉川弘文館、平成五年）にも見られるが、拙稿「「奉翳女孺」考」（『皇學館大学神道研究所紀要』第十四輯、平成十年、本書第二篇第二章所収）で述べたように、岡田氏が論拠の一つとされた高御座における奉翳女孺の儀は天孫降臨神話の実修儀礼では有り得ない。即位式・大嘗祭の儀式・祭儀の詳細が知られるのは平安朝的形態であるという史料的限界をどう克服するのか、また、岡田氏が提示された新説の実証的検証がこれからの課題となる。

第四節　大嘗祭についての研究動向と課題

1　研究動向

近年における大嘗祭研究は、本書第五篇の研究文献目録からも窺えるように、昭和五十年代に入って高まりを示し始め、研究報告が増加してくる。また、この時期に、過去の大嘗祭研究の学説を整理しその課題を提示するもの、古代から現代に至る迄の大嘗祭を包括的に考究しようとする論考（皇學館大学神道研究所編『大嘗祭の研究』、皇學館大学出版部、昭和五十三年）が刊行される。岡田精司氏編『大嘗祭と新嘗』（学生社、昭和五十四年）は、近代以降における新嘗・大嘗祭研究史上の重要論文十篇を再録したもので、それに編者の解説と文献目録を付す。

岡田精司氏は解説において、近世以後の大嘗祭研究を回顧され、それが復元のための考証より始まり、明治から昭和前期の期間にかけては、大嘗祭を即位儀礼の中心としての位置付けるための解釈・研究がおこなわれ、戦後に至り、諸民族の収穫儀礼をも視野にいれた総合的な角度からの考察が進められるようになったことを指摘された。そして、次の三点をこれからの課題として掲げられている。

1、民族一般の収穫儀礼を背景として、宮廷における大嘗・新嘗祭の位置付けを明確にすること。

2、大嘗祭・新嘗祭・月次祭の関係の究明。

3、各時代の大嘗祭の存在理由・歴史的意義の分析・考察。

本節においては、岡田精司氏が前掲書においておこなった研究史整理、及び指摘された課題を踏まえ、それ以後の膨大に増加した大嘗祭研究の中で、主に古代の大嘗祭を研究対象とした論考に焦点を当て、私なりにその動向を窺い、また課題についても言及したい。

【発掘】　まず、重要な発掘としては、奈良国立文化財研究所の第一六三次平城宮跡発掘調査において、東区朝堂院（第二次朝堂院）大極殿閤門前より、三期に亙る大嘗宮遺構が発見された。これについては、巽淳一郎氏「平城宮東区朝堂院において検出した大嘗宮の遺構について」（『日本歴史』第四百五十一号、昭和六十年）、奈良国立文化財研究所編『昭和59年度平城宮発掘調査部発掘調査概報』・『昭和60年度平城宮発掘調査部発掘調査概報』（昭和六十年・六十一年、奈良国立文化財研究所）がある。出土したのは、大嘗宮悠紀院の遺構で、Ⅰ期の悠紀院は南北四六・五メートル、東西三一・三二五メートル。その内側に南北一一・八四メートルの悠紀殿をはじめ臼屋、膳屋、御厠が設置されていることが確認され、Ⅱ・Ⅲ期の遺構も南に約九メートルずれるが、全体の規模は同じで、平安時代の『儀式』規定等とほぼ一致すると言う。奈良時代の大嘗祭を知る貴重な史料と言える。『昭和60年度平城宮発掘調査部発掘調査概報』では『続日本紀』の大嘗祭記事をも勘案し、Ⅰ期の遺構は、元正天皇か聖武天皇の大嘗宮、Ⅱ・Ⅲ期の遺構は淳仁天皇・称徳天皇・光仁天皇・桓武天皇のいずれかの大嘗宮と、一応推定されるが、以後の発掘調査に待つところが多い。なお、上掲調査概報では三期分の遺構とするが、上野邦一氏「平城宮の大嘗宮再考」(『建築史学』第二十号、平成五年)では、さらにそれより古い時期の二期分の遺構があるとし、五期分の天皇比定を試みている。

【基礎史料の翻刻・影印】　基礎史料の翻刻校訂としては、まず、渡辺直彦氏編『神道大系　朝儀祭祀編　儀式・内裏式』(神道大系編纂会、昭和五十五年)・大野健雄氏編『神道大系　朝儀祭祀編　践祚大嘗祭』(同会、平成二年)がある。前者は天保五年の木版本を底本とする。後者は天仁元(一一〇八)年の鳥羽天皇大嘗祭から、明和元(一七六四)年の後桜町天皇大嘗祭までの十八篇の部類記を中心とした大嘗祭関係の資料を集め校注を施したものである。(6)また、『図書寮叢刊　九条家歴世記録一』(明治書院、平成元年)には、保安四(一一二三)年の崇徳天皇大嘗祭を記録した藤原忠通の『大嘗会卯日御記』が収録されている。神宮文庫編『即位の礼と大嘗祭』(神宮司庁、平成三年)は、一条兼良『代始和抄』、足代弘訓『由奉幣大奉幣部類』、『大嘗会記(『江記』)』(三条実万写)、『文安御即位調度図』等、同文庫所蔵の即位式、大嘗祭に関する文献・絵図の影印を収める。

辰日の朝、中臣氏によって奏上される「中臣寿詞(天神寿詞)」の本文については、西田長男氏「中臣寿詞攷―新発見の遺文を中心に―」(同『神道史の研究』第二巻、理想社、昭和三十一年)が、従来知られていた中臣寿詞(『台記』別記所載の康治元〈一一四二〉年近衛天皇大嘗祭の時に奏上された寿詞)より、約半世紀古い天仁元(一一〇八)年鳥羽天皇大嘗祭において奏上された寿詞の写本紹介と考証をおこなった。それは、神宮祭主大中臣氏後裔の藤波家旧蔵本に拠ったものである。谷省吾氏「『藤波家譜』付録の中臣寿詞」(『皇學館大学神道研究所所報』第二十四号、昭和五十八年)は、その藤波家の『家譜』写本二冊(神宮文庫所蔵)の付録に記されていた中臣寿詞の全文紹介と校異を報告された。同本は、西田長男氏翻刻の荒木田守晨本に近いが、やや異同がみられる。また、小松馨氏「新発見の藤波家所蔵『中臣秘書〈天神寿詞〉』の紹介と考察」(『国学院大学日本文化研究所紀要』第七十号、昭和五十八年)は、藤波家所蔵の『中臣秘書〈天神寿詞〉』の全文紹介と、同本が守晨本の祖本の写しであることを指摘する。「中臣寿詞」本文校訂の資料がこれでまた追加されたことになる。

大嘗祭に宮主として奉仕する卜部家代々の家伝である「宮主秘事口伝抄」の翻刻校訂は、安江和宣氏『神道祭祀論考』(神道史学会、昭和五十五年)に収録されている。木本好信氏「東洋文庫所蔵『朝隆卿大嘗会記』」(『国書逸文研究』第八号、昭和五十七年)では、東洋文庫所蔵の康治元(一一四二)年近衛天皇大嘗祭についての藤原朝隆の記録(文正元〈一四六六〉年筆写)が翻刻され覚書が付されている。また、同氏編『江記逸文集成』(国書刊行会、昭和六十年)も刊行された。

鳥越憲三郎氏・有坂隆道氏・島田竜雄氏『大嘗祭史料　鈴鹿家文書』(柏書房、平成二年)は、京都吉田家の社家で、神祇官として大嘗祭の実務を担当した鈴鹿家に所蔵されていた江戸期の大嘗祭関係史料を収録し解説を付している。国郡卜定の儀式次第、亀甲を灼きトう作法と祭文の記録が窺える。また、渡邊勝利氏編『即位大嘗祭とその周辺』(東京経済、平成元年)は、御厨子所大隅家旧蔵という『神饌図』・『御即位調度之図』(彩色図)の影印を収める。福井款彦氏「丹波国山国元文三年「大嘗会木寄帳」について」(『神道史研究』第三十四巻三号、昭和六十一年)も近世史料ではあるが、元文三(一七三八)年山国の大嘗祭用材木についての上申書の翻刻。八木意知男氏・真弓常忠氏「大嘗会関係資料稿」(『皇學館論叢』第二十巻三・四号、昭和六十二年)は、大嘗会御屏風和歌中の「慶雲」等の祥瑞の出典を資料として提示されたもの。

【文献批判・考証】緻密な文献批判・考証論文が増加した。まず、所功氏「「大嘗祭」儀式文の成立」(神道文化会編『天照大御神　研究篇一』、昭和五十七年、のちに、所功『平安朝儀式書成立史の研究』〈前掲〉所収)は、現存本『儀式』の「践祚大嘗祭儀」の文献批判を通じて、その内容が貞観期のものとほぼ認められることを論証し、大嘗祭儀式文の成立史に論及される。『江記』『江家次第』の文献研究としては、清水潔氏の三論文、①「摂関院政期の大嘗祭について—特に北山抄・江家次第の記述をめぐって—」（『大嘗祭の研究』〈前掲〉）、②「天仁元年大嘗祭について」（瀧川政次郎先生米寿記念論文刊行会編『神道史論叢』、国書刊行会、昭和五十九年）、③「『江家次第』大嘗会記事の性格とその成立」（皇學館大学神道研究所編『続　大嘗祭の研究』、皇學館大学出版部、平成元年）がある。①は『江家次第』大嘗会条は『北山抄』を最も多く参照し、従って『江家次第』の記載には摂関・院政期の儀式次第が並立していることを指摘する。②は「天仁元年大嘗会記」を考察する。同記は大江匡房の日記の一部で、記載態度・内容分析より、『江家次第』大嘗会条が先行し『江記』が後であることを論じる。③は流布本に見えない『江家次第』の大嘗会辰巳節会条の逸文を紹介する。また、高森明勅氏「『江家次第』大嘗祭記事の検討　上下」（『神道学』第百三十四・百三十五号、昭和六十二年）では、先の清水氏論文②への批判も含み、『江家次第』巻十五大嘗会条の典拠・出典考証を行う。

【大嘗宮】　大嘗宮の復元研究は裏松固禅『大内裏図考証』以来の研究史があるが、近年においては、建築史からの研究成果が多く、池浩三氏『祭儀の空間—その民俗現象の諸相と原型—』（相模書房、昭和五十四年）、同『家屋文鏡の世界—古代祭祀建築群の構成原理—』（同書房、昭和五十八年）が報告されている。前者は神アシャゲと総称される南西諸島の祭り小屋の実地調査をもとに、大嘗祭建造物との対比研究をおこなう。後者は佐味田宝塚古墳出土の家屋文鏡の図像に対する考察から、大嘗祭祭祀施設の建築的性格を論及し、家屋文鏡の図像の意味付けをおこなう。

論文では、丸山茂氏「平安時代の神嘉殿について」（『日本建築学会論文報告集』第三百二十六号、昭和五十八年）、同「倚廬、休廬、廬—建築形式からみた大嘗宮正殿の形成についての一試論—」（『建築史学』第六号、昭和六十一年）がある。前者は新嘗・神今食の専用殿舎である中和院神嘉殿の文献による復元研究。身舎の部分の塗籠と基壇に特色があり、同殿及び中和院の建築形式が中国の宗廟建築の影響を受けたのではないかと示唆される。後者は、「倚廬、休廬、廬」は喪葬礼に関する施設で共に関連するところがあり、また、大嘗宮正殿と共通性があるとし、中国唐代以前の「廬」の形式が日本の「廬」施設と形式上対応する点より、奈良時代以前に服喪施設としての「廬」が日本に入り、それが成立期（天武天皇・持統天皇朝）の大嘗宮正殿施設の形式に関係したのではないかとされる。(7) 中国建築との対比で神嘉殿・大嘗宮正殿を考察したところに意義があり、また殯と大嘗祭の関係を考える研究ともなる。また、林一馬氏「大嘗宮正殿の史的変遷―大嘗宮の建築史的考察（上）」・「大嘗宮配置構成とその意味―大嘗宮の建築史的考察（下）」（『建築史学』第二十・二十三号、平成五・六年）では、大嘗宮正殿の形状・性格、及び大嘗宮の配置構成について、再興後迄の歴史的変遷過程を辿り考証する。大嘗宮正殿の呼称より、大嘗宮正殿は『延喜式』段階頃よりまずその「室」の部分を「神殿」と見做し始め、十一世紀に入るとその全体をも「神殿」と呼ぶ例が現われ、十二世紀以降には「神殿」の名称がほぼ完全に「正殿」に替るものとして定着した、という正殿の神殿化現象を指摘する。

【大嘗祭御禊行幸・御禊】大嘗祭御禊行幸については、中嶋宏子氏「大嘗祭の御禊行幸―古儀の採用と踏襲の意識―」（『神道宗教』第百四十・百四十一号、平成二年）、同「大嘗祭の御禊行幸―装束司・次第司の任命―」（『国学院雑誌』第九十一巻七号、平成二年）があり、同御禊行幸は、その文献上の初見である大同二年（平城天皇朝）から開始されたこと、奈良時代の大行幸体制を踏襲したものと考えられることなどを指摘する。

この御禊行幸の鹵簿・儀式次第を規定する『儀式』巻二「践祚大嘗祭儀上」が、古代天皇の行幸鹵簿に関する最も纏まった史料であり、野田有紀子氏「日本古代の鹵簿と儀式」（『史学雑誌』第百七編八号、平成十年）は、中国古代の行幸体制との比較を通じてその相違と特徴を説き、また、吉川真司氏「律令官司論」（『日本歴史』第五百七十七号、平成八年）では、律令官司職順との比較をおこなう。拙稿「「節旗」考」（本書第三篇第三章所収）は御禊行幸に漸出する「節旗」の実態を考察する。大嘗祭御禊行幸に関しては、成立時期、その事情、具体的な鹵簿構成の正確な復元と考証等、これからの研究に俟つところが多い。また、御禊についての実証的研究もこれからの課題であり、例えば、河原に設営される「百子帳」の実態と由来は不明である。

【大嘗祭卯辰巳午日】 大嘗祭の成立、祭神、神座復元、嘗殿における神事、に関しては次項の研究課題に譲り、ここではそれら以外についての研究と、研究課題で言及できなかった業績とを記すことにする。

まず、著書について瞥見しておく。川出清彦氏『祭祀概説』（学生社、昭和五十三年）、同『大嘗祭と宮中のまつり』（名著出版、平成二年）。前者は総論と各論よりなり、各論においては大嘗祭の儀式次第を典拠史料を掲げ詳細に注解する。後者は川出氏没後に一書として纏められたもので、実際の宮中祭祀の奉仕体験に基づく大嘗祭・宮中祭祀関係の論考を収録する。真弓常忠氏『日本古代祭祀の研究』（学生社、昭和五十三年）、同『大嘗祭』（国書刊行会、昭和六十三年）。前者は「祈年祭と新嘗祭」「大嘗祭の祭神」「新嘗祭と神嘗祭」を収める（真弓氏説については後述）。後者は大嘗祭の行事・祭儀次第・歴史を平明に述べた概説書。安江和宣氏『神道祭祀論考』（前掲）については既述した。

倉林正次氏『天皇の祭りと民の祭り』（第一法規出版、昭和五十八年）、同『饗宴の研究　祭祀篇』（桜楓社、昭和六十二年）。前者は概説書で大嘗祭を始め宮廷祭祀を解説する。後者は著者の実際の「祭り」研究に立脚し、宮廷祭祀の構造を分析する。「大嘗祭の成立」、「大嘗祭と即位の関係」等の関連論文を収める。倉林氏は即位式と大嘗祭の先後関係を、大嘗祭が先で即位式を後とするのが本義とされるが、この点については岡田精司氏の批判がある。また、平野孝國氏『大嘗祭の構造』（ぺりかん社、昭和六十一年）は、即位式、大嘗祭の構造を分析しその本質を問う。ただ、用いられている語句（両極性総称観など）にやや意味の把握し難いものがある。さらに、高森明勅氏『天皇と民の大嘗祭』（展転社、平成二年）は、後述する同氏の学術論文をもとに書き下ろされたもので、大嘗祭を、天皇から地方民に至る迄を包括する国家的祭儀と位置付け、天皇と奉仕民との関係を主題として、現代迄の歴史的変遷とその持続性を説く。従来の大嘗祭研究が卯日の神事にのみ関心が集中し、ややもすれば欠落していた視点を補う意味で重要である。

青木紀元氏『祝詞古伝承の研究』（国書刊行会、昭和六十年）は「中臣寿詞」の分析より、寿詞作成年代・作成者（中臣大嶋）を推定する。次田真幸氏『日本神話の構成と成立』（明治書院、昭和六十年）では、山幸彦の海宮訪問譚と大嘗祭儀の一致を説き、また、天語歌は大嘗祭に奉仕する阿波国の阿曇系海人部により伝承されたものとする。大嘗会和歌については、八木意知男氏『大嘗会和歌の世界』（皇學館大学出版部、昭和六十一年）、同『大嘗会和歌残葉抄　京都女子大学研究叢刊22』（京都女子大学、平成五年）が報告されている。

折口氏大嘗祭論への批判を重要論点の一つとした研究に、岡田荘司氏『大嘗の祭り』（学生社、平成二年）、岡田精司氏『古代祭祀の史的研究』（塙書房、平成四年）が報告されているが、両氏の見解については研究課題に譲る。

また、吉野裕子氏『陰陽五行思想から見た日本の祭』（弘文堂、昭和五十三年）、同『大嘗祭―天皇即位式の構造―』（弘文堂、昭和六十二年）は、陰陽五行思想から伊勢神宮祭祀・大嘗祭を考察する。谷川健一氏『大嘗祭の成立―民俗文化論からの展開―』（小学館、平成二年）は、柳田国男氏・折口信夫氏の大嘗祭論を基底に据え、南島及び周辺諸国の初穂儀礼の民俗事例との比較を通じ、さらに文献史料も加味して、新嘗の原像と大嘗祭儀の意味を追及する。森田悌氏『天皇の祭り　村の祭り』（新人物往来社、平成六年）は、北陸の農村神事であるアエノコトより大嘗祭儀と祭神を考察する。

瀧川政次郎氏『律令と大嘗祭―御代始め諸儀式―』（国書刊行会、昭和六十三年）は、即位式・大嘗祭・一世一代の仁王会・八十島祭の法的意義を論じる。鳥越憲三郎氏『大嘗祭―新史料で語る秘儀の全容―』（角川書店、平成二年）は、前記した『鈴鹿家文書』を基に大嘗祭の祭儀を解説する。但し、奈良時代の大嘗宮を一殿形式とすることについては、岡田荘司氏（『大嘗の祭り』）の的確な批判がある。水林彪氏『記紀神話と王権の祭り』（岩波書店、平成三年）は、『古事記』の神話・説話記事より大嘗祭を考察する。また、古代から現代迄の大嘗祭の諸問題を考究した論文集としては、皇學館大学神道研究所編『続　大嘗祭の研究』（前掲）、岩井忠熊氏・岡田精司氏編『天皇代替り儀式の歴史的展開』（前掲）が出版されている。

次に論文について述べる。まず、大嘗宮における神饌供進については、安江和宣氏の五論文、①「大嘗祭の神饌御供進」（『神道史研究』第二十七巻四号、昭和五十四年）、②「大嘗祭に於ける神饌御供進の御儀―『建保大祀神饌記』の成立をとおして―」（『続　大嘗祭の研究』〈前掲〉）、③「『江記』天仁大嘗会記事の検討―卯日の神饌御供進の記事を中心として―」（『神道古典研究』第十一号、平成元年）、④「保安四年度　大嘗祭記録『法性寺殿御次第』の成立―特に卯日の記事について―」（『神道宗教』第百四十・百四十一号、平成二年）、⑤「『天仁大嘗会記』卯日の亥の一刻の条に関する一考察」（『神道宗教』第百六十八・百六十九号、平成九年）がある。①は神饌供進を『江家次第』『大嘗会神前次第』などより跡付ける。②は『建保大祀神饌記』が順徳天皇大嘗祭に先立ち行なわれた神饌供進の御習礼に用いられた資料であることを説く。③は『天仁大嘗会記』が『江記』の一部であることの確認。④は、宮内庁書陵部所蔵の、保安四（一一二三）年崇徳天皇大嘗祭に関する藤原忠通の記録『法性寺殿御次第』を紹介し、その執筆意図と成立時期を考察する。⑤は従来文意が通らなかった『天仁大嘗会記』卯日の亥一刻の条の九字を『大嘗会神膳次第』により解読する。

石上氏、榎井氏が大嘗宮南北門に立てる「神楯戟」については、榎村寛之氏「物部の楯を巡って」（横田健一編『日本書紀研究』第十七冊、塙書房、平成二年、のちに、榎村寛之『律令天皇制祭祀の研究』〈塙書房、平成八年〉所収）が報告され、同儀についての史料を博捜し、その儀礼的成立過程とその後の展開を述べる。また、卯日の夜、大嘗宮の前庭において行われる諸儀に関する研究として、井上辰雄氏『古代王権と語部』（教育社、昭和五十四年）、同「古代語部考」（同『古代王権と宗教的部民』〈柏書房、昭和五十五年〉）は、語部の奏上する「古詞」の内容を出自国の説話・伝承より復元を試みる。語部については、拙稿「語部考証二題」（『文化史学』第四十三号、昭和六十二年、本書第三篇第四章）もある。さらに、佐藤長門氏「阿倍氏と王権儀礼―古代群臣に関する一考察―」（『日本歴史』第五百四十号、平成五年）は、阿倍氏が侍宿官人の名簿を奏上する儀を取り上げ、同儀は大化前代の阿倍氏の職掌（統轄職）に由来することを指摘する。

辰日に奏上される「中臣寿詞（天神寿詞）」については、①岡田精司氏「大王と井水の祭儀」（『講座日本の古代信仰　第三巻』、学生社、昭和五十五年、のちに、同『古代祭祀の史的研究』〈前掲〉所収）、②土橋寛氏「中臣寿詞と持統朝」（『文学』第五十四巻五号、昭和六十一年）、③安江和宣氏「天神の寿詞奏上における「賢木」の意味」（『神道史研究』第三十六巻一号、昭和六十三年）、④粕谷興紀氏「中臣寿詞の「天つ水」神話について」（『続　大嘗祭の研究』〈前掲〉）、⑤金子善光氏「中臣寿詞論」（『神道宗教』第百四十・百四十一号、平成二年）が報告されている。①は大王の聖水儀礼を想定復元する。②は中臣寿詞作成者を中臣大嶋に考定する。③は寿詞を奏上する際に手に持つ「賢木」の意味を神籬とする。④は③説に対して「賢木」は寿詞中の「天の玉櫛」を象徴したものとする。⑤は中臣寿詞と卜部の関連を示唆する。

大嘗祭の諸芸能については、夙に林屋辰三郎氏『中世芸能史の研究』（岩波書店、昭和三十五年）があり、倉林正次氏「大嘗祭の芸能」（同『饗宴の研究　儀礼編』、桜楓社、昭和四十年）は、清暑堂御神楽を詳細に論じる。廣畑輔雄氏「大嘗祭の久米舞と中国禘祭の大武」（『民族学研究』第五百二十一号、昭和六十一年）は、大嘗祭に久米舞が奏上されるようになったのは、中国天子祭祀の舞楽の一つである大武に範を求めたことによると説く。なお、同「神武伝説の成立」（『史林』第六十七巻三号、昭和五十九年）は天孫降臨神話～神武天皇伝説は一連の密接した関係があり、その成立は天武天皇朝で当時創始された大嘗祭の祭儀神話であるとする。三橋健氏「五節舞起源伝説考」（『国学院雑誌』第九十一巻七号、平成二年）は、豊明節会に奏上される五節舞起源伝説の成立とその後の展開を述べる。

大嘗祭運営上の機構研究として、大嘗会行事所の構成員・職掌等を論じたのは木本好信氏「平安時代の大嘗会行事所」（『神道史研究』第三十三巻二号、昭和六十年）、同「平安朝の大嘗会行事所と行事弁」（『悠久』第二十号、昭和六十年）である。女工所については、拙稿「大嘗祭の女工所について」（『国書逸文研究』第二十一号、昭和六十三年、本書第三篇第五章所収）もある。行事所を初め臨時に設置される諸所については研究が少なく、大嘗祭運営の基礎研究としてこれからの課題となる。

八木充氏「日本の即位儀礼」（『東アジア世界における日本古代史講座　9　東アジアにおける儀礼と国家』、学生社、昭和五十七年）は、大化前代から平安朝的形態までの即位儀礼の展開過程を王権支配の発展と対応させつつ跡付ける。また、新嘗・大嘗祭を古代国家と宗教の観点より考察し、古代国家における祭祀構造とその役割分析をおこなった論考として、荒木敏夫氏「古代国家と民間祭祀」・矢野健一氏「律令国家の祭祀と天皇」（『歴史学研究』第五百六十号、昭和六十一年）、西宮秀紀氏「律令制国家の〈祭祀〉構造とその歴史的特質―宗教的イデオロギー装置の分析―」（『日本史研究』第二百八十三号、昭和六十一年）がある。さらに、黒崎輝人氏の一連の研究――「大嘗祭試論」（『日本思想史研究』第十一号、昭和五十四年）・「大嘗祭の基礎構造」（『日本思想史学』第十二号、昭和五十五年）・「祭れる神と祭れぬ神―紀記祭祀関係記事の再検討―」（『江戸川女子短期大学紀要』創刊号、昭和六十一年）・「大嘗祭」（『岩波講座　東洋思想15　日本思想1』、岩波書店、平成元年）・「大嘗祭と大嘗会」（『江戸川女子短期大学紀要』第五号、平成二年）は、律令国家における王権祭儀としての大嘗祭、大嘗祭観等を論じる（後述）。

大林太良氏「新嘗に出現する王者・殺される王者」（『文学』第四十八巻五号、昭和五十五年）は、新嘗・大嘗祭の収穫時は王が出現しあるいは殺される時であることを記紀神話より跡付け、それは古代朝鮮にも見られることを指摘する。また、山折哲雄氏「後七日御修法と大嘗祭」(『国立歴史民俗博物館研究報告』第七号、昭和六十年)は、大嘗祭・鎮魂祭と後七日御修法の共通点に着目して、大嘗祭・新嘗祭・鎮魂祭が天皇霊の継承と歳毎の復活儀礼であり、空海は御修法によって天皇の肉体に憑依して異常を引き起こす外部霊を駆除しようとしたと述べる。佐藤眞人氏「大嘗祭における神仏隔離—その変遷の通史的検討—」(『国学院雑誌』第九十一巻七号、平成二年)は、古代から近世に到る迄の大嘗祭における神仏隔離の意識と実態を述べる。

2　研究課題

課題の一番目として、大嘗祭の成立時期の問題について述べる。大嘗祭の成立に関しては、高森明勅氏が「大嘗祭の成立についての管見—「養老神祇令」大嘗条の遡及年代を通路として—」(『国学院雑誌』第八十九巻十号、昭和六十三年)において代表的な先行研究を三説に分類されている。本項では、高森氏の分類を参照し、その後の関連研究をも加え、先行説を整理することとする。

(1)　大化前代……横田健一氏「大嘗祭の成立年代」(『西田先生頌寿記念　日本古代史論叢』、吉川弘文館、昭和三十五年)。

(2)　天智天皇朝……西田長男氏「中臣寿詞攷」(同『神道史の研究』第二巻〈前掲〉)。

(3)　天武天皇朝……『古事類苑』神祇部、加藤優氏「「大嘗祭」「新嘗祭」の呼称について」(『関晃先生還暦記念日本古代史研究』、昭和五十五年)。

(4)　天武天皇朝或いは持統天皇朝……八木充氏「日本の即位儀礼」(『東アジア世界における日本古代史講座9』〈前掲〉)、西山徳氏「大嘗祭の起源」(『大嘗祭の研究』〈前掲〉)。

(5)　持統天皇朝……岡田精司氏「大化前代の服属儀礼と新嘗」（同『古代王権の祭祀と神話』、塙書房、昭和四十五年）、早川庄八氏「律令制と天皇」（同『日本古代官僚制の研究』、岩波書店、昭和六十一年）、高森明勅氏「大嘗祭の成立についての管見」（前掲）。

(6)　天武天皇朝に画期があり、大宝律令制定後に成立……田中卓氏「神嘗・相嘗・新嘗・大嘗の関係について」（『続　大嘗祭の研究』〈前掲〉）、溝口睦子氏「古代王権と大嘗祭」（『大野晋先生古稀記念論文集　日本研究―言語と伝承』、角川書店、平成元年）。

(1)説は、悠紀・主基両斎国として卜定された国と銅鐸出土の地域分布との共通性を根拠とするが、横田氏自身も言われるように、両者は必ずしも一致せず、また、奈良・平安時代の悠紀・主基国卜定国の範囲と銅鐸出土の地域分布との比較の有効性が問題となる。また、文献的根拠にも乏しい。

(2)説は、既に『大日本史』巻二百四十七（神祇志四）の「大嘗祭」項において備考として言及されており、栗田寛『神祇志料』にも見える説である。『大日本史』、また西田氏の根拠は、藤貞幹の『天智天皇外記』に引く『日本決釈』の「二年戊辰十一月二十四日癸卯、行二大嘗祭一、王者一世一度大祭始二于此一」を重視されるが、『日本決釈』は逸書であり、同記事は『書紀』には見えず、干支の不一致の問題もあり、にわかには従い難い[8]。

(3)(4)(5)(6)説は、各々視点も異なり、論点も多岐に亙るが、大嘗祭の成立の画期を天武天皇朝に求めることにおいては一致し、各説の分岐点は、「大嘗祭の成立」の概念にある。

令制下における大嘗祭と新嘗祭の大きな相違点の一つは、大嘗祭は畿外の諸国郡から卜定された悠紀・主基両国郡の稲を用い、新嘗祭では畿内官田の稲・粟を用いることである。このことが、律令国郡制に対応した大嘗祭儀の性格を表明するものであるといわれるが、この畿外の諸国郡卜定という点に着目すれば、『書紀』天武天皇二年十二月丙戌（五日）条「侍二奉大嘗一中臣・忌部及神官人等、播磨・丹波、二国郡司、亦以下人夫等、悉賜レ禄」は、文献上、確実な「大嘗」表記の見える初見記事であり、かつ、播磨・丹波の二国郡司以下の奉仕も確認される。従って、畿外の諸国から悠紀・主基国郡を卜定するという点を重視すれば、この天武天皇二年の天武天皇大嘗祭が「大嘗祭の成立」ということになる。(3)の天武天皇朝成立説の主根拠である。その他、「天武天皇紀」においては、「大嘗」と「新嘗」が書き分けられていることも同朝成立説の論拠となる。

一方、「天武天皇紀」には、天武天皇二年の大嘗記事、同五年の新嘗記事、同六年の新嘗記事があり、天武天皇朝では新嘗祭においても悠紀・主基両国郡が卜定されている。(5)の持統天皇朝成立説は、令制下における大嘗祭と新嘗祭の在り方から、天武天皇朝は大嘗祭と新嘗祭が分離する過渡期と位置付け、即位儀礼としての大嘗祭は「浄御原令」で制定され、その次の『書紀』持統天皇五年十一月戊辰条「十一月戊辰、大嘗、神祇伯中臣朝臣大嶋読二天神寿詞一」の持統天皇大嘗祭こそが令制大嘗祭の最初であり、成立であるとする。但し、「持統天皇紀」には、上の大嘗祭記事のみが見られるだけで、新嘗祭記事は無いので、持統天皇朝の新嘗祭においても、天武天皇朝の新嘗祭と同じく悠紀・主基国郡が卜定されていた可能性を払拭することはできない。

(4)説は、『古事記』、『日本書紀』の新嘗祭・大嘗祭記事と、それに続く『続日本紀』以下の五国史の同記事、及び「養老神祇令」大嘗条の規定などより、大嘗祭の成立の時期を、天武天皇・持統天皇朝と考定する説で、通説的位置にあるものであるが、該説では両天皇大嘗祭の差異への認識が厳密ではない。

(6)説は、天武天皇二年の天武天皇大嘗祭において悠紀・主基両国郡が卜定されていることより、大嘗祭の成立の画期を天武天皇朝に求めるが、悠紀・主基国郡を卜定する一世一度の大嘗祭と畿内官田の稲・粟を用いる毎年の新嘗祭の区別が成立したのは、「大宝律令」制定後であるとする。「大宝神祇令」に、「養老神祇令」大嘗条規定(「凡大嘗者、毎レ世一年、国司行レ事。以外、毎レ年所司行レ事」)とほぼ同規定が存在したことは夙に指摘されており、「大宝律令」制下においては、大嘗祭と新嘗祭の斎行上の区別が成立していたと思われるので[9]、(6)説は史料に即した穏当な解釈ともいえる。但し、(6)説では、天武天皇大嘗祭から「大宝律令」制定に到る迄の経緯が不明で、持統天皇大嘗祭・文武天皇大嘗祭の位置付けも明確ではない。

大嘗祭の成立に関する近年の研究においては、天武天皇大嘗祭では悠紀・主基両国郡が卜定されていることが史料上確認されるので、天武天皇朝を画期とすることには異論なく、以下の点が課題点となる。

① 令制的形態（一代一度の大嘗祭でのみ悠紀・主基国郡が卜定される）の成立を「浄御原令」とするか、「大宝令」制定迄下げるか。

② 天武天皇朝的形態（大嘗祭、毎年の新嘗祭でも悠紀・主基国郡が卜定）から令制的形態への移行の理由。

③ 天武天皇朝的形態が創出された理由。

なお、大平聡氏「「大嘗」の成立」（『基督教文化研究所研究年報』第二十四号、平成三年）は、天武天皇朝的形態の国郡卜定方式は同天皇朝のある時期に停止され、持統天皇朝以後に令制的形態が定着したとするが、③の点に関して、天武天皇朝を律令継受以前の大王と律令に立脚する天皇の並立・相剋の緊張関係の時期と捉え、その並立・相剋の緊張関係が同朝的形態の国郡卜定方式が創出された理由であると説く。

課題の二番目として、大嘗祭の祭神の問題について述べる。近年の祭神についての代表的な専論として、真弓常忠氏「大嘗祭の祭神」（同『日本古代祭祀の研究』〈前掲〉）があり、田中初夫氏の研究（同『践祚大嘗祭　研究編』、木耳社、昭和五十年）をもとに、大嘗宮における祭神についての古来からの諸説を分類されている。本項では真弓氏の論考を参照し、その後の関連研究をも加え、代表的な諸説を整理することとする。

(1) 天照大神……一条兼良『代始和抄』、真弓常忠氏「大嘗祭の祭神」（前掲）、岡田莊司氏「〝真床覆衾論〟と寝座の意味」（同『大嘗の祭り』〈前掲〉、初出は『国学院雑誌』第九十巻十二号、平成元年）。

(2) 天照大神、天神地祇……後鳥羽上皇『後鳥羽院宸記』建暦二（一二一二）年十月二十五日条、二条良基『永和大嘗会記』、『大嘗会神饌仮名記』。
(3) 悠紀、主基両殿別神……卜部兼俱『唯一神道名法要集』、忌部正通『神代巻口訣』、荷田在満『大嘗会儀式具釈』。
(4) 御膳八神、天照大神……川出清彦氏「大嘗祭における稲のお取扱について」(にひなめ研究会編『新嘗の研究』第三輯、昭和四十二年)、三品彰英氏「大嘗祭」(『古代祭祀と穀霊信仰　三品彰英論文集　第五巻』、平凡社、昭和四十八年)、松前健氏「大嘗祭と記紀神話」(同『古代伝承と宮廷祭祀』、塙書房、昭和四十九年)。
(5) 海原主宰神の大綿津見神や地方豪族の祖神……水林彪氏『記紀神話と王権の祭り』(岩波書店、平成三年)。
(6) 豊穣・育成に関わる稲魂のごとき一対の神霊……森田悌氏「嘗の祭りの祭神」(同『天皇の祭り　村の祭り』、新人物往来社、平成六年)。

(1)説の一条兼良『代始和抄』には「天てるおほん神おろし奉りて、天子みづから神食をすゝめ申さるゝ事なれば」とある。天照大神を祭神とする説が一般的で有力であるが、近年のものとして、「記紀」神話に依拠するものと、古記録を論拠とするもの、の代表として、上の真弓常忠氏と岡田荘司氏の二研究を掲げた。真弓氏の所論は後述する。岡田荘司氏の説は、悠紀・主基殿における天皇着座の方向を論拠とする。『新儀式』神今食条(逸文)、『江記』、『大嘗会卯日御記』等の記事より、悠紀・主基殿において天皇は東または東南に向いて御座に着座することが確認され、これは伊勢に坐す皇祖神天照大神を奉迎するためであり、大嘗祭の祭神は成立時より天照大神であると論断する。天皇着座の方向は、『新儀式』神今食条(逸文)では「東」に向くとあり、平安京からすれば伊勢は東南に当り、東とは言い難いので、この点はやや問題が残るが[10]、『江記』以降は「東南」と明記されるので、少なくとも十二世紀初頭段階では、岡田荘司氏の説かれる通り、祭儀執行者は天照大神を祭神として意識していたことは確認される。問題は、この祭神の問題だけではないが、十二世紀初頭段階の形態をどこまで遡らせることができるのか、史料的限界をいかに克服するかということであろう。

(2)説は、大嘗祭の天皇御親告祝詞（御告文）を根拠とする。同御告文の文献上の初見は、『後鳥羽院宸記』建暦二（一二一二）年十月二十五日条の「公家於二悠紀主基神殿一可レ被二祈請申一詞、一昨日廿三日教申之也、此事最秘蔵事也、代々此事不レ載二諸家記一又無二知人一歟、殊秘蔵為事也。其詞云、坐二伊勢五十鈴河上一天照大神又天神地祇諸神明白……」である。[11] 同年十一月には順徳天皇大嘗祭斎行が予定されており、上の記事には後鳥羽上皇が順徳天皇に教えた、悠紀・主基神殿において親告する祝詞が記されている。同祝詞には天照大神と天神地祇に対して、国の平安と年穀豊稔の祈請と感謝が述べられている。宸記の内容からすれば、同祝詞は文治元（一一八五）年十一月十八日の後鳥羽天皇大嘗祭においても親告されたと思われるが、夙に田中初夫氏（前掲書）が注目したように、少なくとも建暦二年時点において、大嘗祭の祭神が天照大神と天神地祇であったことが確実に知られる史料となる。[12] また、二条良基『永和大嘗会記』は永和元（一三七五）年の後円融天皇大嘗祭の記録[13]で、『大嘗会神饌仮名記』は、文正元（一四六六）年の後土御門天皇大嘗祭の次第を伏見院宸記等をも参照して後土御門院が著述したものという。[14]

(3)説は、悠紀・主基両殿において、それぞれ別神を祭ると考え、悠紀の祭神を天神、主基の祭神を地祇、とする。[15] また、悠紀の祭神を天照大神、主基の祭神を天神地祇、或いは、天神地祇と天皇とする見解もあるが、これは真弓氏が指摘するように、「職員令神祇官条大嘗義解」の解釈から派生した説である。

(4)説は、悠紀・主基両斎郡、また京の北野斎場にも設置される八神殿に奉祭される神――御膳八神を重視する。川出氏は、神供を盛供える枚手（葉盤）数が十枚であることより、祭神を天照大神・豊受大神及び御膳八神と考え、さらに菓子のみは十二枚であることから、荒祭宮と多賀宮を加えられる。松前氏、三品氏の説は、新嘗・大嘗祭の発達段階に応じて祭神にも変化があったとする。御膳八神の神格分析と、天孫降臨神話の諸異伝（司令神の変更等）から想定される皇祖神の形成過程を勘案し、三品氏は当初の祭神をホノニニギノミコトとムスビの神とし、のちに天照大神を主神とするようになったと説く。松前氏はタカミムスビノミコトとミケツカミを当初の祭神と推定し、のちに、御膳八神へと発達したとする。

(5)説は、『古事記』が「神祇令」規定祭祀の祭儀神話の書という水林氏独特の観点から、『記』の日子穂々手見命（山幸彦）の海神宮訪問神話を大嘗祭の祭儀神話の一つと考定し、さらに、大国主神の国譲り神話、神倭伊波礼毗古命（神武天皇）の東征譚も大嘗祭の祭儀神話と考定することによる。水林氏独自の構想からの見解で、興味深い指摘ではあるが、祭儀と神話の対応関係について、やや恣意的な解釈が窺え、なによりも、前提となる『古事記』が奈良・平安時代に朝廷において重視されたということの証明がまず必要であろう。

(6)説は、「職員令神祇官条大嘗義解」、大嘗祭を規定する『儀式』・『延喜式』等に祭神名を明記したものがないことより、大嘗宮の祭神は神統譜上に位置付けられている名ある神ではなく、民間新嘗における奉迎神と同じく、豊穣・育成に関わる稲魂のごとき神霊であり、さらに、大嘗宮が二殿構成であることから奉迎神を一対と推定する。該説の問題点は、国家・宮廷祭祀と民間祭祀の捉え方にあり、森田氏自身も「民間のあり方から宮廷祭祀のあり方を推論するのは方法的に問題がある」と言われるところにあろう。

真弓氏は、上記の(1)から(4)迄の四説に検討を加えた上で、大嘗宮の神座を天孫降臨神話の真床覆衾と想定する折口信夫氏の「大嘗祭の本義」説を踏まえ、「「斎庭の穂」は皇祖より皇御孫命ニニギノミコトに授けられたが、ニニギノミコトはその名の通り稲穂のにぎにぎしく稔る姿の象徴として「真床追衾」にくるまれて天降り坐したとされている。大嘗宮の中央の第一の神座、すなわち寝座に御衾を備えているのは、真床追衾にくるまれて天降り坐す皇御孫命の姿を象徴するものであって、ここに坐すのは皇御孫命である天皇であり、天皇が皇祖の霊の憑りつかれるのを待たれるものと解される、……（中略）……大嘗祭における大嘗宮（悠紀・主基両殿）の祭神は、御座と相対して設けられた唯一の神座に坐す神を以ていうならば、皇祖天照大神一神であり、天皇は皇祖天照大神より、「斎庭の穂」をいただかれるのであり、その際、まず天神地祇に神膳を供して相嘗されるものであると言える。もし中央の第一の神座（寝座）に坐するが祭神というならば、皇御孫命すなわち天皇というほかはない」との結論を述べる。大嘗宮の儀を天孫降臨神話の実修儀礼と捉え、第一の神座（寝座）では、神座上の天皇が真床覆衾に被われた瓊瓊杵尊と観念され、第二の神座においては天照大神より「斎庭の穂」を授かる、と説く。真弓氏の所論は折口氏説に依拠した代表的研究として位置付けられるが、その課題点として、天孫降臨神話の細部と大嘗宮の儀が必ずしも一致せず（天孫降臨神話には大嘗宮の神事である神饌行立・親供に対応する記述が見えない）、さらに、前提となる折口氏説を全面的に批判する研究が報告されていることであり、折口氏説に依拠した研究は総て再検証が必要となる（後述）。

さて、大嘗祭の祭神についての代表的な先行説を記したが、祭神名が文献上明確となるのは、『後鳥羽院宸記』建暦二（一二一二）年十月二十五日条の天皇御親告祝詞（御告文）——天照大神と天神地祇とする——まで降る。それ以前では、祭神名を明記したものは現段階では見当たらない。これが天照大神祭神説が一般的で有力であるにもかかわらず、諸説並立の原因となっており、この点の疑義を、例えば、松前健氏「大嘗祭と記紀神話」（前掲）は「『延喜式』の践祚大嘗祭式や四時祭式には、別に祭神として天照大神一座とも記されていないし、また『大嘗祭祝詞』や『中臣寿詞』にも、大神の名は一向にあげられていない。祈年祭、月次祭（神今食）、大殿祭、御門祭、鎮火祭など、他の宮廷祭儀の祝詞では、みな祭神名をはっきりとあげている。天照大神の名をあげている宮廷の祭および祝詞としては、祈年祭、月次祭があり、これにははっきりと神座を設けている」、と指摘している。

また、黒崎輝人氏「大嘗祭」（前掲）、岡田荘司氏「〝真床覆衾論〟と寝座の意味」（前掲）等が指摘するように、悠紀・主基殿において天皇が東南（京都より伊勢の方向）に向かって着座することが確認されるのは十二世紀初頭である。御座における天皇着座の方向は、『新儀式』神今食条に「向レ東着御」とあるが、『江記』天仁元（一一〇八）年十一月二十一日条（鳥羽天皇大嘗祭）に「如二東座一、少巽」とあり、また、『大嘗会卯日御記』保安四（一一二三）年十一月十八日条（崇徳天皇大嘗祭）に「着二御東御座一、向レ巽」[16]とある。天皇が巽（東南）に着座することは、既に指摘されているように、伊勢神宮・皇祖天照大神を意識し、天皇による神饌親供が天照大神に対して行われていることを示している。天皇着座の方向の点より、神饌が天照大神に親供されていることが確認されるのは、文献上、少なくとも十二世紀初頭ということになる。上記のことを踏まえ、次の点を課題として掲げる。

① 天皇御親告祝詞（御告文）の作成年代の確定。

② 天皇着座の方向が確認される初見史料である『新儀式』神今食条が「向レ東着御」とするのをどのように理解するか。

③ 「職員令神祇官条大嘗義解」の「謂、嘗二新穀一、以祭二神祇一也、朝諸神之相嘗祭、夕者供二新穀於至尊一也」の解釈。

課題の三番目として、大嘗宮の悠紀殿・主基殿に鋪設される神座の問題について述べる。

まず、神座鋪設についての文献学的な復元研究としては、出雲路通次郎氏『大礼と朝儀』（桜橘書院、昭和十七年、のちに臨川書店より昭和六十三年復刊）、田中初夫氏『践祚大嘗祭　研究篇』（前掲）、川出清彦氏「新嘗祭神膳のことについて」（『新嘗の研究』第一輯、昭和二十八年、のちに、同『大嘗祭と宮中のまつり』〈前掲〉所収）、同『祭祀概説』（前掲）がある。特に、川出氏の論考においては、『新儀式』神今食条（逸文）より中和院神嘉殿内の神座（神嘉殿において斎行される月次祭）、『江記』天仁元（一一〇八）年十一月二十一日条より鳥羽天皇大嘗宮の神座、『兵範記』仁安三（一一六八）年十一月二十二日条より高倉天皇大嘗宮の神座、を復元し、神座鋪設に歴史的変遷があったことを明らかにしている（本篇第二章参照）。

川出氏作成の『江記』依拠神座復元図については、その後、岡田荘司氏「〃真床覆衾論〃と寝座の意味」（前掲）、牟禮仁氏「『天仁大嘗会記』「供神座」条を読む」（『史料』第百十一号、皇學館大学史料編纂所、平成三年）・「大嘗殿「神座」変移考」（『皇學館大学神道研究所紀要』第十四輯、平成十年）により、批判が加えられた。岡田荘司氏は、川出氏作成の『江記』神座復元図は大江匡房が「依二延喜式心一作図」した仮定のもので、天仁元年度の実際の神座鋪設を伝えたものではないとされ、牟禮氏も、川出氏作成の『江記』神座復元図は大江匡房が想定したもので、且つ、悠紀殿・主基殿の室には収まらないとされ、それぞれの神座復元図を提示されている（本篇第二章参照）。特に、牟禮氏の後者論文は、大嘗宮の神座鋪設の変遷を大嘗祭再興後の貞享以降迄辿った詳論で有益であるが、氏自身の考察の出発点ともなった『江記』の匡房の「想定神座」にのみ関して言えば、素朴な疑問ではあるが、朝儀に通暁し四度の大嘗祭を見聞している匡房が「室に収まらない」神座を想定するであろうか[17]という点がある。嘗殿の中央に第一神座（寝座）が鋪設され、八重畳（『兵範記』仁安三年十一月二十二日条に「八重畳一枚〈長八尺、弘四尺、筵一枚、薦七枚、重差也、毎レ薦有レ端七重、加レ筵、故称二八重一也〉」[18]とある）が敷かれ、御衾、御単、坂枕を置くことは、各記ほぼ共通し異動はみられない。従って、古記録、或いは現存の古絵図に依拠した神座の復元・変遷研究としては次の課題点が掲げられる。

① 神座鋪設の定点記事となる『江記』天仁元（一一〇八）年十一月二十一日条は現行活字本には欠字があり、且、難解で、完全に読解されたとは言い難い点もある。

② 第一神座と御座（天皇御座所）との関係――『江記』の記載では、第一神座と御座に八重帖を半分ずつ懸け渡し、両者を一体とすることをどう理解するか。

③ 御座（天皇御座所）と短帖（神饌が供進される第二神座）の配置と方向――『江記』復元神座から『兵範記』

復元神座への移行の意味。

課題の四番目として、神座の意味、嘗殿における神事について述べる。折口信夫氏「大嘗祭の本義」(同『古代研究　民俗学篇二』、大岡山書店、昭和五年、のちに、『折口信夫全集』第三巻所収)が出発点となる。[19] 悠紀・主基両殿の室の中央に鋪設される第一の神座(寝座)の「八重畳」「御衾」「御単」(「延喜掃部寮式」『北山抄』)などの寝具が、天孫降臨神話の「真床覆衾」に相当し、この寝具に新天皇が籠り、それにより「天皇霊」を体内に入れたとされる。民俗学的な分析より、大嘗祭に即位儀礼としての神聖付与行為を意義付けようとした、研究史上著名な論文である。折口氏説の、特に「天皇霊」継承説に拠って、第一の神座(寝座)における所謂「嘗殿の秘儀」を説いたものに、洞富雄氏「大嘗祭における寝具の秘儀」(同『天皇不親政の起源』、校倉書房、昭和五十四年)、また、谷川健一氏「王権の発生と構造」(『日本民俗文化大系　3　稲と鉄』、小学館、昭和五十八年)がある。両論文とも、「天皇霊」の継承という折口氏説を受けて、洞氏は来訪神を先帝とし先帝との同衾儀礼を想定される。谷川氏も、実際に先帝の亡骸を置いたとは思われないが観念上は先帝との同衾儀礼が認められる、とされる。興味深い説ではあるが、谷川氏が指摘されるように、前提となる、折口氏自身が先帝同衾説については未だ定見に到らず、[20] また、史料的根拠に乏しい。さらに、「天皇霊」の観念については、『書紀』に散見する「天皇之霊」等の用語は「天地の諸神とともに皇祖の諸霊を王権の守護霊とする信仰が存在」したことを表わすとする、熊谷公男氏「古代王権とタマ(霊)――「天皇霊」を中心にして――」(『日本史研究』第三百八号、昭和六十三年)の見解がある。

近年の古代大嘗祭研究の最大の論点の一つとなったのがこの折口氏の「真床覆衾論」「天皇霊継承論」の再検証である。まず、折口氏が指摘された天孫降臨神話を大嘗祭の祭儀神話とする説に対して、松前健氏「日向神話の形成」(同『日本神話の形成』、塙書房、昭和四十五年)、次田真幸氏「海幸山幸神話の形成と阿曇連」(『東アジアの古代文化』第七号、昭和五十年、のちに、同『日本神話の構成と成立』〈前掲〉所収)、川上順子氏「豊玉毘売神話の一考察」(『日本文学』第二十二巻八号、昭和四十八年)等は、山幸彦の海神宮訪問神話が大嘗祭儀の細部と一致すること(同神話に見える神饌供進・八重畳等)を指摘する。

この松前氏・次田氏・川上氏などの業績を受けて、折口氏説を真正面から批判したのが岡田精司氏「大王就任儀礼の原形とその展開」(前掲)である。岡田精司氏の、折口氏説に対する主な批判点というのは次の四点であろう。

① 「記紀」神話・説話等に、新嘗儀礼において、新嘗の夜、大王・天皇以外の人物が「聖なる床」に臥すことが見え、また、死と復活が語られる。この「大床」等は、穀霊の死と再生を儀礼的に実修するためのものであり、大嘗宮の神座(寝座)も同一性格であると思われる。大嘗宮の寝具が「天皇霊」を憑依させるものであったとすると、新嘗の夜、臥床する大王・天皇以外の人物にも「天皇霊」が憑依することとなる。[21]

② 大嘗宮における神事の中心である神饌親供については、折口氏論文は言及しないこと。

③ 折口氏論文では、大嘗宮神座(寝座)の寝具を一具として立論するが、「掃部寮式」神今食年料鋪設条「六月神今食〔十二月、十一月新嘗祭亦同〕御料………但中宮白布端帖四枚〔各長八尺、広四尺〕、折薦帖一枚、白布端坂枕一枚、褥席二枚」より、新嘗祭・月次祭においては、神嘉殿に天皇と中宮用の二具の寝具が鋪設されており、それより、大嘗宮にも天皇と中宮用の二具の寝具があったことが想定される。二具の寝具は聖婚儀礼を実修するためのものと推定される。

④ 大嘗祭と天孫降臨神話の接点は、「稲の要素」だけであって、天孫降臨神話の細部と大嘗祭儀には全く一致するところがない。

以上の論点を挙げ、折口氏説への批判を展開し、大嘗祭と天孫降臨神話との関係を否定する。そして、令制下における即位式は大嘗祭よりも古い大王就任儀礼の伝統を引くもので、本来は神祇祭祀の形式でおこなわれ、大王の執行する年頭予祝儀礼の発展したものであり、即位式の祭儀神話こそが天孫降臨神話であると論定する。この岡田精司氏論文については第三節で記述したように、実証的な検証が必要な点が残されている――例えば、論点③の大嘗宮に天皇と中宮用の二具の寝具があったとする想定、また、令制即位式の復元方法（本書第二篇第二章参照）――が、一条兼良以来の即位式を唐風儀礼とする通説に対して、即位式を天孫降臨神話の実修儀礼と見なし、即位式と大嘗祭の歴史的関連とその性格を論じた最初の本格的な研究と位置付けられる。なお、同論文は二度の加筆補訂により、特に大嘗祭についての見解変更があった。初出報告時では大嘗祭の成立は持統天皇朝であり、大嘗祭は即位式と並ぶ「王位就任儀礼」と考定していたが、改訂後、「就任儀礼の一環をなす重要な儀礼であるが、本来は就任儀礼そのものではなかった」とし、「即位後最初の神祭りであった大嘗祭が就任儀礼のように扱われるようになる」のは八世紀の桓武天皇朝頃からと推論されていることを付記しておく。

折口氏説の「真床覆衾論」を文献史料を基に検証し批判したのは、岡田荘司氏「〃真床覆衾論〃と寝座の意味」（前掲）である。岡田荘司氏の論点は、大嘗宮悠紀・主基両嘗殿における天皇の所作に焦点を当て、

① 嘗殿での天皇の所作が窺える『大嘗会卯日御記』（保安四〈一一二三〉年崇徳天皇大嘗祭記録）以下、『永和度大嘗会記』（永和元〈一三七五〉年後円融天皇大嘗祭記録）、『応永大嘗会記』（応永二十二〈一四一五〉年称光天皇大嘗祭記録）等の古記録、『宮主秘事口伝』、『代始和抄』及び同書の追文（吉田兼文）では、嘗殿における神事は神饌供進・共食を重事・秘事とし、天皇が第一神座（寝座）に臥すことは確認できない。嘗殿の「秘儀」とは神饌供進・共食の所作次第のことである。

② 嘗殿の第一神座（寝座）の鋪設（八重畳、坂枕）は、古社の神座にも共通して用いられるものであるが、その神座に臥す所作がおこなわれたとすることは、神社祭祀の本旨からも認められない。

③ 嘗殿の第一神座（寝座）に天皇が臥す所作があったとする文献的根拠は、一条兼良『江次第鈔』第七、六月神今食条に引かれる『新儀式』に「内侍率二縫司等一供二寝具一（内裏式云、縫殿寮供二寝具一、天皇御レ之者、而今唯与二内侍蔵人一縫殿司供レ之）」と見える『内裏式』の逸文である。この『内裏式』の「縫殿寮供二寝具一、天皇御レ之者」は、天皇が「寝具」に「御」すのではなく、中和院神嘉殿において縫殿寮が寝座を供進している場に天皇が「臨御」することを規定したものであり、従って、該条は第一神座（寝座）に天皇が御すことの根拠とはなり得ない。

④ 嘗殿における聖婚儀礼を想定する説（岡田精司氏〈前掲論文〉、山尾幸久氏等[22]）の文献的な主根拠は『内裏式』の逸文、「掃部寮式」神今食年料鋪設条等（前掲）であり、『延喜式』の規定から中宮が新嘗祭・神今食に関わったことは認められるが、大嘗祭に関与したことを示す条文はなく、聖婚儀礼説は成立しない。

と述べ、結論として、大嘗祭の祭儀の本旨は天皇親祭による皇祖天照大神への神饌供進と共食であり、「真床覆衾」にくるまる秘儀はなく、第一の神座は皇祖天照大神が休むために見立てられたもので、天皇といえども近寄ることはなかった「不可侵の「神の座」である」と論断される。

岡田荘司氏説への批判としては、榎村寛之氏「古代皇位継承儀礼研究の最新動向をめぐる一考察」（『歴史評論』第四百八十九号、平成三年、のちに、同『律令天皇制祭祀の研究』〈前掲〉所収）、松前健氏「大嘗・新嘗祭と真床追衾」（『国学院雑誌』第九十一巻七号、平成二年）、岡田精司氏「即位儀と大嘗祭をめぐる問題点」（同『古代祭祀の史的研究』〈前掲〉）が報告された。榎村氏は『内裏式』逸文の解釈の点、松前氏は豊富な民族・民俗事例を挙げ、文献史料の限界性のこと、岡田精司氏は神話伝承と祭儀の関係が考慮されず、依拠史料が十二世紀以降のものであること、を論拠に批判を加えている。

岡田荘司氏論文は、平安中・後期以降の文献史料により大嘗宮における天皇所作と神事の意味を明確に指摘した卓説であると言えるが、同氏論文を踏まえ、次の課題点を掲げておく。

①『内裏式』（逸文）の「縫殿寮供㆓寝具㆒、天皇御㆑之者」の解釈の確定。

②前記した『江記』より復元される神座は、第一神座と御座（天皇御座所）に八重帖を半分ずつ懸け渡し、両者を繋げ一体として鋪設される。この神座鋪設は、第一神座（寝座）を「天皇といえども不可侵の「神の座」である」とする想定と、齟齬をきたす点となる。

③天孫降臨神話の形成過程において皇祖神の変更があり、そのため律令国家の親供儀礼では「真床覆衾」儀礼は行われなくなっていた（黒崎輝人氏「大嘗祭試論」〈前掲〉）という指摘があり、平安中・後期的形態をどこまで遡らせることができるのか。

最後に、嘗殿における神饌親供・共食の所作次第ついては、川出清彦氏『祭祀概説』（前掲）、安江和宣氏の論文（前掲）に詳細な復元研究がある。貴重な業績から、作法・品目・次第の意味をどのように理解するのかが今後の課題となると思われる。

注

（1）諒闇践祚、受禅践祚の名称は、柳沼千枝「践祚の成立とその意義」（『日本史研究』第三百六十三号、平成四年）に拠った。

（2）土井郁磨「践祚儀礼について」（『中央史学』第十八号、平成七年）。

（3）新日本古典文学大系『続日本紀』第一巻（岩波書店、平成元年）の補注1‐九では、文武天皇即位記事の「八月甲子朔、受禅即位」を、桓武天皇即位時と同じく践祚であるとしている。

（4）米田雄介「践祚と即位―元明天皇の場合を中心に―」（『続日本紀研究』第二百号、昭和五十三年）は、元明天皇六月二十三日条の「摂㆓万機㆒」を践祚とする説に対して、称制と論断する。

（5）平城天皇から後鳥羽天皇迄で、先帝崩御により践祚した天皇で、先帝崩御の翌日に剣璽渡御が行われたのは後白河天皇の一例だけである。これは近衛天皇崩御後、王者議定に時間がかかり已むなく翌日奉献となったためである。この間の経緯については、拙稿「剣璽渡御と時刻―剣璽渡し奉ること、白昼の儀に無きに依り―」（『京都精華学園研究紀要』第三十一輯、平成五年、本書第四篇第三章所収）参照。

（6）なお、その他に、土田直鎮・所功編『神道大系　朝儀祭祀編　西宮記』（神道大系編纂会、平成五年）、土田直鎮・所功編『同　北山抄』（同会、平成四年）、渡辺直彦編『同　江家次第』（同会、平成三年）がある。

（7）「倚廬」については、その後、渡部真弓「倚廬渡御成立過程の基礎的研究」（『明治聖徳記念学会紀要』第四号、平成三年）が報告されている。

（8）『日本決釈』の逸文は和田英松『国書逸文』に収録されている。その後の逸文拾遺は、国書逸文研究会編『新訂増補　国書逸文』（国書刊行会、平成七年）の『日本決釈』の項（木本好信氏執筆）に纏められている。また、『日本決釈』についての、最近の研究として、竹居明男「『日本決釈』逸文考」（『国書逸文研究』第二十九号、平成八年）があり、問題となる該条にも言及されている。

（9）高森明勅「大嘗祭の成立についての管見―「養老神祇令」大嘗条の遡及年代を通路として―」（『国学院雑誌』第八十九巻十号、昭和六十三年）。

（10）この点を、岡田荘司氏は「奈良の古京時代の反映ともみられる」（「〝真床覆衾論〟と寝座の意味」〈同『大嘗の祭り』、学生社、平成二年〉）とされる。

（11）大野健雄編『神道大系　朝儀祭祀編　践祚大嘗祭』（同会、平成二年）の『建暦御記　大嘗会神饌秘記』に拠る。

（12）この天皇御親告祝詞について、岡田荘司、注(10)前掲論文は、文形式が新しいとして宇多天皇大嘗祭かその後に加えられたものであろうとし、また、高森明勅『天皇と民の大嘗祭』（展転社、平成二年）では、後鳥羽天皇大嘗祭からの新儀ではないか、と推定する。

（13）『群書類従』第七輯、注(11)前掲『神道大系　践祚大嘗祭』所収。

（14）和田英松『皇室御撰之研究』（国書逸文研究会、昭和六十一年）

（15）卜部兼倶『唯一神道名法要集』は『続群書類従』神祇部、『吉田叢書』所収。忌部正通『神代巻口訣』は『神道

大系　日本書紀註釈(中)』（同会、昭和六十年）所収、荷田在満『大嘗会儀式具釈』は荷田全集本所収。
(16)『図書寮叢刊　九条家歴世記録一』（明治書院、平成元年）所収。
(17) 大江匡房は長久二（一〇四一）年の生まれで、天永二（一一一一）年に七十一歳で薨じているので、治暦四（一〇六八）年の後三条天皇大嘗祭、承保元（一〇七四）年の白河天皇大嘗祭、寛治元（一〇八七）年の堀河天皇大嘗祭、天仁元（一一〇八）年の鳥羽天皇大嘗祭、を見聞することができたはずである。
(18) 新訂増補史料大成本に拠る。
(19) 折口信夫の「大嘗祭の本義」については、茂木栄「折口信夫の大嘗祭観―天皇たる由縁―」（『国学院雑誌』第九十一巻七号、平成二年）を参照。
(20) 谷川健一「「まどこ・おふすま」論をめぐって」（同『大嘗祭の成立』、小学館、平成二年）参照。
(21) この岡田精司氏の指摘と同旨の指摘は、「共同討議・践祚大嘗祭をめぐって」（『神道宗教』第八十三号、昭和五十一年十月）の西田長男氏の質問――古社の神座の鋪設も大嘗宮神座ときわめて類似し、「大嘗祭の本義として、真床覆衾が主体であるとするならば、各神社共に全部大嘗宮を考えねばならなくなります」――にも窺える。
(22) 山尾幸久「ヤマト政権の男王位の継承」（同『日本古代王権形成史論』、岩波書店、昭和五十八年）。

第二章　『儀式』から見た平安朝の天皇即位儀礼

——践祚儀・即位式・大嘗祭——

第一節　はじめに

古代日本における天皇即位儀礼の具体的な儀式次第の詳細を知ることができるのは平安時代である。官撰儀式書である『儀式』、『西宮記』『北山抄』『江家次第』等の私撰儀式書によると、平安時代における天皇即位儀礼は、先帝譲位或いは崩御の日におこなわれる践祚儀(1)（剣璽渡御儀礼）、日を改めて挙行される即位式、十一月に斎行される大嘗祭、を主要な儀式・祭儀として構成される。(2)

現存本『儀式』十巻は、若干の後人の加筆もあるが、平安前期（貞観期）の官撰儀式書である『貞観儀式』とほぼ考定され、その成立年代は荷前奉幣・陵墓の記事などより、貞観十五（八七三）年から同十九（元慶元〈八七七〉）年迄の間と推定されている。(3)『儀式』には朝廷の恒例・臨時の儀式・祭儀の次第が定められているが、『儀式』巻二・三・四が「践祚大嘗祭儀」上・中・下であり（上は行事所任命から国郡卜定を経て九月迄、中は十月上旬の神服使到着から大嘗祭卯日迄、下は大嘗祭辰日・巳日・午日節会と太政官符書式）、巻五に「譲国儀」、「天皇即位儀」が規定されている。

本節では、予備的考察として、この『儀式』規定を中心として他の史料をも勘案し、右の天皇即位儀礼の儀式次第を概観したい。

第二節　践祚儀（剣璽渡御儀礼）

践祚儀は先帝譲位と崩御の場合があるが、そのいずれの場合にもおこなわれるのが、剣璽の渡御である。剣璽渡御儀礼は、先帝譲位或いは崩御の日に先帝から今帝が皇位のレガリア(Regalia 即位の宝器)である剣璽を継承する儀である。[4] この剣璽渡御儀礼の文献上の初見は、桓武天皇崩御の後に登極した平城天皇践祚時であり、『日本後紀』大同元（八〇六）年三月十七日条に、

> 有レ頃天皇崩二於正寝一……皇太子哀号擗踊、迷而不レ起、参議従三位近衛中将坂上大宿祢田村麻呂、春宮大夫藤原朝臣葛野麻呂固請扶下レ殿、而遷二於東廂一、次璽并剣櫃奉二東宮一、近衛将監従五位下紀朝臣縄麻呂、従五位下多朝臣入鹿相副従レ之、

と、ある。[5] 桓武天皇が正寝において崩御すると、安殿親王は坂上大宿禰田村麻呂と藤原朝臣葛野麻呂に支えられて殿を降り東廂に遷り、東廂において剣璽の奉献を受ける。

剣璽渡御儀礼の成立時期については、右の『後紀』の記事より、剣璽渡御儀礼は平城天皇朝から開始されたとする説と、『続紀』の即位記事等を主根拠として桓武天皇朝とする説が、現在併存する。[6] 剣璽渡御儀礼の創始の理由についても、未だ定見を得ないが、光仁天皇・桓武天皇の即位時における政治的緊迫感を背景として、皇位継承時の政治的不安の高揚を未然に防ぐための「装置」として成立したとする仮説が出されている。[7]

平安朝における践祚儀の儀式次第を、『儀式』巻五「譲国儀」の規定に従って、以下に記述する。「譲国儀」は先帝譲位・新帝受禅の場合の規定であり、先帝崩御・新帝践祚の場合の規定は『儀式』には存在しない。

まず、天皇は本宮を出て別所（御在所）に移御する。文武官人も属従する。儀式の三日前になると、鈴鹿、不破・愛発（平安中期以降は逢坂）の三関を管掌する関国に固関使が派遣され関門を閉塞し警固に当る。但し、三関は延暦八（七八九）年七月の勅で廃止されているが、廃止以後も以前と同様に、天皇の崩御・譲位等の非常時には固関使が派遣されている。(8)

儀式が挙行される場所については、『儀式』規定は「皇帝御レ南」とだけ記す。(9)『西宮記』、『北山抄』、『江家次第』では、いずれも「皇帝御二南殿一」とし、南殿（紫宸殿）における挙行を明記している。

当日、天皇が南に御すと、皇太子も殿上の座に就く。次いで、近衛府により南門（紫宸殿挙行の場合は承明門）が開かれ、親王已下官人が参入し所定の位置に列立する（親王以下五位以上は門内、六位以下は門外に列立する）。宣命大夫が版に就き、譲位の宣命が宣制される。

『儀式』には、譲位宣命の全文は掲げられていないが、『朝野群載』巻第十二「内記」に「御譲位宣命書様」（譲位宣命の雛形、模範例文）が記載されているので、(10)次に掲げておく。

現神（止）大八洲国所レ知（須）、倭根子天皇（我）詔旨（良万止）勅御命（乎）、親王・諸王・諸臣・百官（乃）人等・天下公民、衆聞（止）宣、朕以二薄徳一（天）、久纂二洪緒一、是以皇太子（止）定（多留）、某親王（尓）、授二万機一（介）賜（倍天）、…………此皇子温恭蘊性、仁孝凝レ神（天）、太能毛之久於多比之久在（仁）依（天奈牟）、此位（乎）授賜（布）、諸衆此状（乎）悟（天）、清直心（乎毛知天）、此皇子（乎）輔導（支）仕奉（天）、天下（乎）平（久）令レ有（与）、…………仕奉（倍之止）詔、天皇（我）勅命（遠）衆聞食（止）宣、

（（　）括弧内は二行割注）

譲位の宣命に対して、親王已下が称唯（上位者の命令に対して下位の著が「おお」と称して応答すること）(11)し再拝、退出する。近衛府が門を閉じる。門が閉じられると、

今帝下レ自二南階一、去レ階一許丈拝舞、訖歩行帰列〔到イ〕、内侍持二節剣一追従、所司供二奉御輿一、皇帝辞而不レ駕、衛陣警蹕、少納言一人率二大舎人等一、持二伝国璽櫃一追従、次少納言一人率二大舎人・闈司等一、持二鈴印鑰等一、進二於今上御所一、次近衛少将率二近衛等一、持二供御雑器一進二同所一、訖今上御二春宮坊一、諸衛警蹕・侍衛如レ常。

今帝（皇太子）は階を下り、拝舞す。節剣を持つ内侍が追従する。所司は御輿（輦車）に供奉し、衛陣は警蹕（天皇出還御の時、声をかけてまわりを戒め、先払いをすること）を称える。少納言一人は大舎人等を率いて伝国璽櫃を持って追従する。次に、少納言一人は大舎人・闈司等を率いて鈴印鑰等を持って、今帝の御所に進め、近衛少将は近衛等を率いて供御の雑器を持って同所に進む。訖ると、今上は春宮坊に還御する。諸衛警蹕は常の如し。

「譲国儀」の儀式次第は、譲位宣命宣制と剣璽渡御により構成される。剣璽渡御儀礼とは、剣と璽の皇位の「神器」と、内印、符節（駅鈴・関契・節刀・伝符等）の私家あることが禁じられている「重器」、及び「供御雑器」が、先帝の譲位或いは崩御の日に、今帝に奉献され、継承する儀である。

なお、内印とは、三寸平方で「天皇御璽」の印文がある天皇印のことである。符節とは、駅鈴、関契、節刀、伝符等のことを指す。駅鈴は駅使に国家が給した鈴で、それにより駅馬が供給される。また駅鈴は発兵符ともなる。関契は関所通行証のことで三関の国に各二枚与えられる。節刀は天皇から特命大使として遣唐使や出征将軍に下賜され、その任命の標とした刀。伝符は伝馬の使用許可証で、緊急を要する通信用の駅鈴と異なり、新任国司の任地赴任・部領使・相撲人等の公用で旅行する者が使用する。(12)

第三節　即位式

践祚儀は平安時代初期に創出された新儀であり、それ以前の天皇即位儀礼は即位式と大嘗祭の二種の儀式・祭儀により構成される。

まず、『日本書紀』の即位・即位前紀記事には、天皇が即位に際して、「壇」（『書紀』古訓では「たかみくら」）に昇り（雄略天皇・清寧天皇・武烈天皇・孝徳天皇・天武天皇）、「璽符」（允恭天皇・継体天皇）・「璽」（清寧天皇・顕宗天皇）・「璽印」（推古天皇・舒明天皇）・「璽綬」（孝徳天皇）・「鏡剣」（継体天皇・宣化天皇・持統天皇）の奉献、「天神寿詞」（持統天皇）の奏上、を受けていることが散見する。そうした記事が見えるのは、『書紀』全体から言えば、巻十三の允恭天皇以降で、巻十三〜巻十八の允恭天皇から宣化天皇迄、そして、巻二十二〜巻三十の推古天皇から持統天皇迄ということができる。（表1参照）

この内、「璽符」・「璽」・「璽印」・「璽綬」の語句は、漢籍では秦の始皇帝の創制にかかると言われる「伝国璽」のことを指し[13]、従って、『書紀』編纂最終段階における漢籍による潤色の可能性がある。一例を挙げれば、『漢書』には、「謹奉二天子璽符一」（文帝紀）あるいは「群臣奏二上璽綬一、即皇帝位」（宣帝紀）とある。さらに、允恭天皇・継体天皇・舒明天皇即位（即位前紀）記事は、『漢書』の「文帝紀」をもとにした潤色であり、雄略天皇・清寧天皇・武烈天皇・天武天皇の昇壇即位記事は、『後漢書』の「光武於レ是命二有司一、設二壇場於鄗南千秋亭五成陌一……六月己未、即皇帝位」（光武帝紀）に出典が求められる[14]。

しかし、これらの即位・即位前紀記事の総てが漢籍による潤色であるとも断言できない。例えば、継体天皇即位・即位前紀記事は『漢書』「文帝紀」により潤色されているが、「文帝紀」では「太尉勃乃跪上二天子璽一」と作るのを、「継体天皇紀」では「大伴金村大連乃跪上二天子鏡剣璽符一」としている。また、「宣化天皇紀」の「群臣奏二上剣鏡於武小広国押盾尊一」という記述も、「群臣奏二上天子璽符（璽綬）一」といった成句に「剣鏡」の語句が挿入されたものであろう。

問題はこれらの即位記事の信憑性であるが、この点については夙に直木孝次郎氏の卓論がある[15]。直木氏は特に「鏡剣」「璽」に注目して立論されているが、その論点は以下のようになろう。持統天皇即位記事を除いて、允恭

表1 『日本書紀』即位記事

		即位	鏡・剣	璽	壇	天神寿詞	巻数
1	神武天皇	○					3
2	綏靖天皇	○					4
3	安寧天皇	○					
4	懿徳天皇	○					
5	孝昭天皇	○					
6	孝安天皇	○					
7	孝霊天皇	○					
8	孝元天皇	○					
9	開化天皇	○					
10	崇神天皇	○					5
11	垂仁天皇	○					6
12	景行天皇	○					7
13	成務天皇	○					
14	仲哀天皇	○					8
15	応神天皇	○					10
16	仁徳天皇	○					11
17	履中天皇	○					12
18	反正天皇	○					
19	允恭天皇	○		○(璽符)			13
20	安康天皇	○					
21	雄略天皇	○			○		14
22	清寧天皇	○		○(璽)	○		15
23	顕宗天皇	○		○(璽)			
24	仁賢天皇	○					
25	武烈天皇	○			○		16
26	継体天皇	○	○	○(璽符)			17
27	安閑天皇	○					18

28	宣化天皇	○	○				18
29	欽明天皇	○					19
30	敏達天皇	○					20
31	用明天皇	○					21
32	崇峻天皇	○					
33	推古天皇	○		○(璽印)			22
34	舒明天皇	○		○(璽印)			23
35	皇極天皇	○					24
36	孝徳天皇	○		○(璽綬)	○		25
37	斉明天皇	○					26
38	天智天皇	○					27
39	天武天皇	○			○		29
40	持統天皇	○	○			○	30

注：継体天皇の場合、璽符は曲玉、あるいは玉製の印を指すとも考えられるが、そう解釈すると、同一記事の中で、璽符の意味が二通りの意味を持つことになる。古典文学大系本『日本書紀』（岩波書店、昭和40年）の頭注では、鏡剣＝璽符としている。

天皇から孝徳天皇までの「鏡剣」「璽」の奉献を受けている八例中六例までが、「璽印（璽綬）」と言った漠然とした書き方をしていること。さらに、奉献記事のある天皇は、その殆どが即位に問題のあったことから、書紀編者が皇位継承の正当性を強調するために、編纂時――持統天皇朝以後の令制即位式に関する知識をもとにして記載されたものが少なくないとされる。そして一つの結論として、『書紀』の即位記事の中で即位式の儀式次第を知る確実な史料とは、孝徳天皇と持統天皇即位記事であり、レガリア奉献が即位儀礼として重要な位置を占めるようになるのは孝徳天皇以降であり、その変遷を、①天智天皇朝～天武天皇朝は鏡剣玉の三種の神宝奉献、②持統天皇朝以降は鏡剣の二種の神宝奉献、と推定される。

　右の直木氏説の内、孝徳天皇と持統天皇即位記事が定点記事となることには、異論がないが、両即位記事以外を総て令制即位式に関する知識をもとにした書紀編者の作文・潤色としてしまうのでは、説明のつかない点もある。

① 「養老神祇令」践祇条では「神璽之鏡剣」を奉上するのは忌部氏の職掌であることが規定されているが、継体天皇に鏡剣を献上したのは大伴金村大連であり、宣化天皇の場合は群臣としている。

② 孝徳天皇即位記事にも見えることであるが、即位に際して「壇」を設けていることである。壇に昇って即位し、その場所を宮と定めたという記事がある（雄略天皇・清寧天皇・武烈天皇・孝徳天皇・天武天皇）。この壇が令制即位式において大極殿に鋪設される高御座に継承されていくのであろう。

この問題については、その後、岡田精司氏、和田萃氏、井上光貞氏、溝口睦子氏、小林敏男氏、高森明勅氏などにより、検討が加えられた。[16] 各論者の論点と視角は異なるが、少なくとも、孝徳天皇と持統天皇即位記事は事実を伝えたもので、そこにみられる即位式の要素――レガリア（神器、宝器）の奉献・受理、「壇」に昇ること――は、令制以前に遡る儀礼である、とする点では共通しているといえる。

『書紀』の即位記事において、即位式の具体的な儀式次第が伺えるのは、「升壇」即位した孝徳天皇即位記事と、次に掲げる持統天皇即位記事である。持統天皇は持統天皇四（六九〇）年正月一日に即位式を挙行する。

物部麻呂朝臣樹㆓大盾㆒、神祇伯中臣大嶋朝臣読㆓天神寿詞㆒、畢忌部宿禰色夫知奉㆓上神璽剣鏡於皇后㆒、皇后即天皇位。公卿百寮、羅列匝拝、而拍㆑手焉。

右の持統天皇即位記事によると、即位式において、中臣氏が聖なる水の由来を説いた「天神寿詞」を奏上し、忌部氏が「神璽剣鏡」を奉上している。中臣氏の「天神寿詞」奏上と、忌部氏の「神璽鏡剣」奉上の両儀が見える文献上の初見である。

同即位記事に対応するのが「養老神祇令」践祚条規定である。

几践祚之日、中臣奏㆓天神之寿詞㆒、忌部上㆓神璽之鏡剣㆒。

この条文の「践祚之日」が「即位之日」であることは、「神祇令践祚条集解」に「古記云、践祚之日、答、即位之日。……跡云、践祚之日、謂㆓即位之日㆒也」とあり、「古記」「跡記」の注釈から理解され、さらに践祚条規定は「大宝神祇令」にも存在したことが推定されている。[17] 持統天皇即位記事及び「令」規定では、中臣氏の天神寿詞奏上と忌部氏の鏡剣奉上を即位式の行事とするが、後述するように、平安朝的形態の即位式では両儀はおこなわれず、『儀式』『延喜式』規定は大嘗祭二日目の辰日の行事とする。この間の経緯については次のような私見を述べたことがある。[18]

令制当初、即位式においておこなわれていた中臣氏による天神寿詞奏上と忌部氏による鏡剣奉上は、即位式の儀式的整備過程（唐風化）で儀式としてそぐわなくなり、それが、伝統的な行事・作法を保持・継承しようとする大嘗祭（の辰日）に移された。その時期は、天皇即位儀礼の再編成が計られる桓武天皇大嘗祭からであろう、と。

平安朝における即位式は大儀（「左近衛府式」大儀条に「大儀（謂㆔元日即位、及受㆓蕃国使表㆒）」とある）とされ、『儀式』巻五「天皇即位儀」に拠り儀式次第を述べる。なお、儀式次第・鋪設・儀仗は元日朝賀式と略同じであるので、『儀式』巻六「元正朝賀儀」も参照する。

儀式は大極殿において挙行される。『儀式』によると、即位式の当日には、大極殿中階より南の十五丈四尺の地点（龍尾道上）に銅烏幢が建てられ、その東に日像幢、朱雀旗、青龍旗が建てられる。銅烏幢の西には月像幢、白虎旗、玄武旗が建てられる。蒼龍・白虎両楼北辺に龍像纛幡・鷹像幡・小幡、龍尾道東西階下に虎像纛幡・熊像幡・小幡が建てられ、さらに昭慶・会昌・応天・朱雀・宣政・章善等諸門に種々の幡が林立し、[19] 鉦鼓・香桶等が庭上（朝堂院の朝庭）の所定の場所に設置される。

近衛府以下の各衛府は各々所定の場所に分陣する（近衛府――蒼龍・白虎両楼北辺、兵衛府――龍尾道東西階下、衛門府――会昌門・応天門・朱雀門・宣政門・章善門及び諸掖門[20]）。番上隼人卌人、今来隼人廿人、白丁隼人百卅二人は応天門外の左右に分陣する。朱雀門外より教業・豊財両坊小路に到るまでは衛士が隊している。大舎人寮官人は、威儀物（威儀を示す品――屏繖・円翳・円羽・横羽・弓・箭・太刀・桙・杖・如意・蠅払・笠・挂甲）を執る舎人を帥いて近衛府陣の北一杖の所に列立する。また、内蔵寮と大蔵省の官人も威儀の柳筥を頸に懸け胸に抱いた蔵部を率いて列立し、続いて掃部寮官人は胡床を持つ掃部を、主殿寮官人は黄袍を着した殿部を夫々率いて列立する。礼服を着した主殿・図書両寮官人は前庭に設置された爐の東西に列する。

寅一刻（午前三時）、兵部省による諸幡・諸衛の儀仗等の検校がある。六位以下刀禰は朱雀門外で正列し、弾正台による礼儀・帯仗の非違についての糾弾を受けた後、同門東西の掖門より入り、翔鸞・棲鳳両楼南頭に列立する。儀式を進行させる典儀・賛者は光範門より入り大極殿前庭の位に就く。大臣以下は含耀・章義両門より入り、朝集堂上に一旦就く（大臣以下参議迄は東朝集堂上、親王以下非参議の三位迄は西朝集堂上）。式部省による五位以上（四位・五位）の唱計があり、五位以上は唱に従い称唯し朝集院庭上に列立する。装了を知らせる鼓が撃たれると、章徳・興礼両門が開かれ、伴・佐伯両氏が門部を帥いて同両門より入り、会昌門内の胡床に座す。

辰一刻皇帝出レ自二建礼門一、御二太極殿後房一、女孺十八人執レ翳、三行就二戸前座一（割注略）、褰帳命婦二人・威儀内命婦四人、各着二礼服一、相分為以レ次就レ座、侍従四人（割注略）、相分共立、次少納言二人、分入レ自二昭訓・光範両門一対立、両氏降レ壇、北向立二門下一、門部開レ門、諸門共開、各還二本位一、兵庫頭進、申二内弁大臣一云、令レ撃下召二刀禰一鼓上、大臣宣、令レ撃、頭称唯撃レ之、諸門鼓皆応、参議以上依レ次降レ堂、就レ列参入、諸仗及内舎人・両氏共立、省掌二人趨進、互称三大夫等応二参進一、各一声、五位已上依レ次、自二会昌門東西戸一参入、録二人立二門外一、互称二容止一、立定式部録率二六位已下刀禰一、左右相分、自二同門一（割注略）、省掌行且称二容止一、以レ次就レ位、親王入レ自二顕親門一就レ位、訖式部史生左右相分、録二諸司六位刀禰見参一、

爰式・兵両省掌率二応レ叙人一、左右相分、参入列立、
皇帝服二冕服一、即二高座一、命婦四人分在二御前一、至二高座下一立、御座定、命婦引還、時殿下撃レ鉦、三下（割注略）、二九女孺執レ翳、左右分進奉レ翳、命婦二人褰二御帳一復二本座一、女孺還二本座一、宸儀初見、執レ仗者倶称レ警、式部録以下・省掌已上共称二面伏一、群官磬折、諸仗坐、主殿・図書各二人、以レ次東西、就レ爐焼レ香、訖典儀曰再拝、賛者承伝、王公百官再拝、訖宣命大夫進レ自レ位、就二宣命位一、宣制云、明神（止）大八洲国所レ知、天皇詔（良万止）宣勅（乎）、衆聞食（止）宣、群官共称唯再拝、掛畏（岐）明神坐天皇（我云云）宣、群官称唯再拝、然皇（止）大坐（氏）、天下治賜君（波）、賢人（乃云云）宣、群官称唯再拝、舞踏再拝、武官倶並振レ旆称二万歳一（割注略）、不二拝舞一、待三宣命大夫退復二本列一而止、式部就二案下一、喚授二位記一、兵部亦如レ之、訖被レ叙親王以下立レ列、再拝舞踏、典儀曰、再拝、賛者承伝、群官倶再拝（群官謂二百官及被レ叙之人一）、訖殿上侍従進当二御前一、傍行数歩、北折進跪、膝行数歩称二礼畢一、膝行却退、…………

（　）括弧内は二行割注。以下同じ）

儀仗が整うと、辰一刻（午前七時頃）、天皇は建礼門より出て大極殿の後房に御す。大極殿殿上には、奉翳女孺十八人、褰帳命婦二人、威儀内命婦四人が所定の座に就く。門部が会昌門を開くと、諸門も同時に開門。刀禰を召す鼓が撃たれると、参議以上が朝集堂より降り、列に就いてまず朝堂院に参入し、所定の位に就く。五位以上が会昌門東西戸より朝堂院に参入し、所定の位に就く。次いで、六位以下刀禰が左右に分かれ同門より参入し、所定の位に就く。親王は顕親門より入り、位に就く。式部による諸司六位刀禰の見参者の記録があり、叙位に預かる官人が参入し列立する。

冕服を着した天皇が大極殿の中央に鋪設された高御座に着御し、御座定めの命婦四人が引還すると、「褰二御帳一鉦」が撃たれる。高御座に着御した天皇は冕服（後述）を着し、胸には二旒の玉佩を垂らし、鳥皮舄を履き、

手には牙笏を構えている（『儀式』巻六「礼服儀」に「天子袞冕・十二章・牙笏」、『西宮記』「恒例第一　正月　朝拝」に「天皇就二高座一（即位時不レ待二次第一、吉時登レ座、着二冕冠・礼服・大袖・小袖・褶・烏皮舃・御笏等一、玉佩有二二旒一、綬垂二中間一）」とある[21]）。

鉦を合図に、東西の座から各々九人の女孺が高御座の前の南廂まで進み、左右三列で、長翳・中翳・短翳の翳を高御座の前面に差し出す（『北山抄』巻五に「二九女孺奉レ翳（出レ自二第二間一、更経二少納言後一、進二御前南廂一、立二三行一奉レ之、長翳在レ内、中翳在レ中、短翳在レ外）」とある）。褰帳の命婦二人は高御座の南面の御帳を褰げ、元の座に復し、奉翳の女孺は左右から差し出していた翳を伏せ（『江家次第』巻十四に「執翳女孺等偃レ翳」とある[22]）、元の座に還る。ここに「宸儀（天子）初見」となる。仗を執るものは共に警を称し、庭上に列立する群官は磬折（身を曲げて礼をする）し、諸仗は座す。

主殿・図書寮両官人の各二人は庭上の爐に就いて香を焼く。典儀（少納言）が再拝と曰うと賛者（典儀の補役）が承伝し、王公百官一同再拝。宣命大夫が版位に就き即位宣命を宣読する。

『儀式』には、即位宣命の全文は掲げられていないので、『朝野群載』巻第十二「内記」に記載されている即位宣命の雛形（模範例文）を次に引いておく。なお、早川庄八氏が本史料を訓読されている（同「律令国家・王朝国家における天皇[23]」）。ここでは、早川氏作成の訓み下し文を使用させて頂く。この「即位宣命書様」は、天応元（七八一）年四月の桓武天皇の即位宣命を範として作成されたもので、桓武天皇の即位宣命の書式は、少なくとも淳和天皇以降の平安朝の各天皇、さらには鎌倉時代以降も、踏襲されていく[24]。

①　現神と大八洲国所知す天皇が詔旨らまと宣りたまふ勅を、親王、諸王、諸臣、百官人等、天下の公民、衆聞きたまへと宣りたまふ。

②　かけまくも畏き平安宮に御宇しめしし倭根子天皇が宣りたまふ。「この天日嗣高座の業を、かけまくも畏

き近江の大津の宮に御宇しめしし天皇の初めたまひ定めたまへる法のまにまに、仕奉れ」と仰せたまひ授けたまふ大命を、受けたまはり恐み、受けたまはり懼り、進むも知らに退くも知らに、恐み坐さくと宣りたまふ天皇が勅を、衆聞きたまへと宣りたまふ。

③　さて、皇と定めて天下治めたまふ君は、賢人の良き佐を得てし、天下をば平けく安けく治むるものにありとなむ、聞こしめす。故れ是を以ちて、大命に坐せ宣りたまはく、朕は拙く劣くあれども、親王等を始めて、王等、臣等の相ひあななひ奉り相ひ扶け奉らむ事に依りて、この仰せたまひ授けたまへる食国の天下の政は、平けく安けく仕奉るべしとなむ、念行しめす。故れ是を以ちて、正しく直き心を以ちて天皇が朝廷を衆助け仕奉れ、と宣りたまふ天皇が勅を、衆聞きたまへと宣りたまふ。

④　辞別きて宣りたまはく、仕奉る人等の中に、その仕奉る状のまにまに冠位上げたまふ。また太神宮を始めて諸社の禰宜祝等に位一階給ふ。また僧綱を始めて諸寺の知行聞こゆる、并せて天下の僧尼の年八十より已上に、物施したまふ。また左右京、五畿内の鰥寡孤独、自存するに能はざる者と、天下の侍給へる人等に御物給ふ。また某年より以往の租税の未納は悉くに免し給はくと勅りたまふ天皇が御命を、衆聞きたまへと宣りたまふ。

この即位宣命は、早川庄八氏が考察されたように、四段から構成され、まず①は序文で、現神として大八洲国を統治する天皇の詔勅を、親王・諸王・諸臣・百官人等・天下の公民、総てが聞くことを命じている。②では、新帝が、前帝より、「近江の大津の宮に御宇しめしし天皇」――天智天皇が始め定めた「法」にしたがい、天皇位に仕奉れ、との大命を授かり、新帝は恐懼していることを述べる。③は、新帝の親王・諸王・諸臣等に対して、「正しく直き心」により補佐することを求める命令。④は辞別《ことわけ》で、即位にともなう叙位・賜物・復除が述べられる。

定型化した文面で、「ここには、記紀神話を背景とした在来の皇孫思想ないし万世一系思想や、外来の天命思想などを直接的に示す表現は、全くみられない」[25]が、皇位継承の正当性は、「近江の大津の宮に御宇しめしし天皇の初めたまひ定めたまへる法」――天智天皇が始め定めた「法」に求められている。天応元年四月十五日の桓武天皇の即位宣命では、この箇所は「近江大津の宮に御宇《あめのしたしらしめ》し天皇の勅り賜ひ定め賜へる法」とある。[26]なお、桓武天皇及びそれ以後の天皇即位詔に見える、この天智天皇が始め定めた「法」が、奈良時代の天皇即位詔に散見する「不改常典」（慶雲四〈七〇七〉年七月十五日の元明天皇即位詔、神亀元〈七二四〉年二月四日の聖武天皇即位詔、天平勝宝元〈七四九〉年七月二日条所引の聖武天皇譲位詔）と同じものであるのか否かは、「不改常典」の実態と共に未だ決着がつかない問題である。[27]

即位宣命が訖ると、群官は称唯し再拝、舞踏し再拝する。武官は旆を振り万歳を称す。但し武官は拝舞せず。式部・兵部両省による位記の授与が行われ（元日朝賀式には叙位は無い）、叙位者の再拝舞踏。典儀が再拝と曰うと賛者（典儀の補役）が承伝し、再び群官再拝。殿上の侍従が膝行して礼畢ることを伝えると、「垂二御帳一鉦」が撃たれる。鉦を合図に、各々九人の女孺が再び翳を差し出し、命婦は高御座の南面の御帳を垂らす。新帝は大極殿後房へ還入する。閤内の大臣は退鼓を打たせ、それを聞いて親王以下百官は退出し諸門が閉じられる。

儀式の中心は冕服を着した天皇が大極殿の高御座に着御すると、即位宣命が宣制され、高御座の天皇を礼服を着した親王以下官人が拝礼するというところにある。

冕服について述べておくと、冕服は天皇の礼服で、冕冠（冠上に織物で被われた板を載せ旒が付けられている冠）と袞服（袞衣とも。大袖の衣と裳よりなる。大袖には八種、裳には四種の紋様があり、合計十二章〈紋様〉となる）のことで、袞冕十二章とも称される。

冕服着用の文献上の初見記事は、『続日本紀』天平四（七三二）年正月一日条の聖武天皇の朝賀記事である。

御二大極殿一受レ朝、天皇始服二冕服一。

この時、聖武天皇は冕冠と袞衣を着して群臣の朝を受けたと思われるが、[28]厳密にいえば、その色彩・模様等は明確ではないと言わざるを得ない。[29]その後、弘仁十一（八二〇）年二月二日の嵯峨天皇の詔により、「帛衣」、「袞冕十二章」、「黄櫨染衣」の着用規定が定められる（『日本紀略』前編十四）。[30]

二月甲戌、詔、云々、其朕大小諸神事及季冬奉二幣諸陵一、則用二帛衣一、元正受朝則用二袞冕十二章一、朔日受朝、同聴政、受二蕃国使一、奉幣及大小諸会、則用二黄櫨染衣一。

図１　『文安御即位調度図』所載「高御座」
（『群書類従』公事部、第７輯所収）

袞衣（大袖・上衣）の実物としては孝明天皇礼服が宮内庁に現存し、また、江戸時代の即位式古絵図に袞衣図が見られる。細部には検討を要する点があるが、袞衣は赤色地の大袖で、肩の左右に日・月（太陽の中に三本足の烏、月の中には蟾蜍と不死の仙薬を搗く兎が描かれている）、背の上方に北斗七星、左右の袖に升龍、身に龍・山・雉・火炎・虎猿、が配されている。問題はこの形状がどこまで遡るかであるが、『西宮記』「臨事三　装束」の天皇即位条に「御服赤、日月七星《猿虎形》龍等繡二大袖一」とあり、少なくとも『西宮記』段階では、袞衣の色は赤で、日・月

・北斗七星・龍以下の紋様が縫付けられていることが確認される。

平安朝的形態の即位式は天皇が冕服を着すことに象徴されるように中国的に整備・完成された儀式であると言える。[31] なお、図1は『文安御即位調度図』所載の「高御座」図で、同図としては現存最古のものである。[32]

第四節　大嘗祭

大嘗祭は、天皇が即位の後、新穀により調理された御飯・黒酒・白酒等を天皇親ら神に奉り、天皇自身も食する神事で、儀式形態は宮廷の毎年の新嘗祭の規模を拡大したものである。[33] 但し、儀式次第の詳細が知られる平安朝的形態においては、両祭には次のような相違がある。

表2

	大嘗祭	新嘗祭
祭場	大嘗宮（朝堂院、龍尾壇下の南庭に臨時に造営）	中和院の神嘉殿
新穀	畿外から卜定した悠紀・主基両国の斎田より収穫した稲	畿内の官田から収穫した稲
芸能	諸国（美濃・丹波・丹後・但馬・因幡・出雲・淡路）の語部による古詞奏上、吉野の国栖奏等の芸能がある	地方からの芸能はなし
期間	四日間（卯・辰・巳・午）	二日間（卯・辰）

大きな相違点は右の通りであるが、大嘗祭と新嘗祭は本質的には同一祭儀であるとされる。[34] 大嘗祭の前身が新嘗祭であることは定説であり、その確実な文献上の初見は、『日本書紀』天武天皇二（六七三）年十二月丙戌（五日）条である。

十二月壬午朔丙戌、侍二奉大嘗一中臣・忌部及神官人等、并播磨丹波二国郡司、亦以下人夫等、悉賜レ禄。因以郡司等各賜二爵一級一。

右の天武天皇二年の記事が一般に即位の大嘗に関する最も古い史料であるとされるが、「天武天皇紀」の新嘗祭記事（天武天皇五年九月丙戌条・同六年十一月己卯条）によると、令制下では大嘗祭の時にのみ定められる悠紀・主基国の卜定が行われている。令制下における新嘗祭は畿内稲を用いて行われ、その点が原則として国内の東西に悠紀・主基田を卜定し、そこから収穫された畿外稲を用いる大嘗祭との大きな相違点の一つとなっている。こうした令制下の大嘗と新嘗の儀式のあり方からすれば、天武天皇朝は大嘗と新嘗が分離し儀式的に整備される過渡期であったと考える方が妥当であろう。更に文武天皇朝以降は即位後の大嘗祭記事が明記されている。従って、令制的形態の大嘗祭の直接的前身・初例を、持統天皇大嘗祭に求める説が有力であると思われる。(35)『書紀』持統天皇五（六九一）年十一月戊辰条には次のようにある。

　十一月戊辰、大嘗、神祇伯中臣朝臣大嶋読二天神寿詞一。壬辰（二十五日）、賜二公卿食衾一。乙未（二十八日）、饗三公卿以下至二主典一并賜二絹等一各々有レ差。丁酉（三十日）、饗下神祇官長以下、至二神部等一、及供奉播磨因幡国郡司以下、至中百姓男女上、并賜二絹等一。

大嘗祭は「律令」にも規定され、「養老神祇令」仲冬条に「仲冬　上卯　相嘗祭、寅日　鎮魂祭、下卯　大嘗祭」と定め、また、大嘗条には「凡大嘗者、毎レ世一年、国司行レ事、以外、毎レ年所司行レ事」とあり、その祭日（「神祇令義解」仲冬条に「謂、若有二三卯一者、以二中卯一為二祭日一、不三更待二下卯一也」とある(36)）と、毎世一年の大嘗（大嘗祭）は国司が担当し、毎年の大嘗（新嘗祭）は神祇官以下関係所司が担当すること、が定められている。(37)

令文及びそれを踏襲した式文が「毎世・毎年」の祭儀を共に「大嘗」と表記することについては、加藤優氏は、大嘗も新嘗も祭儀内容は基本的には同一であり、いずれも天皇自らおこなう重要神事という一箇の祭儀として位置付けようとする法規上の建て前、或は理念を反映したものであるが、祭儀を実修する上で令文においても区別の必要が生じ、その為に「毎世・毎年」の表記が付された、[38]と指摘されている。

なお、『本朝法家文書目録』[39]に引く「官曹事類序文」[40]に「事類者、続日本紀之雑例也、…………元会之礼、大嘗之儀、隣国入朝、朝廷出使、如レ此之類、別記備存」とある。『官曹事類』は逸書であるが、「続日本紀之雑例」として、『続日本紀』と同じく文武天皇元年から延暦十年迄の事例を収録するので、これにより、奈良時代に大嘗祭についての「別記」(儀式次第書であろう)が存在したことが窺える。

平安朝的形態の大嘗祭は『儀式』巻二〜四「践祚大嘗祭儀」に詳細な規定があり、中心となる神事・節会は十一月下卯の卯・辰・巳・午の四日間の行事として斎行される。即位式と大嘗祭の時期的関係については、「践祚大嘗祭式」定月条に、

凡践祚大嘗、七月以前即位、当年行レ事、八月以後者、明年行レ事〔此拠二受禅即位一、非レ謂二諒闇登極一〕

とあり、大嘗祭執行は即位式が七月以前の場合同年に、八月以後の場合は明年とする。定月条規定は、大嘗祭にとって必須の条件である稲の収穫時期より定められた条文であろうと思われる。[41]なお、同条は割注にあるように受禅即位の場合の規定であり、諒闇(最も厳重な天皇の服喪〈心喪〉のことを言い、原則として天皇の父母・祖父母、またはそれに準ずるものに対しておこなわれる)登極の場合は同規定に拘束されないとする。諒闇登極の場合の大嘗祭は、『北山抄』巻五「大嘗会事」によると朞年(満一年)後に延引される。

【悠紀・主基両国郡卜定】 まず、大嘗祭に際し、その神饌・節会に用いる新穀・酒料等を奉る二国が卜定される。その第一の国郡を悠紀、第二の国郡を主基という。両斎国の初見は天武天皇大嘗祭の播磨国・丹波国(『書紀』天武天皇二年十二月五日条)である。

両斎国郡は大嘗祭毎に神祇官において卜定される。天武天皇より光孝天皇迄に卜定された両斎国の分布には、

畿内国が一国も見えないこと、東限は遠江・越前、西限は備中・因幡であること、畿内を中心として必ずしも東西ではないこと（文武天皇――尾張・美濃、聖武天皇――備前・播磨）などの特徴が窺える。[42] 両斎国は平安朝に入ると次第に固定化し、悠紀国は宇多天皇朝から近江に定まり、主基国は醍醐天皇朝から丹波ないし備中（但し、冷泉天皇朝は播磨）の内より卜定されることとなる。『北山抄』巻五に「次令㆔諸卿定㆓申悠紀・主基両国㆒（旧例、国郡共卜、而寛平九年以後例如㆑之）」とあり、寛平九（八九七）年の醍醐天皇大嘗祭以後、両斎国は卜定によらず、公卿間の協議で決定され、斎郡のみが卜定されることとなる。

悠紀・主基両国郡卜定の月は特に定められてはいないが、四月に卜定されている例が多い。[43] ユキは斎忌・由機・由貴・悠紀、スキは次・須岐・須基・主基などと表記されるが、六国史では、弘仁元（八一〇）年十一月の嵯峨天皇大嘗祭（『後紀』）より悠紀・主基表記として一応定着する。ユキ・スキの語義については諸説があるが、[44] 西宮一民氏は、音韻からすると、悠紀は斎み清められた神聖な一区域の意の「斎場」であり、主基は「次」の意であるとされている。[45] 国郡卜定は神祇官の立ち合いのもと、亀の甲を灼き決定する。[46]

【大嘗会行事所】　中央では大嘗祭を統轄する大嘗会行事所が設置される。但し、新たに官衙が新設されるのではなく、卜占により定められた従来の官庁に設置される。行事所において実務を担当するのが行事（四位官人各二人、五位三人、判官以上が四人、主典以下五人。五位官人中には弁官職の官人〈行事弁〉、判官以上の官人には史各一人を用いる。判官以上は奏聞、主典以下は大臣に上申して決定される）である。[47] 大嘗会行事所を監督するのが検校（大納言・中納言・参議の三人が任命される）であり、検校は大嘗祭の祭祀事務一切を監督する。行事所は悠紀行事所・主基行事所に分かれ、その管轄下に小忌所・斎場所・出納所・楽所・絵所・風俗所・和舞所・女工所[48]・大炊所が置かれ、各所には所預を補し、各職掌に従い、分担して大嘗祭の準備をおこなう。

【大祓・奉幣】 八月に入ると、全国（左右両京・五畿七道）に大祓使を派遣し大祓を実施する。続いて、伊勢神宮及び五畿七道の祈年祭に預る神社へ奉幣使が派遣される。

【抜穂】 同月、悠紀・主基両国へ抜穂使（宮主〈卜部の長〉一人、卜部三人の計四人。両国に各々二人を充て、一人を稲実卜部、他を禰宜卜部と称する）が発遣される。抜穂使は斎郡に赴き、斎田（大田とも称す）六段と斎場を卜定する。斎田、斎場の夫々四隅には、木綿を付した榊が立てられる。さらに、在地の耕作・奉仕者である造酒童《さかつ》女《こ》（郡司の未婚の娘）一人、稲実公《いなのみのきみ》一人、大酒波《おおさかなみ》一人（「践祚大嘗祭式」では「御酒波」）、大多米酒波《おおためさかなみ》一人、粉走《こばしり》二人（「践祚大嘗祭式」では「篩粉」）、相作《あいつくり》四人（「践祚大嘗祭式」では「共作」）、焼灰《はいやき》一人、採薪四人、が卜定される(49)。

斎場には、八神殿（御膳のことなどに預る八神〈御膳八神〉——御歳神・高御魂神・庭高日神・御食神〈「践祚大嘗祭式」では「大御食神」〉・大宮売神〈「践祚大嘗祭式」では「大宮女神」〉・事代主神・阿須波神・波比岐神——を奉祀する）、高萱御倉（収穫された御稲の最初の四束を安置する）、稲実殿（白酒・黒酒の料となる稲穂を安置する）以下、使政所屋、抜穂使宿屋、五間屋（物部男・稲実公宿所）、造酒童女宿屋、物部女等宿屋、の殿舎が建造される。

抜穂の儀は九月に実修される。抜穂使が国司・郡司以下在地の雑色人等を率いて祓いをおこない、斎田に赴く。まず造酒童女が先頭に立ち稲を抜き取る。収穫された稲穂を御稲《みしね》・撰子稲《えりこのいね》と言い、最初の四束を供御飯に用い、その他の稲を黒酒・白酒の料とする。御稲は木綿を付した榊をさした辛櫃や竹籠に納められ、節会において群臣に賜わる多米都物（雑魚鰭・肴・菓子等）と共に、斎国の国司・郡司・造酒童女以下が行列を仕立て、九月下旬には京都の北野斎場へ運搬される。

【神服使・由加物使】　また、九月上旬、中央から参河国へ神服《かむはとり》使が派遣される。紀伊・淡路・阿波の三国へは由《ゆ》加物《かもの》使が派遣される。神服使は繒服（和妙、にぎたえ）を織るための絹糸を調達し、さらに神服を織る長・織女などを召喚する。由加物使は魚介類等の贄・祭器具類の貢上を監督する。また、麁服（荒妙、あらたえ）は阿波国の忌部が織り、神祇官に安置される。御稲、白酒・黒酒、贄、神服等は北野斎場において調備される。なお、九月晦日、北野斎場卜定に際して、神祇官、悠紀・主基両国司、山城国司など斎場の関係者の荒見河祓《あらみかわのはらえ》がおこなわれる。

【御禊】　大嘗祭の天皇神事に先立ち、十月下旬、天皇親ら河原に行幸し祓禊が実修される（御禊・河原の禊）。大嘗祭御禊行幸の文献上の確実な初見は、平城天皇が大嘗祭に際し、葛野川において御禊をおこなった記事（『日本紀略』大同二〈八〇七〉年十月二十八日条）である。

『儀式』規定によると、大嘗祭御禊行幸には、神祇官、太政官（留守官を除く）以下、七省（兵部省・民部省・治部省・式部省・中務省・大蔵省・宮内省）、一台（弾正台）、六衛府（左右衛門府・左右兵衛府・左右近衛府）官人、また、主要な被官諸司官人が供奉し、さらに、東宮・親王・女官も参列する。鹵簿は「朝廷の構成メンバーのほぼ全範囲[50]」によって形成される。該規定が、古代天皇の行幸鹵簿の具体的な形態を知ることができる最も纏まった史料である。行幸には、左衛門府・左兵衛府の「纛幡」の外、「節旗」が漸出する[51]。

十一月より散斎期間に入る。それに先立ち、十月中旬には、五畿内はじめ諸国に、太政官符が下され、散斎・致斎、禁忌のことが告示される。散斎は一箇月間（平城天皇朝より一箇月間となる。それ以前は三箇月間〈『類聚国史』巻八　神祇部八　大嘗会〉）で、致斎は三日間である。斎月中は、禁忌（不レ預二仏斎・清食一、不レ弔レ喪、不レ問レ病、不レ食レ宍、不レ判二刑殺一、不レ決二罰罪人一、不レ作二音楽一）が課され、穢れを避り、忌詞（「死」を「直る」、「病」を

「息む」、「哭く」を「塩垂れ」、「血」を「汗」、「宍」を「菌」と言い換える）を用いる。そして、大嘗祭が斎行される卯日の前日――鎮魂祭の寅日を含む三日間（丑日・寅日・卯日）は、最も厳重な斎戒がおこなわれる致斎となる。

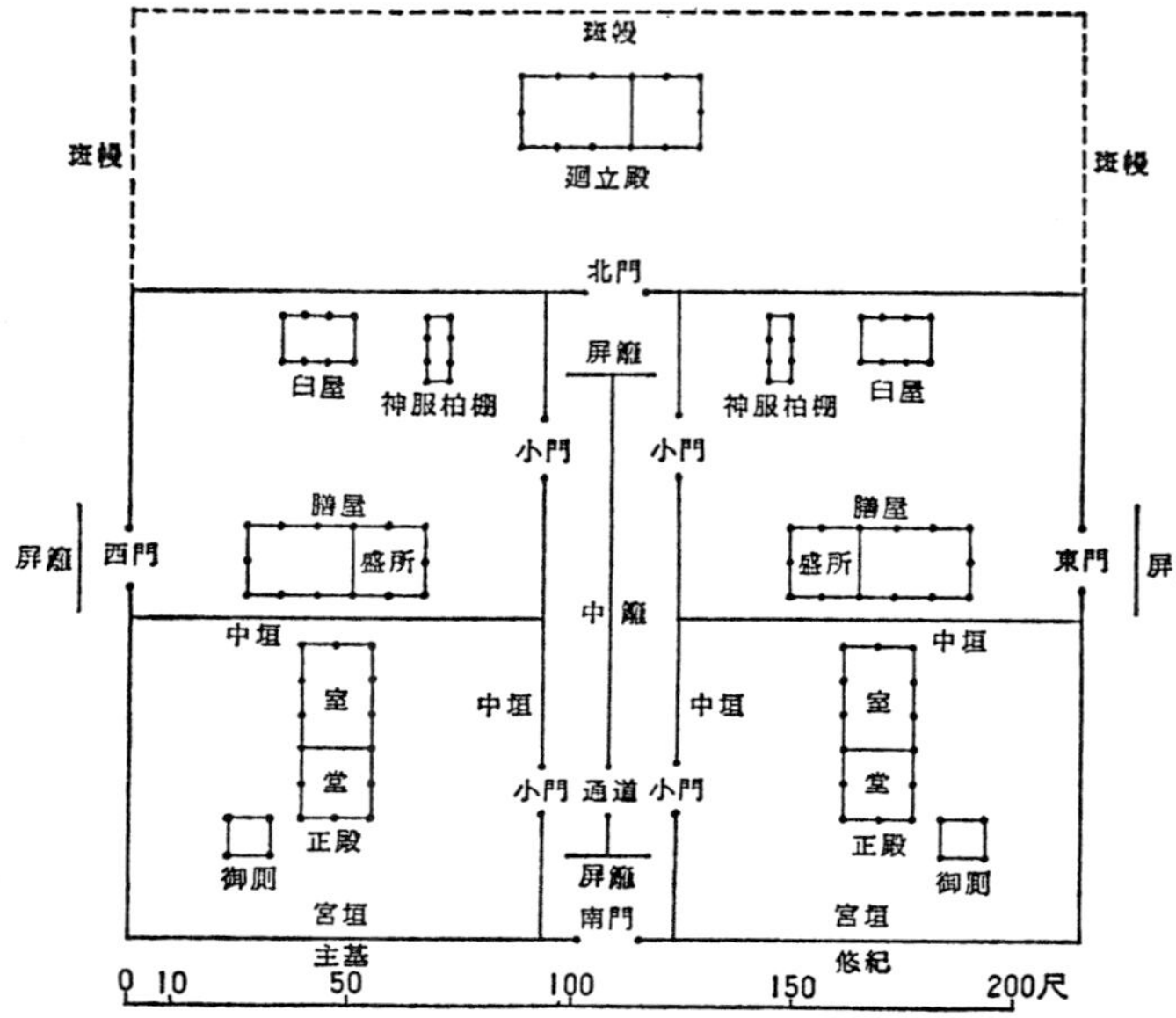

図2　池浩三氏作成の大嘗宮・廻立殿復元図
（池浩三氏『家屋文鏡の世界』〈相模書房、昭和58年〉より転載）

【大嘗宮】　大嘗祭の七日前になると、朝堂院前庭の龍尾壇下に大嘗宮の造営が開始される。地鎮祭がおこなわれ、大嘗宮は五日間以内に造り終えることとなっている(52)。

大嘗宮の結構は中央の中籬により東西に中分され、東が悠紀院、西が主基院となる。院内において神饌が調備、親供される。殿舎の位置は両院で対蹠となる。

院内は東西の中垣により二分され、南には悠紀殿（間口二間、奥行五間の正殿、長さ四丈、広さ一丈六尺、柱高一丈、梲高四尺。北三間を室〈神座が鋪設され、悠紀御膳を親供する室〉、南二間を堂とする）、御厠（一間、長さ一丈、広さ八尺、高さ七尺。「掃部寮式」践祚大嘗祭条に「御厠殿鋪二折薦八重帖一枚一」とある）、北には膳屋（悠紀殿と同じ五間の屋、東三間は悠紀御膳の調理所、西二間は盛膳所）、臼屋（三間、長さ一丈六尺、広さ一丈、御稲を舂く所）、神服柏棚（三間、長さ一丈五尺、広さ五尺、高さ四尺、神服・神座等を一時安置する所）の殿舎が建造される。いずれも黒木造り（皮着きの木）で、柏棚以外の葺代は青草であったと思われ、卜食の山野より採取した黒木・萱を用材とする。周囲は柴垣（垣上に椎の若枝を挿す）で囲まれ、西に二門、東には外に屏籬を拵えた一門が設けられる。また、北門の北には、廻立殿（五間の屋）が建造される。

悠紀御膳が親供される悠紀殿の内部は以下のような結構である。屋は、椽の長さ一丈三尺、葛野席《むしろ》で覆い、青草を葺き、町形《まちかた》（黒木）を置き、黒葛で結ぶ。甍は五尺の堅魚木八枝を置き、搏風《ちぎ》をつける。天井は檜竿を黒葛で結び、小町席を承塵《しょうじん》（屋の塵をうけるもの）とする。

神座が鋪設される室は、地面に束草《あつかくさ》を敷き、上に播磨簀を張り、さらに席を敷き床とする。壁は草を心として表に伊勢斑席《まだらむしろ》、内に小町席を用い、南（室堂間の戸）は席を部めた戸に布の幌《とばり》を懸ける。悠紀殿の前室にあたる堂は、東南西三面に葦簾、内に席障子を懸け、西面のみ葦簾を巻き上げる。床は地に束草を敷き、上に竹簀を張る。なお、堂の入口は西面だけが葦簾を巻き上げてあるので西と思われるが、『江家次第』巻十五「大嘗会卯日」条に「仁和記云、自㆓南簷㆒開㆑簾入御」とあり、堂の入口は南となっている。また、『江記』天仁元（一一〇八）年十一月二十一日条（鳥羽天皇大嘗祭）には、嘗殿への神具搬入について、「脱㆔鞜於㆓階下㆒昇㆓広廂㆒到㆓南戸下㆒」とあり、[53]正殿には階梯が付けられており、高床式であることが窺える。また、『兵範記』仁安三（一一六八）年十一月二十二日条（高倉天皇大嘗祭）には「板敷用㆓播磨簀㆒其上展㆓弘筵㆒」とあり、床を板敷と記している。

悠紀殿・主基殿内に神座が鋪設されるのは、卯日当日の酉刻（午後六時頃）よりである。「掃部寮式」践祚大嘗会条によると、卯日の未刻（午後二時頃）に悠紀殿・主基殿の南の堂に葦簾が懸けられ、主殿寮は幔を樹てる。次に廻立殿内の鋪設がおこなわれる。酉刻（午後六時頃）より、小忌官人（小忌公卿）と掃部寮官人合せて十人の卜食者が大嘗宮の北門から入り、神座・御座等を持って嘗殿に参入する。小忌官人の指示により、掃部寮官人が神座・御座を鋪設する。さらに『儀式』『北山抄』巻五によると、中臣・忌部各一人は、縫殿・大蔵等の官人を率いて神座上に衾・単を置き、また内蔵官人を率いて廻立殿に御服・絹幞頭を置く。そして、神祇官官人に率いられた神服宿禰が繒服の案を、忌部一人が麁服の案を、各々神座の上に置き、主殿寮は斎火の燈楼を設置する。嘗殿の神座等の鋪設は天皇が大嘗宮に渡御するまでに完了する。

神座・御座の具体的な鋪設方法については、『儀式』『延喜式』には規定が見えないが、川出清彦氏、岡田荘司氏、牟禮仁氏が、『江記』天仁元年十一月二十一日条（鳥羽天皇大嘗祭）、『兵範記』仁安三年十一月二十二日条（高倉天皇大嘗祭）をもとに復元されているので、以下に参照させて頂く。[54]

神座の鋪設も時代により変遷があり、古式を伝えるとされる『江記』は以下の如くである。『江記』には次の三方式の神座鋪設が記されている。

①「延喜式心作図」に依った神座鋪設で、三行敷きの中央を神座（寝座）とするものである。まず、長さ一丈二尺五寸の河内黒山筵帖二枚を中央に敷く。東西を妻、南北九尺。次に帖四枚を、中央の二枚は重なる様に南北に並べる。中央の重なった部分に、広さ四尺五寸の筵一枚と薦七枚を更に敷く（ここに坂枕〈中央の帖二枚の中〉・御衾・御単が置かれる）、左右に四尺帖二枚を敷く（第一神座）。この神座の東に接して御座（六尺帖を四枚重ね、上に筵一枚と薦七枚を敷いたもの、天皇御座所）を設け、八尺帖一枚を御座と神座に半分ずつ懸け渡す。そして御座と相向かう所に短帖（第二神座）を置く（川出氏復元図A参照）。

②三行敷きの神座鋪設で、九尺帖三行の下敷に、さらに一丈二尺五寸帖二枚が横長に南北に置かれ、三行下敷の中央に九尺帖二枚を敷き、第一神座（寝座）とする。六尺帖四枚を重ね御座（天皇御座所）とする。三行下敷東の九尺帖には八尺帖一枚を半分ずつ懸け渡す。第二神座の短帖は東戸前に置かれ、六尺帖（御座）の東となる。

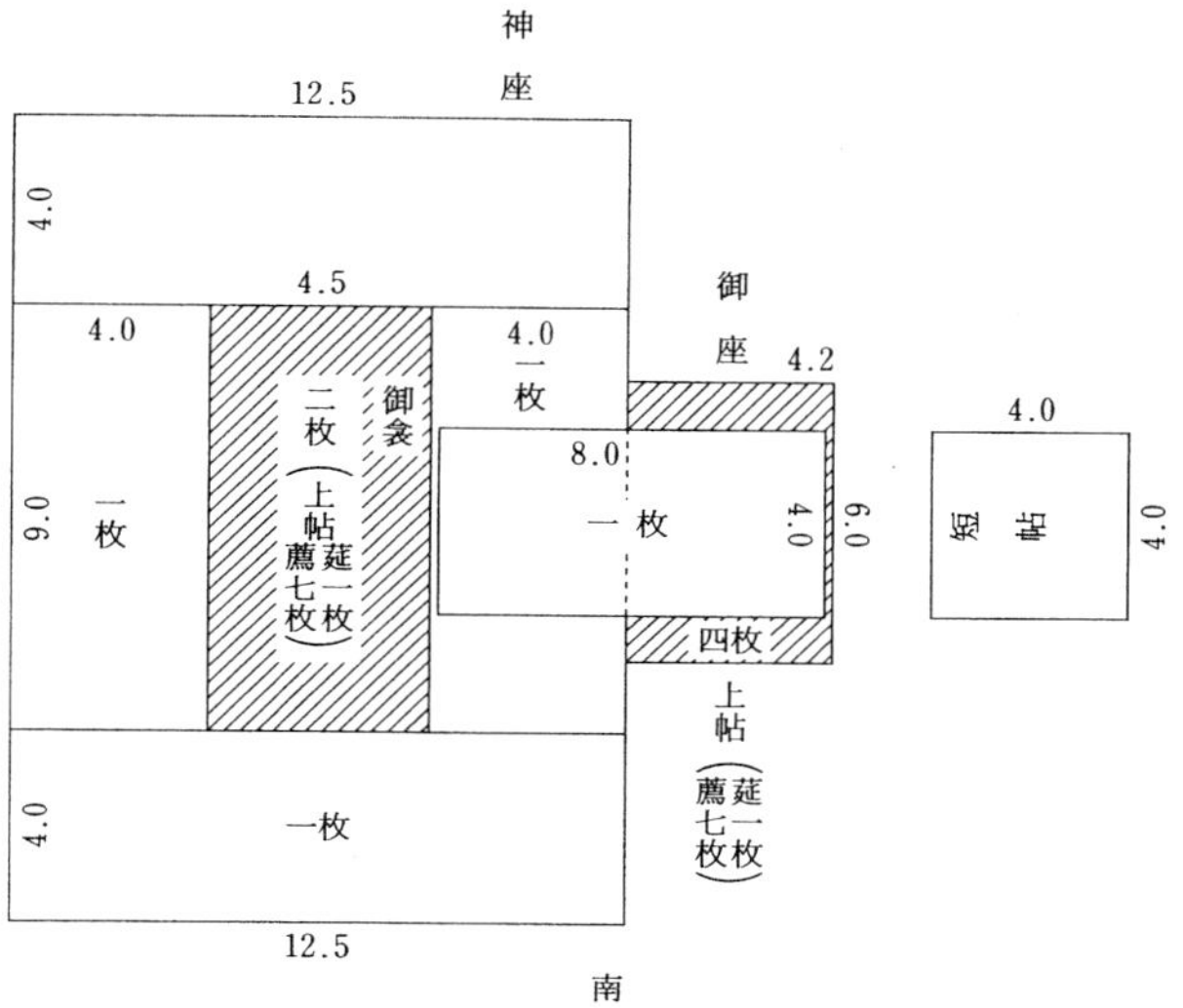

図A　川出清彦氏 神座復元図（『江記』①）
（同『大嘗祭と宮中のまつり』〈名著出版、平成２年〉より転載）

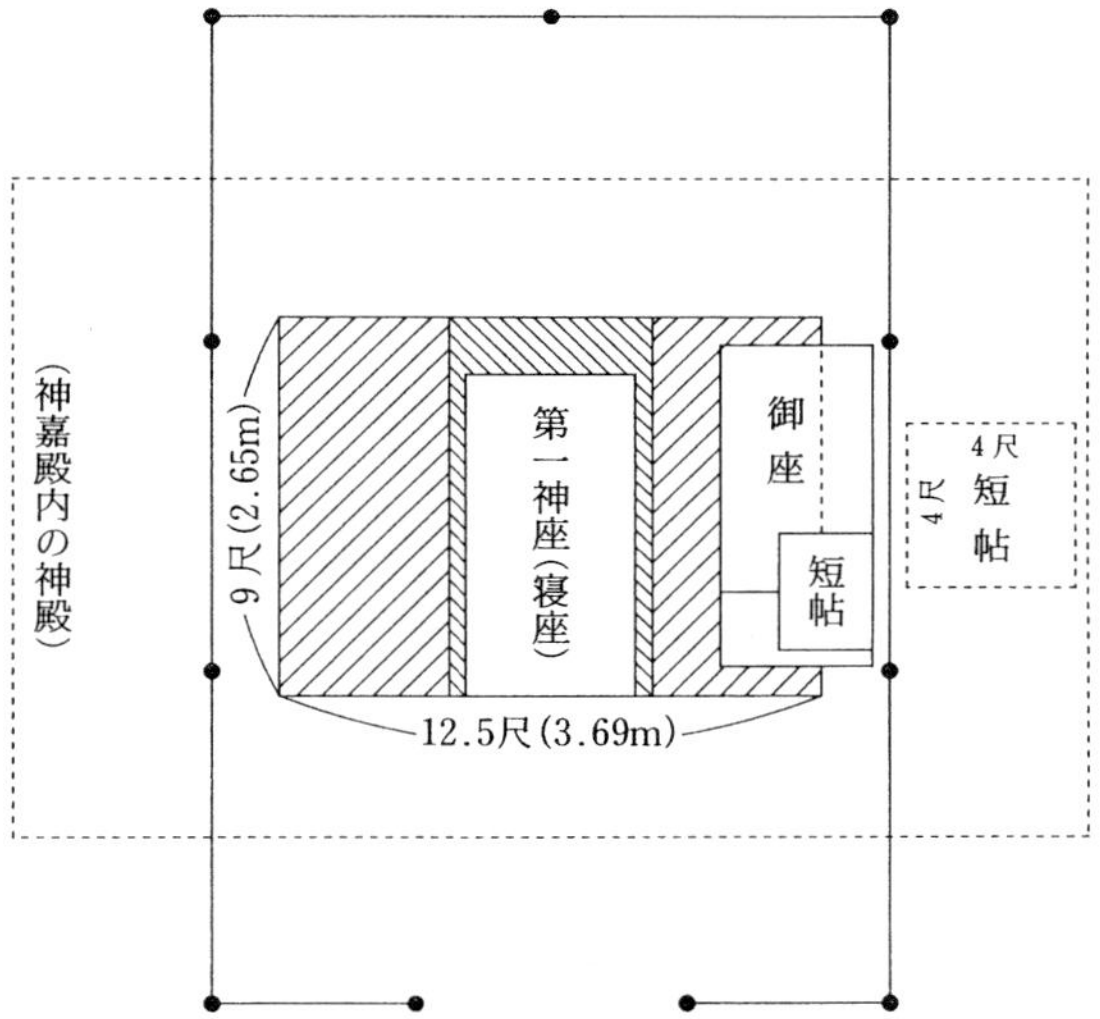

図B　岡田荘司氏 神座復元図（『江記』②）
（同『大嘗の祭り』〈学生社、平成２年〉より転載）

なお、この②の神座鋪設記事については、現行活字本では六字分の欠字があり、特に、御座の位置・方向を正確に確定することが困難であり、御座の位置・方向の想定により復元図が変ってくる（岡田荘司氏復元図B、牟禮仁氏復元図C参照）。

③「近代所ㇾ行二行敷」の神座鋪設で、二行敷きの中央を神座（寝座）とするものである。二行の下敷中央に九尺帖四枚を重ね、第一神座とし、その東に御座（短帖、天皇御座所）を置き、八尺帖を第一神座と御座に懸

け渡す（川出氏復元図D参照）。

室内の他の鋪設としては、打払筥（神座を払うと思われる布を納めた柳筥）が第一神座の東の帖上に、繒服案・麁服案が神座上に、燈楼が艮巽角にそれぞれ置かれる。

『兵範記』の神座はやや異なる。先ず六尺の畳（帖）四枚を南北二行に並べ、上に一丈二尺五寸の畳二枚を重ね敷く。中央に九尺畳四枚を重ね、その上に八重畳（長さ八尺・弘さ四尺、筵一枚薦七枚）を置く。これが第一神座で、ここに神衾を供する。そして第一神座の巽角に第二神座半帖（三尺余）を巽方向に置き、その北に御座（天皇御座所）半帖（三尺余）をこれに相対するように並べる。坂枕が八重畳南端、打払布は八重畳の東、神服案は神座北端に置く。（川出氏復元図E参照）。

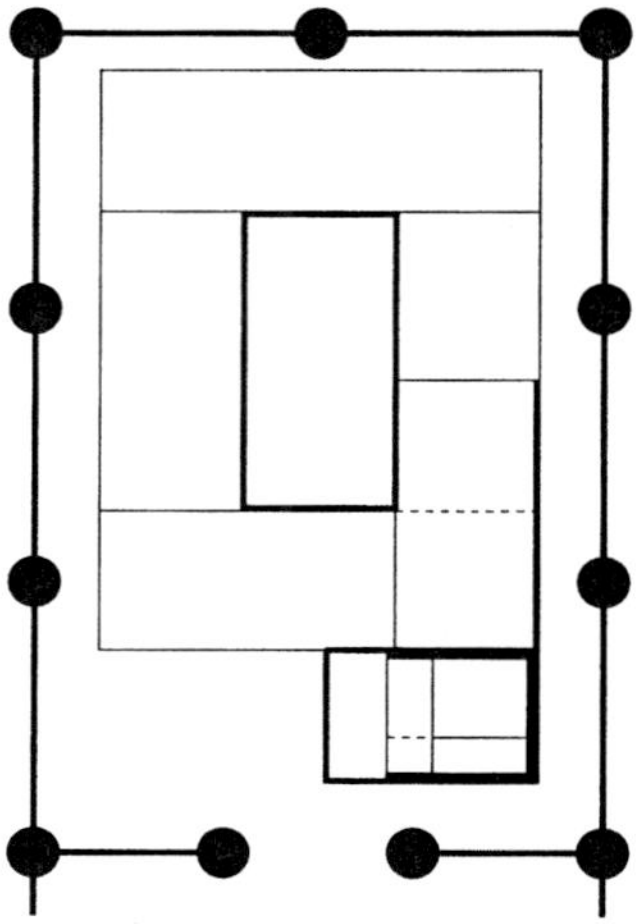

図C　牟禮仁氏 神座復元図（『江記』②）
（同「大嘗殿「神座」変移考」〈『皇學館大学神道研究所紀要』第14輯、平成10年〉より転載）

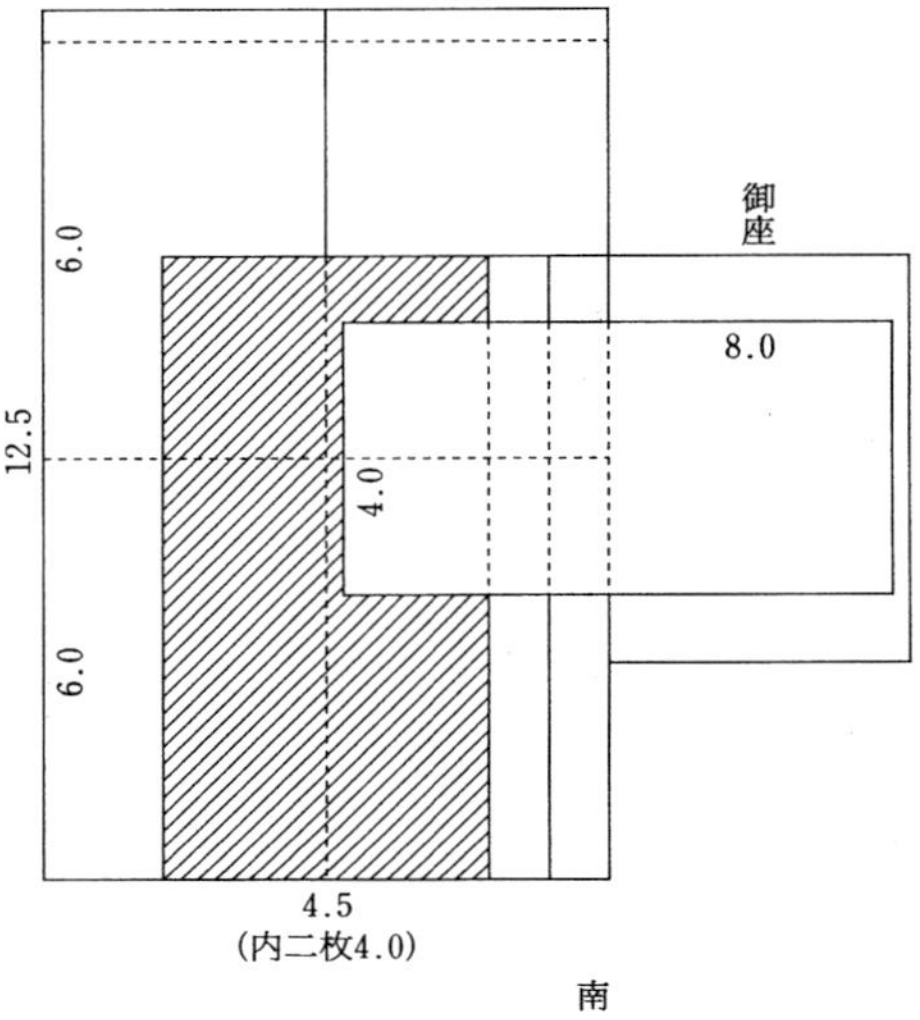

図D　川出清彦氏 神座復元図（『江記』③）
（同『大嘗祭と宮中のまつり』より転載）

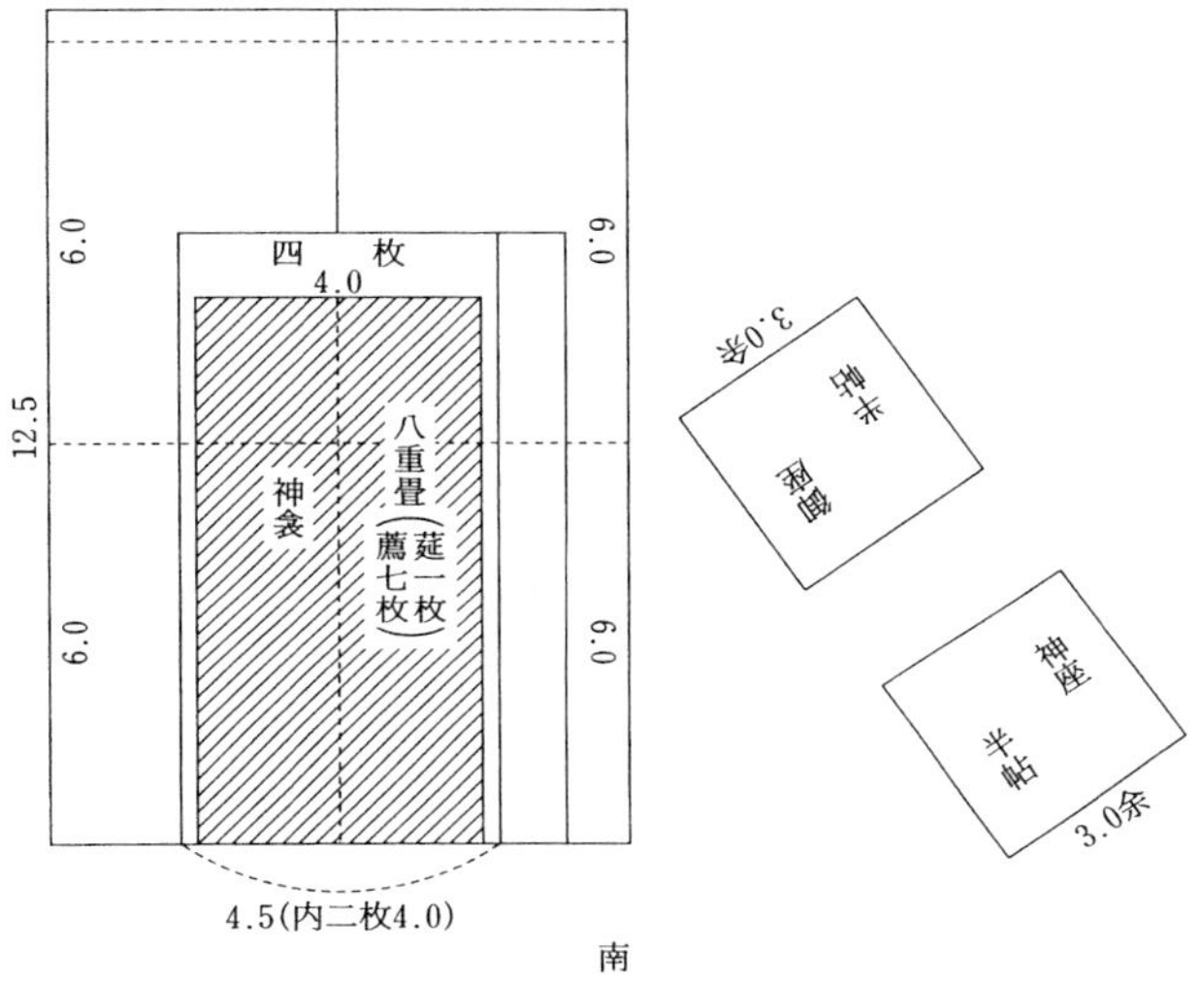

図Ｅ　川出清彦氏 神座復元図（『兵範記』）
（同『大嘗祭と宮中のまつり』より転載）

【大嘗祭卯日】　卯日の平明、神祇官による諸神班幣、諸氏小斎卜定等がおこなわれる。また巳刻（午前九〜同十一時）には、大嘗宮へ運搬される供神物（白酒・黒酒、贄、神服、新穀）の行列が北野斎場を出発する。人数は川出清彦氏によれば五千人。[55] その後、朝堂院においては、石上・榎井の両氏各二人は内物部を率いて大嘗宮南北の門に「神楯戟」を立てる（楯は丹波国の楯縫氏が、戟は紀伊国の忌部氏が各々製作したものである）。伴・佐伯の二氏各二人は大嘗宮南門の開閉を掌る。その他、近衛・兵衛・衛門の各衛府は其々所定の場所に分陣する（左右近衛——大嘗宮内外左右、左右兵衛——大嘗宮左右と両横の堂との間、左右衛門——会昌門内外左右・応天門外左右・朱雀門外・宣政・章善両門、及び諸掖門）。隼人司は隼人を率いて朝集堂前に列立し、群官の参入に際して呪術的な吠声を発する。中務省の輔・丞は大舎人寮及び舎人を、宮内省の輔・丞は主殿・掃部寮及び殿部・掃部を、夫々帥い「威儀物」を執って陣列する。

儀仗が整うと、戌刻（午後七時頃）、愈々天皇が紫宸殿から大嘗宮へ発御する。廻立殿に於て、「天の羽衣」（『江家次第』所収「仁和記」）を着し、御湯（所謂「小斎の御湯」）で沐浴した後、戌の四刻（午後八時半頃）悠紀殿に渡御する。天皇が悠紀嘗殿に御すと、伴・佐伯の各々の二名が大嘗宮南門を開き、衛門府は朝堂院南門（会昌門）を開く。皇太子・諸親王・大臣以下大忌官人が所定の門より入り（皇太子――東方南掖門、親王――西門、大臣以下――南門）、所定の幄（暉章・修式二堂の前に設置）の座に就く。六位以下の大忌官人は暉章・修式二堂の後に就く。朝堂院の東掖門より、宮内省官人に率いられた吉野の国栖十二人と楢笛工十二人が入りて「古風」を奏す。次いで悠紀国国司が歌人を率いて同門より入りて「国風」を奏す。それが終ると伴宿禰一人と佐伯宿禰一人が各々語部十五人を率いて、東西の掖門より入り「古詞」を奏上する。[56] 畢ると、皇太子以下幄舎を出て大嘗宮南門外の庭中の版位に跪き、皇太子まず八開手を拍って退下、親王以下五位以上続いて一斉に八開手を拍ち、六位以下またこれを承けて八開手。六位以下は退下。五位以上は再び幄舎に就く。最後は、安倍氏の五位二人・六位六人が左右に分れて版位に跪いて侍宿の文武官の分番以上の名簿を奏上する。これらが済めば、火炬を執った膳夫の伴造一人を先頭として悠紀御膳の神饌行立が始まる。時に、亥の一刻（午後九時頃）である。

従って、大嘗宮南門開門から安倍氏の宿直名簿奏上までは、約三十分間の行事であるということになる。この間の天皇の所在について川出清彦氏は、悠紀嘗殿の前室いわゆる堂に当る所――奥との仕切りになっている中戸外の西南に南面して着御し、警蹕の声を聞いて奥内陣の座に進む、とされている。[57] 川出氏に従えば、この間天皇は悠紀嘗殿の前室（堂）で南面しており、それに対して吉野国栖以下の古詞・古風奏上、皇太子以下官人の拍手がなされているのである。なお「八開手《やひらて》」とは跪いておこなわれる合計三十二回の拍手であり、「践祚大嘗祭式」油以下事条の割注に「神語所ㇾ謂八開手是也」とあり、非常に厳粛で特別な意味を持つ拍手であったことが伺われる。

神饌行立の次第は『儀式』には規定が見えないので、『江記』等の記事に従って略記すると、以下のようになる。殿内での行立は陪膳と後取の采女が奉仕する。神食薦が第二神座に、御食薦が御座に置かれる。米と粟の飯・粥、黒酒・白酒を中心とした料理膳が調備される。御座に着した天皇は、低頭・拍手・称唯の後、神食薦の上に、神饌を十枚の葉盤《ひらで》に盛り供え、その神饌上に黒酒・白酒を灌ぐ。供え終ると、天皇親らも箸を取り食す。この天皇が御膳を祭神に薦め親らも食する神事を「神饌親供」「薦享の儀」とも称し、[58]一条兼良は『代始和抄』で「卯日は神饌を供せらる、其儀ことなる重事たるによりて委しるすに及はす、……まさしく天てるおほん神をおろし奉りて天子みつから神食をすゝめ申さるゝ事なれは一代一度の重事是にすくへからす」と指摘している。[59]

悠紀嘗殿における神饌行立・親供が訖るのは亥の四刻（午後十時半頃）、廻立殿に還り再び沐浴の後、今度は主基嘗殿に渡御する。これは翌朝の丑の四刻（午前二時半頃）である。主基殿でも神饌行立が始まる寅の一刻（午前三時頃）迄の間に、悠紀殿と同じく、国栖等の国風・古風・古詞奏上、皇太子以下群官の拍手がなされる。主基嘗殿での神饌親供が終るのが寅四刻（午前四時半頃）。天皇は再び廻立殿に還り御服を替え還宮、百官は夫々退き、伴・佐伯氏が大嘗宮の門を閉じる。「祭事已畢」るのは卯一刻（午前五時頃）。卯二刻（午前五時半頃）には悠紀・主基両国民によって大嘗宮は壊却される。

【辰・巳・午日】　辰日・巳日・午日は、それぞれ、辰日（悠紀）節会・巳日（主基）節会・豊明節会と謂われ、神事の後の節会――饗宴・賜禄・叙位がおこなわれる。儀式は豊楽院において挙行される。なお、辰日には、節会の前に、中臣氏による天神寿詞奏上と忌部氏による鏡剣奉上を中心とする「辰日前段行事」がおこなわれる。[60]

注

（1）「養老神祇令」では「践祚」と「即位」は区別なく同意義に用いられ、また「六国史」でも書き分けられていないと考えられる（八木充「日本の即位儀礼」〈『東アジア世界における日本古代史講座　9　東アジアにおける儀礼と国家』、学生社、昭和五十八年〉）。先帝崩御による剣璽渡御儀礼を「践祚」と称するようになったのは、院政期以降ではないかとする指摘もある（井上光貞『日本古代の王権と祭祀』、東京大学出版会、昭和五十九年）。

(2) その他、八十島祭については、研究が多いが、岡田精司「即位儀礼としての八十島祭」（同『古代王権の祭祀と神話』、塙書房、昭和五十年）、瀧川政次郎「八十嶋の祭」（同『律令と大嘗祭―御代始め諸儀式―』、国書刊行会、昭和六十三年）を掲げておく。また、践祚仁王会に関しては、瀧川政次郎「践祚仁王会」（同『律令と大嘗祭』、前掲）参照。

(3) 所功「「大嘗祭」儀式文の成立」（同『平安朝儀式書成立史の研究』、国書刊行会、昭和六十年）。なお、『儀式』の影印本は、荷田在満校訂清書本の影印が『続日本古典全集』（現代思潮社）に収められ、また活字本としては、『新訂増補故実叢書』第三十一巻（山田以文校訂本、明治図書、臨川書店）、『神道大系　朝儀祭祀編　儀式・内裏式』（神道大系編纂会）に収録・公刊されている。

(4) 『国史大辞典』第五巻（吉川弘文館、昭和六十年）の「剣璽渡御」の項目（武部敏夫氏執筆）。

(5) 新訂増補国史大系本に拠る。

(6) 桓武天皇朝開始説に立つものとして、柳沼千枝「践祚の成立とその意義」（『日本史研究』第三百六十三号、平成四年）、高森明勅「神器相承と昇壇即位―古代皇位継承儀礼における連続性と非連続性―」（『神道宗教』第百五十五号、平成六年）。平城天皇朝開始説に立つものとして、井上光貞、注(1)前掲著書、石野雅彦「古代国家と即位儀―レガリア奉上儀を中心に―」（林陸朗・鈴木靖民編『日本古代の国家と祭儀』、雄山閣出版、平成八年）がある。なお、剣璽渡御儀礼の創始についての私見の一端は、拙稿「剣璽渡御儀礼の成立についての一試論」（『歴史手帖』第十八巻十一号、平成二年、本書第四篇第一章所収）に述べた。

(7) 井上光貞、注(1)前掲著書。

(8) 岸俊男「元明太上天皇の崩御―八世紀における皇権の所在―」（同『日本古代政治史研究』、塙書房、昭和四十一年）。

(9) 新訂増補故実叢書本、神道大系本、共に「皇帝御〻南」とする。ただし、神道大系本の傍注に拠れば「南殿」とする写本があるらしいが、いずれの写本か不明である。

(10) 新訂増補国史大系本に拠る。『朝野群載』は永久四（一一一六）年に三善為康が撰した平安時代の例文集。

(11) 川出清彦『祭祀概説』(学生社、昭和五十三年)。
(12) 瀧川政次郎「駅鈴伝符考─隠岐駅鈴伝符の真偽─」(地方史研究所編『出雲・隠岐』、平凡社、昭和三十八年)。剣璽渡御儀礼において継承される品目については、拙稿「平安時代における践祚儀」(本書第四篇第二章所収)参照。
(13) 栗原朋信『秦漢史の研究』(吉川弘文館、昭和三十五年)に拠れば、「伝国璽」は後漢の光武帝の頃より実在し、後漢に作られたものであろうとされる。また、駒井義明「伝国璽に就いて」(『芸林』第十四巻二号、昭和三十八年)参照。
(14) 小島憲之『上代日本文学と中国文学─出典論を中心とする比較文学的考察─』上巻第三篇「日本書紀の述作」(塙書房、昭和三十七年)。
(15) 直木孝次郎「建国神話の虚構性」(『歴史学研究』第三百三十五・三百三十七号、昭和四十三年、のちに加筆して、同『日本神話と古代国家』〈講談社学術文庫、平成二年〉所収)また、八木充、注(1)前掲論文も直木氏説を踏襲する。
(16) 岡田精司「大王就任儀礼の原形とその展開─即位と大嘗祭─」(『日本史研究』第二百四十五号、のちに、同『古代祭祀の史的研究』〈塙書房、平成四年〉所収。和田萃「タカミクラ─朝賀・即位式をめぐって─」(『日本政治社会史研究』上巻〈塙書房、昭和五十九年〉、のちに、同『日本古代の儀礼と祭祀・信仰』上〈塙書房、平成七年〉所収)。井上光貞、注(1)前掲著書。溝口睦子「神祇令と即位儀礼」(黛弘道編『古代王権と祭儀』、吉川弘文館、平成二年)。小林敏男「令制以前の即位儀礼について」(同『古代天皇制の基礎的研究』、校倉書房、平成六年)。高森明勅、注(6)前掲論文。
(17) 黛弘道「三種の神器について」(『古代史論叢』上巻、吉川弘文館、昭和六十二年)。
(18) 拙稿「大嘗祭〝辰日前段行事〟考」(『文化史学』第三十九号、昭和五十八年、本書第三篇第二章所収)。
(19) 即位式・元日朝賀式において建てられる幢旗については、拙稿「「節旗」考」(『皇學館大学神道研究所紀要』第十五輯、平成十一年、本書第三篇第三章所収)参照。
(20) 元日朝賀・即位式における各衛府の分陣は同じであり、また、大嘗祭も共通点がある。従って、『儀式』巻六「元正受朝賀儀」と『江記』(『続々群書類従』所収)の記載を参照し、本文のように推定した。

(21) 『儀式』、『西宮記』は神道大系本に拠る。『御即位式図譜』(京都大学文学部国文学研究室所蔵)に玉佩、牙笏の図が見える。また、烏皮舄については、米田雄介「袞冕十二章と礼履」(『日本歴史』第五百七十四号、平成八年)を参照。

(22) 『北山抄』、『江家次第』は神道大系本に拠る。

(23) 早川庄八「律令国家・王朝国家における天皇」(『日本の社会史　第3巻　権威と支配』、岩波書店、昭和六十二年)。

(24) 早川庄八、注(23)前掲論文。

(25) 早川庄八、注(23)前掲論文。

(26) 新日本古典文学大系『続日本紀』第五巻(岩波書店、平成十年)。

(27) 「不改常典」についての研究業績は夥しい数にのぼるが、戦後の研究に先鞭をつけたのは、岩橋小弥太「天智天皇の立て給いし常の典」(『日本学士院紀要』第九巻一号、昭和二十六年、のちに、同『上代史籍の研究』下巻〈吉川弘文館、昭和三十三年〉所収)であり、昭和五十七年迄の研究史・論点整理は、田中卓「天智天皇の不改常典」(『瀧川政次郎博士米寿記念論文集　神道史論叢』、国書刊行会、昭和五十九年、のちに、『律令制の諸問題　田中卓著作集6』〈国書刊行会、昭和六十一年〉所収)において行われた。その後の研究としては、長山泰孝「不改常典の再検討」(『日本歴史』第四百四十六号、昭和六十年)、早川庄八「天智の始め定めた「法」についての覚え書き」(『名古屋大学文学部研究論集　史学』、第三十四号、昭和六十三年)、大平聡「天平期の国家と王権」(『一九八九年度歴史学研究大会報告・現代天皇制と世界史認識』、平成元年)、森田悌「不改常典について」(『日本律令制論集』上巻、吉川弘文館、平成五年)があり、また、近年における研究史・論点整理としては、松原弘宣「古代天皇制研究」(『講座前近代の天皇　第5巻　世界史のなかの天皇』、青木書店、平成五年)、新日本古典文学大系『続日本紀』第一巻(岩波書店、平成元年)の補注4−二、参照。

(28) 米田雄介「礼服御冠残欠について−礼服御覧との関連において−」(『正倉院年報』第十七号、平成七年)、同「袞冕十二章と礼履」(『日本歴史』第五百七十四号、平成八年)、西本昌弘『日本古代儀礼成立史の研究』第一編

（塙書房、平成八年）参照。なお、聖武天皇が衮衣を着したことを疑問とするものに、大津透「天皇制唐風化の画期」（『新日本古典文学大系月報』第三十九号、平成四年）がある。

(29) 米田雄介「衮冕十二章と礼履」、注(28)前掲論文。

(30) 新訂増補国史大系本に拠る。

(31) 一条兼良の『代始和抄』（『神道大系　朝儀祭祀編　践祚大嘗祭』）に「御即位は漢朝の礼儀をまなふ者なり、大嘗会は神《〔代イ〕》祇の風儀をうつす」とある。元日朝賀式の唐風化過程については、倉林正次「正月儀礼の成立」（同『饗宴の研究　儀礼編』、桜楓社、昭和四十年）参照。

(32) 『文安御即位調度図』の成立については、夙に岩橋小弥太氏が本奥書「文安元年正月令二書写一了、藤原光忠」についての疑点——①文安改元は二月であるので、文安元（一四四四）年正月はありえない。②文安元年当時、藤原（葉室）光忠は四歳——を指摘されている（『群書解題』五巻『文安御即位調度図』解題）が、日像幢の説明文に「保安記」を引用することなどから、福山敏男氏は、永治元（一一四一）年の近衛天皇即位式、永万元（一一六五）年の六条天皇即位式、仁安三（一一六八）年の高倉天皇即位式のいずれかを描いたものであろうと推定される（「大極殿の研究」〈『住宅建築の研究　福山敏男著作集五』、中央公論美術出版、昭和五十九年〉）。また、所功氏は福山氏説に拠りながらも、高御座細部の意匠から、内容的には鎌倉時代にまで降るのではないかと述べられている（「高御座の伝来と絵図」〈『京都産業大学世界問題研究所紀要』第十巻、平成二年〉）。

(33) 本文中の大嘗祭と新嘗祭の相違についての表は、岡田精司編『大嘗祭と新嘗』（学生社、昭和五十四年）の解説（岡田精司氏執筆）に基づき作成した。

(34) 岡田精司、注(33)前掲編書解説。

(35) 岡田精司「大化前代の服属儀礼と新嘗」（同『古代王権の祭祀と神話』、塙書房、昭和五十年）。高森明勅「大嘗祭の成立についての管見」（『国学院雑誌』第八十九巻十号、昭和六十三年）。

(36) 新訂増補国史大系本に拠る。

(37) 「律文」中の大嘗祭関係の規定については、瀧川政次郎、注(2)前掲著書第一篇・第二篇参照。「令文」中の大嘗祭関係の規定についての近年の研究としては、高森明勅「大祀と大嘗祭」（『神道宗教』第百二十五号、昭和六十一年）、田中卓「神嘗・相嘗・新嘗・大嘗の関係について」・川北靖之「律令法における即位礼と大嘗祭」（皇學館大学神道研究所編『続　大嘗祭の研究』〈皇學館大学出版部、平成元年〉。田中論文は、その後、『神社と祭祀　田中卓著作集11―1』〈国書刊行会、平成六年〉所収）参照。なお、「神祇令」即位条の「惣祭天神地祇」を、通説では一代一度の大嘗祭と理解する（日本思想大系『律令』同条頭注〈岩波書店、昭和五十一年〉）が、矢野健一「律令国家の祭祀と天皇」（『歴史学研究』第五百六十号、昭和六十一年）、高森前掲論文、川北前掲論文では即位式に関連する規定とする。

(38) 加藤優「「大嘗祭」「新嘗祭」の呼称について」（『関晃先生還暦記念　日本古代史研究』、昭和五十五年）。

(39) 『続々群書類従』法制部所収。

(40) 『官曹事類』については、『新訂増補国書逸文』（国書刊行会、平成七年）の『官曹事類』の項目（所功氏執筆）参照。

(41) 定月条規定については、拙稿「持統天皇五年十一月戊辰条について」（本書第三篇第一章所収）を参照。

(42) 和田行弘「大嘗祭の成立に関する一考察」（横田健一編『日本書紀研究』第十一冊、塙書房、昭和五十四年）。

(43) 今江広道「大嘗祭国郡卜定の儀について」（『国学院雑誌』第七十九巻二号、昭和五十三年）。

(44) 田中初夫「悠紀主基名義考」（同『践祚大嘗祭　研究篇』、木耳社、昭和五十年）。

(45) 西宮一民「践祚大嘗祭式重要語彙攷証」（皇學館大学神道研究所編『大嘗祭の研究』、皇學館大学出版部、昭和五十三年）。

(46) 鳥越憲三郎・有坂隆道・島田竜雄編『大嘗祭史料　鈴鹿家文書』（柏書房、平成二年）には、寛延元（一七四八）年の桃園天皇大嘗祭の国郡卜定に関する記録が収録されている。儀式次第・亀甲を灼き卜う作法、その折りの祭文が窺える。また、亀甲を灼く料は波々迦《ははか》の木である。亀卜について、川出清彦『祭祀概説』（注(11)前掲）に「神祇令義解に「凡卜者、必先墨画レ亀、然後灼之、兆順食レ墨為二卜食一」とあるごとく亀の甲に町形(卜)を画き、亀裂が墨を食む、すなわち町形に交錯すれば卜食とし、せざれば卜不合としたものであって、後世の亀卜秘伝書等が秘伝とするごとき、複雑なる事象にたいして判断を下すというのではなかったと思われる。…………ゆえに国郡卜定においても、全国を全部にわたって卜するのではなくて、両地方の各二県をまず撰定し、その二県の内でしかるかしからざるか、可なりや不可なりや、をトするのである。これが本筋であろう」と述べられている。

(47) 木本好信「平安時代の大嘗会行事所」(『神道史研究』第三十三巻二号、昭和六十年)。

(48) 女工所については、拙稿「大嘗祭の女工所について」(『国書逸文研究』第二十一号、昭和六十三年、本書第三篇第五章所収)を参照。

(49) 訓は、『儀式』天保五年版本の訓、『延喜式』の古訓を参照した。また、栗原野里子「延喜式古写本訓注索引」(『延喜式研究』第十三号、平成九年)も参照した。以下同じ。

(50) 野田有紀子「日本古代の鹵簿と儀式」(『史学雑誌』第百七編八号、平成十年)。吉川真司「律令官司論」(『日本歴史』第五百七十七号、平成八年)。御禊行幸の規模について、中嶋宏子氏は、「御禊行幸の供奉の官人は少なくとも一千五百人以上(『儀式』)、その全長は約二キロメートルにも及ぶものである」とする(同「大嘗祭の御禊行幸」〈『神道宗教』第百四十・百四十一号、平成二年〉。

(51) 「節旗」については、拙稿「「節旗」考」(本書第三篇第三章所収)を参照。

(52) 本項目は、川出清彦、注(11)前掲著書、池浩三『家屋文鏡の世界』(相模書房、昭和五十八年)を参照し、記述した。

(53) 木本好信編『江記逸文集成』(国書刊行会、昭和六十年)。

(54) 川出清彦「新嘗祭神膳のことについて」(にひなめ研究会編『新嘗の研究』第一輯、昭和二十八年、のちに、川出清彦『大嘗祭と宮中のまつり』〈名著出版、平成二年〉所収)。川出清彦、注(11)前掲著書。岡田荘司「〝真床覆衾〟論と神座の意味」(同『大嘗の祭り』、学生社、平成二年)。牟禮仁「『天仁元年大嘗会記』「供神座」条を読む」(『史料』第百十一号、皇學館大学史料編纂所、平成三年)、同「大嘗殿「神座」変移考」(『皇學館大学神道研究所紀要』第十四輯、平成十年)。『江記』に基づき、川出氏が作成された神座復元図Aについて、岡田荘司氏は、川出氏復元神座は大江匡房が「依二延喜式心一」り作図した仮定の神座であり、実際の祭儀では採用されなかったものとし、また、牟禮仁氏も、岡田氏説を踏まえて、川出氏復元神座では、大嘗宮内には収まらないとされる。

(55) 川出清彦、注(11)前掲著書。

(56) 語部については、井上辰雄「古代語部考」(同『古代王権と宗教的部民』、柏書房、昭和五十五年)、拙稿「語部

考証二題」（『文化史学』第四十三号、昭和六十二年、本書第三篇第四章所収）を参照。
(57) 川出清彦、注(11)前掲著書。
(58) 神饌親供の儀式次第については、川出清彦、注(11)前掲著書、及び、安江和宣「大嘗祭に於ける神饌御供進の御儀」（『続　大嘗祭の研究』〈前掲〉）等、参照。
(59) 神道大系『践祚大嘗祭』所収本に拠る。
(60) 大嘗祭辰日（悠紀）節会、巳日（主基）節会、豊明節会については、倉林正次『饗宴の研究　儀礼篇』・『饗宴の研究　祭祀篇』（桜楓社、昭和四十年・同六十二年）を参照。「辰日前段行事」については、拙稿、注(18)前掲論文を参照。

第二篇　即位式の研究

第一章　「神祇令」践祚条私注

第一節　はじめに

「養老神祇令」全二十条中、左の即位（十）・践祚（十三）・大嘗（十四）条を、先行学説に立脚し、「神祇令」における即位儀礼規定条項ととらえ、「神祇令」に即位儀礼を規定した条項が存在することの意義を、特に強調され、「神祇令の諸規定こそ、古代の即位儀礼を研究する上での基本的な文献」と位置付け、考察されたのは、井上光貞氏の『日本古代王権と祭祀』である。(1)

凡天皇即位、惣祭㆓天神地祇㆒、散斎一月、致斎三日、其大幣者、三月之内、令㆓修理㆒訖。

凡践祚之日、中臣奏㆓天神之寿詞㆒、忌部上㆓神璽之鏡剱㆒。

凡大嘗者、毎㆑世一年、国司行㆑事、以外、毎㆑年所司行㆑事。

この井上氏説に対して、根本的な疑義を提示されたのが、溝口睦子氏の「神祇令と即位儀礼」である。(2)　溝口氏論文では、右の三条中、即位条については結論のみふれ、論証の中心は践祚条の考察に置かれている。

従来、践祚条は「神祇令集解」同条所引「古記」説を踏まえ即位式規定と理解されているので、令制下における即位式の実態を理解する上で、践祚条の位置付けを明確にしておくことは必要なことである。

従って、小稿では、践祚条についての溝口氏の論証を検討することとしたい。まず、該当する溝口氏論文の論点を私なりに纏め次に掲げる。

(1) 「神祇令」全二十条中、右の三条は、通説では、即位儀礼規定条項（例、井上光貞氏『日本古代王権と祭祀』）とされるが、この三条は即位儀礼そのものに関する規定ではなく、ただ単に即位に関連した特定の神事についての規定がある、とすべきである。律令には、天皇に関する規定は載せないという原則があることは従来から指摘されており、その原則は即位儀礼についても貫かれており、令の中に、即位儀礼そのものについての規定はないと考える。

(2) 「神祇令践祚条」を井上光貞氏は特に重視され、「即位儀の法源」とされるが、この条に含まれている内容は即位儀の決して主要な中心的な行事ではなく、付帯的・付属的な行事に過ぎない。即位儀にとって最も肝要な中心的な行事に触れないこの条を「即位儀の法源」とするのは解釈の行き過ぎであって、即位儀に関連した神事についての規定ととるのが妥当なところといえるのではないか。

(3) 『儀式』天皇即位儀・『淳和天皇御即位記』より伺える平安朝的形態の即位式と、『書紀』孝徳天皇即位記事を比較して、文武百官の列する前で天皇が「高御座」に就き百官が再拝するという式の骨格部分については、両者はほとんど変わりがない。すなわち、天皇位を継承することは、明かに「高御座」に就く行為に依ってなされている。八世紀の即位宣命より、「高御座」とは、天皇位の象徴としての天から受け継いだ天位の延長としての意味をもった座席のことと考えられる。

さらに、岡田精司氏の天孫降臨神話を即位式の祭儀神話とする説[3]に立脚し、地上の「高御座」は、天孫降臨神話のニニギノミコトが離れた「天磐座」の再現であり、従って、神話的な意義を担った「高御座」

に就くことが即位式の中心行事である。『続紀』の即位記事の一般例である「天皇即位於大極殿」は、大極殿に設けられた高御座に就く行為を核心とする即位儀の主要部分を示したものであり、従って大化前代から平安時代まで、天皇が高御座に就く行為を核心とする即位儀の主要部分と、その思想的背景は引き継がれた。

(4) 「神祇令践祚条」に規定される二つの儀式と即位式の関係について。まず、中臣氏による「天神之寿詞」奏上は――①中臣氏による「天神之寿詞」奏上は、持統天皇朝が初見であること。②中臣氏の宣伝臭の強いものが大化前代から即位に際して読まれていたとは考えにくいこと。③天武天皇・持統天皇朝の神祇制度の整備拡充の一環として始まったもので、また、同行事のその後の推移をみると、即位式との結び付きは必ずしも強くなく、これが伝統に根ざした本質的なものとは思えないこと。――の諸点より、持統天皇即位の時期に、忌部氏による「神璽之鏡剣」献上と共に、はじめて皇位継承儀礼の一環に加えられることになった新制度である。この行事は、即位儀に不可欠の要素という訳ではなく、むしろ、即位儀とは違和感の強いものであったためにやがて大嘗祭に移された。

(5) 忌部氏による「神璽之鏡剣」献上については、寿詞奏上とは事情を異にし、大化前代からの伝統をもち、もともと広義の皇位継承儀礼にとって不可欠の行事とは考えられるが、『日本書紀』の八例の鏡剣・璽奉献記事の分析より、次のことが指摘できる。

① 奉献者が群臣であること。

② 即位以前におこなわれる即位者決定の儀式であって、即位式とは別個の行事であること。

さらに、②のような論定の理由として、次の二点を掲げる。

① 清寧天皇即位の例にみられるように、神璽献上と即位とがはっきりと日を異にしている場合がある

こと。

② また、同日の場合でも「この日に即㆓天皇位㆒」と、同日に即位式がおこなわれたことがわざわざ断わってあること、より明かである。つまり、それは、これが本来即位式とは別個の儀式であるからであって、もし、この儀式がはじめから即位式の一部であったのなら「この日に」「その日に」と断わる必要はない。　（傍線は加茂が付した）

(6)『日本書紀』の持統天皇即位記事「（持統天皇）四年春正月戊寅朔、物部麻呂朝臣樹㆓大盾㆒、神祇伯中臣大嶋朝臣読㆓天神寿詞㆒、畢忌部宿禰色夫知奉㆓上神璽剱鏡於皇后㆒、皇后即㆓天皇位㆒、公卿百寮、羅列匝拝、而拍㆑手焉」の「神璽剣鏡奉上」の解釈として、①寿詞奏上と神璽剣鏡献上が「皇后即天皇位」の前にあることから、原理的に異なる別個の儀式が、一日の中に引き続いておこなわれたのを記したものと解釈することも十分可能。②大化前代の神璽献上とは変質し、新方式として、即位式に取り込まれ、即位式前段に位置付けられた。右の二解釈が可能であるが、結論は保留。いずれにしても、両儀は即位式の中心的な要素ではなく、仮に前段に位置付けられていたとしても、即位式にとって新しく付加された付帯的要素であることにかわりない。

第二節　溝口氏説の検討(1)

溝口氏の行論に則して、まず、(1)の論点を検討する。(1)では、「律令」には天皇に関する規定は載せないという原則を前提として、「令」の中に即位儀礼そのものについての規定はないと論断される。「神祇令」即位・践祚・大嘗条が即位儀礼規定か否かの判断は一先ず置くとしても、問題となると思われるのは、その前提であろう。「律令」には天皇に関する規定は存在しないとするのは、あくまで原則であり、原則である以上、例外が有り得る。

「喪葬令」服錫紵条は天皇を拘束する条文であろう。

> 凡天皇、為二本服二等以上親喪一服二錫紵一、為二三等以下及諸臣之喪一、除二帛衣一外、通用二雑色一。

同条は天皇の喪服着用規定であり、天皇は二等親以上の崩薨に際しては、「錫紵」（「喪葬令集解」同条所引「古記」に「錫紵、謂二黒染之色一」とある）を服し、三等以下及び諸臣の喪の場合、「帛衣」（「令釈」に「帛衣、白練衣也」とある）を除き「雑色」（「古記」に「通用二雑色一、謂二紫蘇芳等色一皆用也」とある）を用いることが定められている。この服錫紵条について、瀧川政次郎氏は、

> 律令は臣下の守るべきものであって、帝王の守るべき法典ではない。名例律の疏には「非常之断、人主専之」とあって、人主は律令法の規制以外に立っている。…………しかし、これにも一つの例外がある。養老喪葬令には、……天皇に錫紵の喪服を着用すべきことが命ぜられている。しかしこの条文も、天皇の行為の拾遺、補闕を掌る侍従に命ぜられたものと解すれば、例外ではなくなる。しかし、天皇の吉服は衣服令に定めずして、凶服だけを喪葬令に定めているのは、どうもおかしい。…………律令も人間が作ったものであるから、精しく見てゆくといろいろの矛盾や欠陥があって、一貫した理論では割り切れないものがある。

と述べられ、(4)本条を例外的規定であるとされている。よって、瀧川氏に従えば、「律令」には天皇に関する規定は存在しないとするのは、あくまで原則であり、少なくとも、「令」には、天皇を拘束する規定が存在することが指摘されよう。

さらに、この原則に関して言を重ねれば、『儀式』には天皇即位儀礼が規定されていることである。『儀式』巻二・三・四に「践祚大嘗祭儀」、巻五には「譲国儀」・「天皇即位儀」の儀式次第文が規定されている。また、大嘗祭が古代において一貫して即位儀礼として認識されていたのかの問題に拘わるが、(5)少なくとも、大嘗祭の式規

定としては、『弘仁式』（巻五「践祚大嘗会」）迄遡ることが夙に指摘されている。[6]

『儀式』『式』の即位儀礼規定は即位儀礼を執行する官人マニュアルであり、天皇を拘束する規定ではないという反論がまず想定されるが、例えば、『儀式』巻五の「天皇即位儀」では「辰一刻皇帝出レ自二建礼門一、御二太極殿後房一、…………皇帝服二冕服一即二高座一」とあり、[7] 即位式における天皇の服装・高御座への着御が定められている。これは天皇を拘束する条文と謂わざるを得ないであろう。

『儀式』が儀の「式」であり、「式」の一種であり、「式」を補完するものであることは、『延喜式』条文中に「事見二儀式一」の注記が存することからも理解され、[8] また、この点については、瀧川政次郎氏も「弘仁・貞観・延喜三代の格式と共に編纂せられた三代の儀式、及び桓武朝に成った内裏儀式、皇太神宮儀式、天武朝に成った禁式九十二条等は、儀の式則ち式の一種であって、律令格式と相並んで、当代の成文宝典と認むべきものである。………儀式が法であることは、儀式の違失が律によって処罰されていることに拠って明かであります。………その違失に対して法的制裁が加えられるものは法でありまして、単なる礼法上の規範ではありません」と、説いておられる。[9]

溝口氏論文の論点(1)~(3)によれば、「令」の中に即位儀礼そのものについての規定はなく、即位式の中心は天皇が高御座に着御することとされるが、「令」の施行細則である「式」の一種である『儀式』には、即位儀礼規定があり、かつ、氏の言われる即位式の中核的行為である天皇の高御座着御が明記されている。これも、溝口氏が前提とされる「律令と天皇規定」の原則に齟齬する点であろう。

そもそも、『大唐開元礼』を始めとして現在伝存している唐代の諸文献には、『儀式』巻五「天皇即位儀」に相当する纏まった即位儀礼規定文が見られず、唐代の皇帝即位儀礼は、『冊府元亀』継統部・正史等の断片的な即位記事から再現されつつあるという、[10] 日唐間の相違をも勘案すれば、中国律令の原則をそのまま日本律令に当てはめ、令の中に即位儀礼規定はないと断定してしまうことにはやはり躊躇される。これは、当然、中国律令と日本律令の継承関係・中国の礼意識と日本の礼意識の相違にまで発展する課題であろうが、[11]ここでは行論上、右の点を指摘するだけに留めておく。

論点(2)(3)は、(4)(5)の考証を受けた結論部分であるので、次に論点(4)を検討する。

(4)では、中臣氏による「天神之寿詞」奏上は、持統天皇即位式より始まった新制度で、即位儀に不可欠の要素ではなく、即位儀とは違和感の強いものであったためにやがて大嘗祭に移された、とされる。

中臣氏の天神寿詞奏上と忌部氏の鏡剣奉上の儀の歴史的変遷については、曾て旧稿で述べたことがあるが、[12]私見では、即位式において中臣氏が天神寿詞を奏上したと思われるのは、持統天皇より光仁天皇迄の九代（但し、称徳天皇は異例で、[13]除外すれば八代）で、同儀が即位式とは違和感の強いものであったならば、八代もの天皇即位式において同寿詞が奏上されるであろうか。右の私見は推定を含むものであるが、「神祇令集解」践祚条所引「古記」が、践祚条文の「践祚之日」を「即位之日」の行事と解釈していることは、少なくとも、「古記」成立年代――天平十（七三八）年頃と考定[14]――において践祚条規定（中臣氏の天神寿詞奏上と忌部氏の鏡剣奉上の儀）が即位式の行事であったことの証左となろう。この点に関して、井上光貞氏は、「古記」作者は、神亀元（七二四）年二月に大極殿で挙行された聖武天皇即位式において天神寿詞奏上と鏡剣奉上がおこなわれたことを知っていた、と推定されている。[15]

「天神（中臣）寿詞」は、天仁元（一一〇八）年の鳥羽天皇大嘗祭・康治元（一一四二）年の近衛天皇大嘗祭に奏上されたものが伝存している。[16]

日本古典文学大系本（底本は『台記』別記で康治元年に奏上されたもの）により、以下に抄引する。

「現つ御神と大八島国知ろしめす大倭根子天皇が御前に、天つ神の寿詞を称辞定めまつらく」と申す。「高天の原に神留ります、皇親神ろき・神ろみの命をもちて、八百万の神等を神集へたまひて、『皇孫の尊は、高天の原に事始めて、豊葦原の瑞穂の国を安国と平らけく知ろしめして、天つ日嗣の天つ高御座に御坐しまして、天つ御膳の長御膳の遠御膳と、千秋の五百秋に、瑞穂を平らけく安らけく、斎庭に知ろしめせ』と事依さしまつりて、天降しましし後に、中臣の遠つ祖天のこやねの命、皇御孫の尊の御前に仕へまつりて、天のおし雲ねの命を天の二上に上せまつりて、神ろき・神ろみの命の前に受けたまはり申ししに、『皇御孫の尊の御膳つ水は、顕し国の水に天つ水を加へて奉らむと申せ』と事教りたまひしによりて、天のおし雲ねの神、天の浮雲に乗りて、天の二上に上りまして、神ろき・神ろみの命の前に申せば、天の玉櫛を事依さしまつりて、『この玉櫛を刺し立てて、夕日より朝日の照るに至るまで、天つ詔との太詔と言をもちて告れ。かく告らば、まちは弱韮にゆつ五百篁生ひ出でむ。その下より天の八井出でむ。こを持ちて天つ水と聞しめせ』と事依さしまつりき。かく依さしまつりしまにまに聞しめす斎庭の瑞穂を、四国の卜部等、太兆卜事をもちて仕へまつりて、悠紀に近江の国の野洲、主基に丹波の国の氷上を斎ひ定めて、物部の人等・酒造児・酒波・粉走・灰焼・薪採り・相作り・稲の実の公等、大嘗会の斎場に持ち斎はり参ゐ来て、今年の十一月の中つ卯の日に、……」

現存の天神（中臣）寿詞は、院政期のものであり、前半部の「天孫降臨神話」に基づいた「天つ水」の由来譚と、後半部の大嘗祭の詞章、より構成される。土橋寛氏は、本文の構造・表記法から、現存の天神寿詞の作成年代を持統天皇朝と考定されている。(17)

但し、現存の詞章が持統天皇朝まで遡るとしても、後半の大嘗祭の部分は即位式での奏上には相応しくないであろう。岡田精司氏は、即位式において奏上された天神寿詞は「天つ水」の由来とその水を用いた儀礼等に言及したもので、後半部の大嘗祭の詞章はなかったと推定されている。(18) 右の岡田氏説をも援用すると、即位式で奏上された天神寿詞は「天孫降臨神話」に基づいた「天つ水」の詞章であり、即位式が天孫降臨神話の実修儀礼であるならば[19]（溝口氏は、岡田精司氏の天孫降臨神話を即位式の祭儀神話とする説に賛同されている。論点(3)参照）、天神寿詞奏上は即位式に相応しい、むしろ言えば、不可欠な行事であると言わざるを得ないであろう。

第三節　溝口氏説の検討(2)

論点(5)では、『日本書紀』の鏡剣・璽奉献記事の分析より、神璽献上は即位以前におこなわれる即位者決定の儀式であって、即位式とは別個の行事であるとされ、その論拠を二点掲げられている。

問題となる『日本書紀』の鏡剣・璽奉献記事は次の九例である。[20]

①允恭天皇即位記事（「同即位前紀」）

（反正天皇）五年春正月、瑞歯別天皇崩。爰群卿議之曰、方今、大鷦鷯天皇之子、雄朝津間稚子宿禰皇子、与㆓大草香皇子㆒、然雄朝津間稚子宿禰皇子、長之仁孝。即選㆓吉日㆒、跪上㆓天皇之璽㆒。雄朝津間稚子宿禰皇子謝曰、我之不天、久離㆓篤疾㆒、不㆑能㆓歩行㆒、且我既欲㆑除㆑病、独非㆓奏言㆒、而密破㆑身治㆑病、猶勿㆑差。由㆑是、先皇責之曰、汝雖㆓患病㆒、縦破㆑身。不孝孰甚㆓於茲㆒矣。其長生之、遂不㆑得㆓継業㆒、亦我兄二天皇、愚㆑我而軽之。群卿共所㆑知。夫天下者大器也。帝位者鴻業也。且民之父母、斯則賢聖之職。豈下愚之任乎。更選㆓賢王㆒宜㆑立矣。寡人弗㆓敢当㆒、群臣再拝言、夫帝位不㆑可㆓以久曠㆒、天命不㆑可㆓以謙距㆒、今大王留㆑時、逆㆑衆、不㆑正㆓号位㆒、臣等恐、百姓望絶也、願大王雖㆑労、猶即天皇位。雄朝津間稚子宿禰皇子曰、奉㆓宗廟社稷㆒重事也。寡人篤疾、不㆑足㆓以称㆒、猶辞而不㆑聴、於㆑是、群臣皆固請曰、臣伏計之、大王奉㆓皇祖宗廟㆒、最宜㆑称、雖㆓天下万民㆒、皆以㆓為宜㆒、願大王聴㆑之。

（允恭天皇）元年冬十有二月、妃忍坂大中姫命、苦㆓群臣之憂吟㆒、而親執㆓洗手水㆒、進㆓于皇子前㆒、仍啓之曰、大王辞而不レ即レ位。々空之、既経二年月一、群臣百寮、愁之不レ知二所為一、願大王従二群望一、強即二帝位一、然皇子不レ欲レ聴、而背居不レ言。於是、大中姫命惶之、不レ知レ退而侍之、経二四五剋一、当二于此時一、季冬之節、風亦烈寒。大中姫所レ捧鋺水、溢而腕凝。不レ堪レ寒以将レ死、皇子顧之驚。則扶起謂之曰、嗣位重事、不レ得二輙就一、是以、於今不レ従、然今群臣之請、事理灼然、何遂謝耶、爰大中姫命仰歓、則謂二群卿一曰、皇子将レ聴二群臣之請一、今当レ上二天皇璽符一、於是、群臣大喜、即日、捧二天皇之璽符一、再拝上焉。皇子曰、群卿共為二天下一請二寡人一、々々何敢遂辞、乃即二帝位一、是歳也、太歳壬子。

②清寧天皇即位記事（「同即位前紀」）

（雄略天皇二十三年）冬十月己巳朔壬申(四日)、大伴室屋大連、率二臣連等一、奉二璽於皇太子一。

（清寧天皇）元年春正月戊戌朔壬子(十五日)、命二有司一、設二壇場於磐余甕栗一、陟二天皇位一。遂定レ宮焉。尊二葛城韓媛一為二皇太夫人一、以二大伴室屋大連一為二大連一、平群真鳥大臣為二大臣一、並如レ故。臣連伴造等、各依二職位一焉。

③顕宗天皇即位記事（「同即位前紀」）

（清寧天皇五年）冬十一月、飯豊青尊崩。葬二葛城埴口丘陵一。十二月、百官大会。皇太子億計、取二天子之璽一、置二之天皇之坐一、再拝従二諸臣之位一曰、此天子之位、有功者可二以処一之。著レ貴豪レ迎、皆弟之謀也。以二天下一譲二天皇一、々々顧譲以レ弟、莫二敢即一レ位。又奉下白髪天皇、先欲レ伝レ兄、立中皇太子上、前後固辞曰、日月出矣、……皇太子億計曰、白髪天皇、以二吾兄之故一、奉二天下之事一、而先属レ我、……天皇於レ是、知二終不一レ処、不レ逆二兄意一、乃聴。而不レ即二御坐一。世嘉二其能以一レ実譲一曰、宜哉、兄弟怡々、天下帰レ徳。篤二於親族一、則民興レ仁。

（顕宗天皇）元年春正月己巳朔(一日)、大臣・大連等奏言、皇太子億計、聖徳明茂、奉レ譲二天下一、陛下正統。当奉二鴻緒一、為二郊廟主一、承二続祖無レ窮之烈一、上当二天心一、下厭二民望一、而不レ肯二践祚一、遂令二金銀万国群僚、遠近莫レ不レ失レ望、天命有レ属、皇太子推譲、聖徳弥盛、福祚孔章。在孺而勤、謙恭慈順、宜奉二兄命一、承二統大業一、制曰、可。乃召二公卿百寮於近飛鳥八釣宮一、即天皇位。百官陪位者、皆忻々。

④継体天皇即位記事（「同即位前紀」）

（継体天皇元年）二月辛卯朔甲午（四日）、大伴金村大連、乃跪上二天子鏡劒璽符一再拝。男大迹天皇謝曰、子レ民治レ国重事也。寡人不レ才、不レ足二以称一、願請、廻レ慮択二賢者一、寡人不二敢当一。大伴大連、伏レ地固請。男大迹天皇、西向譲者三。南向譲者再。大伴大連等皆曰、臣伏計之、大王子レ民治レ国、最宜レ称。臣等、為二宗廟社稷一、計不二敢忽一、幸藉二衆願一、乞垂聴納、男大迹天皇曰、大臣大連、将相諸臣、咸推二寡人一、々々敢不レ乖、乃受二璽符一、是日、即二天皇位一。以二大伴金村大連一為二大連一、許勢男人大臣為二大臣一、物部麁鹿火大連為二大連一、並如レ故。是以、大臣大連等、各依二職位一焉。

⑤宣化天皇即位記事（「同即位前紀」）

（安閑天皇）二年十二月、勾大兄広国押武金日天皇崩無レ嗣。群臣奏二上劒鏡於武小広国押盾尊一、使二即天皇之位一焉。

⑥推古天皇即位記事（「同即位前紀」）

当二于泊瀬部天皇（崇峻天皇）五年十一月一、天皇為二大臣馬子宿禰一見レ殺。嗣位既空。群臣請二渟中倉太珠敷天皇之皇后額田部皇女一、以将レ令二践祚一、皇后辞譲之。百寮上レ表勧進。至二于三一乃従レ之。因以奉二天皇之璽印一。冬十二月壬申朔己卯（八日）、皇后即二天皇位於豊浦宮一。

⑦舒明天皇即位記事（「同即位前紀」）

（舒明天皇）元年春正月癸卯朔丙午（四日）、大臣及群卿、共以二天皇之璽印一、献二於田村皇子一、則辞之曰、宗廟重事矣。寡人不レ賢。何敢当乎。群臣伏固請曰、大王先朝鍾愛、幽顕属レ心。宜纂二皇綜一、光二臨億兆一、即日、即天皇位。

⑧孝徳天皇即位記事（「同即位前紀」）

天豊財重日足姫天皇四年六月庚戌（十四日）、天豊財重日足姫天皇、思三欲伝二位於中大兄一、而詔曰、云々。中大兄、退語二於中臣鎌子連一、中臣鎌子連議曰、古人大兄、殿下之兄也。軽皇子、殿下之舅也。方今、古人大兄在。而殿下陟二天皇位一、便違二人弟恭遜之心一、且立レ舅以答二民望一、不二亦可一乎、於レ是、中大兄深嘉二厥議一、密以奏聞、天豊財重日足姫天皇、授二璽綬一禅レ位。策曰、咨、爾軽皇子、云々。軽皇子、再三固辞、転譲二於古人大兄一（更名、古人大市皇子）曰、大兄命、是昔天皇所レ生、而又年長、以二斯二理一、可レ居二天位一、於レ是、古人大兄、避レ座逡巡、拱レ手辞曰、奉二順天皇聖旨一、何労推二譲於臣一、々願出家、入二于吉野一、勤二修佛道一、奉レ祐二天皇一、辞訖、解二所レ佩刀一、投二擲於地一、亦命二帳内一、皆令レ解レ刀、即自詣二於法興寺仏殿与レ塔間一、剔二除髯髪一、披二着袈裟一由レ是、軽皇子、不レ得二固辞一、升レ壇即レ祚、于レ時、大伴長徳（字馬飼）連、帯二金靫一、立二於壇右一、犬上健部君、帯二金靫一、立二於壇左一、百官臣連国造伴造百八十部、羅列匝拝。

⑨持統天皇即位記事

（持統天皇）四年春正月戊寅朔（一日）、物部麻呂朝臣樹二大盾一、神祇伯中臣大嶋朝臣読二天神寿詞一、畢忌部宿禰色夫知奉二上神璽劒鏡於皇后一、皇后即二天皇位一。公卿百寮、羅列匝拝、而拍レ手焉。己卯（二日）、公卿百寮、拝朝如二元会儀一、丹比嶋真人与二布勢御主人朝臣一、奏二賀騰極一。庚辰（三日）、宴二公卿於内裏一、仍賜二衣裳一。

（傍線は加茂が付した）

右の九例中、即位以前（別日）にレガリアを奉献・受理した例は、②清寧天皇・③顕宗天皇・⑥推古天皇の三例だけである（表1参照）。さらに、三例中、奉献の日まで明記されているのは清寧天皇のみである。顕宗天皇の場合は、兄の皇太子億計王が弟の弘計王に即位を要請する場面で、「天子之璽」が見えるが、弘計王は「不レ逆二兄意一、乃聴」すが「不レ即二御座一」とあり、「天子之璽」を受理したか否かはやや不明瞭と言える。また、推古天皇の場合も、『書紀』の記事の立て方から即位以前の奉献と推定されるが、そもそも、推古天皇の場合は前帝崇峻天皇の殺害という、全く異常な事態の中での即位であり、通例の皇位継承とは異なる事情をも考慮すべき

表1 『日本書紀』璽剣鏡奉献記事

	天皇	即位年月日	璽剣鏡奉献・受理年月日	奉献者	記事中の表記	備考
①	允恭天皇	允恭天皇元年十二月	同日	群臣	天皇之璽・天皇之璽符	即位日は未詳
②	清寧天皇	清寧天皇元年一月十五日	即位以前(雄略天皇二十三年十月四日)	大伴室屋大連・臣連等	璽	
③	顕宗天皇	顕宗天皇元年一月一日	未詳(清寧天皇五年十二月とすべきか)	皇太子億計王	天子之璽	弘計王(顕宗天皇)が璽を受理したとは明記しない
④	継体天皇	継体天皇元年二月四日	同日	大伴金村大連	天子鏡剱璽符・璽符	「是日」表記あり
⑤	宣化天皇	安閑天皇二年十二月	同日	群臣	剱鏡	即位日は未詳。「群臣奉上剱鏡～使即天皇位」と見ゆ
⑥	推古天皇	崇峻天皇五年十二月八日	即位以前(崇峻天皇五年十一月とすべきか)	群臣	天皇之璽印	璽印を奉献・受理した日は未詳
⑦	舒明天皇	舒明天皇元年一月四日	同日	大臣・群卿	天皇之璽印	「即日」表記あり
⑧	孝徳天皇	皇極天皇四年六月十四日	同日	皇極天皇	璽綬	譲位例
⑨	持統天皇	持統天皇四年一月一日	同日	忌部色夫知	神璽剱鏡	

であろう。

残る六例すべてが即位日（同日）にレガリアが奉献・受理されている。記事を先入観なしに読む限り、即位式とは別個の儀が引き続いて、一日の記事として書かれたと思われる明白な例はない。

むしろ、①の允恭天皇例「則謂二群卿一曰、皇子将レ聴二群臣之請一、今当レ上二天皇璽符一、於レ是、群臣大喜、即日、捧二天皇之璽符一、再拝上焉。皇子曰、群卿共為二天下一請二寡人一、々々何敢遂辞、乃即二帝位一」、⑤の宣化天皇例「群臣奏上二劒鏡於武小広国押盾尊一、使二即天皇之位一焉」の書例よりすれば、少なくとも、書紀編者にとっては、神器奉献・受理が即位式の中心要素の一つと認識されていたことの証左となろう。また、上の九例すべてに通じて言えることは、神器受理が即位承認の意志表明の一つであり、即位に不可欠の儀である、ということである。レガリア奉献・受理と即位式の関係は、別日とする例は三例（受理が不明瞭な③の顕宗天皇例を除外すれば、二例で、かつ、奉献の日まで明記されているのは②の清寧天皇の一例だけ）であり、残る六例総てが同日であるので、この点からは、「即位式とは別個の行事である」とは、断定できない。

次に、「是日・即日」表記の問題について述べる。「是日・即日」表記があるのは、同日奉献六例中の④継体天皇（「乃受二璽符一、是日、即天皇位。」）・⑦舒明天皇（「光臨億兆、即日、即天皇位。」）の二例だけである。神器奉献・受理が、本来即位以前に執行される、即位式とは別個の儀であるのでわざわざ断わる必要があるなら、何故、他の四例にも「是日・即日」表記を入れないのであろうか、という疑問が湧こう。さらに、継体天皇・舒明天皇に共通することは次期後継者に決定するまでに種々の経緯があり、再三に亙る即位要請を経て、ようやく、「璽符」（継体天皇）、「天皇之璽印」（舒明天皇）を受理し即位するという、即位に至るまでの事情がある。受理迄の長い経緯があり、受理したことを強調するために、「是日・即日」表記が入れられたのではないだろうか。種々の経緯があり、「璽符」・「天皇之璽印」を受理し「是日・即日」にようやく「即二天皇位一」いた、と理解するのが自然な解釈であろうと思われる。

さらに、この『日本書紀』即位記事の「是日・即日」表記に関して、指摘しておきたいことは、古代中国の正史の即位記事にも「是日・其日」表記がしばしば見受けられる、ということである。

1、［魏　斉王］斉王諱芳、字蘭卿、明帝無レ子、養王及秦王詢、……青龍三年斉王、景初三年正月丁亥朔、帝病甚、乃立為二皇太子一、是日、即皇帝位、大赦。（『三国志』魏書・帝紀）

2、［魏　高貴郷］高貴郷諱髦、字彦士、文帝孫、東海定王霖子、正始五年、……斉王廃、公卿議迎二立公一、……十月庚寅、公入二于洛陽一、群臣迎拝二西掖門南一、公下レ輿将答拝、儐者請曰、儀不レ拝、公曰、吾人臣也、遂答拝、至二止車門一下レ輿、左右曰、旧乗レ輿入、公曰、吾被二皇太后徴一、未レ知レ所レ為、遂歩至二太極東堂一、見二于太后一、其日、即皇帝位於太極前殿、百寮陪位者欣欣焉。（『三国志』魏書・帝紀）

3、［魏　陳留王（元帝）］陳留王諱奐字景明、武帝孫、燕王宇之子、甘露三年、封二安次縣常道郷公一、高貴郷公卒、公卿議迎二立公一、六月甲寅、入二于洛陽一見二后太后一、是日、即皇帝位于太極前殿、大赦。（『三国志』魏書・帝紀）

4、［東晋　海西公］廃帝諱奕、哀帝之母弟也、……興寧三年二月丙申、哀帝崩、無レ嗣、丁酉、皇太后詔曰、帝遂不レ救二厥疾一、……於レ是百官奉レ迎二于瑯邪第一、是日、即皇帝位、大赦。（『晋書』帝紀）

5、［東晋　孝武帝］孝武皇帝諱曜、字昌明、簡文帝第三子、……咸安二年秋七月己未、立為二皇太子一、是日、簡文帝崩、太子即皇帝位、詔曰、……（『晋書』帝紀）

6、［東晋　恭帝］恭帝諱徳文、字徳文、安帝母弟也、……（義熙）十四年十二月戊寅、安帝崩、劉裕矯称二遺詔一曰、……（詔内容略）……是日、即帝位、大赦。（『晋書』帝紀）

7、〔唐　睿宗〕睿宗、玄真大聖大興孝皇帝諱旦、高宗第八子、中宗母弟、……（景龍四年六月）癸卯、……其日、王公百寮上表、咸以二国家多難一、宜レ立二長君一、以レ帝衆望所レ帰、請二即尊位一、甲辰、少帝詔曰、自レ古帝王必有二符命一兄弟相及存二諸典礼一、朕以二孤藐一遭二家艱難一、……相王上表、譲曰、……制答、……、于レ是少帝遜二于別宮一、是日、即皇帝位、大赦天下。（『旧唐書』帝紀）

（二重傍線は加茂が付した）

総てを精査した訳ではないが、『三国志』・『晋書』・『旧唐書』の即位記事には、継体天皇・欽明天皇即位記事のように、「即皇帝位」の直前に「是日・其日」を表記した例が多く見られる。『旧唐書』は別として、書紀編者が『三国志』を直接原典に当たって利用していることは夙に明かにされていることである。[21] かかる観点からすれば、『書紀』即位記事の「是日・即日」表記は、溝口氏のような穿った解釈をするまでもなく、書紀編者が漢籍の即位記事の書例を参照した結果であると考定したほうが正鵠を得ているように思われる。

論点(6)の持統天皇即位記事について、溝口氏は、二解釈を示し、結論は保留されるが、①の原理的に異なる別個の儀式が、一日の中に引き続いておこなわれたことを記したものとする解釈は、記事を素直に読む限り無理であろう。①の解釈の理由は、「皇后即天皇位」の前にあること、であるが、とすれば、同即位記事の最初にある「物部麻呂朝臣樹二大盾一」も「原理的に異なる別個の儀式」ということになる。元日朝賀式・大嘗祭・遷都の時に、大盾を樹てることは、『続日本紀』以下に散見し、[22] 威儀を示す儀礼であると思われるが、それらの記事中の「大楯」も各儀式とは「原理的に異なる別個の儀式」なのであろうか。論点(4)(5)への反論も踏まえれば、①の解釈は成立し難く、この持統天皇即位記事は従来通りの解釈――「物部が大盾を樹つ」から「公卿百寮が羅列匝拝し手を拍つ」迄が、持統天皇即位式の一連の行事を記したもの――で問題ないと考えられる。

第四節　結　び

以上、溝口氏の所説の内、「神祇令」践祚条を中心とした論点――「令」には即位儀礼が規定されるはずはない。また、践祚条に規定されている天神寿詞奏上と鏡剣奉上の儀は即位式の中心的な行事でなく、付属・付帯的な行事に過ぎず、神璽奉献の儀は、令制以前においては、即位式とは別個の行事である――を検討したが、いずれの論点にも反論が可能であり、「神祇令」践祚条についての溝口氏説には従えず、よって、特に、「神祇令」践祚条を即位儀礼規定とする通説は依然として有効であると思われる。

注

（1）井上光貞氏『日本古代の王権と祭祀』第一編（東京大学出版会、昭和五十九年、のちに、『井上光貞著作集　第五巻　古代の日本と東アジア』〈岩波書店、昭和六十一年〉再録）。
（2）溝口睦子「神祇令と即位儀礼」（黛弘道編『古代王権と祭儀』所収、吉川弘文館、平成二年）。
（3）岡田精司「大王就任儀礼の原形とその展開」（『日本史研究』第二百四十五号、昭和五十八年、のちに、岩井忠熊・岡田精司編『天皇代替り儀式の歴史的展開』〈柏書房、平成元年〉所収、更に加筆して、岡田精司『古代祭祀の史的研究』〈塙書房、平成四年〉再録）。
（4）瀧川政次郎「御代始め諸儀式の法的意義」（同『律令と大嘗祭』所収、国書刊行会、昭和六十三年）。なお、「喪葬令」服錫紵条が天皇自身を拘束する条文である、とする解釈は、川北靖之「律令における「神璽」の一考察」（『京都産業大学日本文化研究所紀要』創刊号、平成八年）にも見られる。
（5）この問題については、岡田精司「大嘗祭の神事と饗宴」（同『古代祭祀の史的研究』所収、塙書房、平成四年）、溝口睦子「古代王権と大嘗祭」（『大野晋先生古稀記念論文集　日本研究』所収、角川書店、平成元年）等参照。
（6）所功「「大嘗祭」儀式文の成立」（同『平安朝儀式書成立史の研究』所収、国書刊行会、昭和六十年）。なお、同論文で、所氏は、『弘仁式』逸文中の「事見二儀式一」の「儀式」は、弘仁十二年制定の『内裏式』のことであり、『内裏式』にも相当詳細な大嘗会の式規定があったとされている。但し、所氏が論拠とされる『北山抄』所引の『内裏式』逸文は大嘗会式の引用ではなく、大嘗会式に関する『内裏式』逸文は存在しない、とする指摘もある（西本昌弘「『内裏式』逸文の批判的検討――二つの「内裏式」をめぐって」（『日本史研究』第三百七十六号、平成五年、のちに、同『日本古代儀礼成立史の研究』〈塙書房、平成九年〉所収）。

(7) 神道大系『儀式・内裏式』（神道大系編纂会、昭和五十五年）に拠る。

(8) 『延喜式』条文中の「事見二儀式一」の「儀式」が、具体的に何を指すのかという問題については、所功「『儀式』の成立」（注(6)、前掲著書所収）に詳論がある。

(9) 瀧川政次郎、注(4)前掲論文。

(10) 唐代皇帝の即位儀礼については、尾形勇「中国の即位儀礼」（『東アジア世界における日本古代史講座 9 東アジアにおける儀礼と国家』所収、学生社、昭和五十七年）、金子修一「唐の太極殿と大明宮」（『山梨大学教育学部研究報告』第四十四号、平成五年）、金子修一「唐の太宗・粛宗等の即位について」（『山梨大学教育学部研究報告』第四十六号、平成七年）等参照。

(11) 例えば、唐「衣服令」が皇帝の衣服についての規定をおこなうのに対して、日本「衣服令」には天皇に関する衣服の規定がない。この点については、武田佐知子『古代国家の形成と衣服制』第五章（吉川弘文館、昭和六十三年）参照。

(12) 拙稿「大嘗祭〝辰日前段行事〟考」（『文化史学』第三十九号、昭和五十八年、のちに、岩井忠熊・岡田精司編『天皇代替り儀式の歴史的展開』〈柏書房、平成元年〉所収。本書第三篇第二章所収）。

(13) 『続日本紀』において、即位記事が見えないのは、称徳天皇だけであり、天平宝字八年十月十四日の「皇嗣擁立の運動を戒める宣命」を事実上の重祚宣言とすべきか。

(14) 岸俊男「班田図と条里制」（同『日本古代籍帳の研究』、塙書房、昭和四十八年）。

(15) 井上光貞、注(1)前掲著書。「古記」の解釈を踏まえて、井上氏は、「古記」作者は「聖武の神亀元年の大極殿における「即位」については知っていたに違いない」と断定されている。

(16) 「天神（中臣）寿詞」については、多くの研究があるが、本文研究として、西田長男「中臣寿詞攷」（同『神道史の研究』第二巻所収、理想社、昭和三十一年）、谷省吾「『藤波家譜』附録の中臣寿詞」（『皇學館大学神道研究所所報』第二十四号、昭和五十八年）、青木紀元『祝詞古伝承の研究』（国書刊行会、昭和六十年）、粕谷興紀「天神寿詞の性格」（『皇學館大学神道研究所紀要』第七輯、平成三年）、小松馨「新発見の藤波家所蔵『中臣秘書（天神寿詞）』の紹介と考察」（『国学院大学日本文化研究所紀要』第七十輯、平成四年）等がある。

(17) 土橋寛「中臣寿詞と持統朝」（『文学』第五十四巻五号、昭和六十一年）。

(18) 岡田精司「大王と井水の祭儀」（『講座日本の古代信仰』第三巻、学生社、昭和五十五年、のちに、同『古代祭祀の史的研究』〈塙書房、平成四年〉再録）。

(19) 岡田精司、注(3)前掲論文。

(20) 『日本書紀』本文は古典文学大系本に拠った。溝口氏は、大化前代として、持統天皇即位記事を除外して八例とされるが、「神祇令践祚条」を考察する上で、持統天皇即位記事を除外される理由は不明瞭である。本稿では、持統天皇即位記事をも含め九例として考察する。

(21) 小島憲之『上代日本文学と中国文学』第三篇（塙書房、昭和三十七年）。なお、『三国志』『晋書』『旧唐書』は中華書局出版本に拠った。

(22) 「物部の楯」については、直木孝次郎「石上と榎井」（『続日本紀研究』第一巻十二号、昭和二十九年）、榎村寛之「物部の楯の成立と展開について」（同『律令天皇制祭祀の研究』所収、塙書房、平成八年）参照。

第二章「奉翳女孺」考

第一節　はじめに

『儀式』巻五「天皇即位儀[1]」によると、平安朝的形態の即位式における、儀礼上の最も重要な儀の一つは、晃服を着した天皇が大極殿の中央に鋪設された高御座に着御すると、褰帳の命婦二人（内親王）は高御座の南面の御帳を褰げ、高御座の前面左右に立つ各九人の奉翳女孺は差し出していた翳を伏せる（庭上の群臣よりすれば、十八枚の翳が開く）と、宸儀（天皇）が現われ、龍顔を庭上の群臣が拝謁する、というところであろう。本稿では、十八人の女孺が執行する、この「奉翳」の儀について考えてみたい。

第二節　岡田精司氏の説

さて、天孫降臨神話を大嘗祭の祭儀神話とする折口氏説を真正面から批判し、即位式こそが同神話の実修儀礼であるとされたのは岡田精司氏である（「大王就任儀礼の原形とその展開[2]」）。岡田氏は、『儀式』、『日本書紀』の持統天皇即位記事より令制下の即位式を推定復元され、その儀式実態と天孫降臨神話を比較され、上の結論を導き出されるが、その論証過程において、「女孺奉翳の儀」が同神話の降臨描写——「押㆓分天之八重多那雲㆒」（『古事記』）——に対応し、天孫が降臨する様を再現したものであると論じられている。次に、岡田氏論文の該当箇所を引用させて頂く。

先に第三節では、この神話〈天孫降臨神話、加茂注〉と大嘗祭の祭儀とは結びつかぬことを論証した。ところが、天孫降臨神話と令制の即位儀とは、その内容の一致するところが少なくないのである。この神話にはかつて三品彰英氏が整理したように異伝が多いのであるが、ここでは『古事記』の所伝についてみよう。それは次のように内容を整理できるであろう。

a、天照大神から宝器三種を授けられ、神勅がある。

b、天石位を離れ、天八重多那雲を押分けて、

c、高千穂の峰に降臨した。

d、五伴緒の神が従った。

e、武装した大伴氏・久米氏の祖神が先導する。

f、降臨したあと、天孫の「詔」がある。

一方、即位の儀礼は、『儀式』と「持統四年紀」によると、官人や衛府が所定の席についたのち次のような順序で進行する。

1、天皇出御（翳をもった十八人の女孺に囲まれて大極殿に入る）。

2、天皇、高御座に就く。

3、褰御帳（女王・内侍が高御座正面の御帳を左右に開き、天皇の姿を現す）。

4、図書寮官人の焼香。

5、王公百官再拝。
△6、天神寿詞の奏上。
△7、神璽の鏡剣の奉上。
8、宣命大夫、宣命を読み上げる。
9、王公百官再拝・拝舞。
10、武官旆を振って万歳を唱える。
11、天皇、執翳女孺に囲まれて還入。

△印をつけた6・7項は、平安時代には即位の式では行われなくなっているが、「持統四年紀」と「神祇令」、即位をそっくり移行したと考えられる大嘗祭辰の日の節会の次第によって推定し、挿入した。平安時代に宝器奉上の儀が欠けるのは、桓武朝から即位と践祚が分離し、王位に就任した太子は即日宝器を受け、後日改めて即位礼を挙行することになったためであろう。律令以前の、宝器奉上と昇壇即位が別の儀礼であった形にもどったともいえる。

さて、右の即位の次第から、明らかに後世に追加した中国風行事である「焼香」と「万歳」を除いて『古事記』神話と対応させると、cの高千穂峰は2の高御座に相当するであろう。これは大極殿に置かれる木製の壇であるが、臣下を見下す壇上に立ち、帳をかかげて天子の姿を現す形は、高千穂峰に降り立つ天孫の姿と二重写しになって見えるであろう。bの天八重多那雲をかきわけてという形容は、1・11の十八人の女孺たちが左右から翳《かざし》をとって天皇の姿を隠して進む形と対応しているであろう。aと7の宝器の授受の対応はいうまでもない。

武官の侍立は、eの天忍日命・天津久米命の武装して先導する姿に対応が認められるであろう。『延喜式』

に近衛大将・兵衛督らの金銀装の武具で盛装した姿のあることは先にもふれたが、大伴・久米の祖神の二人が、「天之石靫を取り負ひ、頭椎之大刀を取佩き、天之波士弓を取り持ち、天之真鹿児矢を手挾み」という姿で天孫を先導する姿は、特に前節でみた孝徳天皇の即位にあたり、壇＝高御座の左右に「金靫」を帯びて侍立したという、大伴馬飼・犬上建部の二人の武将の姿を彷彿させるものがあろう。

天皇が高御座にある時、宣命が読み上げられるが、『続日本紀』にみえるようにその内容は高天原以来の天津日嗣の継承のことが述べられるのが常である。それに相当するものがaの天照大神の神鏡奉斎の神勅とfの天孫の「詔」であろう。fは天から地上に降った神の宣言であるから、形式的には8の宣命に対応するであろう。

高御座は天孫降臨の到達点である高千穂峰の再現であると同時に、出発点としての「天石位」〈紀本文では「天磐座」〉にも対応するものとなっている。新しい大王が高御座に立ち帳をかかげて群臣の前に姿を現した時は、高千穂峰に降り立ったニニギの儀礼的再現であり、儀礼を終えて宝器を伴って高御座から降りて還入する大王〈この時も翳十八本に囲まれて進む〉は、「天石位離《あめのいはくらはな》ち」て天降る天孫の再現であろう。高御座は神話中の二つのものを象徴しているといえる。　（〈　〉内注、及び傍線は加茂が付した）

即位式こそが天孫降臨神話の実修儀礼であると説かれる岡田氏論文の核心部分であるが、論証過程で、即位式における奉翳女孺の儀を、瓊瓊杵尊が「天之八重多那雲」を押し分け降臨する場面、また、「天石位離ち」て天降る場面、の儀礼的再現であるとされる。

まず、基礎的事実に関する疑点は、引用文の傍線部にある。岡田氏は、即位式における奉翳女孺の役割を、天皇が大極殿後房より高御座に進む迄と、儀式を終え、高御座から大極殿後房に還入する迄の間、天皇を「翳」で囲み隠し進むこと、と解されていることである。(3) 奉翳の儀のことを右の様に理解された論拠を岡田氏は特に示されてはいないが、同じ解釈は、直木孝次郎氏が「奉翳美人」において既に述べておられる。(4) 次に、直木氏論文の関連箇所を掲げさせて頂く。

すでに岸俊男氏が指摘されたように『貞観儀式』には、正月元日の朝賀に際して女孺が翳を執ることが定められている。次に関係するところを示す。

(一) 辰一刻、乗輿出レ自二建礼門一、御二太極殿後房一、少時皇后亦入二後房一、〔自レ此以下可二書注一〕、左右近衛次将各一人率二将監将曹府生各一人一、近衛各卅人一、左右兵衛尉已上各一人率二志府生各一人、兵衛各卅人一、更還〔自レ此以下皆可二書注一後注二後宮供奉一〕、訖女孺十八人執レ翳、三行就二戸前座一、〔以レ南為レ上〕、褰帳内親王二人、〔若無二内親王一者、以二三位已上、若王氏四位五位一為レ之〕、威儀命婦四人〔以二三位已下五位已上一為レ之、各一人、同色相対、以レ南為レ上〕、各著二礼服一、相分以レ次就レ座、

(二) 皇帝服二冕服一就二高御座一、命婦四人〔以二内親王以下五位以上一為レ之、服色同二威儀一〕、服二礼服一分在二御前一、至二御座下一立、御座定引還〔更供二奉皇后御前一〕、于レ時殿下撃レ鉦三下、皇后服二礼服一後就レ座、初皇帝御二高御座一之時、執翳女孺左右各九人分進奉レ翳〔不レ待二皇后着座一〕、訖内親王二人褰二御帳一、復二本座一、執レ翳以レ次退復二本座一

(三) 左侍従在レ南者、進当二御前一、跪膝行俛伏曰、礼畢、還復レ位、兵庫頭進申二大臣一云、令レ撃下垂二御帳一鉦上、大臣宣レ令レ撃、頭称レ唯退、喚二鉦師名一、称レ唯、頭命云レ撃下垂二御帳一鉦上、鉦師称レ唯撃レ之三下、復二本列一、奉レ翳垂レ帳訖復二本処一、皇帝入二後房一、皇后還入、如二出儀一

(一) では、天皇が建礼門より出て大極殿の後房に入り、しばらくして皇后も後房に入ると、左右の近衛及び兵衛がもとの位置に還り、女孺は翳を執って三列になって、「戸ノ前ノ座」につく。(二) では天皇が冕

服（天皇の礼服）を着て高御座に就くと、命婦四人が礼服を着て、御座のもとに至り、御座が定まると、もとにもどる。ついで皇后が礼服を着て座に就く。はじめ天皇が高御座に就くとき、執翳の女孺が左右九人ずつに分れ、翳を天皇にかざし、天皇の座が定まると、翳を執って座に還る。（三）では、朝賀の儀礼がおわった後のことを記しているのだが、儀礼の終了を告げる鉦が鳴らされ、天皇が退出するときも、女孺は翳を奉ずるのである。

如上の記述からわかるように、執翳と奉翳とは明らかに区別されている。執翳は単に翳を保持することだが、奉翳は天皇が後房から出て高御座に入る間（または高御座を出て後房に入るまで）、天皇を翳でとりかこんで人目を遮断する行為をいうのであろう。このことが翳を執って朝賀の儀に参列する一八人の女孺の使命なのである。

（傍線・二重傍線は加茂が付した、また引用史料中の〈 〉内は二行割注。以下同じ）

直木氏は、即位式と基本的には同一儀式構造・次第である元日朝賀式の儀式文（『儀式』巻六「元正受朝賀儀」）より、奉翳女孺の作法を傍線部のように復元される。

それは、儀式文（二）の「初皇帝御二高御座一之時、執翳女孺左右各九人分進奉レ翳」を、天皇が高御座に就く迄（大極殿後房より高御座入御迄）のことと解されたためであろうが、そう解釈してしまうと、その下の「不レ待二皇后着座一」の割注の意味が理解できない（二重傍線部参照[5]）。

儀式文（二）によると、冕服を着した天皇が高御座に入御し、命婦に依る御座定めが終わり、撃鉦三度の後に、礼服を着した皇后が座に就く。天皇が先に高御座に着御し、その後に皇后が着座する（「皇后服二礼服一後就レ座」）ので、奉翳女孺の役割を、天皇が後房から高御座に入御する迄の間、天皇を翳で取り囲むこととされる直木氏の解釈では、奉翳女孺は皇后の着座を待ちたくとも、待つことは物理的に不可能である。物理的に不可能なことを、儀式文がわざわざ注記する必要も理由もないであろう。従って、奉翳女孺の作法・役割を、天皇が後房から高御座に入御する迄と、高御座を出て後房に還入する迄、天皇を翳で取り囲むこと、とされる岡田・直木両氏の理解には問題があると言わざるを得ない。

なお、奉翳女孺の作法・役割についての従来の解釈を掲げておくと、一条兼良は『代始和抄』の「御即位事」条では次のように記している(6)。

> すべて文武の百司をのをの威儀の物をとりて庭中の東西に列立す。外弁の公卿は民部省の庁代の幄に着す。其時に主上冕服を着し給ふて後房より出御ありて高御座に着せ給ふ。内侍二人。命婦四人。をのをの礼服を着して前後に候す。御座定て後、十八人の女嬬翳をとりて左右よりわかれすゝむ。翳といふは円座の様なる物に柄をつけてたかくさしおほふ也。これは天子の龍顔を左右なく人に見せざらんための儲也。次に褰帳の女王二人左右よりすゝみて、高御座の南のかたの幌をかゝぐ。此時にいたりて二九の女嬬翳を伏すれば、宸儀はじめて見え給ふ。群臣をのをの面伏す。主殿図書寮のつかさ火爐のもとにつきて香を焼く。この香は天子位につかせ給ふよしを天に告る焼香也。宣命使の人版位につきて制旨をのぶ。群臣再拝舞踏す。

天皇が高御座に着き御座定まった後、十八人の女孺が翳を取り左右より分かれて高御座の前に進み、褰帳の命婦二人（内親王）が高御座の南面の帳を褰げ、十八人の女孺が差し出していた翳を伏せると、「宸儀はじめて見え給ふ」となる、と述べている。従って、奉翳女孺の儀は、天皇が高御座に着く迄のことではなく、天皇が高御座に着御した後、天皇が着御している高御座に翳を差し出し、高御座の南面の帳が褰げられると、翳を伏せること、となる。

また、同じ解釈は、三浦周行氏の『即位礼と大嘗祭』にも見られる(7)。

> 昔は天皇が後房から高御座の北階の下まで布きつめてある莚道の上を御徒歩で高御座に著御になると、蔵人

頭が御帳の後の帷を褰げて御入れ申し、内侍一人が北階を昇って劔を御座の左方に安じ、同じく一人が璽を同所に奉安して退下すると、関白は御笏を取って奉り、自身は高御座の中層の東北の方の円座に祗候し、兵庫頭は内弁の指図で、鉦師を召して、御帳を褰げる合図の鉦を撃たせたのである。さて此天皇が高御座へ出御の為め莚道を御徒歩になる時に、妙な事が行はれた。それは御手に印を結ばれ、御口の中で真言を唱へ給ふといふので、所謂真言秘密であつたから、それを心得たものから御即位の礼以前、天皇に御伝授申上げたもので、これを御即位灌頂と申して居つた。……（以下、即位灌頂の初見が後三条天皇であること、また、即位灌頂の解説）………………

次に宸儀の見れ給ふ順序となるのである。昔は執翳ノ女嬬左右各〻三人が御座前へ進んで両方から斜に長翳・中翳・短翳を上下に立て合せて居ると、褰帳命婦が高御座の東階と西階とから昇って、南面の御帳を褰げる。其の方法は、御帳を左右に内部に巻きこみ、八字形に糸を以て綴ぢ上げるので、それを済ませて座に復すると、執翳ノ女嬬も各〻其の座に復する。かくて宸儀始めて見れ給ふから諸仗〈兵仗を執つて居る者共〉が警蹕を称へ、式部が「面伏」と唱へると、参列の百官が磬折といって、腰を屈め、諸仗も伴・佐伯も共に蹲踞するのである。

（（　）内の文章は加茂の要約）

第三節　即位式における奉翳女孺の儀

平安朝即位式における奉翳女孺の儀の儀式実態の確認のため、『儀式』巻五「天皇即位儀」を次に掲げる。なお、説明の便宜上、適宜段落に区切り、番号を付した。

①　辰一刻、皇帝出レ自二建礼門一、御二太極殿後房一、女孺十八人執レ翳、三行就二戸前座一〔以レ南為レ上〕、褰帳命婦二人・威儀内命婦四人、各著二礼服一、相分為以レ次就レ座、侍従四人〔帯剣〕相分共立、

② 次少納言二人、分入レ自二昭訓・光範両門一対立、両氏降レ壇、北向立二門下一、門部開レ門、諸門開門、……（諸仗・内舎人・少納言、共に立ち、親王・五位以上・六位以下が所定の門より参入し、所定の位に就く）……爰式・兵両省掌率二応レ敍人一、左右相分、参入列立、

③ 皇帝服二冕服一、即二高座一、命婦四人分在二御前一、至二高座下一立、御座定、命婦引還、時殿下撃レ鉦三下〔其儀、鼓吹正申二大臣一云、令レ撃下褰二御帳一鉦上、大臣宣、令レ撃、頭《正カ》称唯、召二鼓《鉦イ》師一令レ撃〕、二九女孺執レ翳、左右分進奉レ翳、命婦二人褰二御帳一復二本座一、女孺還二本座一、宸儀初見、執レ仗者倶称レ警、式部録以下・省掌已上共称二面伏一、群官磬折、諸仗座、

④ 主殿・図書各二人、以レ次東西、就レ爐焼レ香、訖典儀曰、再拝、賛者承伝、王公百官再拝、訖宣命大夫進レ自レ位、就二宣命位一、宣制云、明神〔止〕大八洲国所レ知、天皇詔〔良万止〕宣勅〔乎〕、衆聞食〔止〕宣、群官共称唯再拝、掛畏〔岐《支イ》〕明神坐天皇〔我云云〕宣、群官称唯再拝、然皇〔止〕大坐〔氏〕、天下治賜君〔波〕、賢人〔乃云云〕宣、群官称唯再拝、舞踏再拝、武官倶並《立イ》振レ旆《旗イ》称二万歳一、……式部就二案下一、喚二授位記一、兵部亦如レ之、訖被レ敍親王以下立レ列、再拝舞踏、典儀曰、再拝、賛者承伝、群官倶再拝〔群官謂二百官及被レ敍之人一〕、

⑤ 訖殿上侍従進当二御前一、傍行数歩、北折進跪、膝行数歩称二礼畢一、膝行却退、乃立傍行、還如二初進儀一、復二本位一、殿下撃レ鉦三下〔其儀鼓吹正申二大臣一云、令レ撃下垂二御帳一鉦上、大臣宣、令レ撃、正称唯、召二鼓《鉦イ》師一令レ撃レ之〕、二九女孺奉レ翳、二人命婦垂二御帳一、皇帝還二入後房一、命婦・女孺復二本座一、閤内大臣令レ槌二退鼓一、……親王以下百官倶自レ上而罷、

（〔 〕内は二行割注。また、②の（ ）内文章は加茂による儀式文の要約）

上の『儀式』規定をもとに、『北山抄』『江家次第』[8]等の儀式書、さらに儀式次第の実態が比較的詳細に窺える『二条院御即位記』[9]（保元三〈一一五八〉年十二月二十日に挙行された二条天皇即位式を大外記の清原頼業が記録したもの）をも参照して、大極殿における即位式での奉翳女孺の儀を復元すると次のようになるであろう。[10]

まず①は、新帝が大極殿後房に御すと、女孺十八人は翳を執り、南を上として三列で戸の前の座に就く。この「戸前座」については「延喜掃部寮式元日条」に「元正一日、設二御座於大極殿高御座一、去二御座左右一各一丈二尺、褰二御帳一命婦座……執翳者座於二東西戸前一」とあり、『江家次第』巻十四には「執翳女孺（左右各八人）、各於二東西戸北下一、取二内蔵寮官人等所レ持之翳一、進着レ座（在二殿東西戸前一、以レ南為レ上）」と記す。この「東西戸」は北面東西戸か、或いは東・西軒廊に通じる東西戸かがまず問題となるが、『二条院御即位記』に「殿東西戸内、各立二執翳女孺白床子九脚一（可レ敷二黄端帖一歟、今度不レ敷如何、三行立レ之、各有レ隙、南上東面）、同戸北壁（東西戸北壁也、始立二戸南壁一、後立二北壁一）、並立二綵色翳九枚一（長翳三枚、各一丈二尺、中翳三枚、各九尺、短翳三枚、各六尺、件翳今度新被レ調、甚以美麗也、延久江記左繡翳云々）」とあり、女孺が執る「綵色翳」は同戸北壁に並び立てかけられるので、大極殿北面東西戸ではありえず、東・西軒廊に通じる東西戸であることが理解される。その東西戸の内側に女孺の座が設けられ、女孺が殿に進む時に内蔵寮官人の持つ翳を受け取り、座に着す。また、東西に座が設置されているので、それぞれ九人ずつが東西に分れ三列で座に就くと思われる。

②は、親王・五位以上・六位以下が所定の門より朝堂院に参入し、朝庭の所定の位に就き列立する。親王は顕親門より、参議以上、四・五位、六位以下は、順次、会昌門より入る。

③が高御座への出御である。

大極殿後房より高御座迄の天皇の御幸路は、『儀式』巻六「元正受朝賀儀」に、「鋪二六幅布単於軒廊一、鋪二二幅両面於其上一、自二小安殿一、属二高御座一、以備二御歩一（両面辺布単、聴二御前命婦等踏一）、張二斑幔於高御座後左右一也」とあり、また、『二条院御即位記』にも、「馬道間中戸以南、至二于大極殿高御座北階下一敷二筵道一、其上敷二布単一、其上敷二二幅両面一為二御幸路一、登廊東西引二切纐纈幔一」とあるので、後房（小安殿）の馬道中戸から、登廊を経て、大極殿高御座の北階まで筵道（その上に六幅布単、二幅布単をさらに重ねる）が敷かれ、天皇の御幸路となる。また、後房と大極殿を結ぶ登廊の東西には纐纈幔が張られ、高御座の後方左右には、斑幔が張られている。天皇は後房から敷設された御幸路を直線に進み、大極殿の高御座の北階より入御する。[11]

天皇が後房から進み大極殿の高御座の北階に至り、高御座に入御する列次については、『二条院御即位記』に「主上着二御礼服一、関白候レ庭、権大納言経定卿、左兵衛督惟方朝臣、奉レ仕二御装束一了、経二登廊筵道并殿中戸一、御二高御座一、先二御前一命婦四人（着二礼服一）、相分前行、当二高御座北階一、左右開柱立。内侍二人持二劔璽一（礼服）、在二前後一、蔵人頭左大弁顕時朝臣持二御笏筥一、関白候二御後一、令レ取二献御笏一給、蔵人女房十人（不レ着二礼服一）、蔵人頭以下扈従、御座定、内侍置二劔璽於御座辺一、内侍命婦等退下、候二西幔内一」と見える。礼服を着した命婦四人が先行し、高御座北階に至り、高御座の北の御帳を左右に開き立つ。内侍二人は剣璽を持ち、天皇の前後に候し、御笏筥を持つ蔵人頭、関白、蔵人女房十人が扈従する。[12]

冕服を着した新帝が高御座に着御し、御座定めの命婦四人が引還すると、「褰二御帳一鉦」が撃たれる。鉦を合図に、東西の座から各々九人の女孺が高御座の前の南廂まで進み、左右三列で、長翳・中翳・短翳の翳を高御座の前面に差し出す（『北山抄』巻五に「二九女孺奉レ翳（出レ自二第二間一、更経二少納言後一、進二御前南廂一立二三行一奉レ之、長翳在レ内、中翳在レ中、短翳在レ外）」とある）。

褰帳の命婦二人は高御座の南面の御帳を褰げ、元の座に復し、奉翳の女孺は左右から差し出していた翳を伏せ（『江家次第』巻十四に「執翳女孺等偃レ翳」とある）、元の座に還る。ここに「宸儀初見」となる。仗を執るものは共に警を称し、庭上の群官は磬折。諸仗は座す。

④は主殿・図書寮官人の焼香、即位宣命・位記授与等が訖ると、庭上の群官の再拝。

⑤は殿上の侍従が膝行して礼畢ることを伝える。「垂二御帳一鉦」が撃たれる。鉦を合図に、各々九人の女孺が再び翳を差し出し、命婦は高御座の南面の御帳を垂らす。新帝は後房へ還入する。

以上が、『儀式』等による平安朝の即位式における奉翳女孺の儀式作法である。右は大極殿における即位式の儀式次第であるが、治承元（一一七七）年四月二十八日の大極殿焼失後は、主として、紫宸殿、太政官庁において即位式が挙行されることとなる。儀式次第は『儀式』の「天皇即位儀」規定に従って挙行され、奉翳女孺の儀を含め儀式作法は全く同じであるが、念のため、紫宸殿、太政官庁における天皇の高御座への入御の具体的な次第だけを確認しておく。

【紫宸殿即位の場合】

安徳天皇は、治承四（一一八〇）年四月二十二日紫宸殿において即位する。『玉葉』同月日条には儀式次第を以下のように記述している。(13)

> 廿二日、〔甲辰〕天晴、此日天皇即二位於紫宸殿一〔春秋三歳〕、大極殿火災以後、未二企出来一之故也、……
> ……先々天皇御二後房一、小時母后被レ参二休所一……、頃之、以二蔵人左衛門権佐光長一、被レ問二時刻一〔未刻〕、申二至之由一、即天皇渡二御紫宸殿高御座一、其儀出三御自二仁寿殿〔称二之後房一〕額間二、〔自二同母屋際一、至二高御座後一、敷二筵道一、先例筵上敷二白布一、其上供二両面筵道一、而今度不レ敷レ布、単只筵上敷二両面一、尤違例也〕、御前命婦左右各二人先行〔五位蔵人（光長、親経）就レ之〕、次内侍二人持二劔璽一〔左劔右璽、今度式云、内侍候二前後一云々者、尋常行幸儀如レ此、重二于即位之礼一者、両面之上、他人敢不レ踏、因レ之劔璽内侍相並先行、

古来之例也、未レ見下候二前後一之文上、今度式若慣二常法一歟、将有二所存一歟、衆人（謂以）失誤）、次摂政奉レ抱二幼主一、歩二両面之上一、頭弁経房持二御笏筥一、五位蔵人行隆取二玉御冠一、同親経持二御沓一〔赤色〕、各以相従、御前命婦、留立二高御座後階左右男柱下一〔入候レ之、後引還〕、摂政昇レ自二同階一、奉レ居二幼主〔於〕高御座上一〔頭前亮重衡朝臣、褰二御座後帷一〕、両内侍昇二同階一、褰二東面帷一、置三剱璽於二御座左方一退下、次母后出レ自二休所東面一、被レ参二高御座一〔両卿祗候如レ始、摂政暫退下〕、次摂政参二候御座艮角壇上一〔座後立二屏風一、如レ例〕……

『玉葉』の記事から、紫宸殿において挙行された安徳天皇即位式について、以下の点が確認される。

○ 仁寿殿を後房とすること。

○ 仁寿殿母屋際より高御座後階（北階）に至る迄、筵道を敷き、天皇の御幸路とすること。

○ 天皇が後房から高御座に入御する列次は、御前命婦二人、剣璽を持つ内侍二人が先行する。安徳天皇は当時三歳で、そのため摂政が幼主を抱いて筵道を進む。その後を、頭弁経房が御笏筥を持ち、五位蔵人行隆が玉御冠を取り、同親経が赤色の御沓を持ち、相い従う。摂政は高御座後階（北階）より昇り、幼主を高御座に居し奉る。

【太政官庁即位の場合】

順徳天皇は、承元四（一二一〇）年十二月二十八日太政官庁において即位する。『順徳院御即位記』には儀式次第を以下のように記述している。(14)

承元四年十二月二十八日亥卯、此日天皇即二位于太政官庁一。…………行二幸太政官庁一、上皇女院御二同車一、…

…………次御輿入二御東門一〔不レ供二御麻一、先例也〕、安二後房南面東第三間一、…………此間天皇渡二御高御座一、予右府相共進二寄西壇下一、竊見レ之、其儀、始自二御所一至二高御座後階下一供二筵道一〔筵上敷レ布、其上敷二両面一〕、御前命婦左右各一人前行、其次内侍二人〔剱左璽右、頭中将扶レ剱、内侍□□、蔵人□璽、内侍□□〕、次主上〔著二天冠一、令レ着二玉佩一給、左右御腋頗寄前方結二付綬一也、著二御々沓一〕、関白候二御後一、頭弁持二御笏一相従〔入レ箱蓋〕、御前命婦留立二高御座後階左右男柱下一、両内侍昇レ自二後階一、候二帳外壇上一、天皇昇レ自二同階一、著二御高御座上一〔南面〕、頭中将褰二高御座後幄一、内侍置二御剱於御座左方一………、以レ璽置二剱内方一了、

『順徳院御即位記』の記事から、太政官庁での即位式の儀式次第も同様であることが理解される。太政官庁において挙行された順徳天皇即位式についても、以下の点の確認をしておく。

○　太政官庁後房（太政官庁北後房方屋）を後房とすること。

○　太政官庁後房より、正庁に設置された高御座後階（北階）に至る迄、筵道を敷き、天皇の御幸路とすること。

○　天皇が後房から高御座に入御する列次は、御前命婦二人、剣璽を持つ内侍二人が先行する。天皇、後に関白が候し、頭弁が御笏を持ち相い従う。天皇は高御座後階（北階）より昇り、高御座に着御する。

右の史料より、紫宸殿・太政官正庁での即位式においても、大極殿における儀式と同様で、天皇の高御座入御の次第は、後房（紫宸殿の場合は仁寿殿、太政官正庁の場合は太政官庁後房）より高御座北階に至る迄、筵道が敷かれ、天皇は筵道を進み、高御座北階から昇り高御座に着御する、ことが確認される。

従って、前掲の岡田氏・直木氏の解釈——奉翳女孺の作法・役割を、天皇が後房から高御座に入御する迄と、高御座を出て後房に還入する迄、天皇を翳で取り囲むこととされる——を明記する史料は管見の限りでは見い出せず、また、儀式次第の実態から言えば、天皇は後房より進み高御座北階から高御座に着御（還御はその逆）

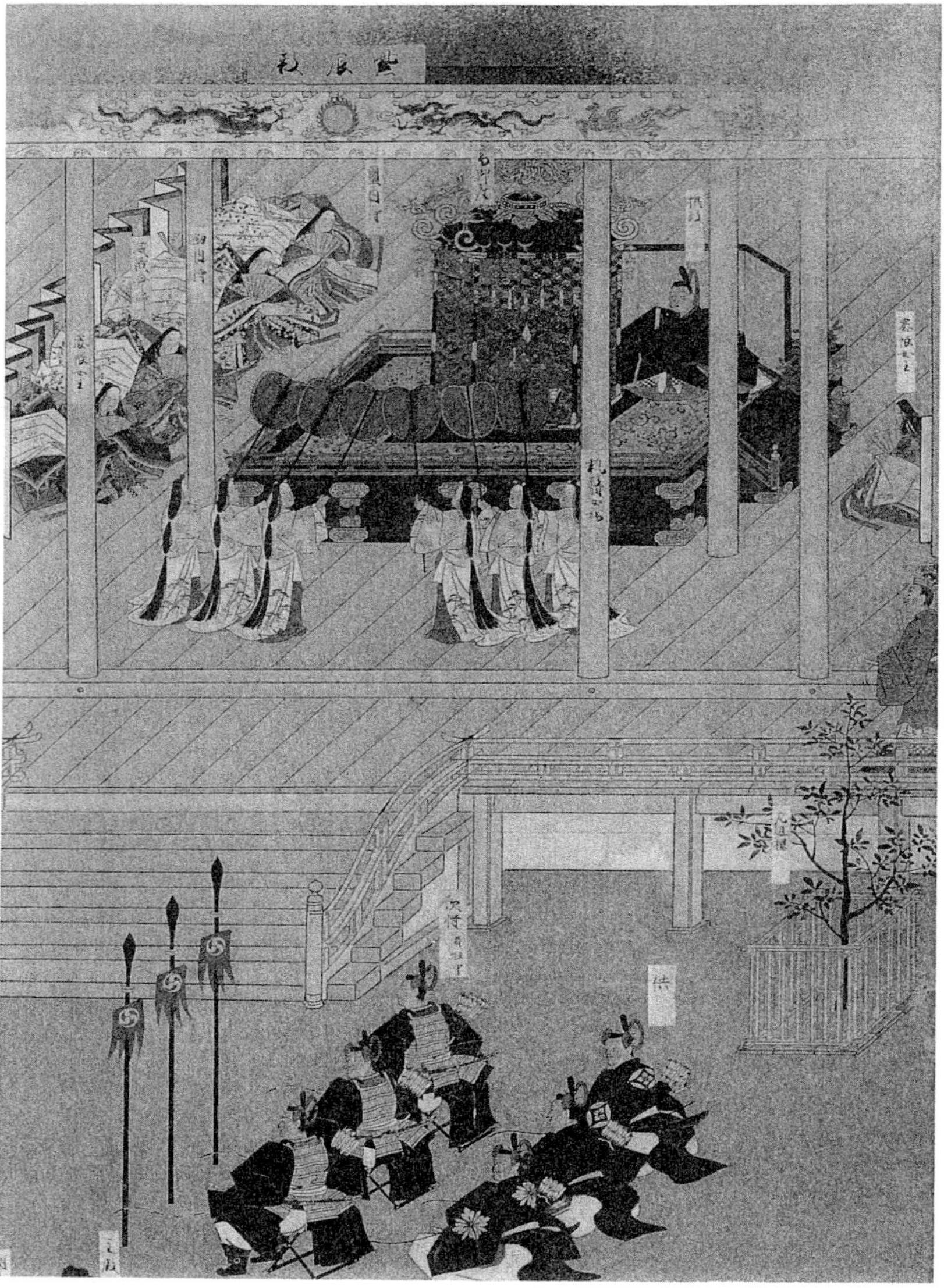

図1　東山天皇御即位図屏風（部分）
（貞享4〈1687〉年、小原文庫所蔵）

図2　『文安御即位調度図』の翳
（『群書類従』第七輯所収）

女孺執物。十八枚ノ内。
六枚長一丈二尺。
十二枚長九尺。

し、且つ、後房から高御座迄の御幸路東西及び高御座後方左右には幔が張られているので、その間を女孺が天皇を翳で取り囲み人目を遮断する必要は無いと思われる。

なお、参考迄に、「東山天皇御即位図屛風」（部分）を掲げておく（図1参照）。また、女孺が執る翳については、『文安御即位調度図』に「女孺執物十八枚ノ内」と注記して、図が掲げられている[15]（図2参照）。さらに、前記したが、一条兼良は『代始和抄』の「御即位事」条に「翳といふは円座の様なる物に柄をつけてたかくさしおほふ也、これは天子の龍顔を左右なく人に見せざらんための儲也」と、記している[16]。

第四節　唐代皇帝即位儀礼における「扇合・扇開」儀礼

前節では、平安朝の即位式における奉翳女孺の儀を復元した。『儀式』規定の即位式・元日朝賀式は天皇が冕服を着すことに象徴されるように唐風化された儀式である[17]。本節においては、この奉翳女孺の儀について、唐代の皇帝即位儀礼との関連を考察してみたい。

唐代皇帝即位儀礼についての研究は業績が積み重ねられているが[18]、『大唐開元礼』を始めとして現在伝存している唐代の諸文献には、『儀式』巻五「天皇即位儀」に相当する纏まった即位儀礼規定文が見当らず、唐代の皇帝即位儀礼は『冊府元亀』継統部・正史等の断片的な即位記事から復元・考察されつつある、というのが現状であると思われる。

ここで着目したいのは、宝暦二（八二六）年十二月に即位する唐の文宗の即位記事である。文宗の即位儀礼については、『冊府元亀』巻十一・帝王部、継統三に詳細な記録が残されており、同記事を基に、尾形勇氏が「中国の即位儀礼」論文中で即位儀礼次第を箇条書きにして整理されているので(19)、該当部分をまず引用させて頂く。なお、文宗は、前皇帝敬宗が宝暦二年十二月八日に宦官劉克明により殺害された後、十二月十二日に帝位に就く。その即位次第は翰林学士韋処厚の提議に従い、決定されたものである。

文宗の即位儀礼

イ、乙巳（十二日）、帝（文宗）宣政殿（大明宮中）に御して即位す。諸衛おのおの兵を勒して諸門に屯し、黄麾《き》大仗（近衛兵）陳《なら》ぶ。押冊宝（冊・宝の管理官か）西階より下《お》る。文武の群臣、入りて位に就《つ》く。侍中、板奏して中外の厳弁を請《こ》ふ。帝、出づるに序門よりし、具服（朝服）・遠遊冠（天子の冠）・縫紗袍《ほうさぼう》（赤色のうすぎぬの上衣）を服し、笏《しゃく》をとり、中間（中堂）の南向せる位に就きて立つ。

ロ、定冊使、宣して云ふ「伏して太皇太后の令を奉じ、江王をして皇帝位に即けしめむ」と。礼儀使、奏請して再拝す。挙冊官、冊を奉じて皇帝の前に就く。摂中書令司空兼門下侍郎平章事の裴度《はいたく》、進みて〔冊文を〕読みて曰はく「（冊文省略）」。冊を読みて称賀す。帝、策（冊）を受けてもって左右に授《てわた》す。

ハ、侍中、宝（皇帝の璽）を進む。帝、宝を受けてもって左右に授す。

ニ、〔侍中〕また〔帝に〕衮冕《こんべん》（衮服と冕冠、皇帝の服）に改服し、御座に即き、万方の朝賀を受けむことを奏請す。殿中監、鎮珪（天子の宝器の一つ）を進む。内高品、旨を承けて扇開を索す（この一文は未詳）。帝、衮冕を正し、負扆《ふい》して（斧を描いた屏風の前に位すること）、南面す。

ホ、侍中ついで御座の右に升り、西南して立つ。符宝（符璽、つまり御璽）は御座の前に置かる。群臣の位にある者みな再拝す。摂太尉兵部尚書段文昌、進みて香案（香炉台）の前に当《つ》き、跪《ひざまず》いて奏して曰はく「わが国家は万方に奄宅《えんたく》（久しく居る意）し、光は四表を被《おほ》ふ。太行皇帝は祖業を丕承し、唐を嗣ぎて配天たり。伏して惟《おも》ふ、皇帝陛下これを敬へよや」と。百寮みな再拝す。摂侍中門下侍郎平章事の竇《とう》易直、旨を承けて階に臨み、西向して「制あり」と称す。位にある者みな再拝す。〔帝の制を〕宣《の》べて云ふ「顧みれば薄徳をもって鴻業を嗣守す。ここに詔命を奉じて感懼《く》すること良深たり」と。位に在る者みな再拝す。侍中「礼、畢《をは》る」と奏す。帝、座を降り、御輦《れん》（御車）宮に還《かへ》る。

右の記事において、まずイの部分はいわゆる「陳設と定位」のことであり、ロはいわば「授冊の儀」、ハは「進宝の儀」である。「冊」と「宝」が授けられたのちのニの段階に至って、帝は「皇帝」として南面するのであり、ホの段階は群臣との「朝見の儀」に当たる。さて、この文帝の即位儀礼において注目されるのは、第一に、即位の場が宣政殿であったこと、および文帝の服装が赤色の朝服であったことであり、第二に、「進宝」という儀式次第が認められることである。

（傍線は加茂が付した）

文宗は、前皇帝敬宗の殺害という異常な事態の中で即位するが、その即位儀礼は特殊例外的なものではなく、通常の儀式次第により挙行された。この点に関して、尾形氏は同論文で以下のように記述されている。

文帝即位の次第は、韋処厚の提議に基づくものであったが、『旧唐書』巻一五九　韋処厚伝に「この夕、詔命制置および践祚礼儀、所司を責めるに暇《いとま》あらず。みな処厚の議より出づ。礼の行はれるののちにおよび、みな旧章に叶《かな》ふ」とあるとおり、このばあいの即位儀礼は旧章（先例）を破るものではなかった。つまりこの儀礼は、文帝のばあいのみの特殊例外的なものではなかったと理解されるのである。儀式の内容に関わる例外があったとすれば、それは「太皇太后の冊」を用いた一点であり、ここに韋処厚の苦心があったのであろう。

文宗の即位儀礼が唐代皇帝即位儀礼の先例通り挙行されていることを確認した上で、儀式中、注目したいのは、ニの傍線を付した箇所である。ニは皇帝として御座に就き南面する場面であるが、衮（袞）冕を着した皇帝が宣政殿の御座に就く時の「扇開を索す」を、尾形氏は「この一文は未詳」とされている。「扇開を索す」は「扇開を索（もと）む」、あるいは「扇を索む、開く」と読むべきであろうと思われ、『大漢和辞典』で検索すると、「扇開」項目は無いが、「扇合」は立項されており、該当する語釈として、「団扇が閉ぢる」と説明し、用例として、『唐書』儀衛上、『宋史』礼志の文を掲げている。従って、「扇開」は「団扇が開く」意であろう。

次に用例文を手掛かりとして、『新唐書』巻二十三上、志第十三上、「儀衛上」を引く[20]。

唐制、天子居曰二「衙」一、行曰二「駕」一、皆有レ衛有レ厳。羽葆、華蓋、旌旗、罕畢、車馬之衆盛矣、皆安徐而不レ譁。其人君挙動必以レ扇、出入則撞レ鐘、庭設二楽宮一、道路有二鹵簿一、…………………

朝日、殿上設二黼扆、躡席、薫爐、香案一。御史大夫領二属官一、至二殿西廡一、従レ官朱衣伝呼、促二百官就一レ班、文武列二於両観一。…………凡殿中省監、少監、尚衣、尚舎、尚輦奉御、分二左右一随二繖・扇一而立。東宮官居二上台官之次一、王府官又次レ之、唯三太、三少、賓客、庶子、王傅随二本品一。侍中奏二「外弁」一、皇帝歩出二西序門一、索レ扇、扇合。皇帝升二御座一、扇開、左右留二扇各三一、左右金吾将軍一人奏二「左右廂内外平安」一、通事舎人賛二宰相両省官一、再拝、升殿……

（傍線は加茂が付した）

「儀衛上」条に拠ると、天子挙動には必ず扇を以ってすること。さらに、その「朝日」条に拠れば、朝日（皇帝が政を聴く日、聴政。「漢書顔師古注」に「師古曰、五日、聴政、故云二朝日一也」とある）臨朝の時、皇帝が御座に升る前に、「索扇」（扇を索める）、「扇合」（扇を閉じ、皇帝を見せない）があり、皇帝が御座に就くと、「扇開」（扇を開き、皇帝が出現する）という儀がおこなわれていたことが知られる。文宗即位記事中、尾形氏が未詳とされた「扇開を索す」とは、この唐代皇帝が御座に就く時の「扇合・扇開」儀礼のことであろう。とすれば、文宗の即位儀礼は唐代皇帝即位儀礼の「旧章に叶ふ」ものであったので、唐代皇帝即位儀礼においても、皇帝が御座に就く時に「扇合・扇開」儀礼がおこなわれていたことになる。

この「扇合・扇開」儀礼に言及した論文として、戸崎哲彦氏の「唐代皇帝受冊尊号儀の復元（上）（下）」がある。(21)戸崎氏は唐代皇帝の「受冊尊号儀」の儀式次第を復元され、皇帝が大明宮の宣政殿に出御する場面を以下のように述べ、解説される。

【皇帝出御の告示】

4）侍中は「中厳・外弁」を奏し、所司は承旨して扇を索《もと》む。

「中厳・外弁」は皇帝の出御に際し、前日に作ったプログラムに照らして侍中（二人、正三品、大暦二年から正二品）が時間（漏刻）を量って「中厳」皇帝出御の出迎えに当たっての禁中（具体的には宣政門内？）の厳戒態勢、「外弁」禁中の外部（宣政門外？）の準備を告げる、いわば進行係をつとめることで、唐代でも常儀。「索扇」とは大扇の準備を促すことであろう。皇帝が西房より殿に出御する時には「扇合」といって、数本の扇（柄の長い大団扇）を接近あるいは交差させ（閉じて皇帝を覆うようにする？）、皇帝が御座に就くと「扇開」といって扇の交差・包囲を開放し、また退座する時には覆い、東房に入ってしまうと開くという、唐代でも常儀。扇は皇帝を覆い隠すと同時に、その開閉によって遠くにいる群臣が皇帝の移動を知り、準備する合図としても機能していたであろう。

【皇帝出御】

5）扇上り、皇帝は袞冕して、輿を御して西房自《よ》り出で、楽作《おこ》る。御坐に即き、扇開き、楽止む。

これも皇帝が出御し臨軒・臨朝する時の常儀。皇帝の衣冠には十二級があり、大裘冕が「天神地祇を祀る」時に服する、第一級の礼装であり、衮冕は第二級で、「諸の祭祀及び廟遣・上将・征還・飲至・践阼・加元服・納后・元日受朝」（『旧』四五「輿服志」p1936）などの時に服す。「楽」については、先の1)で述べた宣政殿の両端に東西上閤門（東西房）があって、宣政殿の真北にある紫宸殿（皇帝の便殿）に通じており、皇帝はそれに通じる西上閤門から宣政殿に出て東上閤門から紫宸殿に入った。「楽」は3)で準備されたもので、皇帝の出御を合図するファンファーレのようなもの。

皇帝が大明宮の宣政殿に出御する幸路は西上閤門（西房）から進み、宣政殿の御座に昇り、東上閤門（東房）へ還入する。戸崎氏の復元によれば、皇帝が西房より宣政殿の御座に昇る迄、数本の柄の長い大団扇を閉じて「扇合」し、皇帝が御座に昇ると大団扇を開いて「扇開」――「皇帝初見」、礼畢りて、皇帝が東房へ還入する迄、再び「扇合」となる、とされる。

また、李斌城氏は、「唐代上朝礼儀初探」(22) において、唐代の皇帝出御儀礼を以下のように復元され、

鳴鞭後、侍中奏二〝外弁〟一（請二皇帝上一レ殿）、皇帝歩出二西序門一、索レ扇、扇合、皇帝升二御座一、扇開、左右留二扇各三一。

（訓点は加茂が付した）

さらに、この「扇合・扇開」儀礼について、李氏は同論文の注⑬で次のように説明される。

唐代自唐明皇開始、天子上朝時、実行合扇制度。在殿上両廂準備了三十六把雉扇、天子出来時、由宫女太監将雉扇従西序門至御座、擋成一道雉扇屏風、天子在御座坐定后、纔撤去雉扇。散朝時再従御座至東序門、擋成一道雉扇屏風、天子走后纔撤去。這種制度是根据開元年間同宰相蕭嵩的奏請制訂的、并一直沿用下去、蕭嵩認為天子至高无上、在上朝和退朝時、〝宸儀粛穆、升降俯仰、衆人不合得而見之〟。

李氏の説は次のように要約される。

① この「扇合・扇開」儀礼は、唐の明皇（玄宗）の代より開始されたもので、開元年間、宰相蕭嵩の奏請に

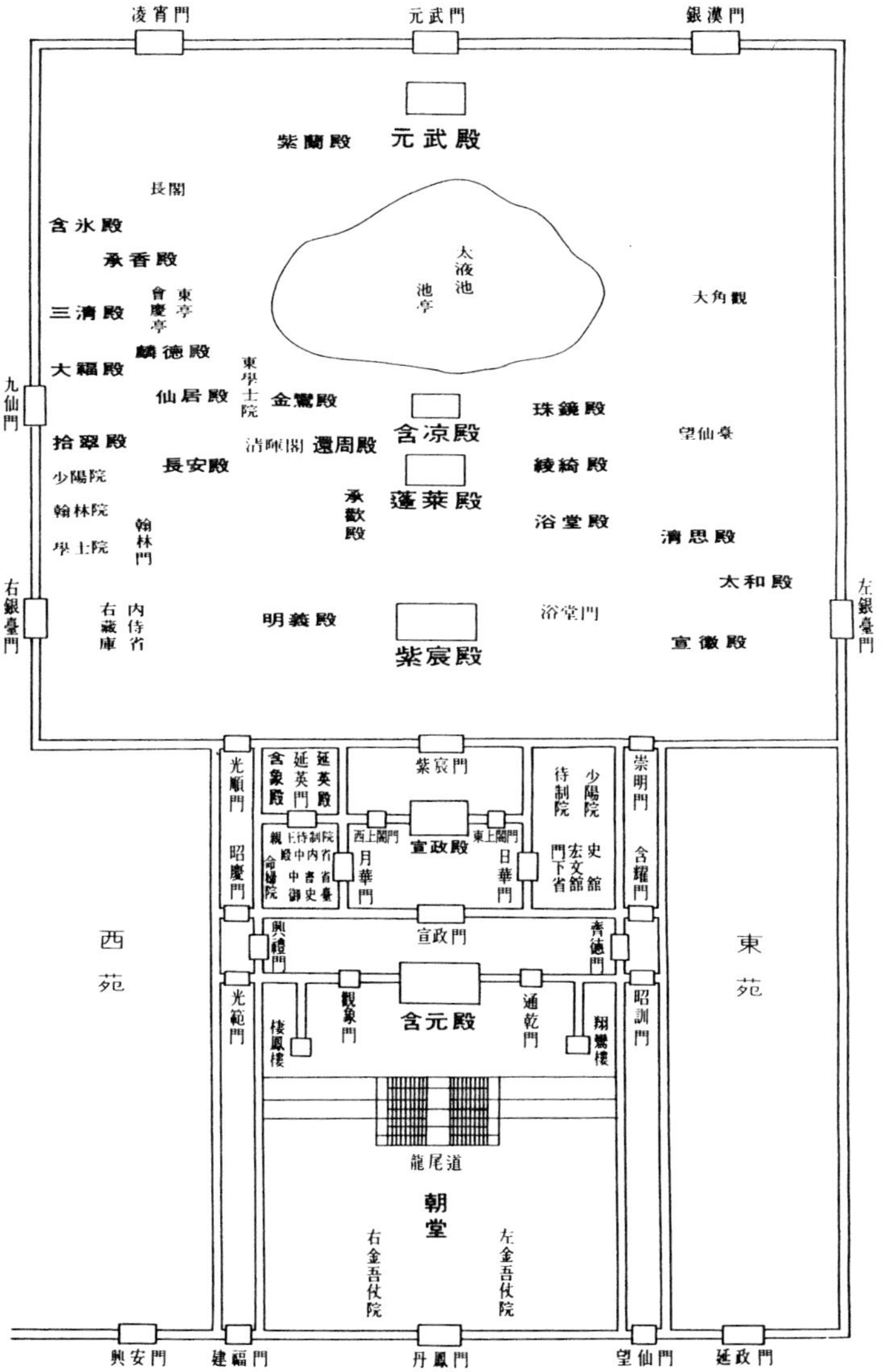

図3　大明宮の構造
(平岡武夫氏編『唐代研究のしおり　第七　唐代の長安と洛陽　地図』〈同朋舎出版、昭和60年〉より転載)

より制度化されたものである。

② 殿上両廂に準備されるのは三十六本の翣扇であり、翣扇を持つのは官女太監であること。

③ 翣扇を持つ官女太監が、西序門より御座まで皇帝を覆い隠し、皇帝が御座に着すと、扇開、礼畢りて、皇帝が東序門へ還入する迄、再び皇帝を覆い隠す。

この唐代の皇帝が御座に就く時の「扇合・扇開」儀礼は、前節で述べた、平安朝的形態の即位式・元日朝賀式における奉翳女孺の儀と略同じであり、現段階では特定できない扇（翳）の材質・形状を除外すれば[23]、相違点は、唐側では皇帝が御座に昇る間と、御座を降り東序門へ還入する間の幸路中も「扇合」し、皇帝を覆い隠すのに対して、日本側ではそのことはおこなわれない、ことである。これは、両者の出御・還入幸路の違い――唐皇帝は西序門より東に進み宣政殿（大極殿）の御座に就き、東序門へ還入する、これに対して、天皇は後房より南に進み大極殿（紫宸殿）の高御座北階から高御座に就き、再び後房へ還入する――に拠るものであろう（大明宮図、図3参照）。

古代日本における即位式・元日朝賀式が唐文化の影響下に整備され、平安時代初期に完成された儀式であることは夙に先学が指摘されているところである[24]。よって、ここまでの行論に大過無ければ、即位式・元日朝賀式における奉翳女孺の儀は、岡田精司氏が説かれる天孫降臨神話の実修儀礼ではなく、唐代の皇帝が即位式・朝賀式・聴政等において御座に就く時におこなわれる「扇合・扇開」儀礼を輸入・模倣したもの、と考定すべきであると思われる。

第五節　結　び

即位式・元日朝賀式における奉翳女孺の儀については、右のように考えたが、最後に、唐代の「扇合・扇開」

儀礼が日本に将来された時期を考え、小稿の結びとしたい。

まず、唐代の「扇合・扇開」儀礼は、開元二十（七三二）年に完成奏上され、同年九月五日諸司に頒布された『大唐開元礼』巻百九「朔日受朝」条に規定されているので[25]、開元二十年九月迄には制度化されていたことになる。

『大唐開元礼』巻百九「朔日受朝」条

侍中版二奏外弁一、有司承レ旨索レ扇、皇帝弁服絳紗衣、御輿以出二曲直華蓋一、警蹕侍衛如二常儀一、皇帝将出仗動、太楽令レ撞二黄鐘之鐘一、右五鐘皆応、協律郎跪俛伏挙麾鼓柷奏二太和之楽一、皇帝出レ自二西房一即二御座一、南向坐、符宝郎奉レ宝置二於御座一如二常儀一、……侍中臣某言二礼畢一、……有司承レ旨索レ扇、皇帝興、太楽令レ撞二蕤賓之鐘一、左五鐘皆応、奏二太和之楽一、皇帝降二御座一、御輿入レ自二東房一、侍衛警蹕如二来儀一、……

（傍線は加茂が付した）

次に参考となるのは、前掲した李斌城氏論文の注⑬（要約①）である。李氏に拠ると、「扇合・扇開」儀礼は、玄宗の代より開始されたもので、開元年間（七一三～七四一）、宰相蕭嵩の奏請により制度化されたものである、とされる。この李氏説の根拠は『唐会要』巻二十四「朔望朝参」条にあると思われる。「朔望朝参」とは、陰暦の朔日と十五日におこなわれる朝謁の礼のことである。次に同条を掲げる[26]。

開元中蕭嵩奏、毎月朔望、皇帝受二朝於宣政殿一、先列仗衛及文武四品以下于レ庭、侍中進二外弁一、上乃歩自二序西門一出、升二御座一、朝罷、又自二御座一起、歩入二東序門一、然後放レ仗散レ臣、以為、宸儀粛穆、升降俯仰、衆人不レ合レ得而見レ之、乃請レ備二羽扇于殿両廂上一、将レ出、所司承レ旨索レ扇、扇合、上座定、乃去レ扇、給三事中奏二無事一、将レ退、又索レ扇如レ初、令二以常式一。

玄宗の開元年間、蕭嵩は、毎月の朔望（朔日と十五日）、皇帝が宣政殿において朝を受けるおり、皇帝の出御・

表一　蕭嵩略年譜

景雲元(七一〇)年	醴泉尉となり、その後、象先の推薦により、殿中侍御史となる。[旧・列]
開元初年	中書舎人となり、その後、紫微令姚崇に認められ、宋州刺史、尚書左丞と三遷す。[旧・列]
開元十五(七二七)年	吐蕃侵攻 吐蕃対策として、玄宗は蕭嵩を兵部尚書、河西節度使、判涼州事に任命する。蕭嵩は裴寛・牛仙客・張守珪等を幕下に請い入れ、吐蕃に備える。[旧・列]
開元十六(七二八)年　秋	吐蕃大挙して侵攻するが、蕭嵩、これを大いに破る。玄宗大悦す。[旧・列]
十一月	吐蕃撃破の功により、蕭嵩、中書門下三品となる。[旧・列、新旧・本]
開元十七(七二九)年　六月	中書令となり、河西節度を領し、さらに、集賢院学士となる。[旧・列、新・本]
開元十九(七三一)年　二月	集賢院代表張説死去(開元十八年十二月)により、蕭嵩、集賢院代表となり、『開元礼』編纂を引き継ぐ。蕭嵩は起居舎人を同編纂事業に当たらせる。[旧・列、新・本、開]
開元二十(七三二)年	『大唐開元礼』百五十巻完成奏上。[開]
九月	『大唐開元礼』を所司に頒ち、行用に供する。[開]

〔出典〕　旧・列＝『旧唐書』巻九十九列伝第四十九(鼎文書局版)、旧新・本＝『旧唐書』巻八本紀第八・『新唐書』巻五本紀第五(鼎文書局版)、開＝大唐開元礼巻首(汲古書院版)。

御座着御・還入が庭上の群臣から見えるので、扇により「扇合、上座定、乃去レ扇」をおこない、皇帝の出御・御座着御・還入を隠し、これを常式とすべし、と奏上した。これに拠り、「扇合・扇開」儀礼は、玄宗の開元年間、蕭嵩の奏により制度化された新儀であることが確認される。

従って、この「扇合・扇開」儀礼は、『大唐開元礼』に先行する『貞観礼』『永徽（顕慶）礼』には規定されていなかったことになるが、蕭嵩の奏上が開元年間の何時頃かという問題がある。

蕭嵩（生年不明～天宝八〈七四九〉年）は、吐蕃撃退において功を挙げ、中書令、金紫光祿大夫、太子太傅等を歴任し、また、集賢院代表として『大唐開元礼』の編纂・完成を統轄した人物である。「扇合・扇開」儀礼は、開元二十（七三二）年に完成された『大唐開元礼』には規定され、明文化されているので、蕭嵩の奏上は開元二十年以前ということになる。開元二十年迄の蕭嵩の略年譜を、『旧唐書』巻八「玄宗皇帝本紀上」・巻九十九「蕭嵩伝」、『新唐書』巻五「玄宗皇帝本紀」・巻百一「蕭嵩伝」、『大唐開元礼』巻首を基に作成した（表1参照）。

蕭嵩が玄宗の寵を受け、中央政界に躍進するのは、開元十六（七二八）年秋の吐蕃撃破以降で、翌十七年六月には中書令となり、また、集賢院学士ともなる。開元十九（七三一）年二月には、張説の死去のため、集賢院代表となり、『大唐開元礼』編纂を引き継ぎ、翌二十年に完成させる。なお、蕭嵩指揮下の一年余が『開元礼』編纂の山場であったという[27]。この履歴と、奏上の内容――皇帝出御儀礼にかかわる儀礼――から勘案すれば、「扇合・扇開」儀礼についての蕭嵩の奏上は、開元十六（七二八）年秋以降――敢えていえば、中書令となり、集賢院学士ともなり『開元礼』編纂に関与したであろう開元十七（七二九）年六月以降――におこなわれたと推定したい。蕭嵩の奏上は、玄宗の聴受するところとなり、開元二十年の『開元礼』に明文化され、以後「常式」となる。

一方、古代日本における、奉翳女孺の文献上の初見は、『続日本紀』天平十二（七四〇）年元日の朝賀記事である。

十二年春正月戊子朔（一日）、天皇御二大極殿一受二朝賀一、渤海郡使・新羅学語等、同亦在レ列。但奉翳美人、更着二袍袴一。

従って、唐玄宗治世下の開元年間――開元十六（七二八）年秋から同二十（七三二）年迄と推定――、蕭嵩の奏により制度化された新儀である「扇合・扇開」儀礼は、天平十二（七四〇）年元日迄には日本に将来され、『続紀』記事の書例よりすれば、奉翳女孺の儀として定着していたことになる。即位式・元日朝賀式における奉翳女孺の儀が、唐の「扇合・扇開」儀礼を輸入・模倣したものであることは既述したが、唐の「扇合・扇開」儀礼が開元十六年秋以降に始まり、開元二十年の『開元礼』に明文化された新儀であることからも、即位式における奉翳女孺の儀を、天孫降臨神話の実修儀礼と考定される岡田氏説は成立し難いであろう。

なお、この「扇合・扇開」儀礼を日本に将来した人物としては、天平七（七三五）年四月、唐より帰朝後、唐礼百三十巻（『永徽（顕慶）礼』と推定される）[28]を献上し、唐礼に準拠して儀式整備を図った入唐留学生下道（吉備）朝臣真備を現時点では想定していることを付記しておき、先学諸賢の御叱正をお願いして擱筆することとする。

注

（1）『儀式』は『神道大系　朝儀祭祀編　儀式・内裏式』（神道大系編纂会、昭和五十五年）に拠った。

（2）岡田精司「大王就任儀礼の原形とその展開」（『日本史研究』第二百四十五号、昭和五十八年、のちに、岩井忠熊・岡田精司編『天皇代替り儀式の歴史的展開』〈柏書房、平成元年〉所収、さらに、岡田精司『古代祭祀の史的研究』〈塙書房、平成四年〉に加筆再録）。

（3）この岡田精司氏の解釈に疑問を呈したものとして、小松馨「即位の儀と褰帳女王」（『歴史手帖』第十八巻十一号、平成二年）がある。

（4）直木孝次郎「奉翳美人」（橿原考古学研究所編『創立三十五周年記念橿原考古学研究所論集』、吉川弘文館、昭和

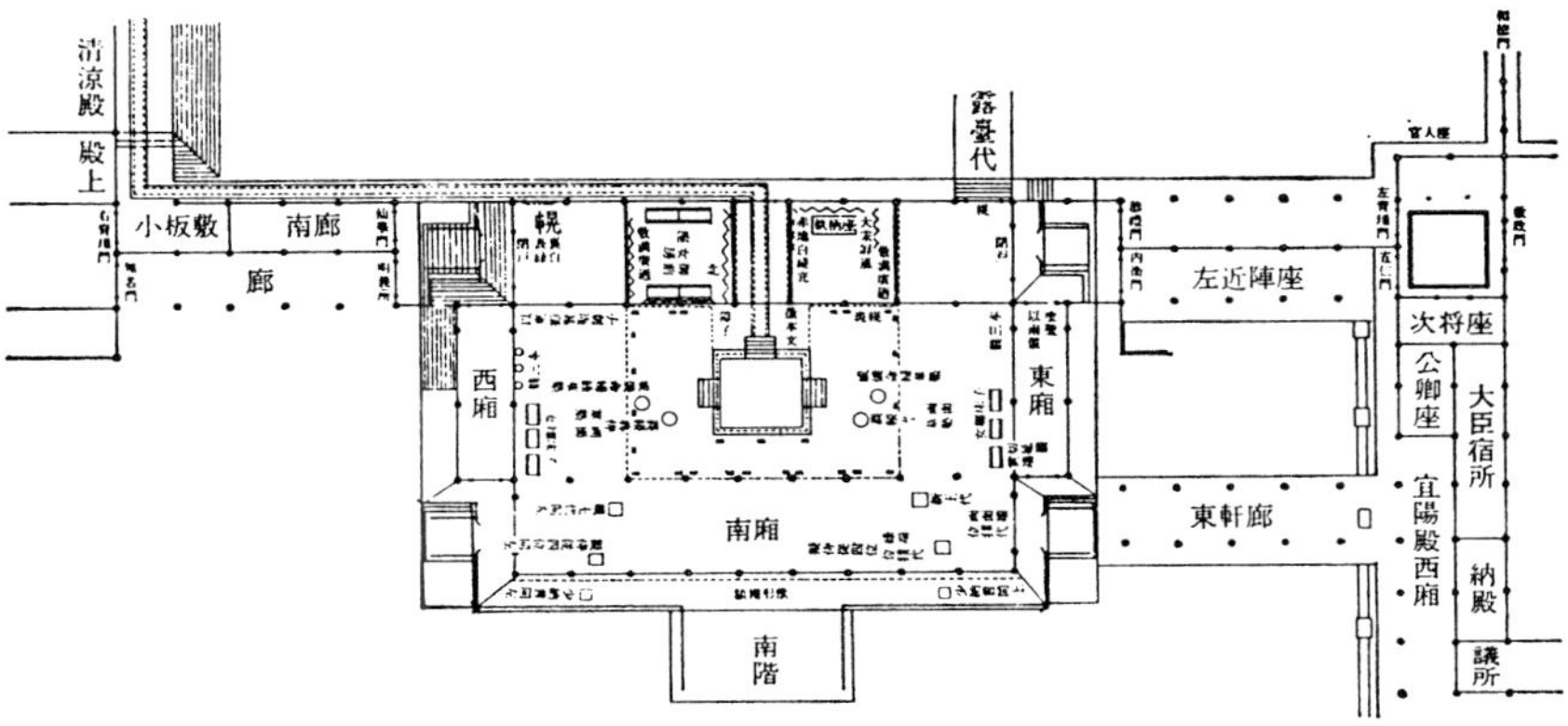

図４　仁孝天皇御即位式図（宮内庁書陵部蔵写）
（藤岡通夫氏『京都御所』〈中央公論美術出版、昭和62年〉より転載）

五十年、のちに、直木孝次郎『古代史の窓』〈昭和五十七年、学生社〉所収）。

（5）『内裏式』（『神道大系　朝儀祭祀編　儀式・内裏式』〈神道大系編纂会、昭和五十五年〉）上「元正受二群臣朝賀一式并会」の同箇所に「皇后服二礼服一後就レ座、于レ時殿下撃レ鉦三下、二九女孺執レ翳、左右分進奉レ翳（見レ御二高座一即奉レ翳、不四必待三皇后著二御座一）」とあり、十八人の女孺が高御座に翳を奉るのは、天皇の高御座着御を見てからのことで、奉翳は皇后御座着御を待たずにおこなう、と注記されている。

（6）一条兼良『代始和抄』（『群書類従』第二十六輯所収）。

（7）三浦周行『即位礼と大嘗祭』（神社新報社、昭和六十二年復刻版）。

（8）『北山抄』巻五「即位事」、『江家次第』巻十四「即位」、両書とも神道大系本に拠った。

（9）『続群書類従』第十輯下所収。

（10）朝堂院・大極殿復原図は、裏松固禅『大内裏図考証』第一巻（『新訂増補故実叢書』第二十六所収）、及び、古代学協会・古代学研究所編『平安京提要』（角川書店、平成六年）の第二章二「平安宮の復元」の付図9・10・11（寺升初代氏・山田邦和氏作成）を参照した。

（11）天皇の高御座入御の幸路――後房から敷設された幸路を直線に進み、高御座の北階より入御する――は、以後も踏襲されたと思われ、文化十四年九月の仁孝天皇即位式、「登極令附式」、昭和三年の昭和天皇即位式も同じであることが確認される。

① 「仁孝天皇御即位式図」（宮内庁書陵部蔵、図4参照）　文化十四（一八一七）年九月二十一日、紫宸殿において挙行された仁孝天皇即位式の指図。藤岡通夫『京都御所』（中央公論美術出版、昭和六十二年）の二一〇頁に同指図が活字図表化されている。同図によると、紫宸殿身舎の中央に高御座が設置され、清涼殿から紫宸殿北庇を通って高御座の北階まで筵道が敷かれていることが確認される。なお、「仁孝天皇御即位式図」の殿内鋪設について、藤岡氏は、永享元（一四二九）年十二月二十七日、太政官庁において挙行された後花園天皇即位式を記した『御即位式記』と比較し、極めてよく一致し、褰帳の命婦座・執翳の女孺座・侍従や少納言座の位置等、全く指図と一致して、少しも変わっていない、とされている。

② 「登極令附式」即位礼当日紫宸殿ノ儀（明治四十二〈一九〇九〉年二月十一日公布）にも「当日早旦御殿ヲ装飾ス、其ノ儀本殿……母屋ノ中央南面ニ三層継壇〔黒漆〕ヲ立テ高御座ヲ安ク……其ノ北階ノ下ヨリ後房ニ至ル間筵道ヲ引ク、……次ニ天皇（割注略）高御座北階ヨリ昇御、侍従、剱璽ヲ御帳中ノ案上ニ奉安シ、御笏ヲ供ス」とあり、後房から紫宸殿に設置された高御座の北階まで筵道が敷かれ、天皇はその筵道を進み高御座の北階より高御座に着御する、と規定されている。

③ 『昭和大礼要録』第四編第二章　即位礼当日紫宸殿の儀（内閣印刷局、昭和六年）にも「天皇陛下……北廂に進ませらるる時、式部官加藤内蔵助警蹕を称ふ。庭上参役者此に於て起立。鉦一下、所員敬礼す。斯くて天皇陛下には北階より高御座に昇御、」と記録されており、紫宸殿北廂より進み高御座北階から高御座に昇御したことが知られる。

高御座については、網干善教「八角方墳とその意義」（『橿原考古学研究所論集　第五』、吉川弘文館、昭和五十四年）、和田萃「タカミクラ—朝賀・即位式をめぐって—」（『日本政治社会史研究』、塙書房、昭和五十九年、のちに、同『日本古代の儀礼と祭祀・信仰』上〈塙書房、平成七年〉所収）、所功「高御座の来歴」（『別冊歴史読本　皇位継承「儀式」宝典』、新人物往来社、平成二年）、所功「高御座の伝来と絵図」（『京都産業大学世界問題研究所紀要』第十号、平成二年）、所功「『高御座勘物』の紹介」（『産大法学』第二十四巻一号、平成二年）等があるが、令制以前の「壇」と「高御座」の具体的な関連、また、現存図から知られる「高御座」の形状・装飾がどこまで溯るのか、不明な点が多い。さらに、唐代皇帝御座の形状も不詳である。

(12)『江家次第』巻十四「即位」では、「天皇御二高御座一〔不レ待レ次、依二吉時一先御レ之〕、御前命婦〔左右各二人〕前行、至二高御座下一立、内侍二人〔剣在二御前左一、璽在二御前右一〕前行〔礼服〕、以二剣璽一置二御座辺一、却候二帳後一、供奉女房十人亦在二御後一」とあり、内侍二人は前行とする。

(13)『玉葉』は名著刊行会本（昭和五十四年）に拠った。

(14)『続群書類従』第十輯下所収。『順徳院御即位記』の記主は九条道家で、『玉蘂』別記である（『群書解題』第五、続群書類従完成会、昭和五十七年）。

(15)『群書類従』第七輯所収。『文安御即位調度図』については、『群書解題』第五（続群書類従完成会、昭和五十七年）、米田雄介「所謂『文安御即位調度図』について」（『日本歴史』第五百十六号、平成三年）等参照。

(16)『群書類従』第二十六輯所収。

(17)元日朝賀式の唐風化に関しては、倉林正次「正月儀礼の成立」（同『饗宴の研究　儀礼編』、桜楓社、昭和四十年）、所功「「朝賀」儀式文の成立」（同『平安朝儀式書成立史の研究』、国書刊行会、昭和六十年）、藤森健太郎「日本古代元日朝賀儀礼の特質」（『史学』第六十一巻一・二号、平成三年）等参照。また、唐礼の継受についての最近の研究としては、古瀬奈津子「儀式における唐礼の継受」（同『日本古代王権と儀式』、吉川弘文館、平成十年）がある。なお、冕服については、米田雄介「袞冕十二章と礼履」（『日本歴史』第五百七十四号、平成八年）参照。

(18)唐代を含む皇帝即位儀礼研究については、西嶋定生「漢代における即位儀礼」（同『中国古代国家と東アジア世界』、東京大学出版会、昭和五十八年〈初出は昭和五十年〉）、尾形勇「中国古代における帝位の継承」（『史学雑誌』第八十五編三号、昭和五十一年）、尾形勇「皇帝の自称形式と即位儀礼」（『山梨大学教育学部研究報告』第二十八号、昭和五十二年）、尾形勇「中国の即位儀礼」（『東アジア世界における日本古代史講座　9　東アジアにおける儀礼と国家』、学生社、昭和五十七年）、金子修一「唐玄宗の謁廟の礼について」（『山梨大学教育学部研究報告』第四十二号、平成三年）、金子修一「唐の太極殿と大明宮」（『山梨大学教育学部研究報告』第四十四号、平成五年）、松浦千春「漢より唐に至る帝位継承と皇太子」（『歴史』第八十輯、平成五年）、松浦千春「唐代後半期の即位儀礼について」（『一関工業高等専門学校研究紀要』第二十八号、平成五年）、金子修一「唐の太宗・粛宗等の即位について」（『山梨大学教育学部研究報告』第四十六号、平成七年）等、参照。

(19) 尾形勇「中国の即位儀礼」、注(18)前掲論文。

(20) 『新唐書』は鼎文書局本（中華民国六十八年）に拠った。

(21) 戸崎哲彦「唐代皇帝受冊尊号儀の復元（上）（下）」（『彦根論叢』第二百七十二、二百七十三・二百七十四号〈合併号〉、平成三年）。戸崎氏も、同論文の注10)において、「なお、尾形勇氏「中国の即位儀礼」（『東アジア世界における日本古代史講座　第9巻　―東アジアにおける儀礼と国家―』学生社、１９８２、２７頁）には、唐・文宗の即位式を例（『冊』十一「継統三」）を引いて「内高品、旨を承けて扇開を索す（この一文は未詳）」とされているが、これは皇帝の出御の時の儀式として、即位式でも同じであったと思われる。そこで「……索扇開。」は「……索扇。開。」で、「扇を索す。（扇は）開く」と読むべきであろう」と述べておられる。なお、戸崎氏は論文中で、扇は皇帝の移動を覆い隠す為のものであり、また、それによって遠くにいる群臣が皇帝の移動を知ることができた、とされる。但し、戸崎氏の解釈では、史料中に明記される「扇開」の儀礼的意味があまり明確ではないように思われる。

(22) 李斌城「唐代上朝礼儀初探」（鄭学檬、冷敏述主編『唐文化研究』、上海人民出版社、平成六年）。但し、引用に際しては、簡体字を正漢字・常用漢字に改めた。

(23) 女孺が奉る翳については、『二条院御即位記』に「殿東西戸内、各立二執翳女孺白床子九脚一……並立二綵色翳九枚一〈長翳三枚、各一丈二尺、中翳三枚、各九尺、短翳三枚、各六尺、件翳今度新被レ調、甚以美麗也、延久江記左繡翳云々〉」とあり、また、即位式に用いられる翳の形状が図として確認される最古のものは、『文安御即位調度図』である。本文の図2、注(15)参照。なお、李氏の説に拠ると、唐側で、殿上両廂に準備されるのは三十六本の雉扇であるが、これを片廂十八本と解釈すると、女孺が奉る翳十八本と一致する。

(24) 注(17)前掲論文参照。

(25) 『大唐開元礼』は汲古書院本（昭和四十七年）に拠った。また、その成立事情については、同書所収の池田温「大唐開元礼解説」参照。

(26)　『唐会要』は世界書局本（中華民国六十三年）に拠った。
(27)　池田温、注(25)前掲解説。
(28)　吉備真備が唐礼に準拠して儀式整備を図ったことについては、弥永貞三「古代の釈奠について」（同『日本古代の政治と史料』、高科書店、平成元年）、林陸朗「桓武天皇の政治思想」（『平安時代の歴史と文学』、高科書店、昭和五十六年）等、参照。また、『大唐開元礼』の将来も、天平勝宝六（七五四）年に帰朝した真備による、とする推定もある（弥永貞三「古代の釈奠について」、新日本古典文学大系『続日本紀』第二巻〈岩波書店、平成二年〉の補注12－七）。

〔付記〕　本稿を草する上で、唐代の扇合儀礼、さらに李氏論文入手については、金子修一先生より種々御示教・便宜に預かった。記して謝意を表したい。

第三篇　大嘗祭の研究

第一章　持統天皇五年十一月戊辰条について

――持統天皇大嘗祭記事――

第一節　はじめに

まず問題としたい『日本書紀』持統天皇五（六九一）年十一月戊辰条及び関連する記事を掲げる。

（持統天皇五年）十一月戊辰、大嘗。神祇伯中臣朝臣大嶋読二天神寿詞一。壬辰（二十五日）、賜二公卿食衾一。乙未（二十八日）、饗二公卿以下至二主典一、并賜二絹等一、各有レ差。丁酉（三十日）、饗下神祇官長上以下、至二神部等一、及供奉播磨因幡国郡司以下、至中百姓男女上、并賜二絹等一、各有レ差。

天武天皇朝から大嘗祭が毎年の新嘗祭より分離することは、夙に指摘されているところである[1]。ただ「天武天皇紀」の大嘗・新嘗記事を閲すると、令制下に於ては大嘗祭にのみ定められる畿外悠紀・主基両斎国が、天武天皇朝では大嘗・新嘗の両祭で卜定されている（後述）。これを新嘗と大嘗が天武天皇朝では未分化であることを示すものと捉え、更に文武天皇以降は大嘗と新嘗の区別がなされることから、冒頭に掲げた持統天皇五年の持統天皇大嘗祭こそが、令制的形態の大嘗祭の直接的前身・初例であると位置付けられたのは岡田精司氏である[2]。

ところが、かように重要な意味を持つ当該条には、基礎的な問題点が二つ――①日付の干支の校訂、②記事解釈――ある。前者については、現在流布する『書紀』の活字本・注釈書においては戊辰（十一月朔日）とするものと、戊辰の下に脱字ありとして「朔辛卯」（二十四日）を補い校訂する二種類がある。この日付の干支の問題に関しては既に田中卓氏の詳論があり、「朔辛卯」三字補字説を支持されている。[3] 私も旧稿で田中氏説に左袒したい旨を略記しておいたので、[4] ここでは、②の記事解釈の点に就いて些か考えてみたい。

『日本書紀通証』『日本書紀通釈』以下、朝日新聞社本（佐伯有義氏）・日本古典全書本（武田祐吉氏）・日本古典文学大系本（坂本太郎氏他）『日本書紀』等、殆どの注釈書はこの持統天皇五年十一月戊辰条を持統天皇の大嘗祭記事とするが、岩波版日本思想大系本『律令』神祇令補注13ｂ（五三八頁）では、同記事を毎年の新嘗祭とする。

13ｂ　天神之寿詞（二一四頁）　持統紀には四年正月の践祚（＝即位）の儀に天神寿詞を奏するとみえるので、浄御原令も同じか（↓補13ａ）。但し同紀五年十一月条の大嘗（後の新嘗）祭の記事にも「神祇伯中臣朝臣大嶋読二天神寿詞一」とあるので、新嘗祭でも奏されたか。
（以下略。傍線は加茂が付した）

ところが、同書同令補注10ａ（五三六頁）においては同記事を大嘗祭としている。[5]

10ａ　大嘗祭(二)（後の践祚大嘗祭）

（中略）

〔令制大嘗祭の形成と起源〕　践祚大嘗祭がいつからはじまったか明らかでない。しかし、清寧紀二年十一月条の「大嘗供奉之料」（注記略）、用明紀二年四月条の「御二新嘗於磐余河上一」（注記略）、皇極紀元年十一月丁卯条の「天皇新嘗」は帝室制度史もいうごとく、践祚大嘗祭にあたるものか。また天武紀二年十二月丙戌条の「侍二奉大嘗一中臣・忌部及神官人等、并播磨・丹波二国郡司、亦以下人夫等悉賜レ禄」は天武の践祚大嘗（注記略）、持統紀五年十一月の諸条は持統の、続紀の文武紀二年十一月己卯条は文武のそれにあたり、令制大嘗祭の形成過程がうかがわれる。
（以下略。傍線は加茂が付した）

解釈に混乱が見られるが、前者の13ｂの補注説をうけて、この持統天皇五年十一月戊辰条を毎年の新嘗祭とする論者もおられる。即ち、和田行弘氏は、

つぎに㉑㉒の史料（持統天皇五年十一月戊辰・丁酉条――加茂注）であるが、朝日新聞社本及び岩波古典文学大系本『日本書紀』の頭注は、これを持統即位の大嘗とするが、岩波思想大系『律令』の後注は、毎年の新嘗と解している。持統即位は四年正月一日であり、⑫（天武天皇二年十二月丙戌条――加茂注）の天武では二年二月七日と持統より一年の周期の内では前になるにもかかわらず、その年のうちに大嘗祭を行なっている。また『養老令』でも毎年の新嘗祭を大嘗祭としていることなどから、持統即位の大嘗とは思えない。その上持統四年七月には幣班幣の記事も見えることからも、持統即位の四年に即位の大嘗が行なわれたのであろう。

と、持統天皇四年に大嘗祭が斎行され、同五年十一月戊辰条は毎年の新嘗祭であると考定される[6]。思想大系本『律令』補注では注釈書としての性格上からか、同記事を新嘗祭と解釈した説明はなされていないが、その論拠は和田氏の挙げられた三点、

ⓐ　天武天皇例よりすれば、持統天皇が即位した持統天皇四年内に大嘗祭が行われるはずであること。
ⓑ　大嘗に二義有り、「大嘗」と明記されていても必ずしも大嘗祭とは限定できないこと。
ⓒ　持統天皇四年七月戊寅条の班幣記事は即位の大嘗に伴うものであると考えられること。

に尽くされているかと思われる。従って、以下では行論上、和田氏の呈示された論点を検討していくこととする。

第二節　大嘗と新嘗の用語例

1

順序は逆になるが先ずⓑに就いて、これは持統天皇五年十一月戊辰条を新嘗祭とする積極的な根拠ではないが、「大嘗」と「新嘗」の用語の書き別けの問題である。

「養老神祇令」大嘗条（「凡大嘗者、毎ㇾ世一年、国司行ㇾ事、以外毎ㇾ年所司行ㇾ事」）は、一代一度の大嘗祭も毎年の新嘗祭も共に「大嘗」と表記する。同条とほぼ同じ条文は「職員令神祇官条集解」所収「古記」に引く「大宝令逸文」（「神祇令云、大嘗毎世一年云々即是也」）より『大宝令』にも存在し、同令でも「大嘗」の一語だけが用いられたと推定される。[7] 降って、「弘仁式部式」（新訂増補国史大系本、二頁）でも大嘗祭を「践祚大嘗会」、新嘗祭を「毎年大嘗会」と同様に「大嘗会」と表記される。これは令文の用字法を継承した結果であると思われ、毎年の行事を「新嘗」と表記するようになるのは、弘仁十二（八二一）年正月に撰上された『内裏式』には、新嘗祭についての規定（中巻、十一月新嘗会式）があり、更に『延喜式』では両者の区別がなされていることから、一応『内裏式』以後であるとされる。[8] 令文や式文といった法規上の規定では、大嘗祭・新嘗祭共に「大嘗」の一語で表記され、それを「毎世・毎年」「践祚・毎年」で区別をする。

一方、同時代史料である『続日本紀』以下の正史では、既に多くの先学が指摘するように、明らかに各代の行事を「大嘗」、毎年の行事を「新嘗」と区別して表記する。[9]

問題は『書紀』における用字である。『書紀』の新嘗・大嘗記事は「天武天皇紀」以前では次の九例が挙げられる。①神代紀宝鏡開始段本文（「新嘗」）、②同段第二ノ一書（「新嘗」）、③天孫降臨段本文（「新嘗」）、④仁徳天

皇四十年是歳条（「新嘗」）、⑤清寧天皇二年十一月条（「大嘗」）、⑥顕宗天皇即位前紀（「新嘗」）、⑦用明天皇二年四月丙午条（「新嘗」）、⑧舒明天皇十一年正月壬子条（「新嘗」）、⑨皇極天皇元年十一月丁卯条（「新嘗」）。

大嘗祭の成立が天武天皇朝以降であるという立場に立てば、上の九例中、当面の課題にとって問題となるのは、億計・弘計二王発見記事の⑤⑥であろう。

⑤（清寧天皇二年）冬十一月、依二大嘗供奉之料一、遣二於播磨国一司、山部連先祖伊予来目部小楯、於二赤石郡縮見屯倉首忍海部造細目新室一、見二市辺押磐皇子々億計・弘計一。畏敬兼抱。

（傍点は加茂が付した）

⑥（顕宗天皇即位前紀）白髪天皇二年冬十一月、播磨国司山部連先祖伊予来目部小楯、於二赤石郡一親弁二新嘗供物一〔一云、巡二行郡県一、収二斂田租一也。〕

（〔　〕内は二行割注。以下同じ）

同一説話にも拘わらず、「清寧天皇紀」では「大嘗」、「顕宗天皇紀」では「新嘗」とする。但し、同じ説話を伝える「清寧天皇記」・『播磨国風土記』（美嚢郡志深里条）には、山部連小楯派遣目的を大嘗とも新嘗とも表記しない。⑤と⑥の用語の齟齬について、田中卓氏は、同じ対象を別の名称で呼んだとは考え難いこと、⑦用明天皇や⑧舒明天皇の場合、時期的に大嘗ともとれるのに「新嘗」と明記すること、即位の大嘗の確実な初見が天武天皇二年であることから判断して、⑤の「大嘗」表記を後世の改筆と推定される。[10]「天武天皇紀」以前では⑤の「大嘗」が唯一例であり、且つ⑤の「大嘗」用語を一旦除外すれば、『書紀』の「大嘗」「新嘗」表記は全く矛盾しないこと、をも勘案すると妥当性のある推定と思われる。

⑤の「大嘗」表記についてここで申し添えておきたいことは、この「大嘗」を含む九字（傍点を付した九字）は、写本に依ってはやや異同が見られることである。この点に関して、夙に『通釈』は、「依大嘗供奉之料遣於、

此九字、伴信友校本云、以下九字古本无、竹本云交野本此九字无。北野本无」と指摘する。更に、卜部兼右本、内閣文庫本には「巳上九字交本无之」と傍書されている。また、『通釈』が指摘するように北野神社本には「依」以下の九字は無い。(11)

一方「天武天皇紀」以降は、大嘗祭と毎年の新嘗祭が書き別けられていることは歴然としている。

⑩（天武天皇二年）十二月壬午朔丙戌（五日）、侍二奉大嘗一中臣・忌部及神官人等、并播磨丹波二国郡司、亦以下人夫等、悉賜レ禄。因以郡司等各賜二爵一級一。

⑪（天武天皇五年）九月、丙戌（二十一日）、神官奏曰、為二新嘗一卜二国郡一也。斎忌〔斎忌、此云二踰既一〕則尾張国山田郡。次〔次、此云二須伎一也〕丹波国訶沙郡、並食レト。……（中略）……十一月乙丑朔、以二新嘗事一不二告朔一。

⑫（天武天皇六年）十一月、己卯（二十一日）、新嘗、……（中略）……乙酉（二十七日）、侍二奉新嘗一神官及国司等賜レ禄。

⑬（持統天皇五年）十一月戊辰、大嘗、神祇伯中臣朝臣大嶋読二天神寿詞一。（以下略）

この用語の区別については、天武天皇朝から大嘗祭が新嘗祭より分離することが史上に反映したもの(12)、或は「近江令」（または近江令制下の格）として、両者を区別する方針が打ち出された結果であろうとする指摘(13)がなされている。何れにしても、少なくとも「天武天皇紀」以降は、「大嘗」と「新嘗」を区別し書き分けようとしていることは(14)、明白であり、それは天武天皇朝以降、新嘗祭から即位儀礼の一環としての大嘗祭が形成されるという同時代性に依るものであろう。従って、問題の持統天皇五年十一月戊辰条の「大嘗」も即位後の大嘗祭として意識された用字であり、更に『続紀』以下の正史記事が「大嘗」と「新嘗」を区別して表記していることをも考慮すれば、同記事はその記載どおり大嘗祭と解釈する他はないと思われる。

なお、令文及びそれを踏襲した式文が「毎世・毎年」の祭儀を共に「大嘗」と表記することについては、加藤優氏は、大嘗も新嘗も祭儀内容は基本的には同一であり、いずれも天皇自らおこなう重要神事という一箇の祭儀として位置付けようとする法規上の建て前、或は理念を反映したものであるが、祭儀を実修する上で令文においても区別の必要が生じ、その為に「毎世・毎年」の表記が付された、と指摘されている。(15)

2

次に、Ⓒの点は、持統天皇即位年である持統天皇四年の七月戊寅（三日）条「班二幣於天神地祇一」を大嘗祭に先立つ班幣——平安朝的形態では八月下旬（『儀式』）におこなわれる大奉幣——と解釈し、同記事を以て同年に大嘗祭が挙行されたことを推測する。この七月戊寅条については他の解釈も可能であり、仮に該条が大嘗祭に関係あるとする右の推定を認めても、他に史料的徴証が無い以上、そのことから直ちに同年に大嘗祭がおこなわれたとするには無理があることは論を俟たない。因みに、青木和夫氏は同記事の班幣を、持統天皇三年六月班賜の「浄御原令」に拠る新官制・朝服実施（持統天皇四年四月庚辰条、七月丙子・庚辰条等）を神々に報告したものと論断されている。(16)

第三節　定月条規定について

1

さて、ⓐの論拠は「践祚大嘗祭式」定月条の規定であろう。

凡践祚大嘗、七月以前即位、当年行レ事。八月以後者、明年行レ事（此拠二受禅即位一、非レ謂二諒闇登極一）。

大嘗祭斎行は即位が七月以前の場合同年に、八月以後の場合は明年とする。同規定は『儀式』巻二「践祚大嘗祭儀」、『三代実録』元慶元（八七七）年十一月戊戌（一日）条（陽成天皇大嘗祭）にも見える。更に「弘仁太政官式」大嘗条は、「凡践祚之初有二大嘗祭一。七月以前即位者、当年行事。八月以後、明年行事〔此拠二受禅即位一、非レ謂二諒闇登極一〕。」と復元されるので[17]、定月条規定は少なくとも『弘仁式』に存在したことは確実である。

問題は定月条規定が持統天皇朝迄遡るかであるが、規定がなかったとするならば、課題の持統天皇五年十一月戊辰条を毎年の新嘗祭とするⓐの所論は当然成立しない。が、かように断定できない以上、同規定が既に存在した場合を検討しておく必要があろう。むしろ後者の方が蓋然性が高いと思われる。何故なら、後掲の表に明らかな如く、持統天皇朝の前後――天武天皇（即位――天武天皇二年二月二十七日、大嘗祭――同年十一月）[18]、文武天皇（即位――文武天皇元年八月一日、大嘗祭――同二年十一月）を始めとして以下の各代もこの規定に原則として合致するからである。

定月条は大嘗祭にとって必須の条件である稲の収穫の時期[19]より規定された条文であると思われるので、定月条規定（或はそれに類似の規定）が大嘗祭成立時迄遡る可能性は高い。

ところが、持統天皇の場合、持統天皇四（六九〇）年の正月一日に即位しており、翌五年十一月の当該条を持統天皇大嘗祭とすると上の規定に一致しない。これが同記事を毎年の新嘗祭と判断する最も大きな理由であろう。では、定月条に違反する例は無いのであろうか、確認の為、天武天皇から平安末の後鳥羽天皇迄の即位式と大嘗祭執行年月日を一覧表として後に掲げた[20]。（表1参照）

定月条に合致しない例を規定別に挙げると、以下のようになる（持統天皇は一応除外）。

（I）　七月以前即位、翌年・翌々年大嘗祭

④元明天皇、⑫平城天皇（翌々年）、⑬嵯峨天皇、⑯文徳天皇、㉔冷泉天皇、㉘三条天皇、㉛後冷泉天皇、㉟鳥羽天皇、㊵六条天皇、㊷安徳天皇（翌々年）……十例

（II）八月以後即位、同年大嘗祭
　⑧淳仁天皇……一例
（III）八月以後即位、翌々年大嘗祭
　㉒朱雀天皇、㉝白河天皇……二例

定月条の式文は、その割注（「此拠二受禅即位一、非レ謂二諒闇登極一」）に従えば、受禅即位時の規定であり、諒闇登極の場合は同規定に拘束されないとする。諒闇は最も厳重な天皇の服喪（心喪）のことを言い、原則として天皇の父母・祖父母、またはそれに準ずる者に対して行われる。[21] 諒闇登極の場合の大嘗祭は、『北山抄』巻五大嘗会事によれば朞年（満一年）後に延引されるとする。

　天皇即位之年〔七月以前即位、当年行レ事、八月以後、明年行レ事。諒闇時、朞年後行レ之、即位者、謂レ行二即位儀一乎〕

諒闇登極時の大嘗祭が翌年に延引されることは、実際例（表1参照）からも確認される。

さて右の定月条と一致しない各代の内、この諒闇登極、或は即位後大嘗祭迄の間に諒闇となった為に大嘗祭が延引されたのは次の天皇である。[22]

④元明天皇、⑯文徳天皇、㉒朱雀天皇、㉔冷泉天皇、㉘三条天皇、㉛後冷泉天皇、㉝白河天皇、㉟鳥羽天皇、
㊵六条天皇

従って、持統天皇を一旦除外すると、天武天皇より後鳥羽天皇迄の各代で定月条規定に違反するのは、残る、

⑧淳仁天皇、⑫平城天皇、⑬嵯峨天皇、㊷安徳天皇

の四例を指摘できる。

表1

①	天武天皇	天武天皇2(673)年2月27日 同年11月丁卯(16)カ己卯(28)カ	即位 大嘗
②	持統天皇	持統天皇4(690)年1月1日 同5(691)年11月戊辰	即位 大嘗
③	文武天皇	文武天皇元(697)年8月1日 同2(698)年11月23日	即位 大嘗
④	元明天皇	慶雲4(707)年6月15日　文武天皇崩 同年7月17日 和銅元(708)年11月21日	 即位 大嘗
⑤	元正天皇	霊亀元(715)年9月2日 同2(716)年11月19日	即位 大嘗
⑥	聖武天皇	神亀元(724)年2月4日 同年11月23日	即位 大嘗
⑦	孝謙天皇	天平勝宝元(749)年7月2日 同年11月25日	即位 大嘗
⑧	淳仁天皇	天平宝字2(758)年8月1日 同年11月23日	即位 大嘗
⑨	称徳天皇	天平宝字8(764)年10月14日カ 天平神護元(765)年11月16日	即位 大嘗
⑩	光仁天皇	宝亀元(770)年8月4日　称徳天皇崩 同年10月1日 同2(771)年11月21日	 即位 大嘗
⑪	桓武天皇	天応元(781)年4月3日　即位　4月15日　即位宣命 同年11月13日	 大嘗
⑫	平城天皇	大同元(806)年3月17日　桓武天皇崩 同年5月18日 同3(808)年11月14日	践祚 即位 大嘗
⑬	嵯峨天皇	大同4(809)年4月1日　践祚　4月13日 弘仁元(810)年11月19日	即位 大嘗
⑭	淳和天皇	弘仁14(823)年4月16日　践祚　4月27日 同年11月17日カ	即位 大嘗
⑮	仁明天皇	天長10(833)年2月28日　践祚　3月6日 同年11月15日	即位 大嘗
⑯	文徳天皇	嘉祥3(850)年3月21日　仁明天皇崩 同年4月17日 仁寿元(851)年11月23日	践祚 即位 大嘗
⑰	清和天皇	天安2(858)年8月27日　文徳天皇崩 同年11月7日	践祚 即位

		貞観元(859)年11月16日	大嘗
⑱	陽成天皇	貞観18(876)年11月29日	践祚
		元慶元(877)年1月3日	即位
		同年11月18日	大嘗
⑲	光孝天皇	元慶8(884)年2月4日　践祚　2月23日	即位
		同年11月22日	大嘗
⑳	宇多天皇	仁和3(887)年8月26日　光孝天皇崩	践祚
		同年11月17日	即位
		同　4(888)年11月22日	大嘗
㉑	醍醐天皇	寛平9(897)年7月3日　践祚　7月13日	即位
		同年11月20日	大嘗
㉒	朱雀天皇	延長8(930)年9月22日　践祚　9月29日　醍醐上皇崩	
		同年11月21日	即位
		承平元(931)年7月19日　宇多上皇崩	
		同2(932)年11月13日	大嘗
㉓	村上天皇	天慶9(946)年4月20日　践祚　4月28日	即位
		同年11月16日	大嘗
㉔	冷泉天皇	康保4(967)年5月25日　村上天皇崩	践祚
		同年10月11日	即位
		安和元(968)年11月24日	大嘗
㉕	円融天皇	安和2(969)年8月13日　践祚　9月23日	即位
		天禄元(970)年11月17日	大嘗
㉖	花山天皇	永観2(984)年8月27日　践祚　10月10日	即位
		寛和元(985)年11月21日	大嘗
㉗	一条天皇	寛和2(986)年6月23日　践祚　7月22日	即位
		同年11月15日	大嘗
㉘	三条天皇	寛弘8(1011)年6月13日　践祚　6月22日　一条上皇崩	
		同年10月16日　即位　10月24日　冷泉上皇崩	
		長和元(1012)年11月22日	大嘗
㉙	後一条天皇	長和5(1016)年1月29日　践祚　2月7日	即位
		同年11月15日	大嘗
㉚	後朱雀天皇	長元9(1036)年4月17日　後一条天皇崩　践祚　7月10日	即位
		同年11月17日	大嘗
㉛	後冷泉天皇	寛徳2(1045)年1月16日　践祚　1月18日 後朱雀上皇崩　4月8日	即位
		永承元(1046)年11月15日	大嘗
㉜	後三条天皇	治暦4(1068)年4月19日　後冷泉天皇崩　践祚　7月21日	即位
		同年11月22日	大嘗
㉝	白河天皇	延久4年(1072)12月8日　践祚　12月29日	即位
		同5年(1073)5月7日　後三条上皇崩	

		承保元(1074)年11月21日	大嘗
㉞	堀河天皇	応徳3(1086)年11月26日 践祚 12月19日 寛治元(1087)年11月19日	即位 大嘗
㉟	鳥羽天皇	嘉承2(1107)年7月19日 堀河天皇崩 践祚 12月1日 天仁元(1108)年11月21日	即位 大嘗
㊱	崇徳天皇	保安4(1123)年1月28日 践祚 2月19日 同年11月18日	即位 大嘗
㊲	近衛天皇	永治元(1141)年12月7日 践祚 12月27日 康治元(1142)年11月15日	即位 大嘗
㊳	後白河天皇	久寿2(1155)年7月23日 近衛天皇崩 7月24日 践祚 10月26日 同年11月23日	即位 大嘗
㊴	二条天皇	保元3(1158)年8月11日 践祚 12月20日 平治元(1159)年11月23日	即位 大嘗
㊵	六条天皇	永万元(1165)年6月25日 践祚 7月27日 即位 7月28日 二条上皇崩 仁安元(1166)年11月15日	 大嘗
㊶	高倉天皇	仁安3(1168)年2月19日 践祚 3月20日 同年11月22日	即位 大嘗
㊷	安徳天皇	治承4(1180)年2月21日 践祚 4月22日 養和元(1181)年1月14日 高倉上皇崩 寿永元(1182)年11月24日	即位 大嘗
㊸	後鳥羽天皇	寿永2(1183)年8月20日 元暦元(1184)年7月28日 即位 11月18日	践祚 大嘗

2

次に右の四例の定月条違反の事情を個別に検討してみたい。

【淳仁天皇例】

淳仁天皇は天平宝字二（七五八）年八月庚子（一日）に受禅即位し、同年十一月辛卯（二十三日）に大嘗祭をおこなう。淳仁天皇の場合は「八月以後即位、同年大嘗祭」の唯一例（後鳥羽天皇迄）である。この淳仁天皇例を、淳仁天皇即位時には定月条規定（或はそれに先行する原則、慣例）が存在しなかった為、とは解し難い。淳仁天皇大嘗祭が奈良時代における定月条に一致しない唯一例であること、更に、同月即位の文武天皇の前例（文武天皇元年八月一日即位、同二年十一月大嘗祭）が存するからである。

また、淳仁天皇が即位した天平宝字二年は、諒闇には相当しない。淳仁天皇の祖父母（天武天皇——朱鳥元〈六八六〉年九月崩、新田部皇女——文武天皇三〈六九九〉年九月薨）及び父（舎人親王——天平七〈七三五〉年十一月薨）は既に没し、母当麻山背の薨年は不明であるが、淳仁天皇即位時に正三位となり、天平宝字三（七五九）年六月十六日には大夫人の称を賜わっているので[23]、少なくとも同時期迄の山背の生存が確認できる。

淳仁天皇の即位年大嘗祭斎行の事情は史料上やはり不詳と謂わざるを得ないが、臆測を加えるならば、既に指摘される如く、①「淳仁天皇紀」では、光明皇太后・孝謙太上天皇が常に淳仁天皇より上にあるものとして記述される。②淳仁天皇の代始改元・独自年号共に無し、③『続紀』には淳仁天皇の皇后・夫人・嬪・子孫記事が一切無い、等の諸点より窺える、即位当初よりの淳仁天皇の天皇としての権威の著しい低さ[24]にその理由を求めるべきであろうと思われる。

【平城天皇例】

平城天皇は大同元（八〇六）年三月十七日に父桓武天皇が崩御し同日践祚、五月十八日に即位する。平城天皇の場合は諒闇登極で、原則的には翌年十一月に大嘗祭が行われるはずであるが、実際に大嘗祭が執行されたのは翌々年の大同三（八〇八）年十一月である。この間の経過は『類聚国史』『日本紀略』から伺うことができるが、『紀略』の方がやや記事が詳しいので、『紀略』（前篇十三）平城天皇条を次に引用する。

（平城天皇、大同）（丁亥）二年正月庚寅朔、上不レ受レ朝、諒闇也。……　二月辛酉（三日）、将レ有二大嘗之事一。伊勢国為二由貴一、備前国為二須貴一。……　十月辛巳（二十七日）、蔭子藤原宗成勧二中務卿三品伊予親王一潜謀二不軌一。大納言藤原雄友聞レ之、告二右大臣藤原内麿一。於レ是親王遽奏下宗成勧二己反一之状上。即繋二宗成於左近府一。壬午（二十八日）、車駕禊二葛野川一。依二大嘗会一也。癸未（二十九日）、繋二宗成於左衛士府一、按二験反事一。宗成云、首謀叛逆、是親王也。遣二左近中将安部兄雄、左兵衛督巨勢野足等一、率二兵百五十人一、囲二親王第一。十一月乙酉（二日）、停二大嘗事一、乱故也。是日、徙二親王并母夫人藤原吉子於川原寺一、幽二之一室一。不レ通二飲食一。
（傍線は加茂が付した）

当初は諒闇登極時の原則のとおり、大同二年十一月に平城天皇大嘗祭を予定し、国郡卜定・大嘗会御禊が勤行されていた。突如、藤原宗成の近衛府検束に端を発した伊予親王事件が発覚し、叛逆の首謀とされた伊予親王（平城天皇の異母弟）が逮捕されるに致り、同年の大嘗祭は中止となり翌年に延引されることとなる。

この延引の理由を厳密に言えば、大嘗祭の散斎に違反したからであろう。大嘗祭の散斎は「神祇令即位条」では一箇月（同条集解所引「古記」、同条義解は十一月朔日より晦日迄とする）と規定され、『日本後紀』大同三年十月丁丑（廿九日）条の制では三箇月とする。[25] 何れにせよ、親王等が逮捕され川原寺等に幽閉された十一月二日は大嘗祭の散斎期間中であり、その一連の措置は「神祇令散斎条」に謂う「凡散斎之内、諸司理レ事如レ旧。……亦不レ判二刑殺一、不レ決二罰罪人一。……」に違犯している。この平城天皇の例から、諒闇以外に大嘗祭は政治的事件によっても延引されることが知られる。

【嵯峨天皇例】

嵯峨天皇は受禅即位（大同四〈八〇九〉年四月丙子〈一日〉平城天皇譲位、同月戊子〈十三日〉即位）であるのに、大嘗祭は翌年の弘仁元（八一〇）年十一月に延引されている。『紀略』（前篇十四）及び『日本後紀』より関連記事をまず掲げる。

大同四年四月戊子(十三日)、受禅。即二位於大極殿一。詔曰、云々、……　辛丑(廿六日)、参河国為二悠紀一、美作国為二主基一。癸卯(廿八日)、詔曰、太上天皇聖躰不予、頻移二晦朔一、云々。……　五月丙午朔(一日)、……　是日遣三レ使奉二幣諸国天神地祇一、為二即位一也。……　甲戌(廿九日)、勅、今年停二大嘗会一。……　十一月甲寅(十二日)、遣下二右兵衛督従四位上藤原朝臣仲成等一、造中平城宮上。十二月乙亥(四日)、太上天皇取二水路一、駕二双船一幸二平城一。于レ時宮殿未レ成。権御二故右大臣大中臣清麿家一。……　戊戌(廿七日)、令下二畿内諸国一、雇中工及夫二千五百人上、以レ造二平城宮一也。（『紀略』）

（弘仁元年）九月癸卯（六日）、依二太上天皇命一、擬レ遷二都於平城一、正三位坂上大宿禰田村麿、……（人名略）……等為二造宮使一。丁未（十日）、縁二遷都事一、人心騒動、…… 繋二右兵衛督従四位上藤原朝臣仲成於右兵衛一。…… 戊申（十一日）、…… 是夜、命下二左近衛将監紀清成、……（人名略）…… 等一、射中殺仲成於禁所上。…… 己酉（十二日）、太上天皇至二大和国添上郡越田村一、即聞二甲兵遮一レ前、不レ知レ所レ行、…… 天皇遂知二勢蹙一、乃旋レ宮剃髪入道。藤原朝臣薬子自殺。…… 十月甲午（廿七日）、禊二於松崎川一、縁二大嘗会事一也。…… 十一月乙卯（十九日）、行二大嘗於朝堂院一。（『後紀』）

嵯峨天皇の場合も四月に悠紀・主基国が卜定されているので、定月条規定に従い、即位年の大同四年十一月に大嘗祭が予定されていたことが判る。しかし五月二十九日の勅で今年の大嘗祭が停止となり、翌年に延引されてしまう。嵯峨天皇大嘗祭延引理由に関しては上記史料では明記されていないが、前後の状況よりすれば、平城上皇の不予、「二所朝廷」（『後紀』弘仁元年九月丁未条）へと発展する平城旧宮造営（十一月より造営開始）[26] 等が推測される。更にこの間の事情を『袋草紙』（巻二）「人丸勘文」条では、

日本根子天排国高彦宜 平城天皇諱安殿　在位四年（大同四年四月一日丙子天皇自レ春、寝食不レ安）大同四年譲二位皇太弟一（嵯峨也）、同年十一月停二大嘗会一造二平城宮一、依二太上皇命一也。十二月幸二平城水路一、依レ此有レ事。随二太上皇一之臣可二配流一之由宣下、此間出家云々。（傍線は加茂が付した）

と、嵯峨天皇大嘗祭延引を平城宮造営の為とし、それが平城上皇の命に依るものであることを伝えている。[27]『袋草紙』の著者藤原清輔（長治元〈一一〇四〉年～治承元〈一一七七〉年）は平安末歌壇の中心人物として令名高く、大嘗会和歌に通暁し、[28] 大嘗祭の事例にも強い関心と知識を持っていたと思われるので、上記所説の信憑性は高いと謂える。

また、『園太暦』貞和五（一三四九）年、閏六月二十五日条にも同一所伝が記されている。[29]

諒闇外大祀延引例〔七月以前即位年〕
嵯峨天皇
大同四年四月十三日即位、
去一日践祚、
今年十一月大嘗会無㆓沙汰㆒
依㆓太上天皇命㆒、擬㆑遷㆓平城都㆒、人心騒動云々。仍無㆓沙汰㆒歟
弘仁元年十一月大嘗会、

（傍線は加茂が付した）

従って、大同四年十一月に予定されていた嵯峨天皇大嘗祭は、平城上皇の命に依る平城旧宮造営のために翌年延引とされたと判断して大過ないと思われる。

【安徳天皇例】

安徳天皇も受禅即位（治承四〈一一八〇〉年二月二十一日践祚、四月二十二日即位）であるのに、大嘗祭は二年後の寿永元（一一八二）年十一月に斎行される。これは、安徳天皇の場合も定月条原則に従い即位年の治承四年に大嘗祭が予定されていたが、延引、更に翌養和元（一一八一）年一月に高倉上皇（父）が崩御し諒闇となり、結局、安徳天皇大嘗祭は寿永元年迄延引となった結果である。治承四年に予定された大嘗祭が延引となった経過を『玉葉』から伺うこととする。(30)

（治承四年四月）廿七日、〔己酉〕天晴、此日国郡〔卜定云々〕……近江国丹波国等云々。（同、六月）二日、〔癸未〕〔天〕晴、卯刻、行㆓幸於入道相国福原別業㆒、法皇、上皇、同以渡御、城外之行宮、往古雖㆑有㆓其例㆒、延暦以後、都無㆓此儀㆒、誠可㆑謂㆓希代之勝事㆒歟。

（〔 〕内は二行割注）

即位より五日後に国郡が卜定されるが、宇治川合戦があり（五月二十六日）、六月二日には清盛の奏請により安

徳天皇・後白河法皇・高倉上皇が摂津国福原へ移御してしまう。そして、同十五日福原に参上した右大臣九条兼実は頭弁藤原経房と、高倉上皇よりの下問三ヵ条の内、大嘗祭に関して次のように談り合う。

一大嘗会事、

右任二式文一、今年可レ被レ行之処、期日以前、宮城［若］難二出来一者、於二何処一可レ被レ行乎、遷都大嘗会、彼是共大営也、同時被二遂行一者、諸国煩多、民力定疲歟、何様可レ被二進退一哉、以二前条［々］一、殊加二斟酌一、可下令二計言上一給上者、依二新院御気色一、言上如レ件、以二此旨一可下令二申上一給上、経房恐惶頓首謹言、

申云、謂二大祀一謂二遷都一、共是国家重事也、相並被レ行者、国費多歟、蹔還二御旧都一、被レ遂二大嘗会一之後、一向有二遷都沙汰一尤宜歟、且是表二神事之不一レ軽、欲二遷都之無一レ煩之故也、但遷都事、必可レ被二〔忩行〕一者、又以勿論雖レ須三［延］二行大祀一、撰《礼イ》式以来曾無二此例一、仍新宮之造営、併難レ終二其功一者、猶可レ備二礼儀一之所々、成二不日之功一、可レ被二早遂一歟、其条不レ可レ叶者、縦雖レ無レ例、延引之外又如何、

経房云、外記勘申云、七月以前、即位之［主］、明年被レ行二大嘗会一之例、大同、弘仁是也云々。

申云、共是撰式以前事也、不レ足レ為レ例者歟、

又云、於二離宮一被レ行二大嘗会一如何、是新都造営《宮イ》難レ叶、仍当時御在所等、少々造二加舎屋一、被レ行如何云々、

申云、於二離宮一被レ行二大礼一之条、縦雖レ有二［古昔之］例一、専難二遵行一歟、

此外経房有二相語旨等一、

福原遷都並びに大嘗祭の事に就いて、兼実の意見は三点——①遷都を一旦待ち京都へ還幸し大嘗祭を斎行するのが最良、②遷都を悤行するならば大嘗祭延引も已むを得ない、③離宮において大嘗祭を斎行することには反対——に要約される。その後、大嘗祭斎行、延引、斎場の問題は、清盛の専横も有り僉議が混乱するが、結局延引と決定される。

（同、八月）十四日、〔甲午〕〔天〕陰、……　邦綱卿送レ札云、大嘗会猶延引之由、被レ仰レ之了、明年可レ被レ行云々、是期日近々、造作不レ可レ叶之故也、人々所二定申一如レ此云々、（以下略）

遷都怱行で結論が出ないまま期日が切迫したということであろうが、ともかく同年予定の大嘗祭は福原遷都、新宮造営の為に延引となったことが確認される。

さて、この節においては定月条規定の適用について考察した。その結果、定月条規定は原則として遵守されていると言えるが、淳仁天皇・平城天皇・嵯峨天皇・安徳天皇の四代の例外があり（後鳥羽天皇迄）、大嘗祭は政変（斎戒違反）・遷都・宮都造営に依っても延引されることを述べて来た。上の事実よりすれば、定月条規定が持統天皇朝迄溯るとしても、問題としたい先掲ⓐ——持統天皇五年十一月戊辰条を、即位の翌年であることから毎年の新嘗祭とする解釈は成立しない。その論拠となる定月条規定にも、例外が有ることを指摘できるからである。

以上二節に亙って、当該条を新嘗祭とする和田氏のⓐⓑⓒの論点を再考し、その所説は何れをとっても反論が可能で、且つ成立し難いものであることが判明した。因って、「持統天皇紀」に明記されるとおり、持統天皇五年十一月戊辰条を持統天皇大嘗祭と解釈して誤り無いと私は判断したい。天武天皇五年の新嘗祭に当っての畿外悠紀・主基国郡卜定（二節1参照）は、大嘗祭と新嘗祭の分離の過渡期に伴う混乱[31]か、天武天皇朝の一時的現象[32]とする指摘も、右の結論を支持しよう。

なお、思想大系本『律令』神祇令補注13ｂ（一節参照）は、当該条を新嘗祭と解し、中臣氏の天神寿詞は新嘗祭でも奏上されたかとする。中臣氏の天神寿詞は、即位式（持統天皇四年正月持統天皇即位式、神祇令践祚条）と大嘗祭（宝亀二年十一月光仁天皇大嘗祭）の両方で奏されたことが確認でき、以後大嘗祭辰日の行事として定着する（「践祚大嘗祭式」『儀式』）が、新嘗祭の場で奏上されたことを明記する史料は、管見の限りでは一切無いことを付記しておく。

第四節　結び

縷述したところに大過なければ、当該条を通説どおり持統天皇大嘗祭記事と考定して差し支え無いと思われるが、ただ、定月条規定（或はその先行規定、原則）が大嘗祭成立時迄遡るとすると、持統天皇大嘗祭は翌年に延引されていることになる。最後にこの点に触れ小稿の結びとしたい。

持統天皇の場合、先帝であり夫であった天武天皇の二年二ヵ月に亙る殯宮儀礼が終了するのが持統天皇二（六八八）年十一月で、以後「釈服」となることは、翌三年元日に朝賀を受けていることから解る。同三年四月には皇太子草壁皇子が突然逝去するが、草壁皇子の殯宮儀礼は同年八月には完了したと思われる。[33] 更に同四年には持統天皇の近親者の死亡記事はなく、また、持統天皇の祖父母以下は夙に没している（図1参照）。母の遠智媛の没年は不詳であるが、蘇我造媛と同一人物とすれば、[34] 大化五年三月是月条より天智天皇存命中に没したことが知られる。従って「服喪」の為に、持統天皇四年に斎行されるべき大嘗祭が翌年に延引されたとは考え難い。[35] むしろ、延引されたとすれば、その理由として先ず考えるべきは藤原宮造営であろう。藤原宮・京の造営計画が天武天皇末年にあり、

図１

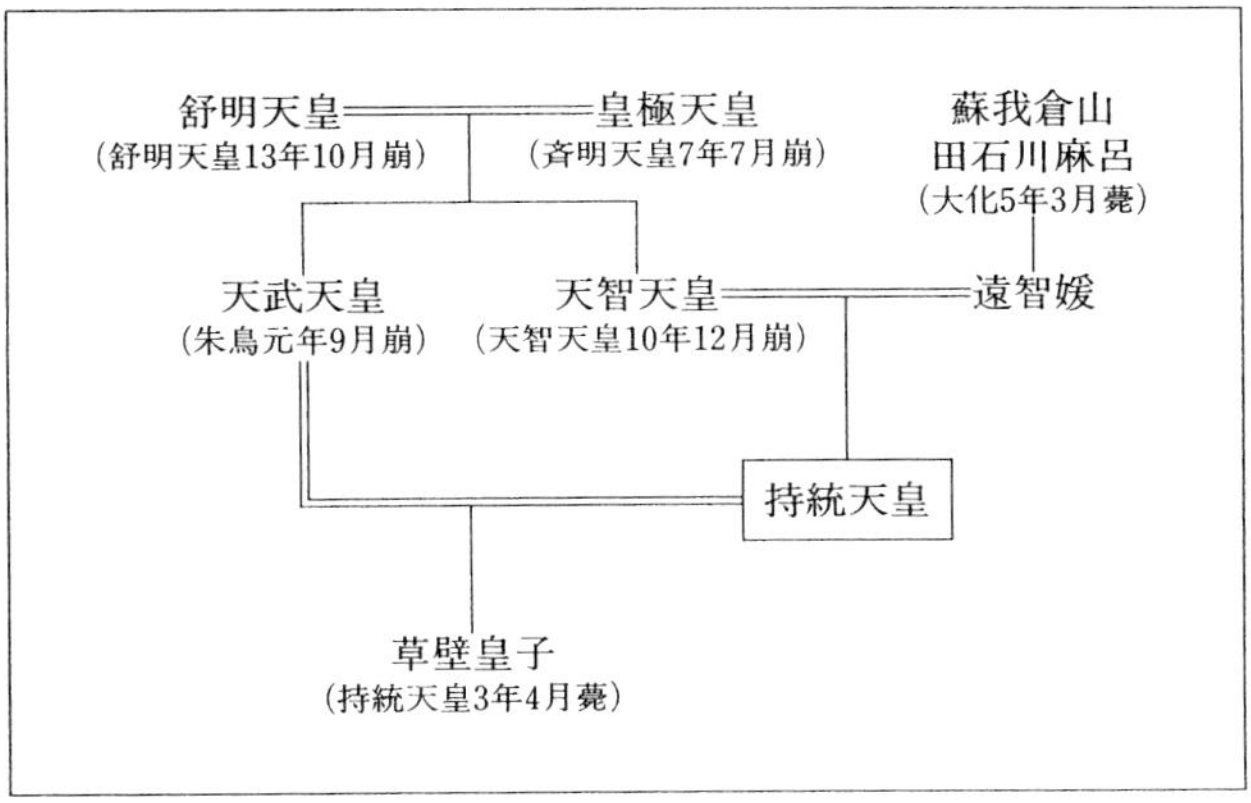

天武天皇崩御・草壁皇子薨去により着手が遅滞するが、持統天皇四年十月壬申（二十九日）条の「高市皇子観二藤原宮地一。公卿百寮従焉」・同十二月辛酉（十九日）条の「天皇幸二藤原一観二宮地一、公卿百寮皆従焉」を以て藤原宮造営の事実上の開始（再開）とすることは既に指摘されている。[36] 大嘗祭が遷都・新宮造営によっても延引されることは前節で述べたとおりであるので、持統天皇大嘗祭の場合も右の解釈が穏当であるかと思われる。

但し、延引理由として、考えられるもう一点がある。それは、持統天皇四年に伊勢神宮内宮の第一回式年遷宮が挙行されたとする所伝が神宮側に存在することである。『二所太神宮例文』・『太神宮諸雑事記』では、伊勢神宮の第一回式年遷宮挙行を内宮は持統天皇四年、外宮が持統天皇六年と明記している。[37] この記事に従い、持統天皇四年に内宮の第一回式年遷宮が実施されたとする説が一般的で有力であると思われるが、[38] 所伝通り同年に内宮の第一回式年遷宮が斎行されたとすれば、この内宮遷宮のことも持統天皇大嘗祭延引の理由として考えることができる。大嘗祭と伊勢神宮の式年遷宮との関係については後考を俟ち、ここでは指摘するだけに留めておくことにしたい。

注

（1）例えば『古事類苑』神祇部一、大嘗祭の項の解説。

（2）岡田精司「大化前代の服属儀礼と新嘗」（同『古代王権の祭祀と神話』、塙書房、昭和四十五年）。

（3）田中卓「奈良時代における〝新嘗〟と〝大嘗〟」（皇學館大学神道研究所編『大嘗祭の研究』、皇學館大学出版部、昭和五十三年）。

（4）拙稿「大嘗祭〝辰日前段行事〟考」（『文化史学』第三十九号、昭和五十八年。本書第三篇第二章所収）。

（5）神祇令注釈及び補注は井上光貞氏担当。なお、井上氏執筆の神祇令注釈・補注は同『日本古代の王権と祭祀』（東京大学出版会、昭和五十九年）に再録されている。

(6) 和田行弘「大嘗祭に関する一試論」(横田健一編『日本書紀研究』第十一冊、塙書房、昭和五十四年)。引用箇所中、⑫は⑮の誤植であろう。

(7) 加藤優「「大嘗祭」「新嘗祭」の呼称について」(『関晃先生還暦記念　日本古代史研究』、吉川弘文館、昭和五十五年)。

(8) 梅田義彦『神祇制度史の基礎的研究』(吉川弘文館、昭和三十九年)一〇五～一〇六、二九〇～二九三頁。梅田義彦氏は「延喜祝詞式」の「大嘗祭」祝詞は「新嘗祭」に改めることを遺忘したとされる(「大嘗名義考」〈同『伊勢神宮の史的研究』雄山閣出版、昭和四十八年〉所収)。なお『貞観式』時点において両祭が書き分けられていたとするにはやや躊躇される。『年中行事秘抄』所引「貞観神祇式」逸文では、「十一月新嘗祭」とあるが、『政事要略』巻廿六　年中行事、新嘗祭条には「弘貞中式云、凡大嘗祭、斎諸司青摺布衫……」(「延喜中務省式」同条では「凡新嘗祭……」)とするからである(加藤優、注(7)前掲論文)。また、高森明勅氏は、『延喜式』の「大嘗」表記を精査し、『延喜式』段階においても、大嘗祭・新嘗祭を「大嘗」の語で凡称することが原則であり、両祭を区別する場合に「践祚大嘗」・「新嘗」の呼称を用いていると指摘する(同「式における「大嘗」の表記について」〈『国学院雑誌』第八十七巻十一号、昭和六十一年〉)。

(9) 梅田義彦、注(8)前掲論文。岡田精司、注(2)前掲論文。田中卓、注(3)前掲論文等。『続紀』天平神護元年十一月庚辰条(称徳天皇大嘗祭)の宣命中の「大新嘗」は、『大日本史』が指摘するように、「大嘗」と要約される以前の呼称であろう。

(10) 田中卓、注(3)前掲論文。

(11) 新訂増補国史大系『日本書紀』前篇(吉川弘文館、昭和四十八年)の鼇頭校異。古典文学大系『日本書紀』上(岩波書店、昭和四十九年)の巻末校異。北野本巻十五の書写年代は、『日本書紀古本集影』(日本書紀撰進千二百年紀念会、大正九年)の「古本解説」では南北朝時代または室町時代とし、古典文学大系本『書紀』上(「解説」)では南北朝時代とする。

(12) 梅田義彦『神祇制度史の基礎的研究』(吉川弘文館、昭和三十九年)一〇六頁。

(13) 田中卓、注(3)前掲論文。

(14) 西宮一民「新嘗・大嘗・神嘗・相嘗の訓義」（『皇學館大学紀要』第十四輯、昭和五十一年）。

(15) 加藤優、注(7)前掲論文。

(16) 青木和夫「律令国家の権力構造」（『岩波講座日本歴史』第三巻、岩波書店、昭和五十一年）。

(17) 和田英松『式逸』（『続々群書類従』法制部所収、続群書類従完成会、昭和五十九年）。

(18) 天武天皇大嘗祭の場合、十二月五日に大嘗祭関係者に賜禄がなされているので、その挙行を十一月と推定した。

(19) 「践祚大嘗祭式」等では抜穂使派遣を八月上旬とし、九月吉日に抜穂と規定する。また、伊勢神宮に収穫された稲が「懸税」として奉納されるのは、九月中旬の神嘗祭である。更に「仮寧令給休仮条集解」所引「古記」では、添下郡・平野郡の収穫を七月、葛上郡・葛下郡・内（宇智）郡の収穫を八・九月とする。

(20) 表1の大嘗祭年月日表は、①天武天皇～⑲光孝天皇迄は「六国史」、但し⑭淳和天皇は『日本紀略』、⑳宇多天皇以降は『大日本史料』『史料綜覧』（東京大学出版会）を基本とし、白山芳太郎「大嘗祭年表」（皇學館大学神道研究所編『大嘗祭の研究』、皇學館大学出版部、昭和五十三年）、『年表日本歴史』第一～三巻（筑摩書房、昭和五十五～五十六年）等を参照して作成した。

(21) 『古事類苑』礼式部二「天皇服喪」。今江広道「大嘗祭国郡卜定の儀について」（『国学院雑誌』第七十九巻十二号、昭和五十三年）。

(22) 先帝崩御後、即位した天皇でも即位が八月以後であり、大嘗祭が翌年に実修されている場合（例えば⑩光仁天皇、⑰清和天皇、⑳宇多天皇、等）は定月条に一致しているので本文には掲げなかった。また、先帝崩御新帝即位、或は新帝大嘗祭迄に先帝が崩御した場合でも、先帝と新帝の関係が兄弟以下の等親の時は、大嘗祭は延引されない。例えば、㉚後朱雀天皇（前帝後一条天皇は同母兄）、㉜後三条天皇（前帝後冷泉天皇は異母兄）等を参照。この点に関して、今江広道氏は「諒闇登極とは、父子間に於ける皇位継承と考へ、兄弟間の継承は別と考へて受禅即位の式文が適用されたのであろうか」とされている（注(21)前掲論文）。

(23) 『続紀』天平宝字二年八月庚子条、同三年六月庚戌条。

(24) 河内祥輔『古代政治史における天皇制の論理』（吉川弘文館、昭和六十年）一〇四～一〇五頁。

(25) 『後紀』に「十月丁丑(廿九)、制、稽㆓於前例㆒大嘗散斎三月也。自今以後、以㆓一月㆒為㆑限。」とある。

(26) 大同四年五月七日に平城天皇の同母妹の高志内親王（桓武天皇第二皇女）が薨じているが、「喪葬令服紀条」では、兄弟・姉妹の服紀は三箇月とする。従って妹高志内親王の薨去は同年大嘗祭の延引理由とならない。
(27) 『続群書類従』第十六輯下（続群書類従完成会、昭和五十七年）所収。
(28) 「人丸勘文」は仁平三（一一五三）年成立であることが確認されている。また、清輔が大嘗会和歌に通暁していたことは、『袋草紙』第一巻「大嘗会次第」、また、仁安三（一一六八）年十一月の高倉天皇大嘗祭において主基方の和歌詠進を務めたこと等から伺える（小沢正夫他『袋草紙注釈』解題、塙書房、昭和五十一年）。
(29) 史料纂集本に拠る。
(30) 名著刊行本に拠る。なお、安徳天皇大嘗祭に就いては、鎌田純一「安徳天皇の大嘗祭」（『神道史研究』第二十六巻四号、昭和五十三年）に詳細な分析がある。
(31) 岡田精司、注(2)前掲論文。
(32) 早川庄八「律令制と天皇」（『史学雑誌』第八十五編三号、昭和五十一年）。
(33) 和田萃「殯の基礎的考察」（森浩一編『論集終末期古墳』、塙書房、昭和四十八年、のちに、和田萃『日本古代の儀礼と祭祀・信仰』上〈塙書房、平成七年〉所収）。
(34) 日本古典文学大系本『日本書紀』下の三一〇頁頭注一〇、三六七頁頭注三八。
(35) 持統天皇の外祖母の生没年は不明であるが、蘇我倉山田石川麻呂と共に没したか（大化五年三月己巳・庚午条）。
(36) 岸俊男「飛鳥から平城へ」（竹内理三編『古代の日本』第五巻、角川書店、昭和四十五年）、同「日本における「京」の成立」（『東アジア世界における日本古代史講座　6　日本律令国家と東アジア』、学生社、昭和五十七年）、飛鳥資料館図録『藤原宮』（昭和五十九年）。
(37) 『二所太神宮例文』（『群書類従』第一輯所収、続群書類従完成会、昭和五十四年）に「白鳳十三年〔庚寅〕九月、太神宮御遷宮〔持統天皇四年也、自二此御宇一、造替遷宮被レ定二置廿年一、但大伴皇子謀反時、依二天武天皇之御宿願一也〕」とあり、『太神宮諸雑事記』（神道大系『皇太神宮儀式帳・止由気宮儀式帳・太神宮諸雑事記』、神道大系編纂会、昭和五十四年）に「持統女天皇　即位四年〔庚寅〕、太神宮御遷宮。同六年〔壬辰〕、豊受太神宮御遷宮。〔何東御宮地江始遷御也」と記されている。

（38）　内宮第一回式年遷宮を持統天皇四年と考定する代表的研究として、田中卓「式年遷宮の起源」（『伊勢神宮の創祀と発展　田中卓著作集6』、国書刊行会、昭和六十年）を掲げておく。

第二章　大嘗祭〝辰日前段行事〟考

第一節　大嘗祭〝辰日前段行事〟

大嘗祭二日目の辰日の儀式は、『儀式』巻二～四「践祚大嘗祭儀」、『延喜式』巻七「践祚大嘗祭式」によれば、豊楽院において挙行される。則ち、『儀式』によると、主基殿での神饌親供を終えた天皇は再び廻立殿に帰り〔卯一刻・午前五時頃〕、祭儀はここに畢る。鎮祭された大嘗宮が直ちに壊却され、さらに豊楽院の掃除・鋪設が整うと、天皇は豊楽院に臨む。すでに豊楽院庭上には悠紀・主基両国の倉代等雑物が列立し、諸司により内外に帳が張られ、豊楽殿上には東に悠紀・西に主基の両帳が設置されている。清暑堂に須臾留まった天皇は、辰日の辰二刻〔午前七時半頃〕豊楽殿に設けた悠紀帳に着御すると、

所司開二豊楽儀鸞両門一ヲ。皇太子入レ自二東北掖門一〔待二親王以下就一レ版乃入〕、親王已下五位以上左右相分入レ自二儀鸞門ノ東西戸ノ一各就レ版ニ、六位以下相続テ参入立定。神祇官ノ中臣棒二賢木一ヲ入レ自二儀鸞門ノ東戸ノ一、就レ版ニ跪奏二天ッ神之寿詞《ヨコトヲ》一〔群臣共ニ跪〕、忌部奉二神璽之鏡剣一ヲ、共ニ退出。親王已下共ニ起。次ニ弁大夫入レ自二同門一、就レ版跪テ奏二両国ノ所レ献多米都物ノ色目一ヲ。其詞ニ云悠紀〔爾〕供奉〔留〕其国宰姓名等〔加〕進〔礼留〕雑物若干荷、就中献

物、黒木御酒若干缶、白木御酒若干缶、飾毘若干口、倉代若干輿、缶物若干缶、多米都物、雑菓子若干輿、飯若干櫃、酒若干缶、物若干缶。主基〔爾〕供奉〔留〕其国宰姓名等〔加〕進〔礼留〕雑物合若干荷、就中献物〔云云〕、多米都物〔云云〕、進〔礼留〕事〔乎〕申賜〔波久止〕奏訖退出。皇太子先跪拍レ手《ヲ》退出。次《ニ》五位以上共《ニ》拍レ手《ヲ》、次六位以下拍レ手《ヲ》四段〔段別《ニ》八度、所謂八開手者《ナル》也〕、訖以レ次《ヲ》退出。式部取レ版退出。

（〔 〕内は二行割注、以下同じ）

という一連の行事がある。(1) なお、「八開手《やひらて》」とは跪いて行われる合計三十二回の拍手であるが、「践祚大嘗祭式」油以下事条の割注に「神語所レ謂八開手《ヤヒラテ》是也」とあり、(2) 非常に厳粛で特別な意味を持つ拍手であったことが伺われる。

さて、皇太子以下官人が一旦退出し、儀式に一区切りがつけられる。その後、宮内省官人が大膳職・造酒司を率いて、多賀須伎・比良須伎等の庭上進見があり、これが畢ると、殿上の大臣の宣喚により皇太子・親王以下官人が再び参入し各々の座に就き、愈々、辰日の節会が始まる。

『儀式』『延喜式』によると大嘗祭の行事は四日間であり、それは、朝堂院に設置された大嘗宮で祭儀が執行される卯日と、会場を豊楽院に移し節会がおこなわれる辰・巳・午日（各々、悠紀・主基・豊明節会とも称される）(3) から構成されるが、特に辰日の行事は、中臣氏の天神寿詞奏上と忌部氏の鏡剣奉上の儀を中心とする前半部と、後半部の節会に分つことができる。この辰日の前半部——天皇の悠紀帳着御から、皇太子以下群官の一旦退出まで——を、倉林正次氏は〝辰日前段行事〟と呼んでおられるが、(4) 小稿でも便宜上この名称を使用させて頂く。

さて、この辰日前段行事は、もともと大嘗祭にあった行事かどうかは疑問である。このことについて、川出清彦氏は、

辰日節会には、中臣の天神の寿詞が奏され、忌部の奉仕で神璽の鏡剣が奉られるという最も厳粛なる儀、

節会という概念にあてはまらないほどの儀が執り行なわれるのであり、

と述べられ(5)、また、岡田精司氏も、

辰刻の二点（午前八時ごろ）から、豊楽院にしつらえた高御座に天皇が座した前で、中臣の天神寿詞の奏上と忌部の三種神宝献上がなされる。卯の日が神事であるのに対し、この辰の日と巳の日の行事は〈節会〉とよばれる。辰の日は宴会場である豊楽院で、大嘗に奉仕した悠紀・主基両国の国司たちに、功労の叙位や賜禄があり、続いて御贄の献上、そして賜宴、国風などの歌舞という、厳粛な神事のあとのくつろぎの場であり、卯の日の緊張が解かれる時である。この日の諸行事の最初に、天神寿詞奏上と王位のシンボルである神宝献上がなされるのは、どうもこの場にそぐわない。

とされている(6)。辰日は節会であるのに、その初めに、天神寿詞奏上と神宝＝レガリア奉献を中心とする前段行事がおこなわれるのは、川出氏や岡田氏の指摘されるように不自然な印象を否めない。

「養老神祇令」即位条によると、大嘗祭の致斎は三日であり、「神祇令集解」即位条所収「穴記」には、

穴云、三日。謂自二丑日一至二卯日一是也。今説自二其日一者。依レ文不レ見。鎮魂祭在二其中一耳。

とあり、その三日は大嘗祭の前日に行われる鎮魂祭を含む丑寅卯日である（「神祇令同条義解」も「謂、自レ丑至レ卯。其辰日以後、即為二散斎一」としている）とすると、辰日は、三日間の致斎――厳重な斎戒の解ける日である。このことも、先の疑問を一層強めるであろう。

辰日前段行事への上のような疑問をもう少し敷衍すると、辰日前段行事の内、中臣の天神寿詞奏上と忌部の鏡剣奉上の両儀は「養老神祇令」践祚条では即位の日（即位式）の行事とする(7)。

凡践祚之日、中臣奏二天神之寿詞一、忌部上二神璽之鏡剣一。

この条文の「践祚之日」が「即位之日」を意味することは、「神祇令集解」践祚条所収「古記」「跡記」「令釈」

の注釈から理解される[8]。

さらに、持統天皇四（六九〇）年正月戊寅（一日）条の持統天皇即位記事に、

物部麻呂朝臣樹二大盾一、神祇伯中臣大嶋朝臣読二天神寿詞一、畢忌部宿禰色夫知奉二上神璽剣鏡於皇后一、皇后即二天皇位一。公卿百寮、羅列匝拝、而拍レ手焉。

と記載されている。この持統天皇即位式はその前年六月に班賜された「浄御原令」の規定に従って挙行されたと思われるが、記事の最後の「而拍レ手焉」は先述した「八開手」であろうから[9]、これを行論上箇条書きにしておくと以下のようになる。

(1) 物部氏、大盾を樹つ。
(2) 中臣氏、天神寿詞を読む。
(3) 忌部氏、神璽の剣鏡を奉上。
(4) 皇后、即天皇位。
(5) 公卿百寮、拝礼・拍手（八開手）。

中臣の天神寿詞奏上と忌部の鏡剣奉上は、持統天皇即位式においておこなわれ、「神祇令」にも即位の日の行事であることが規定されていた。然るに、その施行細則である『儀式』『延喜式』では、即位式ではなくこの両儀を大嘗祭辰日の行事として規定する。先述した辰日前段行事への疑問とは、この点にある。この問題については、夙に鈴木重胤翁の令文の独特な解釈があり[10]、それを承けて、即位式と大嘗祭の両方に本来この両儀が行われていたとする説[11]と、即位式から大嘗祭へとその儀式の場が移行したとする説[12]が提示され、前者はその史料的根拠が弱く、従って後者が通説とされているが[13]、なお疑問とするところは多い。以下、拙稿ではこの問題について先学の驥尾に付して些かの推考を加えてみたい。

第二節　正史の大嘗祭記事

大嘗祭の辰日前段行事を考えるために、六国史の大嘗祭記事を検討していく。

まず、『日本書紀』の大嘗祭或いは大嘗祭と思われる記事であるが、これらについてはすでに岡田精司氏・田中卓氏等多くの先学による詳細な分析があり[14]、夙に、大嘗祭が新嘗祭より分離するのは天武天皇朝頃よりとする指摘がなされている。[15]従って天武天皇朝より記事を掲げることとする。

(1)（天武天皇二年）十二月丙戌（五日）、侍二奉大嘗一中臣・忌部及神官人等、并播磨・丹波、二国郡司、亦以下人夫等悉賜レ禄。因以二郡司等一、各賜二爵一級一。

(2)（天武天皇五年）九月丙戌（二十一日）、神官奏曰、為二新嘗一卜二国郡一也。斎忌〔斎忌、此云二踰既一〕、則尾張国山田郡、次〔次、此云二須伎一也〕、丹波国訶沙郡、並食レ卜。十一月乙丑朔（一日）、以二新嘗事一、不二告朔一。

(3)（天武天皇六年）十一月己卯（二十一日）、新嘗。乙酉（二十七日）、侍二奉新嘗一神官及国司等賜レ禄。

(4)（持統天皇五年）十一月戊辰、大嘗。神祇伯中臣朝臣大嶋読二天神寿詞一。壬辰（二十五日）、賜二公卿食衾一。乙未（二十八日）、饗二公卿以下至二主典一、并賜二絹等一、各々有レ差。丁酉（三十日）、饗下神祇官長上以下、至二神部等一、及供奉播磨因幡国郡司以下、至中百姓男女上、并賜二絹等一、各有レ差。

(1)の天武天皇二年の記事が一般に即位の大嘗に関する最も古い史料であるとされているが、天武天皇朝には新嘗の記事が他に、(2)の天武天皇五年と(3)の天武天皇六年に見える。五年の新嘗では、令制下では大嘗祭の時にのみ定められる悠紀・主基国の卜定が行われている。また、六年は国司も賜禄に与っているが、この国司賜禄を悠紀・主基両国卜定に関わるものとすれば、同年の新嘗祭にも悠紀・主基国が卜定されたことになる。
従って、天武天皇朝の新嘗祭は史料から窺える限りでは毎年悠紀・主基国を卜定していた可能性がある。[16]令制下における新嘗祭は畿内稲を用いて行われ、その点が原則として国内の東西に悠紀・主基田を卜定し、そこからとれた畿外稲を用いる大嘗祭との大きな相違点の一つとなっている。[17] こうした令制下の大嘗と新嘗の儀式のあり方からすれば、一般に言われるように天武天皇朝から大嘗と新嘗が分離するというのは正確な表現ではなく、寧ろ、天武天皇朝は大嘗と新嘗が分離し儀式的に整備される過渡期であったとする方が妥当であろう。そして、五年の新嘗祭に当っての畿外悠紀・主基国郡卜定は、この過渡期に伴う混乱[18]か、天武天皇朝の一時的現象であろう[19]と思われる。

一方、文武天皇朝以降は各代毎に即位後の大嘗祭が記載されており、このことからすれば、持統天皇三年六月に班賜された「浄御原令」の規定に従って斎行されたと思われる[20](4)の持統天皇五年の記事こそが令制大嘗祭の初例であり、直接の前身であるということになる。[21] この持統天皇大嘗祭で、前年の正月一日の即位式に於て天神寿詞を奏上した中臣朝臣大嶋が再び天神寿詞を奏上していることは注意される。

さて、『書紀』の記事から、令制大嘗祭の儀式形態の大凡が整備されるのは天武天皇・持統天皇朝であることを確認したのであるが、この頃より、問題としたい辰日前段行事があったのか否かは、天武天皇・持統天皇大嘗祭記事からは窺うことができない。次は文武天皇以降の大嘗祭記事を検討する。

文武天皇朝以降は一応、大嘗と新嘗が書き別けられ、各天皇毎に大嘗祭記事が見える。[22] 文武天皇から『延喜式』が奏進される醍醐天皇までの大嘗祭記事を剔出したが、紙幅の関係上結果だけを先に述べれば、辰日に中臣の天神寿詞奏上と忌部の神璽奉献を中心とする前段行事が行われたことを明記する大嘗祭記事は無い。因に申し添えておけば、『続日本紀』では、辰日に大嘗祭関係の記事があるのは孝謙天皇と称徳天皇の二例（前者は賜宴、後者は宣命記事）にすぎず、それ以外は、卯日だけか卯日の次に巳日の記事を記す。そして辰日に記事が原則的に見えるようになるのは平城天皇以降である。これは、『続紀』を始めとして以下の正史の其々の編纂態度といった問題にまで及ぶのであるが、ここでは、これらの大嘗祭記事を角度を変え再検討する。

各代の大嘗祭記事の中には、悠紀・主基国卜定、賜宴、授位の他に、大嘗宮における儀仗・行事についての記述がある記事がある。次頁に掲げた表1はこうした記事に注目して作成した。

さて、この表を検討するために大嘗祭における儀仗・行事について瞥見する必要がある。以下、『儀式』『延喜式』に従ってその概略を述べておく。

大嘗祭には多くの氏族が一定の職掌をもって奉仕しているのであるが、まず、卯日の平明、神祇官による諸神班幣が訖ると、石上・榎井の両氏各二人は内物部を率いて大嘗宮南北の門に「神楯戟」を立てる（楯は丹波国の楯縫氏が、戟は紀伊国の忌部氏が各々製作したものである）。伴・佐伯の二氏各二人は大嘗宮南門の開閉を掌る。その他、近衛・兵衛・衛門の各衛府は其々所定の場所に分陣する（左右近衛府——大嘗宮内外左右、左右兵衛府——大嘗宮左右両横の堂の間、左右衛門府——会昌門内外左右・応天門外左右・朱雀門外・宣政・章善両門・及び諸掖門）。(23)隼人司は隼人を率いて朝集堂前に列立し、群官の参入に際して呪術的な吠声を発する。中務省の輔・丞は同省の内舎人と大舎人寮を、宮内省の輔・丞は殿部と掃部を、夫々帥い「威儀物」を執って陣列する。

儀仗が整うと、戌刻(午後七時頃)、愈々、天皇が紫宸殿から大嘗宮へ発御する。廻立殿に於て、「天の羽衣」（『江家次第』所収「仁和記」）を着し、御湯（所謂「小斎の御湯」）で沐浴した後、戌の四刻（午後八時半頃）悠紀殿に渡御する。

天皇が悠紀嘗殿に御すと、伴・佐伯氏の各々の二名が大嘗宮南門を開き、衛門府は朝堂院南門（会昌門）を開く。皇太子・諸親王・大臣以下大忌官人が所定の門より入り（皇太子——東方南掖門、親王——西門、大臣以下——南門）、所定の幄（暉章・修式二堂の前に設置）の座に就く。六位以下の大忌官人は暉章・修式二堂の後に就く。朝堂院の東掖門より、宮内省官人に率いられた吉野の国栖十二人と楢笛工《ならのふえふき》十二人が入りて「古風」を奏す。次

表1　正史の大嘗祭卯日記事

	即　位	大　嘗　祭
持統天皇	持統天皇4(690)年　1月1日	持統天皇5(691)年11月戊辰 ○天神寿詞——中臣朝臣大嶋
文武天皇	文武天皇元(697)年　8月1日	文武天皇2(698)年11月己卯(23日) ○大楯——榎井朝臣倭麻呂 ○楯桙——大伴宿禰手拍
元明天皇	慶雲4(707)年7月17日	和銅元(708)年11月己卯(21日)
元正天皇	霊亀元(715)年9月2日	霊亀2(716)年11月辛卯(19日)
聖武天皇	神亀元(724)年2月4日	同(724)年11月己卯(23日) ○神楯——石上朝臣勝男　榎井朝臣大嶋　(他2人石上氏)
孝謙天皇	天平勝宝元(749)年　7月2日	同(749)年11月乙卯(25日)
淳仁天皇	天平宝字2(758)年　8月1日	同(758)年11月辛卯(23日)
称徳天皇	天平宝字8(764)年　10月14日	天平神護元(765)年11月癸酉(16日)
光仁天皇	宝亀元(770)年10月1日	宝亀2(771)年11月癸卯(21日) ○神楯桙——石上朝臣宅嗣　榎井朝臣種人　(他2人石上氏) ○開門——大伴宿禰古慈斐　佐伯宿禰今毛人 ○宿侍名簿——阿倍朝臣息道　阿倍朝臣草麻呂 ○神寿詞——中臣朝臣清麻呂
桓武天皇	天応元(781)年　4月3日即位 4月15日宣命	同(781)年11月丁卯(13日)
平城天皇	大同元(806)年　3月17日践祚 5月18日即位	大同3(808)年11月辛卯(14日)
嵯峨天皇	大同4(809)年　4月1日践祚 4月13日即位	弘仁元(810)年11月乙卯(19日)

出典：持統天皇(『書紀』)　文武天皇～桓武天皇(『続紀』)　平城天皇、嵯峨天皇(『後紀』)
称徳天皇の場合、天平宝字8年10月14日の詔を重祚宣言とした(早川庄八『日本の歴史4　律令国家』、小学館、昭和49年)。
淳和天皇以降は、行事・儀仗について具体的な記述が見えないので省略した。

いで悠紀国国司が歌人を率いて同門より入りて「国風」を奏す。それが終ると伴宿禰一人と佐伯宿禰一人が各々語部十五人を率いて、東西の掖門より入り「古詞」を奏上する。

「古詞」奏上が畢ると、皇太子以下幄舎を出て大嘗宮南門外の庭中の版位に跪き、皇太子まず八開手を拍って退下、親王以下五位以上続いて一斉に八開手を拍ち、六位以下またこれを承けて八開手。六位以下は退下。五位以上は再び幄舎に就く。最後は、安倍氏の五位二人・六位六人が左右に分れて版位に跪いて宿直の文武官の分番以上の名簿を奏上する。これらが済めば、火炬を執った内膳司の膳部の伴造一人を先頭として悠紀御膳の神饌行立が始る。時に、亥の一刻（午後九時頃）である。

従って、大嘗宮の南門開門から安倍氏の宿直名簿奏上までは、約三十分間の行事であるということになる。[24]この間の天皇の所在について川出清彦氏は、悠紀嘗殿の前室いわゆる堂に当る所――奥との仕切りになっている中戸外の西南に南面して着御し、警蹕の声を聞いて奥内陣の座に進む、とされている。[25]川出氏に従えば、この間、天皇は悠紀嘗殿の前室において南面しており、それに対して吉野国栖以下の古詞・古風奏上、皇太子以下官人の拍手がなされているのである。このことからすれば、「八開手」とは跪いて行われる特殊な拍手であり、謂われるように天皇を神として拝する作法であったと考えられよう。[26]

悠紀嘗殿での神饌行立・親供が訖るのは亥の四刻（午後十時半頃）、廻立殿に還り再び沐浴の後、今度は主基嘗殿に渡御する。これは翌朝の丑の四刻（午前二時半頃）である。主基殿でも神饌行立が始まる寅の一刻（午前三時頃）迄の間に、悠紀殿と同じく、国栖等の古風・国風・古詞奏上、皇太子以下群官の拍手がなされる。主基嘗殿での神饌親供が終るのが寅四刻（午前四時半頃）。天皇は再び廻立殿に還り御服を替え還宮、百官は夫々退き、伴・佐伯氏が大嘗宮の門を閉じる。「祭事已畢」るのは卯一刻（午前五時頃）。卯二刻（午前五時半頃）には悠紀・主基両国民によって大嘗宮は壊却される。

以上、『儀式』『延喜式』を基本として卯日の儀式を述べて来たのであるが（但し、時刻の表示は『儀式』で統一した[27]）、これと正史に見える大嘗祭記事とを比較してみる。

先掲の表1にあるように、大嘗祭卯日の儀仗・行事についての記事があるのは、持統天皇は暫く置くとして、文武天皇・聖武天皇・光仁天皇の三代である。文武天皇大嘗祭において榎井氏と共に大伴氏が楯桙を立てていることも注意されるべきであるが、ここで注目したいことは、醍醐天皇までの大嘗祭記事の中で、卯日の儀仗・行事について最も詳しい記載がある光仁天皇大嘗祭記事である。

光仁天皇大嘗祭卯日記事というのは、『続紀』宝亀二（七七一）年十一月条の、

癸卯（廿一日）、御二太政官院一、行二大嘗之事一。参河国為二由機一。因幡国為二須岐一。参議従三位式部卿石上朝臣宅嗣、丹波守正五位上石上朝臣息嗣、勅旨少輔従五位上兼春宮員外亮石上朝臣家成、散位従七位上榎井朝臣種人立二神楯桙一。大和守従四位上大伴宿祢古慈斐、左大弁従四位上兼播磨守佐伯宿祢今毛人開レ門、内蔵頭従四位下阿部朝臣息道、助従五位下阿倍朝臣草麻呂奏二諸司宿侍名簿一。右大臣大中臣朝臣清麻呂奏二神寿詞一。弁官史奏二両国献物一。賜二右大臣絁六十疋一。賜二五位已上衾各一領一。○乙巳（廿三日）、以二従三位石上朝臣宅嗣一為二中納言一、正四位下藤原朝臣百川、従四位上阿倍朝臣毛人為二参議一。是日、宴二五位已上於閤門前幄一。賜二五位已上及内外命婦禄一、各有レ差。○丙午（廿四日）、賜二親王已下五位已上絲一、各有レ差。

というものである。

これを箇条書きにすると、

(1) 石上・榎井両氏により神楯桙を立つ。
(2) 大伴・佐伯両氏により大嘗宮の南門開門。
(3) 阿倍氏により宿侍の名簿奏上。

(4)　中臣氏により神寿詞奏上。

(5)　弁官の史により悠紀・主基両斎国献物の色目奏上。

となる。(28)

これらの行事を先に見た平安朝的形態の大嘗祭と比較すると次の二点が指摘される。(イ)光仁天皇大嘗祭では(4)(5)の行事を卯日の行事とすること、(ロ)忌部の鏡剣奉上が見えないこと。

まず、(ロ)を検討する。この光仁天皇大嘗祭記事には辰日の記事がなく、そのために忌部の鏡剣奉上のことが省略されてしまったとも解釈されるが、もし実際に鏡剣奉上がおこなわれたなら、六国史の他の大嘗祭記事からすれば異例とも言える同大嘗祭記事の記載態度と同儀の重要性を勘案するなら、当然記載されたであろうから、この推定は成立しないであろう。従って、光仁天皇大嘗祭では忌部の鏡剣奉上はおこなわれなかったと考えられる。忌部の鏡剣奉上は『儀式』『延喜式』では辰日の行事として規定されているが、『北山抄』（巻五・「大嘗会事」）所収「寛平式」に依ると、天長十（八三三）年十一月の仁明天皇大嘗祭以来廃止されてしまう。

　忌部奉二神璽鏡剣一、共退出。〔群臣起、寛平式云、天長以来此事停止。清涼抄云、近代不レ給二此神璽一、只奏二其詞一。而寛平以後記文、忌部惣不二参入一。天慶記云、頼基申云、件鏡剣、自二御所一暫下給奏《奉イ》之。而天長式《或イ》奏輒給二重物一、非レ无二事危一者、其後忌部雖レ申不レ給。(29)〕

その理由は、「天慶記」から窺えるが、この「寛平式」に従って逆に言えば、忌部の鏡剣奉上は少なくとも仁明天皇大嘗祭迄は大嘗祭の行事であったことが知れる。とすれば、大嘗祭に於ける忌部の鏡剣奉上は、光仁天皇大嘗祭以降開始され、仁明天皇大嘗祭以後廃止されてしまうということになる。

次に、(イ)について述べれば、(4)は天神寿詞奏上、(5)は先掲した『儀式』及び「践祚大嘗祭式」に、

　次弁官五位一人亦就二版位一、跪奏二両国所レ献供御及多明物色目一。訖退出、〔辰日条〕

とある悠紀・主基両国の供御及び多明物《タメツモノ》色目奏上[30]（以下、多明物色目奏上とも略称す）に対応するのであろうから、平安朝的形態ではこれらを辰日前段行事として規定していた。故に、大嘗祭に於ける中臣の天神寿詞奏上、多明物色目奏上は少なくとも光仁天皇大嘗祭迄は卯日の行事であり、『儀式』『延喜式』の規定のように辰日の行事となるのは同天皇大嘗祭より以後ということになろう。ただ、かように断定してしまうには稍躊躇される点もある。それは、光仁天皇大嘗祭記事には先にも触れたように辰日（甲辰〈廿二日〉）の記事がなく、癸卯（廿一日）の次は乙巳（廿三日）に記事があり、この記事の記載態度からすれば辰日の記事をも卯日に纏めて書いた可能性があるからである。だが、上の可能性を認めるならば次の指摘ができる。即ち、光仁天皇大嘗祭で(4)(5)の寿詞奏上と多明物色目奏上が仮に辰日に行われたにも拘わらず卯日の記事とされたとすると、『儀式』等ではこれらを辰日前段行事として明記するのであるから、光仁天皇大嘗祭記事の記載時点（恐らく原史料段階）では、天神寿詞奏上・多明物色目奏上を辰日の行事とする規定がなく、これらを辰日ではなくむしろ卯日の行事――或は卯日と一連の行事――であると意識されていたことの証左となる。

　天神寿詞に関しては、同儀が大嘗祭卯日に奏上されていたことが想定できる史料が他にもある。それは、先ほど一旦除外しておいた持統天皇大嘗祭記事である。国史大系本及び古典文学大系本『日本書紀』は共に持統天皇大嘗祭の干支を一応「十一月戊辰、大嘗。神祇伯中臣朝臣大嶋読二天神寿詞一」と校訂する。まず、この干支の書き方が『書紀』の記事としては異例であることは言うまでもない。「戊辰」は十一月朔日の干支であり、「朔」の一字か、「朔辛卯」（二十四日）（辛卯は下卯に当る）の三字かの脱字があることは間違いない。古典文学大系本は、頭注において「この頃の大嘗の日は養老神祇令の制のように下旬の卯の日と決まっていなかったか」とするが、『日本書紀通証』『書紀集解』『日本書紀通釈』・宮内庁書陵部所蔵『伴信友校合本』・日本古典全書本『日本書紀』では、「戊辰」の下に脱字ありとして「朔辛卯」（二十四日）の三字を補う。また、国史大系本『日本紀略』

でも「朔辛卯」の三字を補っている。[31]

この問題についてはすでに田中卓氏の詳論があり、「朔辛卯」三字補字説を支持されている。[32] 現時点では、私も田中氏説に左袒したい。確認のため、田中氏に従ってその理由を掲げておく。(1)「養老神祇令」仲冬条では大嘗祭と毎年の新嘗祭は仲冬（十一月）の下卯日に行われることが規定されている。持統天皇以前で大嘗・新嘗の月日が確認されるのは、a用明天皇（二年四月丙午）、b舒明天皇（十一年正月乙卯）、c皇極天皇（元年十一月丁卯）、d天武天皇（六年十一月己卯）の四例であるが、abはその執行月から問題視される記事である。これを除外すれば、cd（皇極天皇・天武天皇）の記事は「令」の規定と一致し、さらに文武天皇以降の大嘗・新嘗は必ず十一月下卯日に行われていること。[33] (2)持統天皇大嘗祭記事の壬辰（二十五日）・乙未（二十八日）・丁酉（三十日）条は大嘗祭関係者への賜宴記事であり、もし戊辰（一日）に大嘗祭が斎行されたのなら、その賜禄・賜宴が二十四日以上も後で行われたことになる。[34]

このように考えれば、「この頃の大嘗の日は、（略）……下旬の卯の日と決まっていなかった」とするより、「戊辰」の下に脱字があり、「朔辛卯」を補い、持統天皇大嘗祭は十一月辛卯（二十四日）に行われたとする方が妥当であろう。以上の推定に大過なければ、この持統天皇大嘗祭記事も中臣氏の天神寿詞奏上が卯日の行事であったことが知れる史料となり得る。[35]

さて、縷述したところを綜合すれば、光仁天皇大嘗祭記事から、忌部の鏡剣奉上の儀が大嘗祭の祭儀において開始されるのは光仁天皇大嘗祭より以後であること、さらに、大嘗祭における中臣の天神寿詞奏上は本来卯日の行事であり、それが光仁天皇大嘗祭以降に辰日に移行したと推定されるのである。かかる儀式形態から平安朝的形態の大嘗祭への変化の理由を以下のようには考えられないだろうか。つまり、忌部の鏡剣奉上がなく、中臣の天神寿詞が卯日に奏上されていたと思われる大嘗祭では、辰日前段行事そのものがなく、神事は卯日で終り、辰日は節会という儀式次第であったのが、後に、卯日の神事と辰日の節会との間に辰日前段行事が挿入されたために、卯日の天神寿詞奏上は廃されてしまったのではないだろうか。先述した川出氏や岡田氏の説かれる辰日前段行事の「違和感」というのは、こうした大嘗祭の変化——辰日前段行事の挿入——の結果、生じたものだとすれば理解し易い。

第三節　即位式と大嘗祭

では何故、辰日前段行事が卯日の神事と辰日の節会との間に挿入されたのであろうか。この仮説を検討するために、まず、辰日前段行事の持つ性格・意味が明らかにされなければならない。重複するが、辰日前段行事を再述すると、辰日の辰二刻、天皇が豊楽殿上の悠紀帳に出御すると、

(1) 皇太子東の掖門より入り、五位以上六位以下続けて入り版位に就く。
(2) 神祇官中臣、賢木を執り笏に副え南門より入りて版位に就き跪いて天神寿詞奏上。
(3) 忌部、神璽の鏡剣奉上。
(4) 悠紀・主基両国の献ずるところの供御及び多明物の色目奏上。(36)
(5) 皇太子拍手、退出。次、五位以上拍手、退出。次、六位以下拍手、退出（拍手は八開手）。

というものであった。

この儀式次第を、令制以前の伝統的な即位式の形態をも伝えていると思われる持統天皇即位式(37)（第一節参照）と比較してみると、辰日前段行事に悠紀・主基両国の多明物色目奏上の一行事がある以外は、両儀は共通内容を持ち、同種の儀式であろうと考えられる。(38)従って、右の意味において辰日前段行事とは、つまり、即位式であったということができる。(39)

では何故、即位式たる辰日前段行事が大嘗祭に付け加えられたのであろうか。この問題を即位式と大嘗祭の関係から考えてみたい。そのためにまず、即位式の儀式的沿革を一瞥する。持統天皇四年正月一日に即位した持統天皇の即位式は先述した通りであるが、降って一方、平安期における即位式は大儀とされ、その詳細は『儀式』巻五「天皇即位儀」に規定されている。以下、同規定に従い儀式次第を述べる。(40)

儀式は大極殿に於て行われる。式の当日には、大極殿前庭の龍尾道上に銅烏幢を中心として東に日像幢・朱雀旗・青龍旗、西に月像幢・白虎旗・玄武旗が立てられるのを始めとし、蒼龍・白虎両楼北辺に龍像纛幡・鷹像幡・小幡、龍尾道東西階下に虎像纛幡・熊像幡・小幡が立てられ、さらに昭慶・会昌・応天・朱雀・宣政・章善等諸門に種々の幡が林立し、鉦鼓・香桶等が庭上の所定の場所に設置される。

近衛以下の各衛府は各々所定の場所に分陣する（近衛府――蒼龍・白虎両楼北辺、兵衛府――龍尾道東西階下、衛門府――会昌門・応天門・朱雀門・宣政門・章善門及び諸掖門）。番上隼人卅人、今来隼人廿人、白丁隼人百卅二人は応天門外の左右に分陣する。そして、大舎人寮官人は、威儀物（屏繖・円翳・円羽・横羽・弓・箭・太刀・桙・杖・如意・蝿払・笠・挂甲）を執る舎人を帥いて近衛陣の北一丈の所に列立する。また、内蔵寮と大蔵省の官人も威儀の柳筥を頸に懸け胸に抱いた蔵部を率いて列立し、続いて掃部寮官人は胡床を持つ掃部を、主殿寮官人は黄袍を着した殿部を夫々率いて列立する。礼服を着した主殿・図書両寮官人は前庭に設置された爐の東西に列する。会昌門内の左右廂には礼服を着した伴・佐伯両氏が門部を帥いて胡床に座す。

儀仗が整うと、辰一刻（午前七時頃）、天皇は建礼門より出て大極殿の後房に御す。諸門が同時に開かれ、所定の門より礼服を着した親王以下官人が入り庭上に参列すると、冕服を着した天皇は大極殿の中央に鋪設された高御座に着御する。合図の太鼓により、褰帳の命婦二人（内親王）は高御座の南面の帳を褰げる。次に鉦を合図に、高御座の前面左右に立つ各九人の奉翳女孺は差し出していた翳を左右に開く。ここに「宸儀初見」。仗を執る者は共に警を称し、式部省の録以下省掌已上は共に面伏を称す。群官は磬折し諸仗は座す。主殿・図書寮の各二人は庭上の爐に就いて香を焼く。典儀（少納言）が再拝と曰うと賛者（典儀の補役）が承伝し、王公百官一同再拝。宣命大夫が版位に就き即位宣命を読む。訖ると群官称唯し再拝舞踏再拝、武官は倶に並びて旆を振り万歳を称す。式部・兵部両省による位記の授与が行われ、再び群官倶に再拝。これらが終了すると殿上の侍従が膝行して礼畢ることを伝え、再び女孺は翳を高御座に奉り、命婦は南面の帳を下ろす。天皇は大極殿後房に還入。閤内の大臣は退鼓を打たせ、それを聞いて王公百官は退出し、諸門が閉じられる。

儀式の中心は冕服を着した天皇が大極殿の高御座に着御すると、即位宣命が下され、高御座の天皇を礼服を着した親王以下官人が拝礼するというところにある。平安朝的形態の即位式は天皇が冕服を着すことに象徴されるように中国的に整備・完成された儀式であると言える。持統天皇即位式から『儀式』的形態の即位式迄の儀式的沿革は、正史の即位記事からはその軌跡を辿ることはできないが（文武天皇以下、五国史の即位記事には即位式についての具体的な記述がない）、元日朝賀記事からその整備過程を——間接的にではあるが——ある程度明らかにすることができる。

元日朝賀儀式の詳細は『儀式』巻六「元正受朝賀儀」に規定され（『内裏式』では上巻「元正受群臣朝賀式」）、同規定は『大唐開元礼』巻九十七「皇帝元正冬至受群臣朝賀（并会）」を拠るべき規範としたものであろうが[41]、「元正受朝賀儀」と巻五の「天皇即位儀」を比較すれば[42]、両者は僅かな違いを除けば儀式の儀仗・鋪設・服装そして儀式次第は全く同じであると言える。平安朝的形態の即位式と元日朝賀式が同一儀式形態であるという事実に着目すれば、少なくともある時点から両者は平行して同じ様に儀式的整備・完成が計られてきたものであろうと考えられる。幸いなことに正史の朝賀記事は大化二年を初見として史料が多く、元日朝賀儀礼の整備過程は比較

表2　元日朝賀儀式略年表

推古天皇11(603)年	12月5日	元日には冠に髻花を着けることを定む。
大化2(646)年	1月1日	賀正礼（初見）。
天智天皇9(670)年	1月4日	朝廷の礼儀を宣す。
同10(671)年	1月2日	蘇我赤兄、巨勢人、賀正事を奏す。
天武天皇8(679)年	1月7日	正月拝礼に関する禁令。
持統天皇3(689)年	1月1日	天皇万国を前殿に朝せしむ。
同4(690)年	1月1日	持統天皇即位式。
	1月2日	公卿百寮、拝朝すること元会儀の如し。丹比嶋・布勢御主人、賀騰極を奏す。
文武天皇2(698)年	1月1日	大極殿受朝。其儀如レ常。
	8月26日	朝儀之礼を定む。
大宝元(701)年	1月1日	大極殿受朝。文物之儀、是に備われり。
同2(702)年	1月1日	受朝。親王・大納言礼服を着す。
慶雲元(704)年	1月1日	受朝。五位以上の榻を設ける。
和銅3(710)年	1月1日	受朝。隼人・蝦夷参列。
霊亀元(715)年	1月1日	受朝。皇太子礼服を着す。鉦鼓を用いる。
天平4(732)年	1月1日	受朝。天皇冕服を着す。
同12(740)年	1月1日	受朝。奉翳美人袍袴を着す。渤海・新羅使参列。
同14(742)年	1月1日	受朝。石上・榎井両氏、大楯槍を樹てる。
延暦4(785)年	1月1日	受朝。石上・榎井、桙楯を立つ。兵衛の叫閤之儀を停止。
同18(799)年	1月1日	受朝。四拝を再拝とする。不レ拍レ手。諸衛、賀声を挙げる。
弘仁12(821)年	1月30日	『内裏式』撰上（『内裏儀式』この後か）。
貞観13(871)年		『貞観儀式』この年成るか（9月～同14年2月）。
延長5(927)年		『延喜式』奏進。

的よく跡づけることができる。上にその略年表を掲げておく(43)(表2参照)。

朝賀記事から即位式の儀式的整備過程をある程度跡づけることが可能であるが、持統天皇即位式から『儀式』の「天皇即位儀」迄の即位式の儀式的整備・発展は一言で言うならば、中国化であり、逆に言えば、古いものあるいは固有な儀礼を捨象する過程であった、ということができる。このことは、儀式的完成と謂われる『儀式』の「天皇即位儀」には、持統天皇の即位式に見られ、令制以前の古い即位式の要素を伝えていると考えられる――中臣氏の天神寿詞奏上・忌部氏の鏡剣奉上を始めとして大盾を樹てること・拍手(八開手)がなくなってしまっているという事実からも頷けることであろう。

これに対して、大嘗祭は儀式としての肥大化・複雑化は指摘されるにしても(44)、即位式の変化と対照する時、際立つ特色の一つは伝統墨守主義とでも謂うべき点である。それは、大嘗祭の諸行事に於ける特定氏族の供奉とその遵守――例えば、大嘗宮儀仗の石上・榎井・伴・佐伯氏、大嘗宮渡御の中臣・忌部・猿女・車持・子持・笠取氏、神饌行立の安曇・高橋氏が夫々定められた職掌をもって奉仕する――や、伝統的な作法の保持――例えば、抜穂・舂米の時の造酒童女の作法、大嘗宮内での様様な作法、八開手――といったことからも窺えることである。

また、こうした大嘗祭の特色は、大同三(八〇八)年十一月の平城天皇大嘗祭の三日前に出された勅、

戊子(十一日)、勅。如レ聞、大嘗会之雑楽伎人等、専乖二朝憲一、以二唐物一為レ餝。令二之不一レ行。往古所レ譏。宜下重加二禁断一、不上レ得二許容一。(『日本後紀』大同三年十一月条)

にも見えるところである。この頃にもなると、大嘗祭も「以二唐物一為レ餝」された鋪設(例えば標山(45))が多くなってくるのであるが、これは将に「往古所レ譏《そしル》」であった。つまり、大嘗祭では「唐物」を極力排除し、定まった形態を守り、さらにその基本と矛盾しない範囲内で儀式を整えていこうとするのが、大嘗祭を維持・執行して

いく上での一つの大きな原則となっていた、ということが指摘されよう。

大嘗祭に、古い即位式――辰日前段行事が挿入された理由は、令制下におけるこの二つの即位儀礼――即位式と大嘗祭のあり方、あるいは原則としたものの相違に起因するのではないだろうか。つまり、即位式が史料から覗える古い即位式の原型を留めない迄に唐風化していったために、古い即位式は捨象されることとなり、その結果、それは「唐物」を排除しようとする大嘗祭の方に付加されるようになった、と推定したい。そしてその行事の場が卯日の神事と辰日の節会との間に設けられたのであろう。

「神祇令集解」践祚条所収「跡記」が、先掲した践祚条の注釈において、

跡云、奏㆓寿詞㆒、上㆓剣并鏡㆒、至㆓十一月㆒為㆓大嘗㆒耳。鏡剣以㆓一物㆒、永奏㆓数帝㆒。但奏㆓寿辞㆒・云々耳。

とするのは、こうした即位式と大嘗祭の変化の結果を指しているのであると思われる。[46] 捨象された即位式が大嘗祭に包括された時期は、光仁天皇大嘗祭以降であり、「跡記」では天神寿詞奏上・鏡剣奉上を大嘗祭の行事とするので、従って、光仁天皇大嘗祭以降、「跡記」の成立年代（延暦十年～同十二年と考定[47]）迄の間ということになる。その間の大嘗祭とは天応元（七八一）年十一月の桓武天皇大嘗祭であり、ここ迄の推定に誤りがなければ、即位式の革新過程で捨象された古い即位式が大嘗祭に付加され、辰日前段行事として定着するのは桓武天皇大嘗祭からであろうと思われる。[48]

大嘗祭辰日前段行事について、以上のように考えたが、ただその場合、本来即位式にはなかったと思われる悠紀・主基両国の供御及び多明物色目奏上の一行事が辰日前段行事には規定されているという疑義が残る。最後にこの点について言及しておく。

多明物（多米都物）の語義については、『大嘗会儀式具釈』・『古事記伝』以来諸説があるが、西宮一民氏

はこれを「タム」（「賜」下二段）の原義における用法であり、「天皇（神を含む）から臣下への賜り物」の意味とされ、供御・献物（神や天皇へのお供へ物）の対語として用いられているとされている。[49] 従って、弁による供御及び多明物色目奏上とは、悠紀・主基両斎国から天皇（神）への献物とそれに対する天皇（神）から臣下への賜物（実質的には悠紀・主基両国が準備するのであるが）の目録奏上の儀であると言える。

その具体的な品目は、『儀式』巻四に記載されている色目の詞章（第一節参照）と同巻三及び「践祚大嘗祭式」班幣条から、

供物（献物）——酒盞案・黒酒白酒各十缶・飾瓱十口・倉代四十輿・雑魚鮨百缶

多明物——肴物菓子十輿・飯百櫃・酒百缶・雑魚菜百缶

という夥しい数であったことが知られ、これらの献物・多明物は供神物と共に卯日に京の斎場から八省院に運ばれ、会昌門前の左右朝集堂前に一旦安置され（供神物は大嘗宮に搬入）、その後、豊楽院前庭に陳設される。その内、多明物は、辰日節会において悠紀国の御膳を供した後、弁官によって諸司に班給される。悠紀・主基両国の供御及び多明物色目奏上は本来的に大嘗祭に付随する行事であり、これが辰日前段行事として規定されていることは、辰日前段行事が大嘗祭に包括された古い即位式であったという推定に尠なからず齟齬をきたす。何故なら、上の推定が正しければ、多明物色目奏上は辰日前段行事とは性格の異なる行事である、と意識されて然るべきであろうと思われるからである。

『儀式』『延喜式』は多明物色目奏上を辰日前段行事と規定するが、この辰日前段行事に就いての規定は、天長十年の仁明天皇大嘗祭以来廃されている忌部の鏡剣奉上をなお記載することからすれば、各々『弘仁儀式』（通説に拠れば弘仁十年三月以前成立）[50]・『弘仁式』（弘仁十一年四月奏進）の条文をそのまま踏襲したものであろう。[51] 従って、『弘仁式』巻五「践祚大嘗会」[52]では多明物色目奏上を辰日前段行事として規定していたと推定される。

すくなくとも、『弘仁式』の段階においては多明物色目奏上は辰日前段行事として規定されていたと思われるが、然るに『北山抄』以下の儀式書を繙くと、多明物色目奏上が必ずしも辰日前段行事として固定したものではなく、この行事に関しては、実際の儀式に当って種々議論があったことが窺える。

即ち『北山抄』巻五「大嘗会事」には、

時刻、御二悠紀帳一、近仗称二警蹕一。……　親王以下五位以上、入レ自二儀鸞門一、各就二版位一〈不レ着レ靴、式云、天慶記文、小忌不レ入、後代共入《先一本》、而新式、小忌不レ在二此例一云々。近例《代イ》如レ之。軽服人不レ預、陣起レ如レ常。延英堂有二外弁座一、王卿入レ自二堂東開明門一、先着二基座一、如二八省朝集堂儀一。但大忌人先不レ着レ靴、就レ之。中臣奏畢退出後、着レ靴。……〉、六位以下相続参入〈割注略〉、立定、神祇官中臣捧二賢木一〈割注略〉、入レ自二同門東扉一、就レ版、跪奏二天神之寿詞一〈割注略〉、忌部奏二神璽鏡剣一、共退出、〈割注略〉、次弁大夫就レ版、跪奏二両国所レ献多米都物色目一、退出〈承平天慶例、就二外弁座一、弁奏レ之。行事不レ奏〉、次五位以上搢レ笏拍手如レ昨、六位以下相承拍手、訖退出〈儀式次第如レ之、寛平式云、天長記文、拍手在下弁奏二物数一之前上、但拍畢起、弁出後、退出云々。而承《寛イ》平有レ議、弁末レ参之前、拍手即退出〉、式部取レ版退出、……

（傍点は加茂が付した）

と注釈する。「寛平式」に引く「天長記文」によれば、多明物色目奏上は中臣寿詞奏上の後、親王以下群卿の八開手の前ではなく後に行うとし、さらに承《寛イ》平には「有レ議」り、多明物色目奏上の前に親王以下群官は拍手し退出したとする。

次に『江家次第』では、明らかに多明物色目奏上を辰日前段行事から除外している。同巻十五「大嘗会」(53)では、

親王以下五位以上、入レ自二儀鸞門一各就レ版〈不レ着レ靴、小忌共入〉、

六位以下相続参入、神祇官中臣棒二賢木一〈副レ笏、或加下注二寿詞一紙上云々〉、

入レ自二閈（同カ）門一就レ版跪、奏二天神寿詞一〔群臣、共跪〕、
忌部奉二神璽鏡剣一共退出〔群臣起〕、
近代無二此事一、〔長元忌部為レ賀奉仕之〕、
五位以上拍手〔次六位四段〔段別八度〕〕訖退出、
弁一人就レ版、跪奏二両国所レ献多米都物色目一退出〔就二外弁一云々〕、
式部取レ版〔率二諸司史生一入レ自二儀鸞門一分取〕、

（傍点は加茂が付した）

と、親王以下官人の拍手退出の後、多明物色目奏上を規定する。『北山抄』に引用される「天長記文」が同「大嘗会事」同段の少し前に「御二悠紀帳一、近仗称二警蹕一〔…… 天長十年記云、少納言奏レ進レ鈴、将監進二御鑰一、……〕」と引かれている「天長十年記」（天長十年仁明天皇大嘗祭を記録した記文であろう）のこと、或は、後者がその一部であるとすると、少なくとも天長十年の仁明天皇大嘗祭では多明物色目奏上は辰日前段行事ではなく、群官八開手の後に奏上されていたことになる。

先に、多明物色目奏上が『弘仁式』においては辰日前段行事として規定されていたことを推定した。同規定の理由はいくつかの憶測が可能ではあるが——例えば、辰日前段行事の開始に伴う混乱、或は儀式次第の便宜上——、やはり詳細は不明であり、この点は今後の課題となる。だが、何れにしても、同規定に対して、『北山抄』『江家次第』といった儀式の注釈書は多明物色目奏上を辰日前段行事とすることには問題があり、むしろ、親王以下官人の八開手の後に同儀を行うことを注記する。(54) このことに就いて特に注記がなされているのは、取りも直さず、実際の儀式に当っては、天皇が悠紀帳に御した後、群官が八開手で天皇を拝する迄は一つの纏まりを持った行事であり、(55) 多明物色目奏上はこの行事とは性格の異なる儀であると意識されていたことを物語るものであろう。その意識は、辰日前段行事とは大嘗祭に包括された古い即位式であったという事情から発するのであると思

われる。

第四節　結　び

以上、推定を重ねたのみの雑駁な論を展開したが、要言すると、大嘗祭辰日前段行事は大嘗祭成立時から存在したものではなく、即位式の儀式的整備過程で捨象された古い即位式が大嘗祭に包括され辰日前段行事として定着したものであり、その時期は桓武天皇大嘗祭からであることを指摘した[56]。

右の推定は、桓武天皇朝より開始されたとされ、史料上では次の平城天皇朝より明記される剣璽渡御儀礼をも斟酌すれば、強ち不当なものとも言えず、むしろ右に述べた即位式の儀式的変化と密接に関連しているのであろうが、剣璽渡御儀礼に就いては「神璽」の検討と共に今後の課題とすることとし、先学諸賢の御叱正をお願いして擱筆することにしたい。

注

(1)　新訂増補故実叢書本（明治図書出版）に拠る。以下、本稿では『儀式』は同叢書本に拠る。
(2)　川出清彦氏は「神語とは祭にて用いられる語という意味でもあろうか」とされている（同『祭祀概説』第二章「拝礼と拍手」、学生社、昭和五十四年）。
(3)　川出清彦、注(2)前掲著書三五一頁。
(4)　倉林正次「大嘗祭の成立」（竹内理三編『古代の日本』第二巻、角川書店、昭和四十六年）。
(5)　川出清彦、注(2)前掲著書。
(6)　岡田精司「記紀神話の成立」（『岩波講座日本歴史』第二巻、岩波書店、昭和五十年）。引用文において、岡田氏は、辰日前段行事において天皇は高御座に座し、忌部が三種神宝を献上する、とされるが、天皇が高御座に着御するのは『儀式』に拠れば午日の豊明節会の時である。また、忌部が三種の神宝を献上したことを明記する史料はない。

(7) この「践祚条」の規定は「後宮職員令集解」蔵司条所引「古記」により、「大宝神祇令」にも存在したことが推定されている（黛弘道「三種の神器について」〈『古代史論叢』上巻、吉川弘文館、昭和五十三年〉）。

(8) 「……釈云、践祚。天皇即位。謂二之践祚一々位也。副也。……古記云。践祚之日、答、即位之日。……跡云、践祚之日、謂二即位之日一也。」

(9) 日本古典文学大系『日本書紀』下巻（岩波書店、昭和五十年）の五〇一頁の頭注二一。

(10) 鈴木重胤は「此の凡践祚之日云々の文を載られ、其次に凡大嘗者、毎レ世一年云々と有は、天皇即位の日と大嘗祭の時と、二度に在る事なるが故に、其次は其に収られたれども、大嘗耳には限らざるを以て、凡践祚之日云々とは冠らせたる者なり」と、「神祇令」践祚条の規定――中臣の天神寿詞奏上と忌部の鏡剣奉上――が、その次の大嘗条にも係っているとする（同『中臣寿詞講義』〈『鈴木重胤皇学論纂』、国書出版株式会社、昭和十九年〉）。

(11) 西田長男「中臣寿詞攷―新発見の遺文を中心に―」（同『神道史の研究』第二巻、理想社、昭和三十一年）、川出清彦「大嘗祭の祭儀」（皇學館大学神道研究所編『大嘗祭の研究』、皇學館大学出版部、昭和五十三年）。

(12) 岡田精司、注(6)前掲論文、八木充「日本の即位儀礼」（『東アジア世界における日本古代史講座』第九巻、学生社、昭和五十七年）。

(13) 大石良材『日本王権の成立』、塙書房、昭和五十年）三四一～三四二頁。

(14) 岡田精司「大王就任儀礼の原形とその展開―即位と大嘗祭―」（『日本史研究』第二百四十五号、昭和五十八年、のちに加筆して、同『古代祭祀の史的研究』〈塙書房、平成四年〉所収）、田中卓「奈良時代における〝新嘗〟と〝大嘗〟・西山徳「大嘗祭の起源」（『大嘗祭の研究』、皇學館大学出版部、昭和五十三年）、前川明久「古代天皇の祭祀」（『歴史評論』第三百六十六号、昭和五十五年）、和田行弘「大嘗祭に関する一試論」（横田健一編『日本書紀研究』第十一冊、塙書房、昭和五十四年）、田中初夫『践祚大嘗祭　研究篇』（木耳社、昭和五十年）等。

(15) 『古事類苑』神祇部一「大嘗祭」の解説。

(16) 岡田精司「大化前代の服属儀礼と新嘗」（同『古代王権の祭祀と神話』、塙書房、昭和五十年）。

(17)　和田行弘、注(14)前掲論文。
(18)　岡田精司、注(16)前掲論文。
(19)　早川庄八「律令制と天皇」(『史学雑誌』第八十五編三号、昭和五十一年、のちに、同『日本古代官僚制の研究』〈岩波書店、昭和六十一年〉所収)。
(20)　岡田精司、注(16)前掲論文、直木孝次郎「建国神話の虚構性」(同『神話と歴史』、吉川弘文館、昭和四十六年)。
(21)　日本思想大系『律令』の補注6―13bでは、この記事を新嘗祭とするが、従えない。「践祚大嘗祭式」定月条の規定に一致しない例は、後鳥羽天皇迄で、持統天皇を除くと淳仁天皇・平城天皇・嵯峨天皇・安徳天皇の四例があることを指摘しておく(拙稿「持統天皇五年十一月戊辰条について」〈横田健一先生古稀記念会編『日本書紀研究』第十六冊、塙書房、昭和六十二年〉を参照、本書第三篇第一章所収)。
(22)　淳和天皇の大嘗祭卯日記事は見えないが、弘仁十四年十一月二十日に、悠紀・主基両国国郡司以下に物を賜うという宣命が出されているので、同月の十七日(丁卯)に大嘗祭が行われたのであろう。
(23)　元日朝賀式・即位式・大嘗祭における各衛府の分陣は略同じものであり、従って、『儀式』巻六「元正受朝賀儀」と『江記』(『続々群書類従』記録部〈続群書類従完成会〉)の記載を参照し、本文のように推定した。
(24)　川出清彦、注(11)前掲論文。
(25)　川出清彦、注(2)前掲著書三二〇〜三二四頁。
(26)　この点について、黒崎輝人氏は「一般の大忌官人達は天皇の神事が行われている嘗殿の外で、この特殊な拍手をすることで天皇の神事に関わったのである」と指摘されている(同「大嘗祭の基礎構造」〈『日本思想史学』第十二号、昭和五十五年〉)。
(27)　相当時刻は橋本万平『日本の時刻制度』(塙書房、昭和四十一年)を参照し注記した。
(28)　卯日の記事の最後に、右大臣に絁六十疋、五位已上に衾一領を賜うことが見えている。平安朝的形態では皇太子以下五位已上への賜禄は午日の行事とされている。但し、光仁天皇大嘗祭でも午日に親王已下五位已上が糸を賜っている。
(29)　新訂増補故実叢書本に拠る。二行割注は同叢書本に従って〔　〕内に収めた。以下『北山抄』は同叢書本に拠る。

(30)『儀式』では、「……跪奏㆓両国所㆑献多米都物色目㆒。」とあるが、これでは、次に続く色目の詞章の内容と一致しない。西宮一民氏は「践祚大嘗祭式重要語彙攷証」で、この箇所は元来「奏㆓両国所㆑献献物及多米都物色目㆒」とあったに違いないとされる（『大嘗祭の研究』、皇學館大学出版部、昭和五十三年）。

(31)『日本紀標注』も「朔辛卯」を補う。また、朝日新聞社版『日本書紀』（佐伯有義氏校訂）も「朔辛卯」を補っている。なお、『通釈』では、「本に朔辛卯の三字脱たり。今京極本考本に拠る。辛卯は二十四日なり」とする。

(32)田中卓、注(14)前掲論文。

(33)称徳天皇大嘗祭は、『続紀』では、天平神護元年十一月癸酉（十六日）とするが、称徳天皇の場合、即位記事がなく、即位式が行われたのか否かも不明であり、従ってこの場合は例外とすべきであろうと思われる。

(34)この点に関して、田中氏は「ここに「辛卯」（二十四日）を補っても、日並として少しも矛盾しない」（注(14)前掲論文）とされるが、私はむしろ本文に記したように考える。

(35)川出清彦氏は、神饌行立迄の間、天皇が嘗殿前室で国栖以下の古詞・拍手を南面して受けている時に、中臣の天神寿詞奏上も行われたのではないかと推測される（注(2)前掲著書）。

(36)ここは、西宮一民氏の所説（注(30)前掲論文）に従って、『延喜式』の記載に拠った。

(37)中臣の天神寿詞奏上については持統天皇即位記事が初見であるが、鏡剣・璽（符・綬）については、允恭天皇・清寧天皇・顕宗天皇・継体天皇・宣化天皇・推古天皇・舒明天皇・孝徳天皇の各即位前紀或は即位記事に見える。

(38)辰日前段行事に、令制以前の古い即位式の要素が見られるということは、夙に和田英松氏が「御即位礼大嘗祭の沿革」（『国学院雑誌』第二十一巻九号、大正四年）で指摘されている。西宮氏（注(30)前掲論文）・川出氏（注(2)前掲著書）も同じことを指摘される。

(39)倉林正次、注(4)前掲論文、同『祭りの構造』（日本放送出版協会、昭和五十年）。

(40)『儀式』巻五「天皇即位儀」に「所司宣㆓摂内外㆒各供㆓其職㆒一如㆓元会儀㆒」とあるので、同巻六の「元正受朝賀儀」をも参照して記述した。

(41)倉林正次「正月儀礼の成立」（『国学院大学日本文化研究所紀要』第十四・十五・十六輯、昭和三十九・四十年）。

(42) 元日朝賀式が即位式と異なるのは、即位宣命のかわりに、臣下からの新年祝賀の辞・祥瑞奏上とそれに対する天皇からの新年を寿ぐ宣命が出されることだけであると言えるのではないだろうか。
(43) 同略年表は、倉林正次、注(41)前掲論文をもとにして作成した。
(44) 西郷信綱「大嘗祭の構造」(同『古事記研究』、平凡社、昭和四十八年)。
(45) 例えば、仁明天皇大嘗祭の時の標山(『続日本後紀』天長十年十一月十六日条)、標山については、川出清彦、注(2)前掲著書二八七～二九六頁参照。
(46) 「跡記」に続けて、「穴記」が「穴云、問、有下奏二地祇一寿詞上哉。答、不レ見レ文也。時行事大嘗祭之日。奏二寿詞一。然至二十一月祭日一、新王不レ預二神璽一。与二古説一異。博士不レ依・」とするのは、「穴記」の成立年代が弘仁・天長年間である(井上光貞「日本律令の成立とその注釈書」〈同『日本古代思想史の研究』、岩波書店、昭和五十七年〉、のちに、『井上光貞著作集　第二巻　日本古代思想史の研究』〈岩波書店、昭和六十一年〉所収)ので、天長十年の仁明天皇大嘗祭より忌部の鏡剣奉上が廃されてしまったことを指しているのではないだろうか。
(47) 井上光貞、注(46)前掲論文。
(48) 大同二(八〇七)年二月に成立した『古語拾遺』に、「今践祚之日、所レ献神璽鏡剣也」とある。この記事について、池部真榛は「今、践祚大嘗に斎部の奉献する鏡剣ぞとなり」(同『古語拾遺新註』、大岡山書店、昭和十八年)と、大嘗祭のこととする。また同じ解釈は安田尚道・秋本吉徳校注『古語拾遺』(現代思潮社、昭和五十一年)にも見られる。
(49) 西宮一民、注(30)前掲論文。
(50) 和田英松『本朝書籍目録考証』(明治書院、昭和四十五年)二七八～二七九頁。
(51) 通説に従って、本文のように叙述したが、『弘仁儀式』以下三代の儀式書にはその成立についてなお問題があり(石塚一石「三代儀式の成立について」〈『日本上古史研究』第七巻二号、昭和三十八年〉)、従って、以下では『弘仁儀式』については触れない。
(52) 『本朝法家文書目録』(『続々群書類従』雑部)の篇目に拠る。
(53) 新訂増補故実叢書本に拠る。

(54)『西宮記』巻十一「大嘗会事」(新訂増補故実叢書本)では、「……或弁不レ奏、前王卿拍手……」と注記する。

(55)『北山抄』巻五に「但大忌人先不レ着レ靴、就レ之。中臣奏畢退出後、着レ靴」とあり、大忌官人は中臣の天神寿詞奏上後、退出までは浅沓で、退出後、靴に改める、とするのも上の推定を補強する。浅沓と靴については、川出清彦、注(2)前掲著書三六七〜三六八頁参照。

(56)八木充氏は、注(12)前掲論文で、神寿詞奏上・神璽奉献は光仁天皇・桓武天皇即位時に大嘗祭の行事に移行したとされ、岡田精司氏は、注(14)前掲論文の注(7)で「桓武朝から即位儀礼の主要部分は大嘗祭に移されたものと考えたい」とされる。小稿では述べたように、両儀が大嘗祭において開始されたのは桓武天皇大嘗祭からであることを考定した。なお、中臣の天神寿詞は、天仁元年の鳥羽天皇大嘗祭・康治元年の近衛天皇大嘗祭の時のものが伝存する。当初の詞章からすればかなりの変容が想定されるにしても、前半部の「天つ水」の由来と後半部の大嘗祭に関する詞章との間には省略か、二つの詞章を結びつけた痕跡がある(岡田精司「大王と井水の祭儀」〈『講座日本の古代信仰』第三巻、学生社、昭和五十五年〉、のちに、同『古代祭祀の史的研究』〈塙書房、平成四年〉所収)のは、上で述べたような即位式と大嘗祭の変化の結果であると思われる。

〔付記I〕本稿は、昭和五十七年一月に同志社大学大学院に提出した修士論文の一部に加筆し、『文化史学』第三十九号(昭和五十八年十一月、文化史学会)に発表したものである。本論集(岩井忠熊・岡田精司編『天皇代替り儀式の歴史的展開—即位儀と大嘗祭—』、柏書房、平成元年)再録に際しては、旧稿に検討を加え、内容をもう少し精緻なものにすべきであったが、発表時の形をなるべく残しておきたいと云う思いもあり、明らかな誤植の訂正と主に注に若干の補訂を加えただけに留めた。その後に公表された関連研究については、以下に述べ、管見を付したい。

中臣の天神寿詞奏上と忌部の鏡剣奉上の両儀が、即位式から大嘗祭に移行した時期について言及された研究として次の論考がある。

a　光仁天皇大嘗祭までには両儀は大嘗祭に移行したとする説。

○井上光貞『日本古代の王権と祭祀』六〇〜六三頁(東京大学出版会、昭和五十九年、のちに、『井上光貞著作集第五巻　古代の日本と東アジア』〈岩波書店、昭和六十一年〉所収)

○鎌田元一「律令制と文書行政」（『日本の古代　7　まつりごとの展開』二五〇頁、中央公論社、昭和六十一年）

b　宝亀〜延暦年間とする説

○矢野健一「律令国家の祭祀と天皇」（『歴史学研究』第五百六十号、昭和六十一年）

aの井上氏・鎌田氏の説は、本稿二節で取り上げた『続紀』宝亀二年十一月癸卯条の光仁天皇大嘗祭記事に、大中臣朝臣清麻呂の神寿詞奏上が見えることより、「寿詞・鏡剣の奏上が大嘗祭に移った時点は、……光仁即位の時にはすでに大嘗祭の儀にうつされていたのである」（井上氏）、「すでに奈良末の光仁天皇の大嘗祭にさいして右大臣大中臣朝臣清麻呂が天神の寿詞を奏しており、鏡・剣の奉上もまた遅くともこのときまでには践祚大嘗祭の儀に移されたとみられる」（鎌田氏）とされる。しかし、この説には次の疑問点がある。①持統天皇大嘗祭でも天神寿詞が奏上されており、それをどう解釈するのか、②光仁天皇大嘗祭において大中臣朝臣清麻呂が神寿詞を奏上したのは卯日とされること、③同記事には忌部の鏡剣奉上が見えないことより、成立し難いと思われる。

bの矢野氏の説は、「この移行（天神寿詞奏上と鏡剣奉上が大嘗祭に移行したこと――加茂注）がいつおこなわれたのか徴証はないが、光仁天皇の大嘗において天神寿詞の奏上がおこなわれており、神祇令集解践祚条の天神寿詞に関する跡・穴説からも宝亀〜延暦期にかけてのことと考えられる」とされるが、本稿では、矢野氏も提示された史料を主な論拠としてその移行時期を限定し、桓武天皇大嘗祭から開始されたことを指摘した。

天神寿詞について、土橋寛氏は「中臣寿詞と持統朝」（『文学』第五十四巻五号、昭和六十一年）で、『台記』本の中臣寿詞は、持統天皇の大嘗と元日の即位式との両方に用いるために神祇伯中臣朝臣大嶋が作った寿詞であると推定され、さらに、正月以外の月に行われるようになった文武天皇以後の即位式では、中臣寿詞は儀式としてそぐわず読まれなかったとされる。天神寿詞の作成者を中臣大嶋に比定し得る可能性があることは、青木紀元氏も指摘されている（「大祓の詞と天つ神の寿詞」〈同『祝詞古伝承の研究』、国書刊行会、昭和六十年〉）が、文武天皇以後の即位式では奏上されなかったとする推測には次の反論が可能であろう。

「養老神祇令」践祚条の規定（同条文の規定は「大宝神祇令」にも存在したことが推定される――黛弘道、注（7）前掲論文参照）、及び「同令集解」同条所引「古記」以下が、この条文の「践祚之日」を「即位之日」の行事と注釈すること、についてはどのように考えられるのか。また「古記」が右のように解釈したのは、「古記」成立年代――

天平十年頃と考定——において践祚条規定が即位式での行事であったからであり、古記作者は「聖武の神亀元年の大極殿における「即位」については知っていたに違いない」とされる井上光貞氏の指摘（同『日本古代の王権と祭祀』六八〜六九頁）に関しては如何であろうか。

本稿は中臣の天神寿詞奏上と忌部の鏡剣奉上の儀に着目して、即位式と大嘗祭の儀式的変遷を跡づけたものであり、その背景となる王権の質的変化については言及し得なかった。特に、両儀が即位式から大嘗祭に移行した時期を桓武天皇大嘗祭からとする私見は、桓武天皇を「中国的な、律令法のたてまえとする絶対的な権威と権力をあわせもつ皇帝を、自覚的に追及しようとした最初の天皇」（早川庄八「律令国家・王朝国家における天皇」〈『日本の社会史 3 権威と支配』、岩波書店、昭和六十二年〉）とされる指摘と相俟って、今後、践祚大嘗祭の意義付けの問題の中で深めていきたい。

［平成元年五月記］

〔付記2〕 本稿は発表後、多くの論者に引用され幸いにも認知されたように思われるが、最近、拙論に対する批判が石野雅彦氏「古代国家と即位儀—レガリア奉上儀を中心に—」（林陸朗・鈴木靖民編『日本古代の国家と祭儀』、雄山閣出版、平成八年）より報告された。石野氏の批判点は、「神祇令集解」践祚条所引「跡記」の解釈にある。

跡云、奏二寿詞一上二剣并鏡一至十一月一為二大嘗一耳。鏡剣以二一物一永奏二数帝一耳。但奏二寿辞一・云々耳。又地祇不レ見レ文。

拙論では前記したように、『跡記』を「践祚条」規定の儀——中臣の天神寿詞奏上・忌部の鏡剣奉上の儀が大嘗祭において行われていることを注釈したものと考え、前後の史料を勘案し、両儀は桓武天皇大嘗祭から大嘗祭の行事として開始されたことを指摘した。それに対して、石野氏は、①右の「跡記」の「奏二寿詞一上二剣并鏡一至十一月一為二大嘗一耳」は「奏詞を奏し、剣并びに鏡を上る。十一月に至りて、大嘗を為す」と二文に分け読むことも可能で、践祚条の内容と大嘗条の期日を述べたものと理解する、②「跡記」後文の「・云々」を、萩本（萩野由之氏所蔵本）が「在践祚」と作ることから「在大嘗」であったと仮定する、より、「跡記の成立した延暦年間まで、すなわち桓武即位までは、忌部の鏡剣奉上儀が大嘗祭ではなく即位儀に行われていたことを証明する史料」となる、と論断される。石野氏説への疑問点としては、「跡記」を①のように理解すれば、「践祚条」についての注釈としての意味があるのかという疑義が当然起る。当該文の上文を「践祚条」の内容とされるが、明記されている「践祚条」規定を、「践祚条」の注釈に敢て再説する必要があるとは思われない。さらに下文を大嘗祭の挙行月を述べたものとされるが、大嘗祭は史料上確認できる限り、持統天皇大嘗祭以降十一月に斎行されており、自明な大嘗祭斎行月を注釈する必然性もない。また、「跡記」に続いて引用される「穴記」（注(46)参照）も天神寿詞・剣鏡がどの儀式において奏上・奉上されるのかということを説いているのに、「跡記」のみが大嘗祭の斎行月を記すとするのでは注釈としての意味をなさないであろう。②に関して言えば、「・云々」の箇所は拙論執筆時にも気に掛っていたが、「在大嘗」は石野氏自身も述べられているように現存写本にはなく仮定であり、立論以前に「在大嘗」と作る有力写本の提示が順序であろう。以上、石野氏の論拠には何れの点にも反論が可能で、従って、同氏説には与し得ないことを記しておく。

［平成十一年一月記］

第三章「節旗」考

第一節　はじめに

大嘗祭の天皇神事に先立ち、十月下旬、天皇親ら河原に行幸し禊祓をおこなう大嘗祭御禊行幸が実修される。大嘗祭御禊行幸の文献上の確実な初見は、平城天皇大嘗祭の時で、『日本紀略』の大同二（八〇七）年十月二十九日条の「壬午、車駕禊二葛野川一、依二大嘗会一也」である。[1]この御禊行幸の行幸鹵簿・儀式次第は『儀式』巻二「践祚大嘗祭儀上」に詳細に規定されており、該規定が、古代天皇の行幸鹵簿の具体的な形態を知ることができる最も纏まった史料である。[2]

『儀式』規定によると、大嘗祭御禊行幸には、神祇官、太政官（留守官を除く）以下、七省（兵部省・民部省・治部省・式部省・中務省・大蔵省・宮内省）、一台（弾正台）、六衛府（左右衛門府・左右兵衛府・左右近衛府）官人、また、主要な被官諸司官人が供奉し、[3]さらに、東宮・親王・女官も参列する。鹵簿は「朝廷の構成メンバーのほぼ全範囲[4]」によって形成される。

この大嘗祭御禊行幸の重要な特徴の一つは、「天皇旗」とも言われる[5]「節旗」が随行することである。本稿では、この「節旗」の実態について考察を加えてみたい。

第二節　「節　旗」

まず、『儀式』巻二「践祚大嘗祭儀上」の御禊行幸条を次に引き、[6]「節旗」の挙動、鹵簿中の位置を確認する。

先レ禊一日、次官以下・主典已上、向二禊処一供二張幄幕一、其御禊座双二立五丈紺幄二宇一、中置二百子帳一、……（以下、皇太子幄、神祇官以下の幄が禊処の所定の位置に建てられる）……

是日次第司判官・主典率二主礼等一、立二鹵簿標一、騎陣連行、相去之間一丈五尺、歩陣七尺、即到二禊所一亦立レ標、自二後方大門右掖一而右去四許丈、立二節旗標一、後去一丈五尺立二大臣標一、去レ之一丈五尺立二少納言標一、去レ之五許尺立二外記標一、……（以下、鉦鼓標、御前次第司標、主礼標、兵鼓・兵衛府・衛門府等の標が禊所の所定の位置に立てられる）……

其日平旦、神祇官奉二路次神幣一、……建礼門前南去十余丈、立二節旗標一、南去一丈立二大臣標一、去レ之一丈立二少納言標一、去レ之五尺立二外記標一（以下、鉦鼓標、御前後次第司標、主礼標、等の標が所定の位置に立てられ、次第司による立標検校、陪従する六位以下の唱計があり）……

時刻撃二動鼓一、隔レ刻、撃二列陣鼓一、隔レ刻、撃二進鼓一、訖節旗漸出、就二宮城門外標一、于レ時乗輿初出、警蹕如レ常、其前駆次第也、京職兵士左右各廿人（左京在レ左、右京在レ右）、次市司官人左右各二人（東西各二人、左右同レ上）、次京職官人左右各六人（割注略）、次神祇官左右各卜部一人、神部一人、官掌一人、長上一人、官人三人、執幣丁一人在二其間一（割注略）、次主礼左右各一人（割注略）、次第司判官一人在二其間一（割注略）、次弾正台（割注略）、次兵部省、次主税寮、次主計寮、次民部省、次治部省、次散位寮、次大学寮、次式部省、次官史（割注略）、次隼人司、左右各歩陣五人、騎陣二人、大衣一人、官人一人、次次第司主典一人在二道中央一（割注略）、次主礼左右各一人、次第司次官一人在レ中（割注略）、次左衛門府、左右各衛士百人、門部卅人、其間府生・医師・志・尉・佐・纛・鉦・鼓次レ之、督次レ之、内器仗次レ之、次左右主二器仗一者（割注略）・衛府佐已上副馬次レ之、持二親王已下・参議已上蓑笠一者次レ之、主礼左右各一人、次第司判官一人（割注略）在二其間一、次左右馬寮儲馬左右各四疋、馬部各二人、騎士各二人、史生各二人、馬医各一人次レ之、次左兵衛府、左右各兵衛卌人、其間府生・医師・志・尉・佐・纛・鉦・鼓次レ之、督次レ之、主礼左右各一人、次第司主典一人（割注略）在二其間一、主礼左右各一人、次第司長官一人（割注略）在二其間一、次陰陽寮左右各三人（割注略）、漏刻器在二其間一、次鼓吹司、左右各長上一人、官人一人、節旗在二其間一、鉦・鼓次レ之、少納言一人次レ之（割注略）、大臣一人次レ之（割注略）、少後外記左右各一人、侍医各一人次レ之、中務省左右各内舎人十五人、丞一人、侍従十四人次レ之、左右馬寮左右各六人（割注略）、右《左カ》威儀御馬一疋在二其間一（割注略）、左《右カ》威儀御馬一疋次レ之（割注略）、次内記左右各一人、典鑰各一人、主鈴各一人次レ之、負鑰馬在二其間一〔近レ馬令下二左右近衛各一人一相夾上、与二典鑰一平頭〕、負鈴馬次レ之〔近衛相夾、亦同レ上〕、少納言一人次レ之、其次東宮前駆、亮在レ左、学士在レ右、侍従二人次レ之（割注略）、東宮少後在レ中、執物者左右各若干人従レ之、次御剣櫃在レ中〔近レ櫃令下二左右近衛各二人一前後相夾上、将監各一人在二其外一〕、諳二風土一者左右各一人、参議以上・親王以下、左右相分在レ中、左右近衛府、左右各騎陣廿五人、歩陣卅人〔在二騎陣内一、輿後亦同〕、少将各一人、大将各一人、左右相分在二歩陣内一、乗輿次レ之、中将各一人、少将各一人、左右相分在二乗輿後一、輿前両綱駕丁各六人擎レ之、輿長左近衛各一人在二其外一、其両綱駕丁各十人〔左近衛丁十人、右兵衛丁十人〕、大舎人左右各一人次レ之（割注略）、左近衛左右各一人次レ之〔当二第六丁二〕、大舎人左右各一人次レ之（割注略）、左兵衛左右各一人次レ之（割注略）、大舎人左右各一人次レ之（割注略）、並在二綱外一（割注略）、其後陣執繖者二人次レ之（割注略）、左右近衛府、左右各騎陣十一人、歩陣十人次レ之、主水捧ㇾ漿左右各一人（割注略）、少後東豎子左右各一人（割注略）、内侍左右各一人次ㇾ之、女蔵人各四人次ㇾ之、内蔵筥持各一人次ㇾ之、左右近衛府、左右各騎陣十人、歩陣十人、腰輿在二其間一……

（〔　〕内は二行割注。以下同じ。また傍線は加茂が付した）

御禊行幸の当日平旦、建礼門前の南去十余丈に節旗標が立てられ、さらに、その南に大臣標、少納言標、外記標、鉦鼓標、御前後次第司標、主礼標、等の標が所定の位置に立てられる。行幸の進鼓が撃たれると、まず、節旗が漸出し、宮城門外の標に就くと、「乗輿初出」となる。(7)

御禊行幸の鹵簿の構成と「節旗」の位置は次のようになる。

〈京職兵士〉―〈市司官人〉―〈京職官人〉―〈神祇官〉―［左右に主礼各一人、その間に次第司判官が入る］―〈弾正台〉―〈兵部省〉―〈主税寮〉―〈主計寮〉―〈民部省〉―〈治部省〉―〈散位寮〉―〈大学寮〉―〈式部省〉―〈官史〉―〈隼人司〉―［次第司主典、左右に主礼各一人、その間に次第司次官が入る］―〈左衛門府（左右に門部各三十人、その間に府生・医師・志・尉・佐・纛・鉦・鼓、督が入る）〉―［左右に主礼各一人、その間に次第司判官が入る］―〈左右馬寮〉―〈左兵衛府（左右に兵衛各四十人、その間に府生・医師・志・尉・佐・纛・鉦・鼓、督が入る）〉―［左右に主礼各一人、その間に次第司主典が入る。左右に主礼各一人、その間に次第司長官が入る］―〈陰陽寮〉―〈鼓吹司（左右に長上・官人各一人、その間に節旗が在り、鉦・鼓が続く）〉―〈少納言〉―〈大臣〉―〈外記〉―〈中務省〉―〈左右馬寮〉―〈内記〉―〈典鑰〉―〈主鈴〉―〈少納言〉―〈東宮前駆亮〉―〈東宮〉―〈(剣櫃)〉―〈風土を諳する者〉―〈参議以上親王以下〉―〈左右近衛府〉―〈乗輿（天皇）〉―〈左右近衛府〉―〈主水〉―〈東豎子〉―〈内侍〉―〈女蔵人〉―〈内蔵〉―〈左右近衛府〉―〈(腰輿)〉―〈男蔵人〉―〈主殿寮〉―〈掃部寮〉―〈執物内豎〉―〈検校女孺〉―〈釆女〉―〈春宮坊〉―〈右兵衛府（左右に兵衛各五十五人、その間に督・佐・尉・志・医師・府生が入る）〉―［左右に主礼各一人、その間に次第司長官が入る。左右に主礼各一人、その間に次第司判官が入る］―〈非違を捉搦する者〉―［左右に主礼各一人、その間に次第司次官が入る。次第司主典が続く］―〈大舎人寮〉―〈図書寮〉―〈内蔵寮〉―〈縫殿寮〉―〈内匠寮〉―〈内薬司〉―〈大蔵省〉―〈宮内省〉―〈主殿寮〉―〈典薬寮〉―〈（進物所）〉―〈内膳司〉―〈主水司〉―〈大膳職〉―〈大炊寮〉―〈造酒司〉―〈釆女司〉―〈非違を捉搦する者〉―［左右に主礼各一人、その間に次第司判官が入る］―〈木工寮〉―〈兵庫寮〉―〈雅楽寮〉―〈右衛門府（左右に各門部三十人・衛士五十五人、その間に督・佐・尉・志・医師・府生が入る）〉―〈非違を捉搦する者〉―［左右に主礼各一人、その間に次第司主典が入る］―〈左右馬寮〉

この行幸鹵簿が唐の太駕鹵簿を踏襲したものではあるが、鹵簿を構成する供奉官・諸衛等の点において日唐間に相違があることは既に指摘されている[8]。ここで確認しておきたいことは、大嘗祭御禊行幸は「節旗」の漸出から始まること、そして、行幸鹵簿中の位置は、天皇に近く、前陣の左兵衛府―主礼・次第司―陰陽寮、の次に来るということである。陰陽寮は「漏刻器」を執り、その次に「節旗」が列次する。器物に着目すれば、以下、「鑰」・「駅鈴」・「剣櫃」―「乗輿（天皇）」と続く。従って、その意味において、陰陽寮以下は、私家あることが禁じられている重器、神器の鹵簿であるということができる。

なお、「践祚大嘗祭式」には御禊行幸条文が無く、「太政官式」大嘗条・行幸条には「節旗」規定が見えない。

また、「節旗」の文献上の確実な初見と思われる記事は、『続日本紀』宝亀二（七七一）年二月戊申（二十一日）条である。

戊申、車駕、取二龍田道一、還至二竹原井行宮一、節幡之竿、无レ故自折、時人皆謂、執政亡没之徴也。

光仁天皇の難波行幸途上に「節幡之竿、无レ故自折」したことを伝える記事であり、翌二十二日には「執政亡没之徴」の通り、左大臣藤原永手が薨じる。次節においてふれる「節下の大臣」の観念を窺わせる記事でもある。本条の「節幡」について、新日本古典文学大系本『続日本紀』の注では「天皇の所在を示す旗」としている。(9)

第三節　「節旗」についての諸説

本節では、まず、「節旗」の実態、或いは「節旗」に言及する先行説を管見に入ったものから次に紹介しておく。

一条兼良は『代始和抄』の「御禊行幸事」において、左のように述べている。(10)

大嘗会おこなはれんとての十月に此事あり。豊の御そきと是をいふ。世俗には河原の御秡といふ。解除をは河原にのそみて修する事なれば、二条三条の河原に幸して是をおこなはる。……

御禊の地、上古は定る事なし。平城天皇は葛野河にして御禊あり。嵯峨帝は松か崎に行幸あり。文徳天皇は鴨川にして御はらへあり。其後二条三条等の末を用らる。近代は大略三条のすへを點せらる。陰陽寮吉方を勘申（スイアリ）ものなり。当日は大内より川原へ行幸なる。大内やけて後は兼日太政官の庁へ行幸なりてそれより出御し給ふ也。時刻に王卿仗座に参着す。次第司次官已下かりに帯剣すへき由宣下せらる。幼主の時は摂政左近陣の内に行列すへき由仰らる。節下の大臣と云事あり。節と云は旗の名也。世俗には大かしらと名つく。其旗の下に供奉するによりて節下の大臣とは云也。

『代始和抄』の成立は、一応、寛正二（一四六一）年以前とされているが、(11)兼良生存中に挙行された大嘗祭は、応永二十二（一四一五）年の称光天皇大嘗祭（兼良、従二位、右中将）、永享二（一四三〇）年の後花園天皇大嘗祭

（兼良、従一位、左大臣）、文正元（一四六六）年の後土御門天皇大嘗祭（兼良、准三宮）、の三度あり、かつ、この三度とも御禊行幸がおこなわれている。これらの御禊行幸に節旗が漸出したことを示す確証は管見では未だ得ていない[12]が、節旗が漸出したのであれば、兼良は実見していたに違いない。

鈴木重胤の『中臣寿詞講義』巻四「御禊」条では、

　右の節下と云ふ節は旗の名なり。俗に大頭と号く。其旗の下に供奉するに依て、節下の大臣と云ふなり。

と記すのみで、「節旗」そのものについての解は無く、兼良説を祖述するのみである。[13]

和田英松氏は『御即位礼及び大嘗祭の沿革』において左のように記している。[14]

　天皇もまた十月下旬、親ら河原に出で、御禊の祓を行はせられるのであります。これを豊御禊とも河原の禊とも御禊とも申します。淳和天皇の御代までは、葛野川・佐比川及び大津などで場所が一定しておらぬが、仁明天皇からは賀茂川に定まったのであります。

　その時には、皇太子以下百官ことごとく供奉するのであるから、非常な御行列です。節旗という旗を押立てて行く。これは大臣大将の人の旗です。それを大カシラとも申しまして、それに八咫烏が付いてゐる。形は今遺ってをりませんが、その旗も押し立てて行く。

和田英松氏によると、節旗は現存しないが、大臣大将の人の旗で、大カシラとも云い、それに八咫烏が付いている、とされる。「それに八咫烏が付いてゐる」と記されるので、「八咫烏」は旗の図柄ではなく、竿先の纛（大カシラ）の上に「八咫烏」が載せられているという意味であろう。そう理解してよければ、直ちに想起されるのは、即位式・元日朝賀式において庭上に建てられる「銅烏幢（烏形幢）」のことであろう。

「銅烏幢（烏形幢）」の「銅烏形」が「八咫烏」であるとする文献上の初見は『淳和天皇御即位記』（「及立二八咫烏・日月形一」）であるが[15]、節旗に「八咫烏」が載せられていること、また、「銅烏幢（烏形幢）」を「節旗」と称したことを示す記事・史料は管見の限りでは無い。さらに、兼良が説くように「節旗」には纛（大カシラ、本来は旄牛の尾で造られた飾り。後述）が付けられているが、『文安御即位調度図』以下、現存の絵図類において「銅烏幢（烏形幢）」に纛が付けられているものは見い出せない。

出雲路通次郎氏は「行幸と神行」で、左のように述べている。[16]

御禊行幸は普通は京都東辺の河頭に臨んで行はせられるのであつて、先づ京職の職員が兵士をひきゐて進み、次に神祇官の職員が御通路に当る神様に奉られるべき御幣物を奉じて進む。それからが前述の次第司、及び武官の供奉する列となるのであつて、その間々に各省各寮などの諸司百官は、前後に分れて供奉するのでありま す。諸官の最高位である大臣は御前の節旗に次いで供奉するので、これを節下の大臣と称してをります。節旗は天皇旗にあたるもので、上に大頭（だいたう）があり戟（ほこ）が加へられ、龍文の旛が垂れて、随分大なるものでありました。その次に東宮、次に親王以下及び参議以上の諸官が供奉しますが、何れも御前列であります。

出雲路氏は、「節旗」は天皇旗にあたるもので、上に大頭があり戟が加へられ、図柄は龍が描かれていた、とされる。

川出清彦氏は『祭祀概説』において、先掲した一条兼良の説を引いた後、次の私案を述べる。[17]

私云、長竿の先に三叉の鉾を付け、下に大かしらという毛の飾りをたばねつけて、その下に、上り龍と下り龍とを画く長旗を結びたれ四条の綱を引き張って安定させて居る、

川出氏によると、「節旗」は、竿先に三叉鉾を付け、その下に纛を垂らし、旗の図柄は上り龍と下り龍の交龍で、それを四条の綱で引く、とされる。具体的な記述で参考になるが、『祭祀概説』としてはやや異例で、史料が掲出されておらず、何を典拠とされたのか不明である。

近年の大嘗祭御禊行幸の専論である、中嶋宏子氏「大嘗祭の御禊行幸―古儀の採用と踏襲の意識―」では、「節旗」として一節を設けているが、『栄華物語』や『代始和抄』を引用したうえで、「節と纛とは類似のものではなかったかと思われる」と述べるに留まり、節旗の実態についてはふれない(18)。

次に、主な辞典類より、項目を検索し、関連説明を掲げておく(19)。

まず、『広文庫』では、「節旗」の項目はなく、「節下の大臣」として、

故実叢書安斎随筆、二三六〇（平家物語、第十、大嘗会事、十月三日の日、新帝の御けいの行幸ありけり、内弁をバ徳大寺殿つとめらる、をとゝし先帝の御けいの行幸ニハ、平家の内大臣宗盛公つとめらる、節下の幄家について、まへに龍のゐをたて、ゐ給ひをり）同書、二八九一九（江家次第、十四、大嘗会）御禊の条に、節下大臣と云ふ事あり、一條禅閤の三ケ重事抄に云く、節下大臣と云ふは、節とは旗の名なり、世俗には大がしらと名づく、其の旗の下に供奉するによりて、節下の大臣とは云ふなり、

と、先掲した一条兼良の説を引くに留まる(20)。

『神道大辞典』では「セチゲノハタ　節下旗」の項目に、

節の下に在る旗。節とは旄節のことで、牝牛の尾を編んで作った使臣又は大将の符信。おほがしら（纛）ともいふ。大嘗会の御禊の時など宮中重要儀式の場所には之を大臣の標旗として立て、其の下の位置を節下といひ、其処で事を執行ふ大臣を節下大臣、同じく上卿を節下上卿と呼ぶ。……

とある(21)。

『国史大辞典』『平安時代史辞典』では、いずれも「節旗」としての項目はなく、「節下大臣」の項目に「節旗」の説明がある。内容は大同小異であるが、『国史大辞典』の方がやや詳しく、「せちげのだいじん　節下大臣」の項目（是澤恭三氏執筆）には、

「せつげのおとど」と同じ。大嘗会・御禊などの儀式に立てる節の旗の下で事を執り行う大臣のこと。節は儀式の際に用いる旗の一種にて竿の先に犛牛（ぼうぎゅう・からうし）の尾、または墨染の苧（お）を束ねたらして飾とした竜文の旗のことで、おにかしら、おおかしら、纛（とう）という。……

と、記している。(22)

『角川古語大辞典』では、「せつき　節旗」の項目に、

大嘗会（だいじやうゑ）の御禊（ごけい）などに威儀（ゐぎ）を整えたり、標として用いたりする節（セチ）の旗。この旗のもとで事を執り行う大臣が節下大臣（せちげのおとど）である。旗の形状については、『兵範記』仁安元年十月十五日の条に「次いで行事所に向かふ。兵庫寮を開き器仗を検知せんが為也。……先づ節旗一流、茜絹を裁ち縫ひ、両面の縁を差す。但し手無く足有り。日（＝ママ）首上両面に日形月形在り、其下に竜の形の像を図く」とある。首に桙を付け、悼をつけて長さ二丈ばかりという。『北山抄・五』に「諸衛に幡旗節旗等有り〈近衛の陣にば之无し〉」とあるのは、『儀式・二』が記す御禊の行列次第の左衛門府、左兵衛府に「府生・医師・志・尉・佐・纛・鉦鼓之に次ぎ、督之に次ぐ」とある纛（たう）に当る旗で、「おほがしら」とも称せられるものであろう。また、即位における庭上の、烏・日・月・四神・竜像・万歳の幡旗を『中務内侍日記』では「せちげのはた」と表現している。「今日大嘗会御禊装束司の判官以下、兵庫寮に行き向ひて節旗を実検すと云々」〈中右記・天仁元・一〇・二〉「節旗、奇行の者之を取る。頻りに傾危して遅留す」〈明月記・嘉禎三・一〇・二〇〉

とあり、(23)また、「おほがしら　纛・大頭」の項目もあり、念のために引いておくと、

旗の一種。上端に竹の籠を置き、その上を牛の尾の毛、後に馬の毛や墨染の苧で覆つて、頭髪のように垂して飾りとし、その下に、表裏に竜・鷲または熊などをかいた布を垂したもの。即位式や大嘗会などの折に立

てるので、節旗（せつき・せちのはた）あるいは纛（たう）ともいう。「おほかしらなどいひて、例の恐しげに筋太き紙よりかけて、さすがにうるはしくて渡る」〔栄花・着るはわびしと歎く女房〕「南の方を見れば、例の八咫烏（やたがらす＝旗ノ一種）見も知らぬ物ども、大かしらなど立て渡したる、見るも夢のここちぞする」〔神宮文庫村井本讃岐典侍日記〕

と、解説する。[24]

『角川古語大辞典』の「節旗」項目の説明は詳しいが、『兵範記』記事は後述するので一旦保留とすると、問題となるのは、大嘗祭御禊行列における左衛門府・左兵衛府の「纛」が「節旗」であるとも解される箇所である。前節で既述したように、『儀式』巻二「践祚大嘗祭儀上」の御禊行幸条では、前陣の左衛門府・左兵衛府の「纛」の後に「節旗」が続くことが明記されているので、左衛門府・左兵衛府の「纛」と「節旗」は別の旗であることは言う迄もない。

第四節　『兵範記』の「節旗」記事

前節では、管見に入った「節旗」についての先行説を煩を厭わず掲出したが、実態については、諸説があり、現状ではやはり不明と言わざるを得ない。

ただ、『角川古語大辞典』の「節旗」項目に引用される『兵範記』仁安元（一一六六）年十月十五日条は注目される。該条は、同年十一月十五日に斎行される六条天皇大嘗祭のための、「節旗」以下器仗の検察記事である。

『兵範記』によると、平信範は、同年十月九日、藤原為親の代わりとして、大嘗会御禊装束司次官に任命され、同十五日、御禊点地の後、行事所に向かい、御禊装束司次官として「節旗」以下の器仗を検察する。[25]

十五日乙酉　雨降、御禊点地也、辰剋許向二河原一……（陰陽寮による大嘗会御禊地点定の勘申があり）……次向二行事所一、開二兵庫寮一、為レ撿二知器仗一也、此事去上旬、被レ定二御禊雑事一之時被レ勘二日時一畢、於二待賢門一下レ車、主水司正庁為二行事所一也、入二東門一着二西壁下座一、大夫史行事、史生三四人、官掌為宗等候レ座、大夫史云、兵庫寮顚倒無レ実以後、官装束・司倉宿納彼器等、運二渡此行事所一、可レ令二撿知一者、即仰二寮官一運寄也、

先節旗一流、裁二縫茜絹一、差二両面縁一、但無レ手有レ足、日《ママ》首上両面、在二日形月形一、其下図二龍形像一、或文了《云カ》、件龍、日形方向レ日也、月形方背レ月也云々、而今龍両方共向二日月形一、頗不審、雖レ尋二問彼《宿禰イ》大夫一、無レ披二陳詞一、重可レ訪二故人一歟、首在レ鉾、又付レ棹、長二丈許歟、

次鉦鼓一面、次行鼓一面、各在レ台、

件物等、多以破損、可二修理一云々、行事官等仰二寮官一、可レ令レ注二申損色一由下知了、

此外物不レ及二撿知一、晩頭退出、便参レ院、東三条殿東面、西面春宮御所也、入レ夜帰レ家、

大嘗会御禊装束司次官として、「節旗」以下器仗の実見・検察をおこなった信範は、「節旗」の特徴を以下のように記述している。

① 材質は茜絹（従って、旗の地の色は茜色であろう）で両面に縁あり。

② 手は無いが、足は有る（手は斿〈ゆう〉、足とは旗足、のことであろう）。

③ 旗の図柄は、首上の両面に日形と月形があり、その下には双龍の形像が描かれており、二匹の龍は各々、日形の方と月形の方に向いている。但し、龍の向きについては、日形の方は日に向かい、月形の方は月に背を向ける（日形の方は上り龍で、月形の方は下り龍のことであろうか）とする或る記録により、信範は疑問を抱いたようで、「頗不審、……重可レ訪二故人一歟」と書き記している。

④　首上には鉾があり、また、棹を付す、長さは二丈許である。

信範の実見記録により、仁安元（一一六六）年十月時点の「節旗」の特徴を窺った。実際の行幸には、これに「纛」（大カシラ）が付けられるのであろうが、次に、この「節旗」と、即位式・元日朝賀式に儀杖として樹てられる幢・纛幡・旗類、また大嘗祭御禊に随行する纛幡との関係を確認しておく必要がある。

即位式・朝賀式は共に「大儀」であり[26]、同一儀式構造で、大極殿前庭、朝堂以下に儀仗として建てられる纛幡・旗類も同じである。『儀式』巻六「元正受朝賀儀」には、以下のように規定されている[27]。

前一日、装二飾於太極殿一、敷二高御座一以レ錦、……内匠・兵庫両寮率二工部・鼓吹戸等一、当二殿中階一、南去十五丈四尺、樹二銅烏幢一、東樹二日像幢一、次朱雀旗、次青龍旗（此旗当二殿東頭楹一、下玄武旗当二殿西頭楹一）、銅烏幢西樹二月像幢一、次白虎旗、次玄武旗（相去各二許丈、与二蒼龍・白虎両楼南端一平頭）、昭訓門外北掖、設二皇太子次一……

当日丑一刻、掃部寮設二式部輔以下・省掌以上座於式部西門一、訖輔以下依レ次就レ座、五位以上就レ版受レ点、寅一刻、兵部丞・録率二史生・省掌等一、左右相分、入レ自二章徳・興礼両門一、共至二龍尾道上一、検二校兵庫寮所レ樹日・月像・幢・鉦・鼓・諸衛府儀仗・列陣等事一、中務省撃二動鼓一令二装束一、……寅二刻、左右近衛府共始撃二動鼓一、三度、度別平声九下、諸衛依レ次相応、装束近衛大将（謂二権任一也）……

卯一刻、近衛府撃二列陣鼓一、一度、平声九下、諸衛以レ次相応、三刻、撃二進陣鼓一三度、度別九下（初発二細声一、漸至レ大）、仗初進撃二行鼓一、三度、度別双声、二下、諸衛相応如レ前、皆就二隊下一、左右近衛中将率二将監以下一、隊二於太極殿東西階下一（自レ階南去三丈、更東退一丈、右陣亦対、謂二権任者一）、大・少将率二将

監以下一、隊二於蒼龍・白虎両楼北辺一〔若有二蕃客朝拝一者、隊二於龍尾道下一、其隊幡・小幡各陪[倍イ]レ数〕、龍像纛
幡一旒〔加レ戟、其杭[戟イ]預前儲備、余皆准レ此〕、執纛・執戟各四人〔兵衛准レ此〕、鷹像幡四旒、小幡卅二旒
〔緋・黄各廿一旒、並着レ戟、余亦准レ此〕、鉦・鼓各一面〔面別加二槌・簨簴一、余亦准レ此〕、撃人各一人、執
夫四人〔諸衛皆同〕、将監率二将曹以下一、隊二於殿以北後殿南一、並居二胡床一〔少将已上胡床各虎若豹皮〕、其
供二奉駕一陣者、乗輿御二小安殿一之後、乃就二本隊一〔諸衛亦同〕、左右兵衛督・佐率二尉以下一、隊二於龍尾道東
西階下一〔自レ階南去三丈、各東西去一丈、（コノ六字、当二内外ノ次二置クベシ）督在レ外、佐在レ内、若蕃客朝拝者、隊二於会昌門内外一〕、虎像纛
幡一旒、熊像幡四旒、小幡九十六旒、鉦・鼓各一面、尉率二志以下一、隊二於昭慶門内左右一、小幡各十八旒、
志率二兵衛以上一、隊二於嘉喜・永福等門内一、左右衛門府督率二尉以下一、隊二於会昌門外左右一〔若蕃客朝拝者、
隊二於応天門内一〕、鷲像纛幡一旒〔加レ戟〕、執纛十六人、執戟四人、鷹像幡二旒、小幡卅[卌イ]九旒、鉦・鼓各一
面、佐率二尉以下一、隊二於応天門外左右一、隊幡四[二イ]旒、小幡卌五旒、尉率二門部三人一居二門内一〔開門畢、還二本
陣一〕、尉率二志以下一、隊二於朱雀門外一、隊幡二旒、小幡卌八旒、志一人率二門部五人一居二門内一〔開門畢、還
同レ上〕、自二朱雀門外一、至二于教業・豊財両坊小路一、衛士隊レ之、尉率二衛士以上一、隊二於宣政・章善両門一、小
幡四旒、志率二衛士以上一、隊二於諸掖門一、隼人司官人二[三イ]人・史生二人率二大衣二人・番上隼人卅[廿イ]人・今来隼人
廿人・白丁隼人一百卅二人一、分陣二応天門外之左右一、並執二楯・槍一坐二胡床一、其史生已上著二当色横刀一、大衣
并番上隼人著二当色横刀一……（装束規定）……中務省撃二進鼓一、輔・丞各二人相分率二内舎人一、入レ自二永陽・
広義両門一、隊二於近衛陣以南一、各居二胡床一〔其輔胡床以二虎皮一敷〕、兕纛幡二旒〔左纛与二青龍旗一相連、相
去六丈、与二近仗纛一平頭、右纛准レ此〕、鉦・鼓各二面〔並有二簨簴并槌一〕、撃人各二人、執夫八人、執纛八
人、……（以下、式部による六位以下刀禰の整列、弾正による礼儀及び帯仗非違の糾弾が続く）……

『儀式』によると、元日朝賀式・即位式の前日、内匠・兵庫両寮により、大極殿中階より南の十五丈四尺の地点に銅烏幢が樹てられ、その東に日像幢、朱雀旗、青龍旗が樹てられる（青龍旗は大極殿東頭楹に当たる）。銅烏幢の西には月像幢、白虎旗、玄武旗が樹てられる（玄武旗は大極殿西頭楹に当たり、各幡旗の間隔は二丈許で、蒼龍・白虎両楼南端と並ぶ）。当日寅一刻（午前一時）、兵部丞・録は龍尾道上に樹てられた銅烏幢、日像幢、月像幢、四神旗、鉦、鼓等を検校する。

卯三刻（午前六時）、進陣鼓・行鼓が撃たれ、左右近衛中将は将監以下を率い、大極殿の東西の階下に隊す（階より南去三丈、更に東退一丈の地点、右陣も左陣に対して隊す）。左右近衛大将・少将は将監以下を率い、蒼龍・白虎両楼の北辺に隊し（蕃客朝拝時は龍尾道下に隊す。その隊幡・小幡数は倍となる）、龍像纛幡一旒、執纛・執戟は各四人、鷹像幡四旒、小幡四十二旒を樹て、鉦・鼓は各一面、撃人は各一人、執夫は四人。左右近衛将監は将曹以下を率い小安殿の南に隊し、乗輿が小安殿に入御後、本隊に就く。

左右兵衛督・佐は尉以下を率い、龍尾道の東西の階下に隊し（階より南去三丈、各東西に去る一丈の地点、蕃客朝拝時は会昌門内外に隊す）、虎像纛幡一旒、熊像幡四旒、小幡九十六旒を樹て、鉦・鼓は各一面。左右兵衛尉は志以下を率い、昭慶門内左右に隊し、小幡各十八旒を樹てる。志は兵衛以上を率い、嘉喜・永福等門内に隊す。

左右衛門府督は尉以下を率い、会昌門外左右に隊し（蕃客朝拝者ある時は応天門内に隊す）、鷲像纛幡一旒、執纛十六人、執戟四人、鷹像幡二旒、小幡三十（四十イ）九旒を樹てる。鉦・鼓は各一面。左右衛門府佐は尉以下を率い、応天門外左右に隊し、隊幡四（二イ）旒、小幡四十五旒を樹てる。左右衛門府尉は門部三人を率い門内に居す（開門が畢れば本陣に還る）。左右衛門府尉は志以下を率い、朱雀門外に隊し、隊幡二旒、小幡四十八旒を樹てる。志一人は門部五人を率い門内に居す（開門が畢れば本陣に還る）。朱雀門外より教業・豊財両坊小路に到る迄衛士隊す。左右衛門府尉は衛士以上を率い、宣政・章善両門に隊し、小幡四旒を樹てる。左右衛門府志は衛士以上を率い、諸掖門に隊す。

隼人司の官人二（三イ）人は大衣二人・番上隼人三十（二十イ）人・今来隼人二十人・白丁隼人百三十二人を率い、応天門外左右に分陣す。

中務省輔・丞各二人は相分れて内舎人を率い、永陽・広義両門より入り、近衛陣の南に隊し、兕纛幡二旒を樹てる（左纛は青龍旗と相連り、間隔は六丈。近仗纛と平頭となる。右纛もこれに准じる）。鉦・鼓は各二面。撃人は各二人。執夫は八人。執纛は八人。[28]

『儀式』規定に従い、即位式・元日朝賀式において儀仗として建てられる幢・纛幡・旗類を図表化しておくと、以下のようになる。[29]

表１　即位式・元日朝賀式における幢・纛幡・旗類

名称	位置	備考
銅烏幢一旒 日像幢一旒 月像幢一旒 朱雀旗一旒 白虎旗一旒 青龍旗一旒 玄武旗一旒	大極殿中階より南の十五丈四尺の地点。大極殿前庭龍尾道沿い	銅烏幢を中心として、その東に日像幢、朱雀旗、青龍旗。銅烏幢の西に月像幢、白虎旗、玄武旗を樹つ

龍像纛幡一旒 鷹像幡四旒	左近衛府陣、蒼龍楼の北辺	小幡は四十二旒
龍像纛幡一旒 鷹像幡四旒	右近衛府陣、白虎楼の北辺	小幡は四十二旒
虎像纛幡一旒 熊像幡四旒	左兵衛府陣、龍尾道の東の階下	小幡は九十六旒 尚、昭慶門内左の左兵衛府陣は小幡十八旒を樹つ
虎像纛幡一旒 熊像幡四旒	右兵衛府陣、龍尾道の西の階下	小幡は九十六旒 尚、昭慶門内右の右兵衛府陣は小幡十八旒を樹つ
鷲像纛幡一旒 鷹像幡二旒	左衛門府陣、会昌門外左（東）	小幡は三十（四十イ）九旒
鷲像纛幡一旒 鷹像幡二旒	右衛門府陣、会昌門外右（西）	小幡は三十（四十イ）九旒
隊幡四(二イ)旒	左衛門府陣、応天門外左（東）	小幡は四十五旒
隊幡四(二イ)旒	右衛門府陣、応天門外右（西）	小幡は四十五旒
隊幡二旒	左右衛門府陣、朱雀門外	小幡は四十八旒 尚、宣政・章善両門の左右衛門府陣は小幡四旒を樹つ
兕纛幡一旒	中務省、蒼龍楼北辺の左近衛陣の南	
兕纛幡一旒	中務省、白虎楼北辺の右近衛陣の南	

これらの幢幡旗類の現存最古の図は『文安御即位調度図』である。[30]『文安御即位調度図』の成立については、夙に岩橋小弥太氏が本奥書「文安元年正月令ニ書写一了、藤原光忠」についての疑点――①文安改元は二月であるので、文安元（一四四四）年正月はありえない。②文安元年当時、藤原（葉室）光忠は四歳。――を指摘されているが、[31]日像幢の説明文に「保安記」を引用することなどから、福山敏男氏は、永治元（一一四一）年の近衛天皇即位式、永万元（一一六五）年の六条天皇即位式、仁安三（一一六八）年の高倉天皇即位式のいずれかを描いたものであろうと推定される。[32]また、所功氏は福山氏説に拠りながらも、高御座細部の意匠から、内容的には鎌倉時代にまで降るのではないかと述べられている。[33]

この『文安御即位調度図』は『儀式』規定と必ずしも一致しない点がある（例えば『儀式』では「熊像幡」であるが、『調度図』では「熊形纛幡」とする）ので、銅烏幢、日・月像幢、四神旗と、纛あるいは纛と思われるものを付した幡を総て掲げておいた。『文安御即位調度図』の幢幡旗図の内、問題としたい「節旗」との関係で確認すべきは、近衛府陣の「龍像纛幡」のことであろう。「節旗」には纛が付けられ、また、旗の図柄は龍であったからである。[34]「龍像纛幡」（左近衛府陣の龍像纛幡は青龍旗の東、右近衛府陣の龍像纛幡は玄武旗の西に建てられる）は各種の即位式古絵図に見られるが、『御即位式図譜』（京都大学文学部国文学研究室所蔵）には同纛幡の彩色図と、次の説明文が記されている。[35]

龍像纛《トウ》

右七本ノ左右ニ是ヲ立ツ、上ニ黒色ノ形ハ赤熊《シャクマ》ノヤウナル纛ト云モノヲ居タリ、古ハ黒毛ノ馬尾三十把ヲ以テ作レリトソ、興胤《ヲキタネ》ノ私記ニ、纛ハ犛牛ノ尾ナレハ、古ハ牛尾ニテ作ルナルヘシト云云、今ハ苧ヲ黒ク染テ用ヒラル、但シ左右長短制作《セイサク》ノ違ヒアル歟、東方ハ赤色ノ絹ニ金色ノ龍ヲ画キ、西方ハ黄色ノ絹ニ青龍ヲ画リ、端ハ纓綢端ナリ、是モ幟ハ四筋ニシテ赤キ端ヲ取レリ、其中白キ絹ニ図ノ如ク彩色ヲ加ヘリ

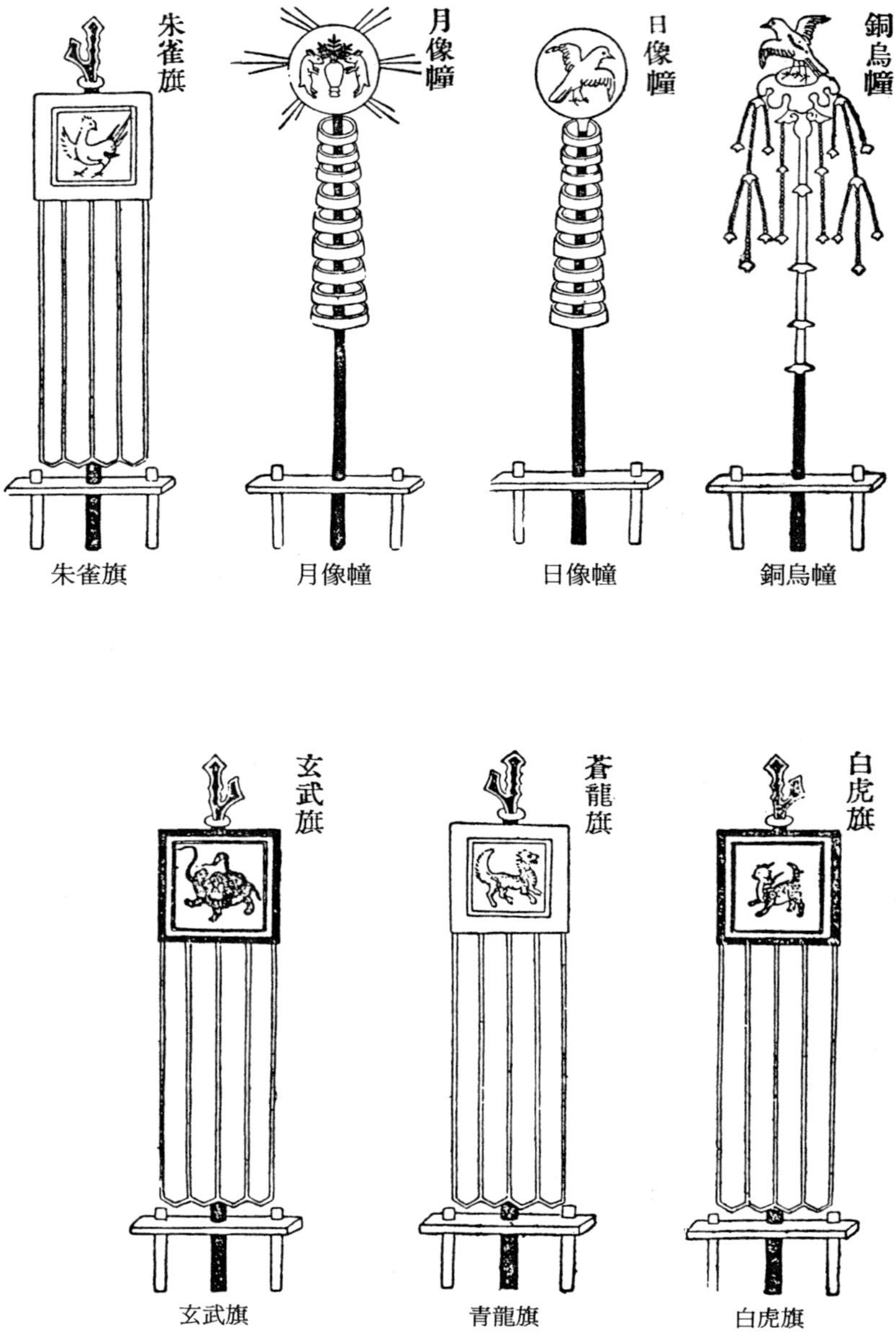

図一 『文安御即位調度図』の幢幡旗（『群書類従』第七輯所収より転載）

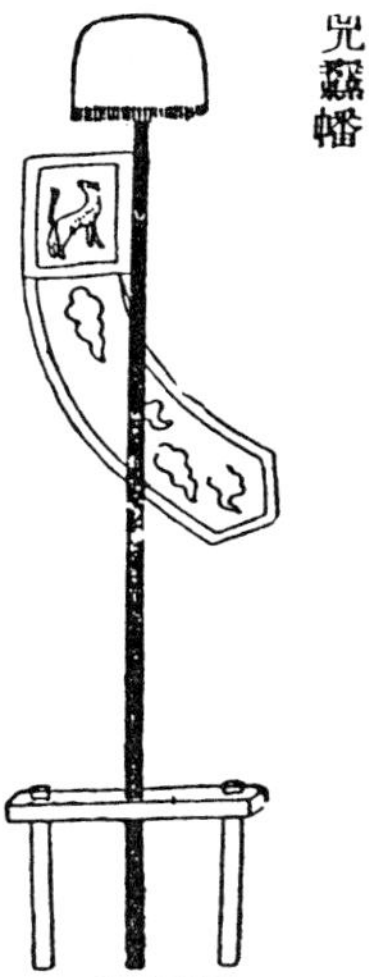

兕纛幡

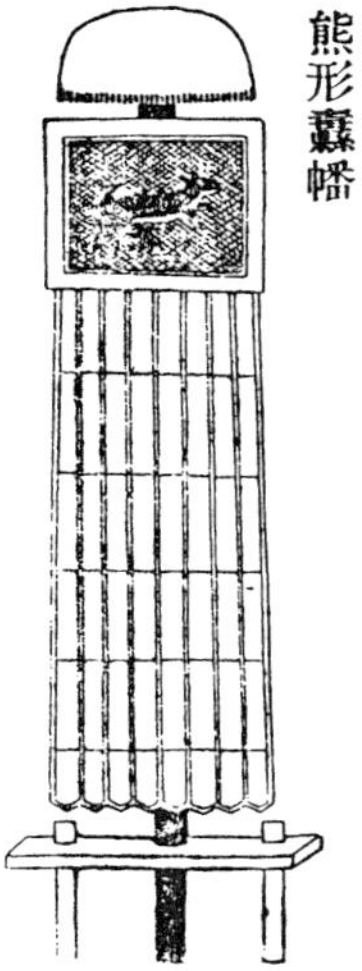

熊形纛幡

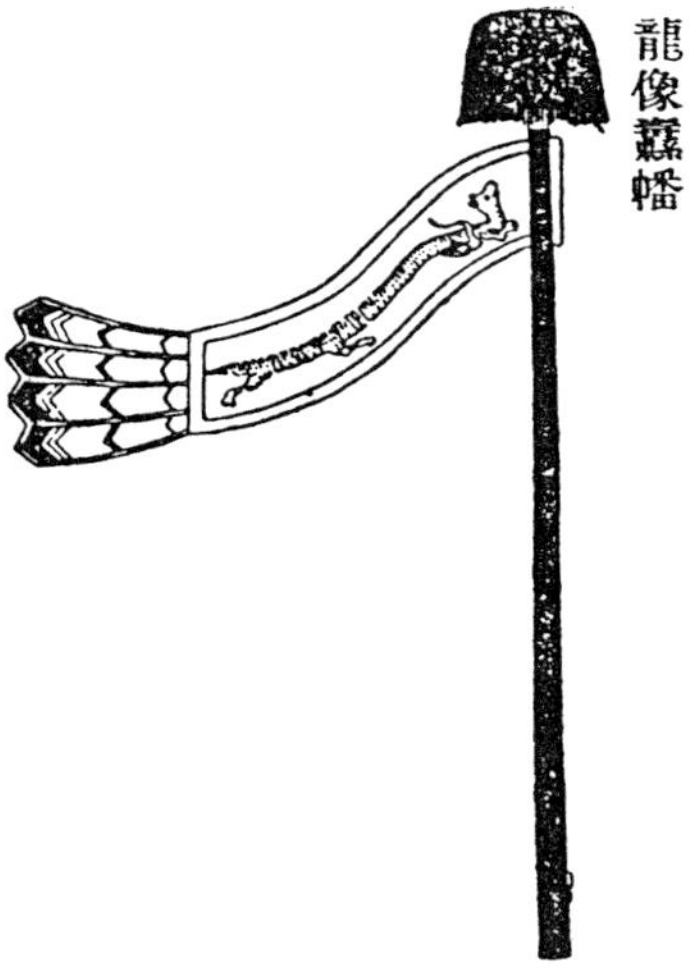

龍像纛幡

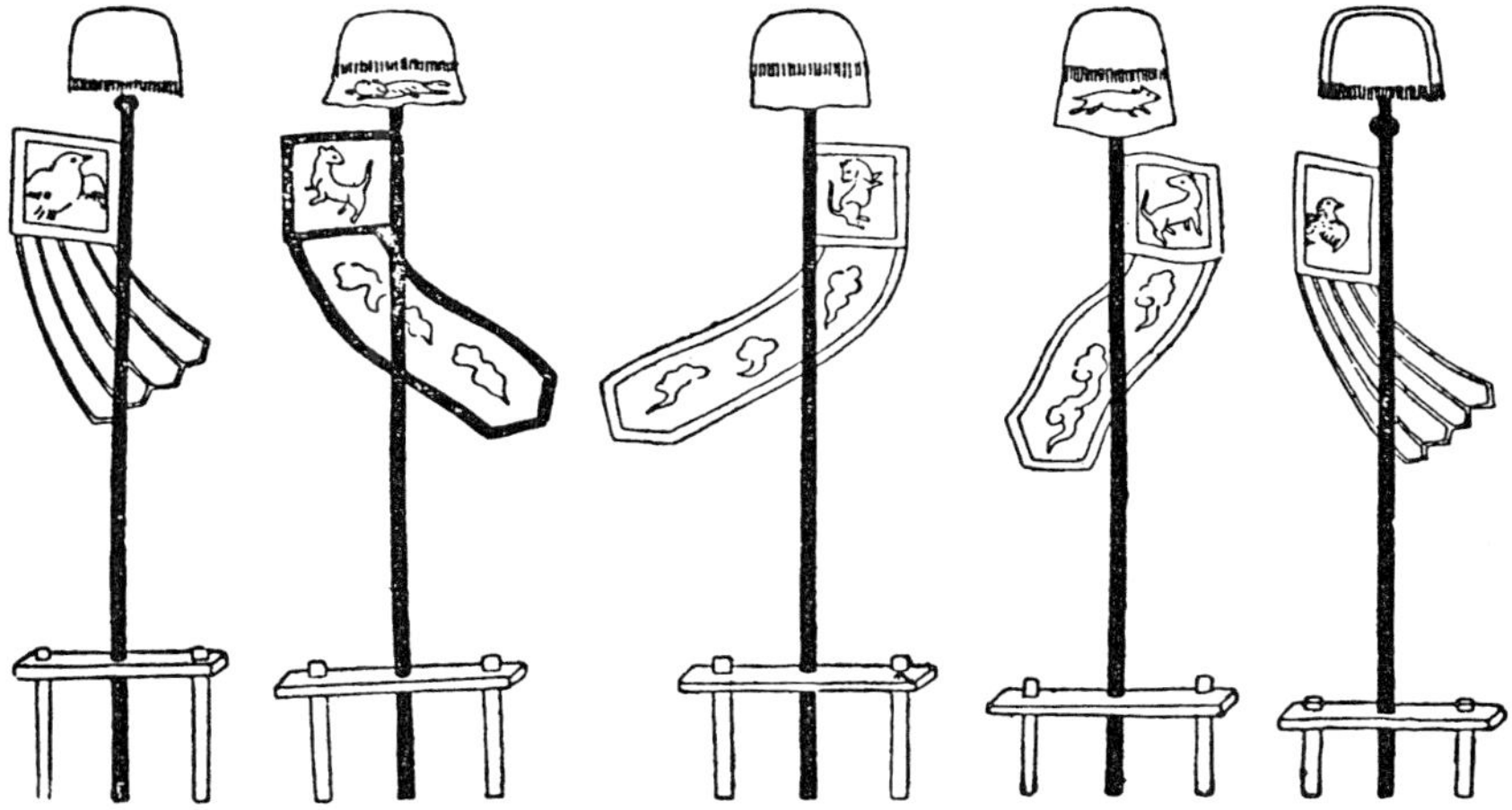

『御即位式図譜』の成立時期は、文中に「（平）興胤私記」を引き、また、末尾に「土佐将監藤原光芳誌」とあることより、江戸時代後期と推定されている。(36) さらに、『古事類苑』帝王部に所収される『御即位次第抄』の龍像纛幡の説明文も『御即位式図譜』と略同文である。

『御即位式図譜』の彩色図並びに説明文に拠ると、龍像纛幡の形状は、

① 纛は今は苧を黒く染め作っている。

② 東（左近衛府陣）の龍像纛幡の図柄は、赤色の絹に金色の隻龍（昇龍）。

③ 西（右近衛府陣）の龍像纛幡の図柄は、黄色の絹に青色の隻龍（昇龍）。

④ 端は繧繝縁。

⑤ 幟（旗足）は四筋。

と、なる。(37) これを『兵範記』の記事より復元される「節旗」と比較すれば、相違点――「節旗」の図柄には日形・月形があり、また双龍であること――は明白であろう。また、『文安御即位調度図』の「龍像纛幡」も隻龍である。従って、大儀において建てられる近衛府陣の「龍像纛幡」が「節旗」ではないことは確認される。

大嘗祭御禊行幸鹵簿には、「節旗」の外、左兵衛府・左衛門府の「纛」が漸出するが、この左兵衛府の「纛」については、「左兵衛府式」行幸条に、

凡供二奉行幸一官人以下装束、並准二近衛一〈騎二私馬一〉、但践祚大嘗会祓禊用二虎像纛幡一旒、鷹像隊幡四旒、小幡廿旒、鉦鼓各一面一、其用度准二衛門府一。

と規定され、(38) また、左衛門府の「纛」については、「左衛門府式」行幸条に、

凡供二奉行幸一官人以下、府生以上、並准二近衛府一、……（中略）……但践祚大嘗会祓禊用二鷲像纛幡二旒〔一イ〕〈其執レ纛一人、著二末額・緋行縢・纈袍・帛博帯一騎馬、執纛綱二人、黄布衫、布帯、歩行、並用二兵庫寮夫一〉、

他皆准㆑此）、鷹像隊幡四旒、小幡卌旒（少減㆓於威儀幡㆒、他亦准㆑此）、鉦、鼓各一面㆒（其用度雑物、及撃㆓鉦鼓㆒人、執纛夫等装束、並見㆓兵庫式㆒）。

とあり、左兵衛府は「虎像纛幡一旒、鷹像隊幡四旒、小幡廿旒」が、左衛門府は「鷲像纛幡二〔一イ〕旒、鷹像隊幡四旒、小幡卌旒」が随行する。この御禊時の左兵衛府・左衛門府の纛幡・隊幡は、大儀において建てられる纛幡・隊幡と基本的に一致するが、ただ、兵衛府の「鷹像隊幡四旒」が大儀では「熊像幡四旒」とされている（表1参照）ことだけが異なる点である。

なお、近衛府の龍像纛幡は大嘗祭御禊行幸には漸出しない。これは、『儀式』、「左右近衛府式」行幸条・践祚禊条に規定が見えないこと、また、『北山抄』巻五「践祚抄　大嘗会御禊事」に「当日、検非違使先巡㆓検当路㆒、……諸衛有㆓幡旗・節旗等㆒（近衛陣無㆑之）」とあることからも理解される。

第五節　「太常旗」

日本古代天皇の行幸形態が、中国の鹵簿制度の影響下に成立したものであることは夙に指摘されており(39)、また、平安時代前期、大嘗祭御禊行幸が唐礼に準拠し、唐礼に範を求めて挙行されていたことは、中嶋宏子氏が掲げられた、『続日本後紀』承和五（八三八）年三月乙丑（八日）条の池田朝臣春野の卒伝からも窺うことができる(40)。

散位従四位下池田朝臣春野卒。春野者、天応以往之人也。至㆓延暦十年㆒、始預㆓官班㆒、……（職歴略）……春野宿祢能説㆓故事㆒、或㆑可㆓採容㆒、比㆓十年冬㆒、将有㆓大嘗会事㆒。天皇欲㆑修㆓禊祓㆒、幸㆓賀茂河㆒。春野以㆓掃部頭㆒、奉㆓鹵簿陣㆒、看㆓諸大夫所㆑着当色㆒、其裾曳㆑地。大咲曰、是尋常之装束、非㆓神事之古体㆒、便指㆓自所㆑着、為㆓古体之證㆒、其裾離㆑地差高。而袴襴露見矣。諸大夫皆驚云。古之儀制応㆓与㆑唐同㆒、後代当㆑效㆑之。

春野衣冠古様、身長六尺余、稠人之中、掲焉而立、会集衆人莫レ不レ駐レ眼、皤々国老如レ此者、今則不レ見也。卒時年八十二。

池田朝臣春野は儀式の古体に通暁した「皤々国老」であり、天長十（八三三）年十月の仁明天皇大嘗祭の御禊行幸に際して、掃部頭として、「鹵簿陣(図)」を奉り、また、御禊行幸装束の模範を示している。春野の装束を見た諸大夫の言によれば、大嘗祭御禊行幸の儀制は唐制と同じであるという。とすれば、問題としたい「節旗」についても、中国古代の旌旗制との関連を考慮すべきであり、まず、想定されるのは、「天子旗」とも称され、九旗の筆頭に掲げられ、また、天子のみが乗車を許される玉輅にも建てられる「太常（旗）」のことであろう。

「太常旗」（「大常」とも記されるが、以下、本稿では引用文を除いて「太常」で統一しておく）については、『周礼』に以下の条文がある。条文を掲げ、その次に本田二郎氏の『周礼通釈』の解釈を引用させて頂く[41]。

(1) 巻二十七「春官　巾車」

王之五路、一曰玉路、錫・樊・纓、十有再就、建二大常十有二斿一、以祀。

〈王の乗車には五路がある。第一は玉路である。馬の装飾には、当盧《おもがい》・樊《たてがみかざり》・纓《むながい》が十二就《くみ》あり、車上に大常旗を立て、十二斿《ゆう》があって、祭祀に用いられる。〉

(2) 巻二十七「春官　司常」

司常、掌二九旗之物名一、各有レ属、以待二国事一、日月為レ常、交龍為レ旂、通帛為レ旜、雑帛為レ物、熊虎為レ旗、鳥隼為レ旟、亀蛇為レ旐、全羽為レ旞、析羽為レ旌。

〈司常。この官職は、九旗の事物名称を掌り、各々類属があって、国事に用いる。日月を画くものは常であり、交龍を画くものは旂であり、縿《さん》・斿《ゆう》同じ色のものは縿であり、縿・斿同色でないものを物といい、熊虎を画くものを旗といい、隼《はやぶさ》を画くものは旟《よ》であり、亀蛇が画かれてあるものは旐《ちょう》であり、五采の羽毛を飾とするものは旞《すい》で

あり、不同の色の羽毛を以て飾とするものは旌である。〉

(3)　巻二十七「春官　司常」

及二国之大閲一、贊二司馬一、頒二旗物一、王建二大常一、諸侯建レ旂、孤卿建レ旜、大夫士建レ物、師都建レ旗、州里建レ旟、県鄙建レ旐、道車載レ旞、斿車載レ旌。

〈国の定期観兵式には、司馬をたすけて旗物を頒布する。王は大常をたて、諸侯は旂をたて、孤卿は旜をたて、大夫士は物をたてる。六軍の将帥と都の行政長官は旗をたて、六郷の官吏は旟をたて、六遂の官吏と公邑の長官は旐をたてる。王が平時に国内に在って乗る象路には全羽の大常をたて、王が国外に游行する場合に乗る木路には、析羽の大常をたてる。〉

(4)　巻二十九「夏官　大司馬」

弁二旗物之用一、王載二大常一、諸侯載レ旂、軍吏載レ旗、師都載レ旜、郷遂載レ物、郊野載レ旐、百官載レ旟、各書三其事与二其号一焉。其他皆如二振旅一。

〈旗物の用法を弁識する。王は大常旗をたてる。諸侯は旂をたてる。軍帥は旗をたてる。命卿の軍帥となった者と都長は、縿・斿同色の熊旗をたてる。郷大夫或いは家邑の長官は、縿・斿異色の熊旗をたてる。郷遂の州長と公邑の大夫は、旐をたてる。卿大夫は旟をたてる。旗上には各々職掌と名号を明記する。其の他は、すべて春季の訓練時と同様である。〉

(5)　巻二十九「夏官　大司馬」

及レ致、建二大常一比二軍衆一、誅二後至者一。

〈軍衆を召集するときは、太常旗を立てて馳せ参じた人数を点検して、遅刻者を誅殺する。〉

(6)　巻三十一「夏官　節服氏」

節服氏、掌二祭祀朝覲衮冕一、六人維二王之太常一。

〈節服氏。この職は、王の礼服を規制することを掌るのであるが、祭祀・朝覲時にあっては王は衮服と冕冠を着用し、所属の六人は太常旗の「はたあし」を捧持する。〉

上記の条文について、(1)の鄭玄の注に「大常、九旗之画二日月一者。正幅為レ縿、斿則属レ焉」（大常は、九旗の日月を画く者。正幅を縿と為し、斿は則ち焉に属す）とあり、また、(3)の鄭玄の注には「自レ王以下治レ民者、旗画二成物之象一、王画二日月一象二天明一也、諸侯図二交龍一、一象二其升朝一、一象二其下復一也」（王自り以下民を治むる者、旗に成物の象を画く。王は日月を画く。天の明に象るなり。諸侯は交龍を画く。一は其の升り朝するに象り、一は其の下り復するに象るなり）とある。[42]

『周礼』及び鄭玄注によると、「太常旗」は以下のように規定される。

① 「太常旗」は、国事に用いられる九旗の筆頭に掲げられ、王が建てる旌旗である。定期観兵式、軍衆召集時等において、王は「太常旗」を建てる。「太常旗」には「日・月」が描かれており、交龍のみが描かれた諸侯の旗「旂旗」とは異なる（(2)(3)(4)(5)、鄭玄注）。

② 王の五種の車（玉輅・金輅・象輅・革輅・木輅）の内、玉輅は「祀」の儀礼に用いられ、王のみが乗車を許される玉輅には「太常旗」を建て、「太常旗」には十二旒（十二は天子の命数）がある。[43] また、節服氏は六人で「太常旗」の旗足（十二旒）を捧持する（(1)(6)）。

また、『儀礼』巻二十四「王朝礼一之上　覲礼」には、

天子乗レ龍、戴二大旆一、象二日月升龍降龍一、出拝二日於東門之外一、反祀二方明一。

とあり、同条に鄭玄は、

大旆大常也、王建二大常一、縿首画二日月一、其下及旒交画二升龍降龍一。

と注を付している。(44)

『儀礼』の鄭玄注によると、天子が建てる「太常旗」とは、縿首（縿は旌の直幅の竿に附したもの）に日月を描き、縿首の日月の下と、旒（旒は斿とも書き、縿の旁に横幅を綴り縿に附けて飛揚するもので、「太常旗」は十二旒）には、升龍と降龍が描かれている、とする。(45)

この「太常旗」を描いた図としては、旧『三礼図』（鄭玄・阮諶等の『三礼図』、夏侯伏朗・張鎰等の『三礼図』、梁正の『三礼図』、唐開皇年中の勅撰『三礼図』）は現存しないが、聶崇義『三礼図』の和刻本が神宮文庫に架蔵されており、「太常旗」の図と注釈が記載されている。(46) 聶崇義は『宋史』によると、後周の顕徳（九五四〜九五九）年間に太常博士となり、北宋の建隆（九六〇〜九六二）年間に『三礼図』を考訂して上進している。(47)

案二巾車一、王乗二玉路一、建二太常十有二斿一以祀。又覲礼注云、王建二大常一、縿首画二日月一、其下及斿、交画二升龍降龍一、縿皆正幅、用二絳帛一為レ質、斿則属レ焉、又用レ弧張二縿之幅一、又画二枉矢於縿之上一。故輈人云、弧旌枉矢是也、凡旌旗之杠、皆注二旄与羽於竿首一。故夏采注云、綏以二旄牛尾一為レ之、綴二於橦上一、其杠長九仞、其斿曳レ地。又左伝云、三辰旂旗、昭二其命一也、拠二杜鄭二注一、皆以二三辰一為二日月星一、蓋太常之上、又画レ星也。阮氏・梁正等図、旂首為二金龍頭一。案二唐志一云、金龍頭銜二結綏及鈴緌一、則古注二旄及羽於竿首一之遺制也。

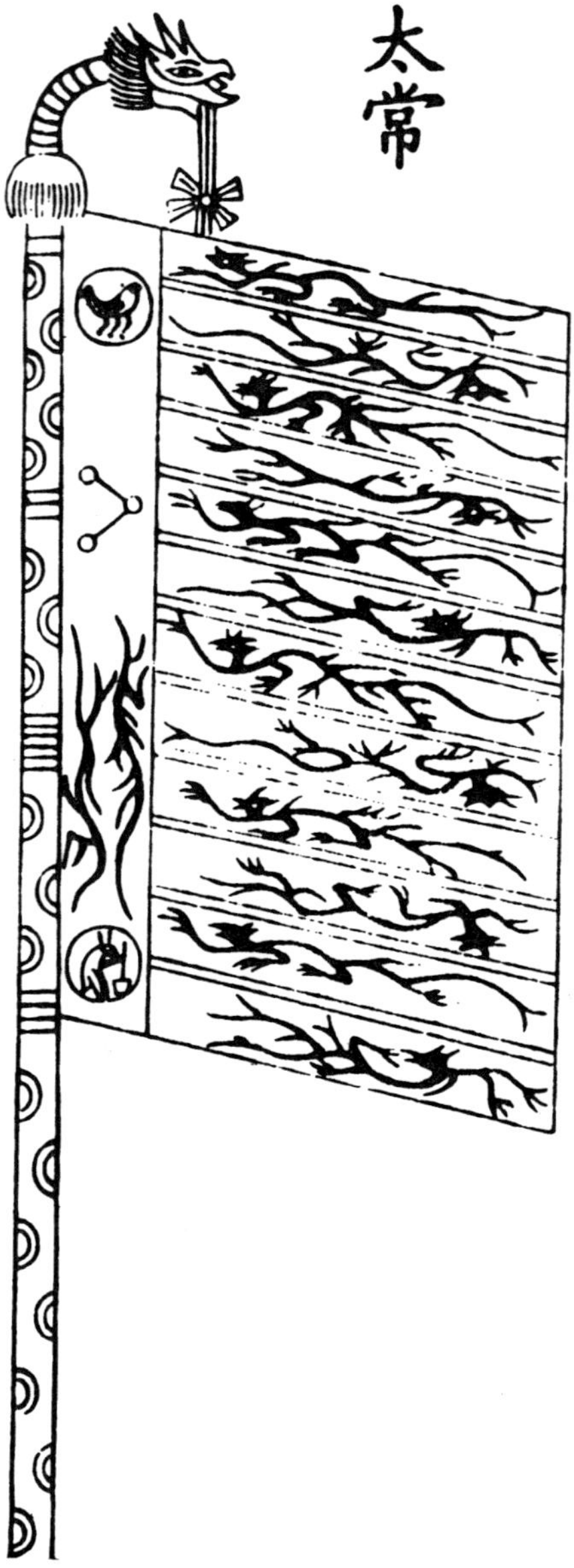

図2　太常図（聶崇義『三礼図』、神宮文庫所蔵）

聶崇義の『三礼図』の太常図、並びに説明として引用される『儀礼』『周礼』の注等によると、「太常旗」の特徴は以下のようになる。

① 旗の生地は絳帛（赤絹）である。[48]

② 縿には日・月、交龍、星が描かれ、さらに、升龍と降龍が交互に描かれた十二旒が付されている。『三礼図』では、太陽の中に三本足の烏、月の中には不死の仙薬を搗く兎が描かれている。[49]

③ 橦上には旄牛の尾により作られた綏（纛）が垂れ、旂首には金龍頭が付され、金龍頭は結綬・鈴綏を銜えている。

④ 杠（竿）の長さは九仞であり、旒は地を曳く。

また、この聶崇義の『三礼図』には、「玉輅」図も記載されている。次に掲げておく（図3）。「玉輅」には「太常旗」が建てられ、天子は袞服と冕冠を着用している。「玉輅」に従う六人は太常旗の十二旒を捧持する節服氏である。

さらに、『三礼図』には、天子の「太常」に対して、諸侯が建てる「旂」図も記載されている。参考のために掲げておく（図4）。諸侯の「旂旗」は九旒であり、縿には交龍のみが描かれている。

『周礼』『儀礼』『三礼図』より窺える「太常旗」と、前述した、平信範の「節旗」実見記事を比較すれば、①旗の図柄とその配置、②旗の材質と地の色、という重要な点が一致する。①について言えば、「太常旗」は天子だけが許される日形・月形、それと交龍・星が描かれ、縿首に日・月、その下には交龍を配している。「節旗」は日形・月形、双龍で、首上に日・月、その下には双龍を配す。②については、「太常旗」は絳帛（赤絹）で、「節旗」は茜絹であり、共に赤色地。その他、両旗とも旄牛の尾により作られた綏（纛）が付けられることも共通する。

図 3　玉輅図（聶崇義『三礼図』、神宮文庫所蔵）

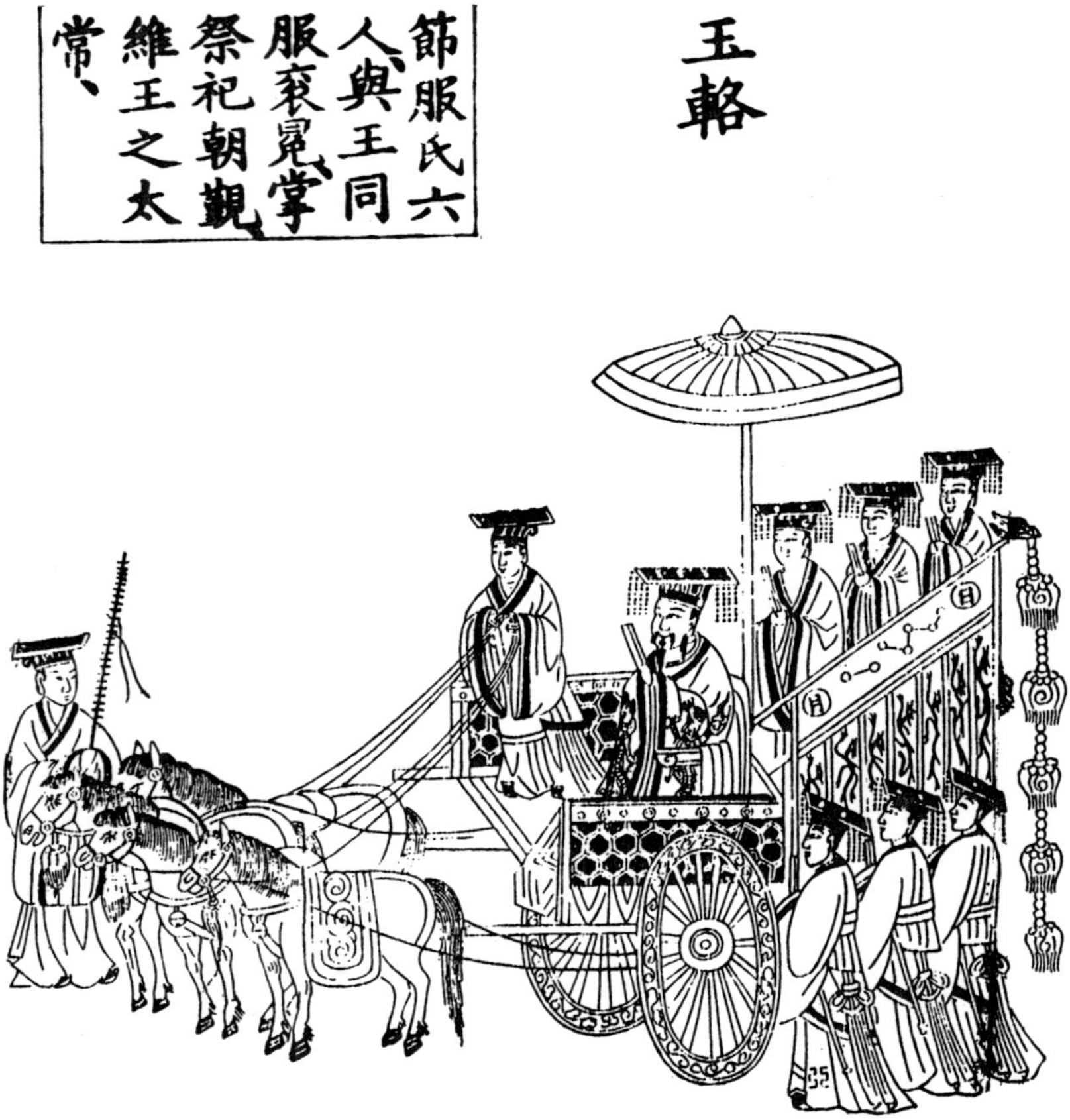
玉輅
節服氏六人、與王同服袞冕、掌祭祀朝覲、維王之太常、

一方、相違点と思われるのは、①旗の図柄の内、「太常旗」には星形があるが、信範の「節旗」記事には星形のことは見えない、②旗の形状――「太常旗」は縿と十二旒があるが、「節旗」には旗足が付されている――、の二点がある。この二点とも、結局、日本側の「節旗」の実態に関する史料不足が断定を困難としているが、①の点について申し添えておけば、前掲した『周礼』『儀礼』及び鄭玄注においては「太常旗」を特徴づける要素は日・月、そして交龍であり、前掲史料に限定して言えば、星形には言及していないことである。[50]

「太常旗」・「節旗」の旗色・図柄から当然連想されるのは、即位式・元日朝賀式において天皇が着する礼服――袞冕十二章の内の袞衣（大袖・上衣）である。袞衣の実物としては孝明天皇礼服が宮内庁に現存し、また、既述した『御即位式図譜』（京都大学文学部国文学研究室所蔵）以下、江戸時代の即位式古絵図に袞衣図が見られる。[51]細部には検討を要する点があるが、袞衣は赤色地の大袖で、肩の左右に日・月（太陽の中に三本足の烏、月の中には蟾蜍と不死の仙薬を搗く兎が描かれている）、背の上方に北斗七星、左右の袖に升龍、[52]身の前後には龍・山・雉・火炎・虎猿、が配されている。

問題はこの衣色・図柄がどこまで遡るかであるが、『西宮記』「臨事三　装束」の天皇即位条に「御服赤、日月七星猿虎形龍等繍二大袖一」とあり、少なくとも『西宮記』段階では、袞衣の色は赤で、日・月・北斗七星・龍以下の紋様が縫付けられていることが確認される。[53]『西宮記』時点では、天皇礼服の袞衣に、日・月・龍の外、北斗七星が配されているので、『兵範記』には言及はないが、「節旗」にも星形が描かれていた可能性があることをここでは指摘しておく。

②に関しては、両国における形状の違いということが当然考えられるが、『兵範記』の記事からだけでは「節旗」の旗足の本数も不明で復元はやはり容易ではない。但し、天皇が被る冕冠には十二旒が垂れていた（『西宮記』「臨事三　装束」の朝拝条に「天皇服二袞冕十二旒一（御把笏）」と見える）ことをも考慮すれば、「節旗」にも「太

図4　旂図（聶崇義『三礼図』、神宮文庫所蔵）

常旗」と同じく十二の旒（旗足）が付されていたとも憶測を加えることができるが、この点の確認も今後の課題としたい。

第六節　結び

以上、述べ来ったところに大過なければ、従来実態が不明であった、大嘗祭御禊行幸に漸出する「節旗」とは、中国の天子旗である「太常旗」に範を求めて作製されたものであることを推定した。この想定は、大嘗祭御禊行幸の儀制は唐制に準拠することを装束をもって示した池田朝臣春野の故事、また、神事が斎行される大嘗祭卯日の近衛府・兵衛府・衛門府の布陣・装束は元日朝賀式と同じであるが、特に「纛・隊幡・鉦鼓」は除くと規定する（「纛・隊幡・鉦鼓」は大嘗の神事に相応しくないと判断されたのであろう）のに対して[54]、大嘗祭御禊行幸においては兵衛府・衛門府の「纛・隊幡・鉦鼓」が随行すること、さらに、御禊に臨む天皇のために設えられる帳が「百子帳（ひゃくしちょう）」であること[55]、をも勘案すれば、強ち不当なものともいえず、むしろ、私見の推定を助けるものであろうと思われる。この推定が正鵠を得たものであるならば、「節旗」とは正に「天皇旗」として作製され、天皇行幸に漸出した旗であるといえる。

なお、「節旗」の作製時期に関しては、①「節旗」の文献上確実な初見記事が宝亀二（七七一）年二月であること（第二節参照）、②天皇の冕服着服の初見記事は天平四（七三二）年正月であること（注(53)参照）、③平安朝的形態の天皇行幸体制は天平時代後半に略成立したとする仁藤敦史氏の指摘があること[56]、④即位式・元日朝賀式における「奉翳女孺の儀」は唐の「扇合・扇開」儀礼を輸入・模倣したものであり、その将来時期は天平十二年正月以前と考定されること[57]、等より、天平年間後期と一応考定される。しかし何れも傍証的根拠に過ぎず、推測の域を出るものではないことは言を俟つまでもない。最後に、清の欽定『礼記義疏』（乾隆十三〈一七四八〉年勅

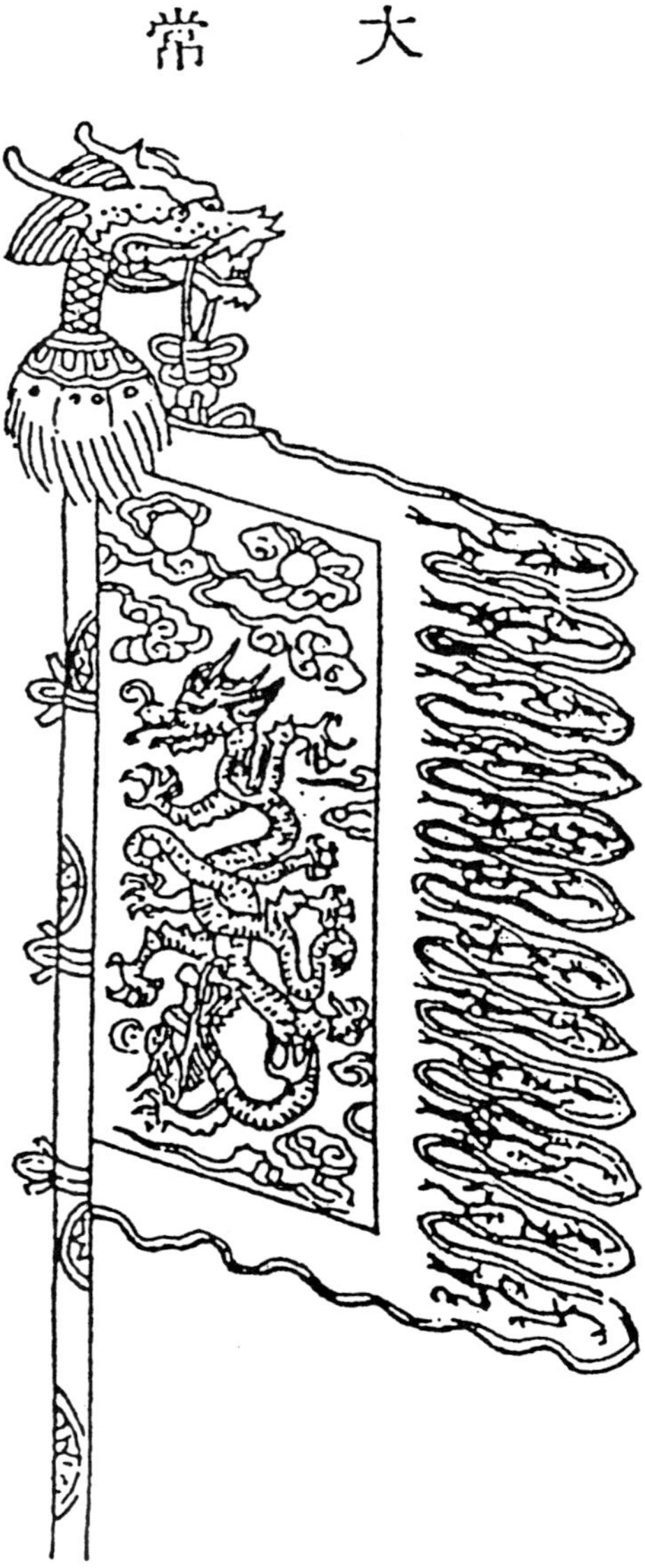

図5　太常図（漢文大系第十七巻『礼記』〈冨山房、昭和五十一年増補版〉所収の『礼器図』より転載）

撰）付録の『礼器図』記載の「太常」図を掲げ(58)、この蕪雑な稿を擱筆することとする。

注

(1) 新訂増補国史大系本に拠る。なお、大同二年に予定されていた平城天皇大嘗祭は伊予親王事件のために延引となり、同三年十月、再度、平城天皇は大津へ御禊行幸を挙行し、十一月に大嘗祭を斎行している。

(2) 鹵簿とは、行列の順序を記した帳簿のこと（野田有紀子「日本古代の鹵簿と儀式」の注(1)〈『史学雑誌』第百七編八号、平成十年〉参照）。

(3) 吉川真司「律令官司論」（『日本歴史』第五百七十七号、平成八年）。

(4) 野田有紀子、注(2)前掲論文。なお、御禊行幸の規模について、中嶋宏子氏は、「御禊行幸の供奉の官人は少なくとも一千五百人以上（『儀式』）、その全長は約二キロメートルにも及ぶものである」とする（同「大嘗祭の御禊行幸」〈『神道宗教』第百四十・百四十一号、平成二年〉）。

(5) 出雲路通次郎「行幸と神行」（同『大礼と朝儀　付有職故実に関する講話』、臨川書店、昭和六十三年復刻版）。中嶋宏子、注(4)前掲論文。

(6) 神道大系『朝儀祭祀編一　儀式・内裏式』（神道大系編纂会、昭和五十五年）に拠る。

(7) 『江家次第』巻十四「践祚上　大嘗会御禊」（神道大系本）に「訖節旗漸出、就㆓宮城門外標㆒、次乗輿到㆓宮門㆒〔五位以上騎馬、六位以下到㆓待賢門㆒乗〕」とあり、節旗が漸出し宮城門外の標に就けば、天皇の乗輿は宮門に到る。また、待賢門を通って宮外に行幸することが理解される。

(8) 野田有紀子、注(2)前掲論文。吉川真司、注(3)前掲論文。

(9) 新日本古典文学大系本『続日本紀』第四巻（岩波書店、平成七年）三二九頁の注三。

(10) 神道大系『朝儀祭祀編五　践祚大嘗祭』（神道大系編纂会、昭和六十年）に拠る。

(11) 『群書解題』第八巻（続群書類従完成会、昭和五十七年）の『代始和抄』解題（是沢恭三氏執筆）参照。

(12) 精査の上での結論ではないが、現時点では、永和元（一三七五）年十月二十八日の後円融天皇大嘗祭の御禊行幸に節旗が漸出したことが確認される（『永和度大嘗会記』〈『神道大系　朝儀祭祀編五　践祚大嘗祭』所収〉）。なお、文正元（一四六六）年十一月二十六日におこなわれた後土御門天皇の大嘗祭御禊行幸が史上最後の御禊行幸となる。二百二十余年ぶりに再興された貞享四（一六八七）年の東山天皇大嘗祭において、御禊行幸が復活しなかったのは、幕府側の政治的意図（天皇の皇居外行幸を抑止するという幕府側の方針）と経費の問題である（武部敏夫「貞享度大嘗会の再興について」〈『書陵部紀要』第四号、昭和二十九年〉、のちに、岡田精司編『大嘗祭と新嘗』〈学生社、昭和五十四年〉再録）。東山天皇の大嘗祭御禊は清涼殿東庭において実修される（『季連宿禰記』貞享四年十月二十八日条）。

(13) 鈴木重胤『中臣寿詞講義』（国書刊行会、昭和五十三年）。なお、林笠翁『儀式考』（仙台叢書別集第一巻、仙台叢書刊行会、大正十三年）では、「節旗」についての言及はない。

(14) 和田英松『御即位礼及び大嘗祭の沿革』（『国学院雑誌』第二十一巻九号、大正四年、のちに、同『国史国文之研究』〈雄山閣出版、大正十五年〉所収）。

(15) 『続群書類従』第十輯下所収。なお、橋本義則「朝政・朝儀の展開」（『日本の古代　7　まつりごとの展開』〈中央公論社、昭和六十一年〉、のちに、同『平安宮成立史の研究』〈塙書房、平成七年〉所収）では、「銅烏幢」は日本独自の幢の可能性があり、天皇を象徴したものではなく、天皇に従属することを示した旗ではないかとされている。

(16) 出雲路通次郎『大礼と朝儀　付有職故実に関する講話』（臨川書店、昭和六十三年復刻版。『有職故実に関する講話』の初版は昭和三十五年）。

(17) 川出清彦『祭祀概説』（学生社、昭和五十三年）。

(18) 中嶋宏子、注(4)前掲論文。

(19) 『古事類苑』には「節旗」の立項なく、帝王部・神祇部・兵事部にも関連史料・説明は見当たらない。

(20) 名著刊行会、昭和五十一年復刻版。

(21) 臨川書店、昭和五十六年復刻版。

(22) 吉川弘文館、昭和六十二年。

(23) 第三巻、角川書店、昭和六十二年。なお、「せつき　節旗」の項目の文末の典拠史料である『明月記』の年次は、辞典の原文では「嘉禎三年」とするが、「嘉禎元年」の誤植であろう。
(24) 第一巻、角川書店、昭和五十七年。
(25) 増補史料大成『兵範記』第三巻（臨川書店、昭和五十八年）に拠る。
(26) 「左近衛府式」大儀条に「大儀〈謂三元日即位及受二蕃国使表一〉」とある。
(27) 神道大系本（前掲注(6)）に拠る。
(28) 「左衛門府式」兕像条に「凡大儀之日、居二兕像於会昌門左一、事畢返二収本府一、〈右府居レ右〉」とあり、即位式・元日朝賀式・蕃国使の表を受理する「大儀之日」には、左右衛門府により会昌門左右に一対の兕像が据えられた。同規定は『儀式』には見えないが、瀧川政次郎氏はその実態は中国古伝説の一角獣であろうと想定されている（「兕像考」〈同『律令と大嘗祭―御代始め諸儀式―』、国書刊行会、昭和六十三年〉）。なお、瀧川氏は「兕像がどんなものであったかは、その現物はもちろん、これを画いたものも伝わっていないから、全く不明である」とされるが、『文安御即位調度図』（『群書類従』第七輯所収）には、中務省が龍尾道上に建てる兕纛幡、左右衛門府が会昌門左右に据える狛犬形（兕像）、の図があり、説明文によれば、狛犬形（兕像）は銅製で銅座に据えられていた。また、『礼儀類典』絵図にも、銅座に据えられている一対の狛犬形（兕像）の図がある（『古式に見る皇位継承「儀式」宝典』所収、新人物往来社、平成二年）。さらに、後述する『三礼図』にも「中兕」図が収録されており、牛のような一角獣である。
(29) 纛幡・隊幡等の区別については、「軍防令義解」私家鼓鉦条に「将軍所レ載曰二纛幡一、隊長所レ載曰二隊幡一、兵士所レ載曰二軍幡一也」とある。
(30) 『群書類従』第七輯所収。
(31) 『群書解題』第五巻（続群書類従完成会、昭和五十一年）の『文安御即位調度図』解題（岩橋小弥太氏執筆）。
(32) 福山敏男「大極殿の研究」（『住宅建築の研究　福山敏男著作集五』、中央公論美術出版、昭和五十九年）。
(33) 所功「高御座の伝来と絵図」（『京都産業大学世界問題研究所紀要』第十巻、平成二年）。
(34) 四神旗の内の「青龍旗」には纛は付けられない。また、『文安御即位調度図』からも伺えるように隻龍である。

(35)『古式に見る皇位継承「儀式」宝典』(新人物往来社、平成二年)に所収。

(36)注(35)前掲書。

(37)『文安御即位調度図』の龍像纛幡の説明文には、纛は竹籠の上に馬毛を垂れ懸けるとする。さらに、龍像纛幡の地色について、『御即位調度之図』(『即位大嘗祭とその周辺』〈東京経済、平成元年〉所収)では、東(左近衛府陣)の龍像纛幡は黄地に隻龍、西(右近衛府陣)の龍像纛幡は赤地に隻龍を描いている。『御即位調度之図』は、同書後記に拠ると、御厨子所大隅家旧蔵と言い、彩色図で、『群書類従』第七輯所収の『文安御即位調度図』と略同内容であるが、図の順序が若干異なり、また、兕纛幡の「兵衛府〔左右〕各立レ之」などの記載は『文安御即位調度図』には見られない。なお、「纛」については、『和漢三才図会』(東洋文庫版、平凡社、昭和六十三年)に「『三才図会』(器用六巻)などによれば、犛牛《からうし》の尾でこれをつくる。大きさは斗《ひしゃく》ぐらいで、乗輿車の衡《よこぎ》の上の左方につけてはためかす。……」とある。また、犛牛の尾は貴重品で、唐では輸出禁止となっていた(仁井田陞『唐令拾遺』関市令四〈東京大学出版会、昭和五十八年復刻版〉)。唐の輸出禁止品については、榎本淳一「「国風文化」と中国文化」(池田温編『古代を考える　唐と日本』、吉川弘文館、平成四年)に言及がある。

(38)神道大系『古典編　延喜式』(下)(神道大系編纂会、平成五年)に拠る。

(39)仁藤敦史「古代王権と行幸」(黛弘道編『古代王権と祭儀』、吉川弘文館、平成二年)、野田有紀子、注(2)前掲論文参照。なお、仁藤氏は、天平時代後半を天皇行幸の成立期とされる。

(40)中嶋宏子「大嘗祭の御禊行幸—装束司・次第司の任命—」(『国学院雑誌』第九十一巻七号、平成二年)。

(41)本田二郎『周礼通釈』上・下巻(秀英出版、昭和五十二・五十四年)。また、『周礼』本文も同書に拠った。

(42)鄭玄注は『十三経注疏　周礼』(中文出版社)に拠り、鄭玄注の訓読文は、本田二郎、注(41)前掲著書に拠った。鄭玄(一二七~二〇〇)は、後漢の訓古学者で三礼学の樹立者。

(43)「玉輅」は王のみが乗車を許される車であることは、野田有紀子、注(2)前掲論文参照。また、「十二」が天子の命数であることは、例えば、『礼記』巻十一「郊特牲」に「祭之日、王被レ袞、以象レ天、戴レ冕、璪十有二旒、則二天数一也」とある。『礼記』は漢文大系第十七巻(冨山房、昭和五十一年増補版)に拠った。

(44)『儀礼』は『和刻本　儀礼経伝通解』(汲古書店、昭和五十五年)に拠った。

(45) 縿、旒の解釈は、本田二郎、注(41)前掲著書を参照した。

(46) 聶崇義『三礼図』二十巻（神宮文庫整理番号　第二門―六九三号）。聶崇義『三礼図』二十巻は、『三礼図集注』とも言われ、鄭玄・阮・夏侯・伏朗・張・梁正、及び開皇中勅撰の各図を参互考訂して作成したものである。神宮文庫架蔵本は宝暦十一（一七六一）年の和刻本である。なお、聶崇義『三礼図』は『索引本通志堂経解　三礼』第二十八巻（漢京文化事業有限公司）にも収録されている。

(47) 『宋史』（中華書局）に拠る。

(48) 林尹『周礼今注今訳』（台湾商務印書館股份有限公司、中華民国六十一年）の「司常九旗」条の今注にも「常……即太常・旗名・附於杆之直幅為縿・綴於縿之横幅為斿・共十二斿・縿上画日月・斿画交龍・縿斿皆以纁帛為之」とあり、縿と斿はすべて同色で纁帛（うすあかぎぬ）で作るとある。

(49) 兎が月の中にいるという伝承は、『楚辞』天問に見え、その兎が月中で不死の仙薬を搗くことは、晉の傅玄の『擬天問』が初出とされる（新釈漢文大系『淮南子』〈楠山春樹〉、明治書院、昭和五十四年）。なお、月と不死については、ニコライ・ネフスキー『月と不死』（東洋文庫、平凡社、昭和四十六年）参照。また、東アジアにおける日像・月像の分布・変遷については、西川明彦「日像・月像の変遷」（『正倉院年報』第十六号、平成六年）を参照。

(50) 但し、『周礼』巻二十一「春官　司服」条の天子冕服十二章についての鄭玄の注には「王者相変、至レ周而以二日月星辰一画二於旌旗一、所謂三辰旂旗昭二其明一」とあり、これは「太常旗」のことであり、同条では「星」も「太常旗」に描くとしている。

(51) 簡便に披見できるものとして、『御即位御装束御祭庭悠紀主紀図』（北野天満宮所蔵）、『近江国日吉神社神宝図』（嵯峨井建氏所蔵）（『天皇制　歴史・王権・大嘗祭』〈河出書房新社、平成二年〉に所収）。『御即位式図譜』・『礼儀類典』絵図（『古式に見る皇位継承「儀式」宝典』〈新人物往来社、平成二年〉に所収）等がある。

(52) 注(51)前掲の『近江国日吉神社神宝図』（嵯峨井建氏所蔵）の袞衣図では、左右の袖の龍の内、日形の方は昇龍であるが、月形の方は降龍で、月形に背を向けている。『兵範記』の「節旗」実見記事に引かれる或る記録――龍の向きは、日形の方は日に向かい、月形の方は月に背を向ける――と一致する。

(53) 天皇が冕服を着した初見記事は、『続日本紀』天平四（七三二）年正月一日条の「御二大極殿一受レ朝、天皇始服二冕服一」であるが、聖武天皇が着した礼服が袞冕十二章であったか否かについてはなお検討を要すると思われる。東大寺大仏開眼会に臨んだ聖武天皇が着した礼服は「帛衣」であった（米田雄介「礼服御冠残欠について―礼服御覧との関連において―」〈『正倉院年報』第十七号、平成七年〉）。袞冕十二章については、吉野裕子『大嘗祭―天皇即位式の構造』（弘文堂、昭和六十二年）に言及するところがある。

(54) 「左右近衛府式」大嘗小斎条に「凡践祚大嘗会小斎官人已下、並著二青摺布衫一、余装束如二元日一、陣二於斎院内一、其大斎装束亦如二元日一、斎院以外隊之、但除二纛隊幡鉦鼓一」とあり、「左右衛門府式」大嘗会陣条に「凡践祚大嘗会斎院屯陣装束、一如二元日一、但除二纛隊幡鉦鼓一」とあり、「左右兵衛府式」大嘗小斎条に「凡践祚大嘗会小斎官人、兵衛装束、並准二近衛府一陣二於斎院諸門一、其大斎屯陣装束一如二元日一、但除二纛隊幡鉦鼓一」とある。

(55) 「百子帳」については、「掃部寮式」大嘗会禊祓儲料条に「凡践祚大嘗会禊祓儲料、軽幄百子帳、軟障大床子、屏風帳、茵等貯二納寮家一、臨レ時出用」とあり、鋪設の詳しい記事は、『兵範記』仁安三年十月二十日条に見える。『永和度大嘗会記』（神道大系『朝儀祭祀編五　践祚大嘗祭』所収）に「此百子帳といふことは、斉高帝百人を容せらるるをつくる。これよりと申、所謂穹廬の名なり」とある。諸橋轍次『大漢和辞典』（大修館書店）には「【百子帳】　帳の名。天幕。又、子供を多く図いた天幕。子孫の衆多を祈るために婚礼のときにもちひる」と説明している。また、故宮博物館の後三宮には、薄絹に百子図（多くの子供が描かれている）を縫いとった「百子帳」が所蔵されている（『紫禁城』、故宮博物館紫禁城出版社、昭和六十三年）。

(56) 仁藤敦史、注(39)前掲論文。仁藤氏は「『延喜式』太政官式行幸条に規定された編成と内容を典型とする「天皇行幸」は、天平十二年における聖武の関東行幸を中心とした天平時代後半にその体制がほぼできあがったといえる」とされる。

(57) 拙稿「「奉翳女孺」考」（『皇學館大学神道研究所紀要』第十四輯、平成十年、本書第二篇第二章所収）。

(58) 漢文大系第十七巻『礼記』（冨山房、昭和五十一年増補版）所収の『礼器図』に拠った。

第四章　語部考証二題

第一節　はじめに

語部を対象とし、或はそれに言及する研究は決して少ないとは謂えない。その代表的な業績として、語部を語ることを専門とする職業的集団とし、その奏上する詞章が旧辞となったとする通説を批判した津田左右吉氏、それを受け、『出雲国風土記』国造り神話の構成を論じた石母田正氏、律令制下における語部の実態を解明した上田正昭氏、また語部が奏上する古詞を検討した岩橋小弥太氏、『古事記』『日本書紀』『風土記』と語部との関係を考察した倉野憲司氏、そして近年では、平安朝の大嘗祭に語部を貢上する国々に残る神話伝承から、古い時代の語部を把握しようとした井上辰雄氏、などを挙げることができる。(1)

これらの研究の論点は多岐に亙るが、共通する基本的な関心の一つは、『記紀』『風土記』の伝承と語部との関わりであり、その対象とする時代も主として大化前代であり、降っても奈良時代迄の論考が殆どである。一方、語部の具体的な姿をある程度窺える平安時代以後の語部——但し大嘗祭が語部の唯一の活動の場となる——については、意外なほど研究が少ない。(2)

小稿では、この大嘗祭における語部をめぐる基礎的な疑問点の内二つ――語部が古詞を奏上する位置と奏上が廃絶する時期――を取りあげ検討を加えたい。

第二節　語部の古詞奏上

『儀式』巻二～四「践祚大嘗祭儀」、『延喜式』巻七「践祚大嘗祭式」によれば、語部が祭儀に参列し「古詞《ふること》」[3]を奏上するのは、大嘗祭一日目の大嘗宮での天皇による神饌親供がおこなわれる卯日の夜である。

さて、語部が古詞を奏上する場（位置）については、これを大嘗宮内とする論者がおられる。即ち『国史大辞典』第三巻「語部」の項目（黛弘道氏執筆）では、

……天皇の即位儀礼としての践祚大嘗祭にあたり、美濃・丹波・丹後・但馬・因幡・出雲・淡路の七ヵ国から都合二十八人の語部が召集される。彼らは二組に分けられ、おのおの伴氏・佐伯氏に率いられて大嘗宮の東西の掖門から入り古詞を奏することになっていた。……　（以下略、傍線は加茂が付した）

と、語部の古詞奏上を大嘗宮内の行事として説明される。[4]

また、井上辰雄氏も『古代王権と語部』（一六頁）において、

彼ら（語部――加茂注）は、伴宿禰《とものすくね》や佐伯《さえき》宿禰らに率いられて、大嘗宮の東西の掖門《わきのもん》《えきもん》より入って、「古詞《ふること》」を奏したのである。……　（以下略、傍線は加茂が付した）

同じく大嘗宮内において奏上するとされる。[5]この点については、川出清彦氏の『祭祀概説』、田中初夫氏の『践祚大嘗祭　研究編』などでは、自明なこととされたためか特に言及されていない。[6]だが、「践祚大嘗祭式」油以下事条に「大斎群官不レ入二廻立殿院及大嘗宮中一」と規定されるように、大嘗宮の宮内と宮外では厳格な区別がなされるので、語部が大嘗宮に入って古詞を奏上するのか否かの確認はやはり必要なことと思われる。本節では

この問題を考えたい。

まず大嘗宮及び儀式次第の概略を述べる。大嘗宮が結構される場所は平城天皇朝より朝堂院が恒例となっている。(7) その造営については『儀式』巻三に詳しい。大嘗宮（大嘗院とも）の宮地は東西二十一丈四尺、南北十五丈の広さを有し、龍尾道の南、朝堂（十二堂）の東第二殿と西第二殿の中間の広場に造営される。(8) 大嘗宮は中央の中籬により東西に中分され、東方の区域が悠紀院、西方が主基院となる。両院の殿舎の構造・鋪設は同じ（但し位置は対蹠となる）であるので、悠紀院について述べる。

院内は東西の中垣で二分され、南には悠紀殿（間口二間、奥行五間の正殿、長さ四丈、広さ一丈六丈、柱高一丈、梲高四尺、北三間を室〈悠紀御膳親供の室〉、南二間を堂とする）、御厠（一間、長一丈、広八尺、高七尺、正殿の東南に位置する）、北には膳屋（悠紀殿と同じ五間の屋、東三間は悠紀御膳調理の為の室、西二間は盛膳所）、臼屋（三間、長一丈六尺、広一丈、御稲を舂く所）、神服柏棚（三間、長一丈五尺、広五尺、高四尺、神服・神座等を一時安置する所）の建物が結構される。いずれも黒木（樹皮をはがさないままの丸太の木）造り、柏棚以外の葺代はすべて青草。大嘗宮の周囲は柴垣で圍まれ、南北東西に門（東西の門には屏籬がある）が設けられる。(9)

一方、朝堂では、承光堂と顕章堂との前に、縦（南北）に七丈の幄各一宇（小忌幄）を立て、暉章堂と修式堂との前（北）に、横（東西）に五丈の幄各二宇（暉章堂前東幄――大臣以下参議以上の幄、修式堂前東幄――親王の幄、同西幄――五位以上の幄）、さらに大臣以下参議以上の幄の北に皇太子の幄が立てられる。

卯日平明、神祇官の諸神班幣、諸司小斎人卜定等が訖ると、石上・榎井の両氏各二人は内物部を率いて大嘗宮南北の門に神楯戟を樹てる。伴・佐伯の二氏各二人は大嘗宮南門の開閉を掌る。近衛・兵衛・衛門の各衛府は所定の位置に分陣する、隼人司は隼人を率いて朝集堂前に列立し群官の参入に際し吠声を発する。中務省の輔・丞は同省の内舎人と大舎人寮を、宮内省の輔・丞は殿部と掃部をそれぞれ帥い威儀物を執って陳列する（図1参照）。儀仗が整い、神饌が大嘗宮に搬入されると、戌刻（午後七時頃）天皇は大嘗宮へと発御する。廻立殿での沐浴後、いよいよ悠紀殿への渡御となる。大臣一人に率いられた中臣・忌部・御巫・猿女が左右に前行し、車持朝臣一人は菅蓋を天皇に奉じ、子部宿禰・笠取直一人は菅蓋の綱を執り、従う。時に戌四刻（午後八時半頃）、天皇が悠紀殿に入御すると、

○訖伴・佐伯宿禰各一人、開二大嘗宮南門一、衛門府開二朝堂院南門一、宮内官人率二吉野国栖十二人、楢笛工十二人一〔並著二青摺布衫一〕入レ自二朝堂院南左掖門一、就レ位奏二古風一、悠紀国司率二歌人一、入レ自二同門、就レ位奏二国風一、伴・佐伯宿禰各一人率二語部十五人一〔著二青摺衫一〕、亦入就レ位奏二古詞一〔伴入レ自二左掖一、佐伯入レ自二右掖一〕、並掃部寮鋪設〔前座国栖、次歌女、次語部、皆北面東上、国司在二歌女人以東一〕、皇太子入レ自二東方南掖門一、親王入レ自二西門一、大臣以下入レ自二南門一、各就二幄下座一、六位以下在二暉章・修式両堂後一、依レ次列位、其群官初入、隼人発レ声、立定乃止、訖国栖奏二古風一五成、次悠紀国奏二国風一四成、次語部奏二古詞一、次隼人司率二隼人等一、従二興礼門一参入、於二御在所屏外一北向立、奏二風俗歌舞一〔主基亦同〕、皇太子以下五位以上、就二庭中版一、跪拍レ手四度〔度別八遍、神語所謂八開手是也、皇太子先拍レ手南退、次五位以上拍レ手一、六位以下亦如レ是〔其小斎人不レ在二拍限一〕訖退出、唯五位以上退就二幄座一、座定安倍朝臣氏五位二人左右相分、共就レ位奏二侍レ宿文武官分番以上簿一（割注略）。……

（『儀式』巻三[10]、〔 〕内は二行割注。傍線は加茂が付した）

○伴・佐伯氏各二人開二大嘗宮南門一、衛門府開二朝堂院南門一、宮内官人引二吉野国栖十二人、楢笛工十二人一〔並青摺布衫一〕、入レ自二朝堂院東掖門一、就レ位奏二古風一、悠紀国司引二歌人一入レ自二同門一、就レ位奏二国風一、伴宿祢一人、佐伯宿祢一人、各引二語部十五人一〔着二青摺衫一〕入レ自二東西掖門一、就レ位奏二古詞一……

（「践祚大嘗祭式」油以下事条、[11] 傍線は加茂が付した）

と、大嘗宮南門・朝堂院南門開門、国栖・歌人・語部の参入、奏上、皇太子以下群官の参入、再び国栖等の奏上[12]、皇太子以下群官の拍手、安倍氏による侍宿文武官人名簿の奏上がおこなわれ[13]、これらが済めば悠紀御膳の神饌行立が進発する（亥の一刻〈午後九時頃〉）。

従って、大嘗宮南門開門から安倍氏の侍宿名簿奏上迄は、約三十分間の行事であり、この間の天皇の所在について、川出清彦氏は、悠紀殿の前室にあたる堂の奥との仕切りになっている中戸外の西南に南面して着御し、神饌行立の警蹕の声を聞いて奥内陣の座に進む、とされている[14]。川出氏に従えば、この間、天皇は悠紀殿の堂で南面しており、それに対して国栖の古風・歌人の国風・語部の古詞奏上がおこなわれ、さらに皇太子以下官人が跪いて「八開手《やひらて》」——合計三十二回の拍手——を拍っていることになる。

右の儀式文を素直に読む限り、吉野国栖・斎国歌人・語部は朝堂院南門（会昌門）[15]の掖門より参入すると解する他ない。先の黛氏、井上氏は語部が入る東西の掖門を大嘗宮の門と解釈されたらしいが、誤りとすべきであろう。語部について言えば、大伴氏は語部を率いて東掖門＝左掖門＝章徳門より、佐伯氏は同じく西掖門＝右掖門＝興礼門より各々入り、位に就いて古詞を奏上する[16]と理解すべきである。

次に問題となるのは、朝堂院の東西掖門より参入した語部が古詞を奏上する「位」が大嘗宮の宮内か宮外かである。版位が設けられる位置については、「践祚大嘗祭式」班幣条に次のように規定される。

式部設二皇太子以下版位於大嘗宮南門外庭一〔相去丈尺見二儀式一〕

版位の管掌は式部省の管轄の一つ（「養老職員令」式部省条）であるので、右の式文に対応する「式部式」践祚大嘗会条には、

図１

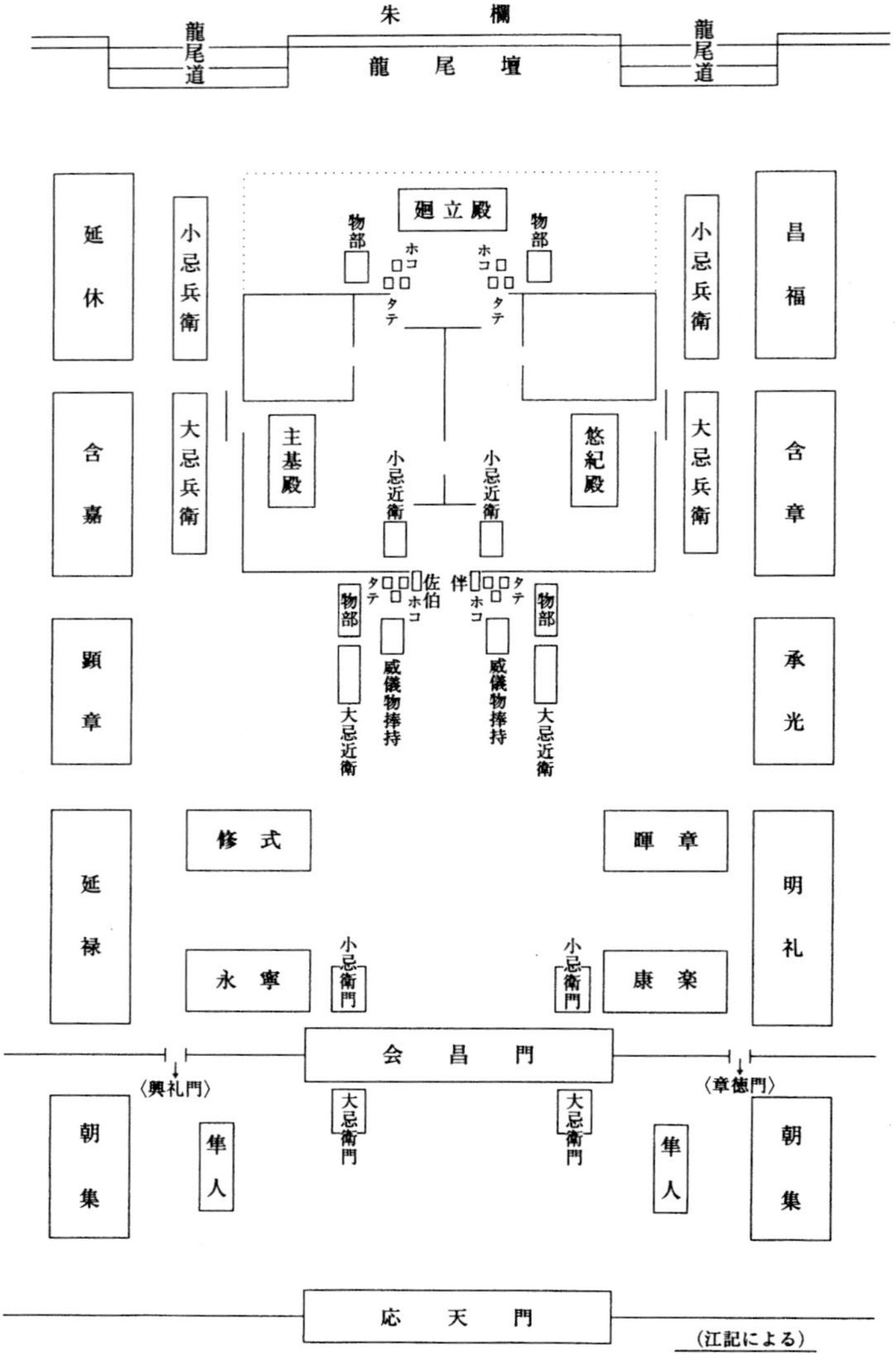

川出清彦氏『祭祀概説』〈学生社、昭和53年〉302頁より転載、
但し章徳・興礼二門表記は加茂が書き加えた。

卯日質明、掃部寮設二輔以下座便処一、點二検五位以上一、如二賀正儀一、録率二史生省掌一、大嘗宮南庭置二皇太子已下、及奏宿《トノヰマウシ》語部《カタラヒヘ》歌人等版位一、……（以下略）

と規定される。この式文よりすれば、皇太子以下群官、安倍氏の奏宿、語部・歌人等の奏上の版位は、大嘗宮南門の南庭に置かれたことが知れる。従って、宮内官人に率いられた吉野国栖・楢笛工は章徳門より、悠紀国司に率いられた歌人も同門より、伴・佐伯宿禰に率いられた語部は章徳・興礼両門より、朝堂に参入し大嘗宮南門の南庭において、各々、古風・国風・古詞を奏上する、ということになる。

右の点の確認と国栖・歌人・語部の奏上の位置をもう少し限定したいために、『西宮記』以下の儀式書の関連箇所を次に掲げる。[17] なお、川出清彦氏が『江記』[18]（大江匡房著、天仁元〈一一〇八〉年十一月　鳥羽天皇大嘗会記）の記載に基づいた大嘗宮儀仗図を作成されているので、理解に資するために転載させて頂く（図1参照）。

『西宮記』巻十一「大嘗会事」では、

開門〔佐伴開二会昌門一〕、宮内率二国栖一入就レ位〔入レ自二左腋門一、着二摺衣一、笛工十六人、奏二風俗一、居二大嘗宮南門東腋一、天慶、主基間不レ候、後勘二宮内一〕、悠紀国司已下、率二歌人一就レ位〔着二摺衣一、入レ自二同門一、奏二風俗一〕、伴佐率二語部一〔着二摺衣一、入レ自二東西腋門一就レ位、出雲、美濃、但馬、近江、或伊勢、山城、紀伊、丹波、丹後、因幡、淡路、語部着二摺衣一入、伴東、佐西、奏二古調一、前座国栖、次歌人、次語部、国司在二哥人東一、掃部敷レ座〕、大忌王卿已下就レ幄下〔割注略〕、隼人司立奏二風俗哥舞一、王卿已下就レ庭跪拍レ手〔四段八遍、了着レ幄〕

とある。ここで注意したいのが国栖の割注である。『西宮記』によると宮内省官人に率いられた国栖が就くべき版位は大嘗宮南門の東掖とする。そして語部の割注では、語部が「古調」を奏すと注した後に、国栖以下の位置関係について、前座が国栖、次が歌人（国司は歌人の東）、次が語部で北面東上——官人列立の際の異位重行（位次に従って重行に列す）[19]と同じであろう——と記す。とすれば、語部も大嘗宮南門外の東掖に位置していたことになる。大嘗宮南門東掖とは悠紀殿側である。

『北山抄』巻五「大嘗会事」では、次のように注記される。

次開門〔伴佐伯宿禰開二大嘗宮南門一、衛門開二会昌門二〕、次大忌親王入レ自二西門一、大臣以下入レ自二南門一、各着二幄下座一〔並北面、儀式、国栖参入後、群臣参着云々、而新式次第如レ此、……（以下略）〕、六位以下参入、亦就二幄下一（割注略）、次宮内官人率二吉野国栖一〔十二人、楢笛工五人〕、入レ自二左腋門一就レ位《イナシ》〔承平記云、立二馳道一、当二近仗平張南一、天慶記、在二南門外東掖一云々、案レ之、与二式部一列相連、可レ随二彼所一レ便歟、但東掖《門イ》不レ可レ然也〕、次悠紀国司率二歌人一、入レ自二同門一、次伴佐伯宿禰率二語部一〔十五人〕、入レ自二東西掖門一、各就レ位〔並着二青摺衣一、前座国栖、次哥女、次語部、皆北面東上、国司在二哥人東一、掃部寮敷設〕、其群官初入、隼人発吠《犬イ》声、立定即止、先国栖奏二古風一五成〔承平記云、其笛似二以レ指摩レ孔也〕、次悠紀国奏二国風一四成〔其声似二神哥一遅、未主《イナシ》基丹波《後イ》国、奏二早哥一云々〕、次語部奏二古詞一〔其音似レ祝、又渉二哥声一、出雲・美濃・但馬語部各奏レ之、云々[20]〕、次隼人司率二隼人一、入レ自二右掖門一、於二御在所屛外一北面立、奏二風俗哥舞一（割注略）、次次《以一本》退出、親王以下五位以上、就二庭中版一〔異位重行、……（以下略）〕、跪挿レ笏拍手四度（割注略）、六位以下又如レ此（割注略）、畢各復二幄座一、座定、安倍朝臣五位二人六位四人（割注略）、左右相分就レ版、奏二侍宿文武官分番以上簿一（割注略）、亥一尅、供二御膳一、

『北山抄』では、大嘗宮開門後、まず大忌親王・大臣以下が朝堂へ参入するとし（『儀式』『延喜式』『西宮記』はいずれも、国栖・歌人・語部の参入後に皇太子以下官人の参入とする）、それは「新式」に拠ると注す。

さて語部の就くべき位置は、国栖、歌女の次で北面東上とされることは前掲の『西宮記』と同じである。その国栖の位置は割注に従えば、「承平記」（承平二〈九三二〉年朱雀天皇大嘗祭の記文か）では、馳道に立ち近仗平張

の南とする。近仗は近衛であるが、一条兼良の『江次第鈔』正月条に「近仗謂二近衛次将一也」とある。[21]

ここで問題となるのが近衛陣の場所であるが、近衛を初め各衛府は小忌（小斎）と大忌（大斎）に分けられ、その布陣は『北山抄』に、

諸衛設二大儀一、分衛如レ常（……承平記云、近衛小忌陣、在二大嘗宮内一、大忌陣、在二南門外一、兵衛陣、在二両横堂間一、衛門陣、在二会昌門外一、其小忌陣、在二同門之内一）

とする。さらに、『江記』では各衛府の陣をもう少し詳しく記す。[22]

近衛小忌陣在二大嘗宮内左右一、同大忌陣在二同門外左右一、左右兵衛陣在二両横堂間一（小忌北、大忌南、）左右衛門小忌陣在二会昌門内一、同大忌陣在二同門外一

先掲した川出氏の大嘗宮儀仗図は、この『江記』の記述より作成されたものである。

小忌近衛は大嘗宮内左右、大忌近衛は同門外左右に布陣するが、「承平記」が謂う「近仗平張」は同門外の大忌近衛陣であろう。先述したように、皇太子以下官人、国栖、語部等、安倍氏奏宿の版位は大嘗宮南門外の南庭に設けられるからである。では、国栖は、大嘗宮南門外左右に分陣する大忌近衛陣の左右のいずれの南に着くのか（図1参照）。私は次の二点——①国栖は章徳門より参入すること、②天皇は悠紀殿に着御し南面していると思われること——より、国栖は大嘗宮南門外左（東）の大忌近衛陣の南に位置すると考定したい。国栖が左の大忌近衛陣の南に位置するのなら、歌人・語部もその次に位置するということになる。

「承平記」の次に引用される「天慶記」（天慶九〈九四六〉年村上天皇大嘗祭の記文か）では、国栖の着くべき位置を大嘗宮南門外東掖と明記する。

そして続けて、式部と列相連なり、彼の適切な所に随うべきかとし、東掖は相応しくないとする案を記す。式部は儀式に際して参列者等の礼容を点検し、また参列者を定位置に誘導する（例えば『儀式』巻六「元正受朝賀儀」

参照）。案文の言うところは、この式部の指示に従えということであろうが、具体的に南庭のどの場所に位置するのかは不明と言わざるを得ない。よって、この点は今後の課題となる。ただ、次に引用する『江家次第』では「承平記」説を採用していることは注意される。なお、『北山抄』によって、親王以下官人が跪き「八開手《やひらて》」を拍つ位置がより精しく解る。「式部設㆓親王以下版於大嘗宮南門外庭㆒〔門南去二丈五尺、置㆓奏事版㆒、東西去一丈五尺、重行置㆓親王以下版㆒〕」とする。

『江家次第』巻十五「大嘗会」は以下のように注記する。

次開門〔伴佐伯宿禰開㆓大嘗宮南門㆒、衛門開㆓会昌門㆒〕

（中略）

宮内官人率㆓吉野国栖㆒、入㆑自㆓左掖門㆒〔国栖十二人、笛工五人〕、

承平記云、馳道当㆓近仗平張南㆒、

悠紀国司率㆓哥人㆒、入㆑自㆓同門㆒、

伴佐伯率㆓語部十五人㆒、入㆑自㆓東西掖門㆒、各就㆑位〔並青摺衣〕、

前座国栖〔次哥女、次語部、皆北面東上〕、

国司在㆓謌人東㆒、掃部寮敷設、

群官初入、隼人発㆓吠声㆒〔立定即止〕、

国栖奏㆓古風㆒五成〔承平記、其笛似㆓指摩㆑孔歟〕、

悠紀国奏㆓国風㆒四成〔其声似㆓神歌㆒遅、主基奏㆓早哥㆒〕、

語部奏㆓古詞㆒〔其音似㆑祝、又渉㆓哥声㆒、出雲、美濃、但馬語（部脱カ）各々奏㆑之〕、

『江家次第』では、国栖の位置については「承平記」の記事のみを引用する。『江家次第』の大嘗祭儀式文は

『北山抄』を最も多く参照し、それを取捨選択し、さらに訂正等を加えたものであることは既に指摘されている。[23]とすれば、『江家次第』において、国栖の着くべき位置について「承平記」のみが引用されるのは、匡房が『北山抄』の注記の内「承平記」を最良と判断したためであろう。

以上、本節では、語部の古詞奏上（国栖の古風・歌人の国風奏上も）は大嘗宮南門外の南庭でおこなわれることを再確認し、その位置については、同宮南門外の東掖――さらに言えば「承平記」の記述より、東掖の大忌近衛陣の南と推定した。

第三節　語部役の廃絶

「践祚大嘗祭式」油以下事条の規定では、伴宿禰一人と佐伯宿禰一人に率いられた各々語部十五人が古詞を奏上した。その参集国と人数は「同式」語部条では、美濃八人・丹波二人・丹後二人・但馬七人・因幡三人・出雲四人・淡路二人（但し『儀式』では丹波を一人とする）とされる。[24]『北山抄』『江家次第』では、伴・佐伯の率いる語部は十五人となり、その召集国も出雲・美濃・但馬の三国に減じてしまう。

そして、大嘗祭での語部の古詞奏上が廃絶する時期については、益田勝実氏が語部の古詞の内容を追求された卓論「記紀の歌謡と儀礼」において言及されている。[25]益田氏は「わたしの知るかぎりでは、それ（語部召集国――加茂注）は最後は美濃一国になり、それも中世文正の頃に消滅してしまったらしい」とされ、『親長卿記補遺』[26]の文正元（一四六六）年十二月の次の記事を引用される。

八日朝晴。自レ昼陰。及レ晩雨下。……晴富宿禰来。申二陶器并語部美濃国衙（西園寺知行）役事。守護無二沙汰一。（忩可レ被レ加二下知一之由、可レ仰二西園寺一云々。……（以下略）

九日　遣二書状於西園寺内府許一。

内膳奉膳清康申二大嘗会立瓶以下事一。申二付楠葉一之処、魚市与二相論一事、度々雖レ被レ成二院宣并武家下知一、不二叙用一之間、不レ可二沙汰進一之由、申之条、太以不レ可レ然候。就レ中美濃国衙役陶器并語部事、于レ今守護無二沙汰一、忽可レ及二闕如一之由申レ之。両三ケ条事、不レ日可レ被レ加二無為之御下知一之由、被二仰下一候也。

親長恐惶謹言。

十二月五《九カ》日　（親長花押）

西園寺殿

（中略）

十八日晴。仰二西園寺一事。

陶器事、半分さへ于レ今不レ被二渡遣一。真実及二闕如一候。又語部事已今日可レ缺二威儀一之条、不レ可レ然候。及二行幸違乱一候間馳申候。楠葉事、是又申旨候者、可レ給二御雑掌一候。親長恐惶謹言。

十二月十八日　親長

西園寺殿

後土御門天皇大嘗祭のための陶器貢進と語部貢上が美濃国衙に課されたが、「守護無二沙汰一」という状態であるため、同国衙領の知行主である西園寺家（西園寺実遠、当時内大臣）へそのことを催促する天皇の命令を書状で伝えるが、結局、語部は参上せず、陶器は予定の半分さえも進貢されなかった。そして「内大臣家が自分の知行国の語部役が果たせないほど、威令がおこなわれない。現地の国衙領内にはかつての美濃の語部の子孫が住んでいず、他へ流出して、そこの領主へ命令が通じはしない。そういう事にでもなっていたのだろうか。その前の後花園天皇の大嘗会は永享元（一四二九）年であったから、それから三十七年目にあたるが、その三十六年間に最後の語部は姿を消したのであろう。応仁の乱直前の頃のことである」と述べられている。[27] なお、この後土御門天皇大嘗祭は、触穢と京都兵乱のために、十二月十八日に斎行されている。

この文正元年の後土御門天皇大嘗祭以後は大嘗祭は中絶し、漸く貞享四（一六八七）年東山天皇大嘗祭において復興される。実に二百二十余年後のことである。[28]

益田氏は、この文正度の後土御門天皇大嘗祭から語部の古詞奏上が絶えるとされるようであるが、この点はもう少し検討する余地があると思われる。というのは、益田氏の言われる、その前の大嘗祭——永享二（一四三〇）年の後花園天皇大嘗祭においても語部は参上せず、古詞奏上はおこなわれなかったからである。

即ち、後花園天皇大嘗祭の記録である『康富記』永享二年十一月十八日条には次のようにある。[29]

是日大嘗祭也。……次開レ門（割注略）、伴・佐伯（割注略）在二鳥居内床子一（割注略）、兵庫寮、神楯桙南鳥居外東西脇各一枚充立レ之（割注略）、次宮内官人率二国栖一、悠紀国司率二歌人一、伴・佐伯率二語部一、各着レ座事無レ之。永徳亦如レ此（南鳥居外三行敷レ座、前座北国栖、中座歌女、後座語部、皆北面東上可レ着云々。……）。次国栖奏、歌女国風、語部古語等一向無レ之（永徳度、外記依レ例勤二国栖役一、又国風古語等猶奏レ之云々。於二国栖一者例年如二節会一不レ参也。国風古語兼無レ拠二于催一云々。澆季之至尤歎存。……）、次当司奏二風俗歌舞一退。

後花園天皇大嘗祭では、国栖古風・歌女国風・語部古詞奏上のいずれもが斎行されず、その有様を中原康富は「澆季之至尤歎存」と嘆じている。さらにその割注から、永徳度——永徳三（一三八三）年十一月の後小松天皇大嘗祭（十六日挙行）においてはそのいずれもがおこなわれた（但し、国栖奏は例により外記が代勤）ことが知られる。

この『康富記』の記事を根拠とされたのであろう、三浦周行氏は夙に「後小松天皇の永禄（徳の誤り——加茂注）三年の大嘗祭までは、国栖ノ奏・歌女の国風は、語部の古語と共に、尚ほこれを奏したことが見えて居る」[30]

とされ、この三浦氏の説を受けて、林屋辰三郎氏も国栖奏について「南北朝内乱のさなか、永徳度の大嘗会が官人代勤によって行われた国栖奏の最後となったもののようである」[31]と述べられている。

永徳三（一三八三）年の後小松天皇大嘗祭においては国栖・歌女・語部の奏上がおこなわれ、一方、永享二（一四三〇）年の後花園天皇大嘗祭ではそのいずれもがおこなわれなくなってしまったことは上に見た通りである。では、その間の大嘗祭ではどうであろうか。この間の天皇としては、南朝の後亀山天皇と称光天皇がいる。後亀山天皇については、その践祚の日も確かでなく[32]、大嘗祭が斎行されたのか否かは不明であるとされる[33]。

称光天皇は応永二十一（一四一四）年十二月に即位し、大嘗祭は翌二十二年十一月二十一日におこなわれている。称光天皇大嘗祭の記録である一条経嗣の『応永大嘗会記』（『大嘗会仮名記』とも称す）同年十一月二十一日条に、

> 廿一日、よへより雨ふりていまたやます、けふは卯日にて大嘗会也《なりイ》…………次に大臣・小忌公卿・弁・少納言以下幄につき、又大忌《みなイ》公卿幄につきてのち、よしの丶国栖古風を奏し、語部古詞を奏する事《イナシ》なとさま〳〵の儀式ともあり、皆神代の風俗なり、又いなつきの八乙女うたふこゑ神さひておもしろし

とあり[34]、国栖の古風奏上（官人の代勤であろうが）・語部の古詞奏上がおこなわれたとする。経嗣は当時関白であり、卯日の夜の神膳供奉に携わっていたので[35]、その記述は儀式に参加した実際の体験に基づいたものであろうから、信頼性は高いと思われる。

以上、掲出した史料よりすれば、文正度後土御門天皇大嘗祭に至って語部の古詞奏上がおこなわれないのは、文正頃に語部が存在しなくなるためかとされる益田勝実氏の説、国栖・語部の奏上は永徳度の後小松天皇大嘗祭迄とされる三浦周行氏の説、国栖奏上を同じく後小松天皇大嘗祭迄とされる林屋辰三郎氏の説、は次のように訂

正を要すると考える。

永徳三（一三八三）年の後小松天皇大嘗祭では国栖の古風・歌人の国風・語部の古詞奏上がおこなわれ、応永二十二（一四一五）年の称光天皇大嘗祭は国栖と語部の奏上が確認できる。そして、次の永享二（一四三〇）年の後花園天皇大嘗祭に至って国栖・歌人・語部奏上のいずれもがおこなわれず、次の文正元（一四六六）年の後土御門天皇大嘗祭でもそれらの奏上は無く、以後、大嘗祭自体が二百年以上の長きに亙って中絶してしまう。

注

（1）津田左右吉『日本古典の研究』上巻、第一篇第三章（岩波書店、昭和二十三年）、石母田正「古代文学成立の一過程」（同『日本古代国家論』第二部、岩波書店、昭和四十八年）、上田正昭「語部の機能と実態」（同『日本古代国家論究』、塙書房、昭和四十三年）、岩橋小弥太「語部」（同『増補　上代史籍の研究』上巻、吉川弘文館、昭和三十一年）、倉野憲司「語部と古事記、日本書紀」（『国文学　解釈と鑑賞』昭和三十九年一月号）、井上辰雄『古代王権と語部』（教育社、昭和五十四年）、井上辰雄「古代語部考」（同『古代王権と宗教的部民』、柏書房、昭和五十五年）。

（2）岡田精司編『大嘗祭と新嘗』（学生社、昭和五十四年）の解説（岡田精司氏執筆）。

（3）内閣文庫所蔵本『延喜式』の古訓による。

（4）『国史大辞典』第三巻（吉川弘文館、昭和五十八年）。

（5）井上辰雄、注(1)前掲著書。

（6）川出清彦『祭祀概説』（学生社、昭和五十三年）、田中初夫『践祚大嘗祭　研究篇』（木耳社、昭和五十年）。

（7）川出清彦、注(6)前掲著書。奈良朝では乾政官院〈太政官院〉（淳仁天皇）、南薬園新宮（孝謙天皇）、太政官院（光仁天皇）でも大嘗祭が挙行されている。

（8）福山敏男「大極殿の研究」（『住宅建築の研究　福山敏男著作集五』、中央公論社、昭和五十九年）。

(9) 川出清彦、注(6)前掲著書。池浩三『家屋文鏡の世界』(相模書房、昭和五十八年)。
(10) 新訂増補故実叢書本に拠る。
(11) 新訂増補国史大系本に拠る。
(12) 『儀式』では、国栖・歌人・語部は各二度奏上するとされるが、『延喜式』以下では奏上は一度となる。この点については、所功「「大嘗祭」儀式文の成立」(同『平安朝儀式書成立史の研究』、国書刊行会、昭和六十年)を参照。
(13) 安倍氏の侍宿文武官名簿奏上は、令制以前からの安倍氏の職掌によるものである(佐藤長門「阿倍氏と王権儀礼」〈『日本歴史』第五百四十号、平成五年〉参照)。
(14) 川出清彦、注(6)前掲著書三二〇～三二六頁。
(15) 福山敏男、注(8)前掲論文。
(16) この点は、既に鈴木重胤が指摘している(『中臣寿詞講義』上巻第三十一)。
(17) 新訂増補故実叢書本による。
(18) 川出清彦、注(6)前掲著書。
(19) 川出清彦、注(6)前掲著書三六〇頁。
(20) 『北山抄』(新訂増補故実叢書本)の頭注に「古次第云、語部奏二古詞一、其声如二祝詞一、賜二松明一読レ之」とある。
(21) 『続々群書類従』第六、法制部所収。
(22) 『続々群書類従』第五、記録部所収。
(23) 清水潔「摂関院政期の大嘗祭について」(皇學館大学神道研究所編『大嘗祭の研究』、皇學館大学出版部、昭和五十三年)。
(24) 「践祚大嘗祭式」語部条によると、語部は合計二十八人(『儀式』では二十七人)となり、人数が合わない。新訂増補国史大系本『延喜式』の鼇頭には「語部員数、案下文十五人也、但馬因幡員数恐有誤」と注記して、「但馬七人」と「因幡三人」の人数(奇数)の誤りを想定している。
(25) 益田勝実「記紀の歌謡と儀礼」(『解釈と鑑賞』第三十三巻七号、のちに、岡田精司、注(2)前掲編書に所収)。
(26) 増補史料大成本に拠る。記主は甘露寺親長。尚、『神道大系 朝儀祭祀編 践祚大嘗祭』にも収録されている。

(27) 益田勝実、注(25)前掲論文。
(28) 大嘗祭の復興については、武部敏夫「貞享度大嘗会の再興について」(『書陵部紀要』第四号、昭和二十九年、のちに、岡田精司、注(2)前掲編書に所収)を参照。
(29) 『神道大系　朝儀祭祀編　践祚大嘗祭』(神道大系編纂会、昭和六十年)所収。記主は中原康富。
(30) 三浦周行『即位礼と大嘗祭』(京都府教育会、大正三年)一七五頁。
(31) 林屋辰三郎『中世芸能史の研究』(岩波書店、昭和三十五年)一一六頁。
(32) 弘和三(一三八三)年年末頃とされる。『国史大辞典』第五巻「後亀山天皇」の項(村田正志氏執筆)参照。
(33) 鎌田純一「中世に於ける大嘗祭」(注(23)前掲、『大嘗祭の研究』所収)。
(34) 『続群書類従』第三十五輯、拾遺部所収。同書の史料的価値については、『群書解題』第五巻「応永大嘗会記」(石井英雄氏執筆)、『続群書類従』第三十五輯「底本解説」6(米田雄介氏執筆)、を参照。なお、一条経嗣の『応永大嘗会記』は『歴代残闕日記』第十六巻に『大嘗会記』と題して、また『史籍集覧』公家部、公事編一に『経嗣公記』と題して収録されている。
(35) 『応永大嘗会記』に「関白…………近代ハ別勅によりて祇公せらるゝ儀也、この度もその分とそうけ給はる、これハ神膳のあいたの御作法をふちし申さんかためなり」とある。

第五章　大嘗祭の女工所について

一

大嘗祭を挙行するに際し、運営を司り、その全般的な実務を管轄するのは、臨時に設置される悠紀・主基行事所である。大嘗祭の行事所については、木本好信氏が卓論「平安時代の大嘗会行事所」で行事・職掌を中心として詳細に論究されたが[1]、行事所の監督下にある諸所——出納所・小忌所・女工所等——に関しては言及されるにとどまった。

諸所とは、『儀式』巻二（践祚大嘗祭儀上）に、

次定二所所預一、出納所五位二人、六位已下六人。斎場預五位五人、六位以下八人（隷二標并倉代一）。小忌所五位四人、六位以下六人。細工所（隷二画并繍所一）五位三人、六位以下八人。女工所五位二人、六位以下四人。楽所五位四人、六位以下八人。風俗楽所五位二人、六位以下二人。和舞所五位二人、六位以下二人。大炊所（隷二人給所一）六位以下六人（用二諸司主典以下一）

（（ ）は二行割注、以下同じ）

とある[2]。出納所・小忌所・細工所・女工所などの諸所は、『北山抄』巻五に「行事弁以下監二臨画所、細工所、

北野等㆒」とあり、[3] 行事所の行事弁が監督に当る。

大嘗祭行事所の諸所についての専論は管見の限りでは未だ無く、これからの研究に俟つところが多い。以下、小稿では、この内、女工所を取り上げ若干の報告をしたい。

まず、女工所についての解説を、寓目した注釈書・辞書等より、三点を以下に掲げておく。

和田英松氏は『増鏡詳解』一六六頁において、以下のように述べられる。[4]

大嘗会を行ふ時、臨時に設くる司にて、悠紀主基方ともにあり。山槐記に預、主典代を置けるよし見え、弁内侍日記に女く所と読みたり

古典文学大系本『増鏡』（岩波書店）三〇三頁（頭注二九）では、

大嘗会の際に悠紀方と主基方との両方に臨時に設ける司で、ここから装束を調進させた。

とする。

また、『日本国語大辞典』（小学館）では、

大嘗会（だいじょうえ）に際して設けられる行事所の一つ。斎場の悠紀方（ゆきかた＝東方）・主基方（すきかた＝西方）に各々設けられ、使用する装束の染色・裁縫を担当する。

と説明する。この他、玉井幸助氏が『中務内侍日記新注』において、女工所に関してやや詳しい注釈を付せられているが、[5] それについては後に触れる。

二

女工所には悠紀・主基の両所があり、その官人構成は、所預として五位二人、六位已下四人が任命され（『儀式』〈前掲〉、また、和田英松氏が指摘されるように、主典代が置かれる。さらに、『儀式』に「次ト㆓定諸所㆒」（謂㆓

出納・細工等所二〕、次内侍就二女工所一行事」とあり、内侍が加わる。この内侍については、『北山抄』巻五に「次定二所々預一〔……以二掌侍二人一、為二両所女工所勾当二〕」とあり、掌侍二人が女工所勾当に任ぜられたことが知れる。そして、女工所勾当の下に実際の作業に従事する女官が配される。

悠紀主基両女工所の所預・主典代の実例は、例えば、『山槐記』元暦元（一一八四）年八月二十二日条にその任命記事が見え（後鳥羽天皇大嘗祭）、悠紀女工所所預に縫殿頭加茂朝臣宣憲・縫殿允藤原国親、同所主典代に左史生菅野兼久、主基女工所所預に雅楽允藤原盛保・刑部録惟宗久行、同所主典代に右史生中原為国、が任命されている(6)。また、勾当については、『兵範記』仁安三（一一六八）年八月二十七日条に、

仁安三年八月廿七日　宣旨、
　掌侍正六位上平朝臣言子、
　　宜レ為二大嘗会悠紀所女工所勾当一、
　掌侍正六位上藤原朝臣栄子、
　　宜レ為二大嘗会主基所女工所勾当一、
　　　蔵人左衛門権佐藤原経房〔奉〕、
　件両人、播磨内侍・少納言内侍也、

とあり、悠紀女工所勾当に掌侍正六位上平朝臣言子（播磨内侍）、主基女工所勾当には掌侍正六位上藤原朝臣栄子（少納言内侍）が命じられている(7)（高倉天皇大嘗祭）。

三

悠紀・主基行事所の場所は、新たに設けられた官衙ではなく、卜占によって決定された従来の官庁が用いられ

る。[8] 女工所を始め諸所は管理・事務連絡上、行事所の近くに設置されたと思われるが、ここではそのことを確認しておきたい。女工所の具体的な設置場所は、『儀式』『延喜式』『西宮記』『北山抄』『江家次第』等の儀式書からは窺うことはできないが、それに言及する日記史料が幾つかある。

『兵範記』仁安三（一一六八）年十月三日条に次の如くある。

三日辛卯……下官参二行事所女工所屋一、日来建二立未申角一、依自二今日一可二渡始一、昨今日造営国司侍等行事、鋪設皆調レ具、雑事同前、兼付レ牒、今日副二解文一進二上雑物一、下官史等巡二件屋一、晩頭播磨内侍来臨、蔵人出レ車、瀧口相従、掃部司自二西門一敷二筵道一、内侍被レ入二件屋一由沙汰、女官来申二行事所一。

これは同年十一月に斎行予定の高倉天皇大嘗祭の準備として、女工所建立と内侍が同所に入ったことを伝えた記事である。記事中の播磨内侍は悠紀女工所勾当の平朝臣言子であるので（『兵範記』同年八月二十七日条）、同条の女工所は悠紀女工所と分かる。同大嘗祭行事所は悠紀が式部省に、主基は陰陽寮に設置されている。（『兵範記』同年五月十六日条に、「史章重来云、大嘗会左右行事所今日被レ始レ之。悠記式部省、主基陰陽寮、」とある）。従って、悠紀女工所は悠紀行事所がある式部省内の未申（南西）角に新たに造立されたことが知られる。[9]

また、寛元四（一二四六）年の後深草天皇大嘗祭に関する史料の一つである『弁内侍日記』には「少将の内侍の女工所、左近府のついがきの中なれば」とあり、「少将の内侍の女工所」は主基方であるので、[10] 同大嘗祭の主基女工所は左近衛府の築垣の中に設けられたことが知れる。同大嘗祭の主基行事所は、『葉黄記』同年五月十四日条に「大嘗会行事所移也、主基、用二左近府一」とあり、[11] この場合も、主基女工所は、主基行事所が置かれた左近衛府に新造された。

以上、掲げた二史料から、悠紀・主基女工所は各行事所の置かれた官庁内に設けられ、それは新たに造立されるものであることが確認できた。

四

女工所の職掌については、正応元（一二八八）年の伏見天皇大嘗祭の主基女工所を司った中務内侍の日記『中務内侍日記』に詳しい記載がある。[12]

さるほどに行事官いろいろの染草まゐらせたれば女官づかさにうけとらす。しるしぶみにまかせて、御帳のかたびら、いなのみのおきな・いんこや女の装束の衣、うけとらするに、染草ども、りやうの国司の許へつみつかはす。……染草のいろいろ見えずして、御所の御りきしやを申して、所々へつけて、かたの如くせめいだしつ。ころもをとりかさねて、花のいろいろ、くれなゐの色々を、ひとへによせて調ぜさせてのちに、そのいろいろ品々にわかちぬはせて、ほどなく沙汰しいでたれば、行事の弁よりはじめてよろこぶ。いまだ夜の中に行事官ならびに奉行の弁、面々に装束うけとらす

行事所より女工所に、染草、「御帳のかたびら」、「いなのみのおきな」・「いんこや女」の装束の衣が運ばれ、女工所で染色し裁縫する。

玉井幸助氏は『中務内侍日記新注』（一六七頁）において、「いなのみのおきな」を「稲実翁＝稲実公」、「いんこや女」を「稲小屋女の意であろう。大嘗会の時、神に奉る稲を納めおく所を稲実屋（イナノミノヤ）という、そこに奉仕する女」とされる。[13] 前者の解釈は玉井氏の指摘される通りであると思うが、後者については私は疑問としたい。玉井氏は「いんこや女」を一語と解されたが、「いんこ」は「斎子・忌子」のことで、「いむこ」の変化した語である。[14] 従って、ここは「いんこ、や女」と読むべきであり、「いんこ」は悠紀主基両斎国で卜定され祭儀の主役的役割を果たす「造酒童女（さかつこ）」のことであろう。『江記』に、

稲実公忌子八女等、各相二従夫八百人一、主基又准レ之。

（傍点は加茂が付した）

とあり、これは、北野斎場より大嘗宮が結構されている朝堂へ、斎国の供神物・献物等を搬入する行列を記したものである。卯日の神供供納の行列は『儀式』によれば五千人にも及ぶ大行列であるが、[15]その中心は輿に乗せられた稲穂（御稲・撰子稲）で、その前を造酒童女が供奉し、後ろには稲実公・御膳足別案を戴いた八人の物部女が続く。『江記』に言う「稲実公忌子八女」とは、斎国の稲実公・造酒童女・八人の物部女のことであろう。

とすると、『中務内侍日記』に見える「いんこや女」は、斎国の造酒童女と八人の物部女を指すと解釈する方が妥当で、従って、女工所の職掌は、その斎国の稲実公・造酒童女・物部女等の装束の染色・裁縫を担当することが知られる。[16]

注

（1）木本好信「平安時代の大嘗会行事所」（『神道史研究』第三十三巻二号、昭和六十年）。
（2）『儀式』は新訂増補故実叢書本（明治図書出版）に拠った。
（3）『北山抄』は新訂増補故実叢書本（明治図書出版）に拠った。
（4）和田英松『増鏡詳解』（明治書院、大正十四年）。
（5）玉井幸助『中務内侍日記新注』（大修館書店、昭和四十一年）。
（6）『山槐記』は増補史料大成本（臨川書店）に拠った。
（7）『兵範記』は増補史料大成本（臨川書店）に拠った。
（8）木本好信、注（1）前掲論文。
（9）女工所・細工所等が新たに造立されることは、『兵範記』同年七月十一日条にも「女工所、細工所、出納所、絵所、已上屋々可二造立一由、牒二送卜食国一了」と見える。
（10）玉井幸助『弁内侍日記新注』（大修館書店、昭和四十一年）二八〜三二頁。
（11）『葉黄記』は史料纂集本（続群書類従完成会）に拠った。

(12)『中務内侍日記』の本文は、玉井幸助、注(5)前掲書に拠った。
(13) 玉井幸助、注(5)前掲書。
(14)『日本国語大辞典』(小学館、昭和四十七年)第一巻、「いんこ」の項目。
(15) 川出清彦『祭祀概説』(学生社、昭和五十三年)二八七頁。
(16) この観点からすれば、『中務内侍日記』の装束の前に見える「御帳のかたびら」とは、辰日に豊楽殿に立てられる悠紀・主基御帳の帷子のことであると思われる。

第六章　伊勢神宮と「天衣」伝承

――『愚昧記』嘉応元年二月四日条を中心として――

前稿「天孫降臨神話と大嘗祭―折口氏説以前の研究史―」[1]では、日本書紀・大嘗祭研究史上における、折口氏大嘗祭論の「真床覆衾」説の位置付けを再検証するための作業を試みた。本稿では、折口氏も以下の如く言及される、伊勢神宮と「真床覆衾」及びそれに関連すると思われる史料を掲げ、若干の考察を廻らしてみたい。

第一節　はじめに

伊勢踊りと神楽と同じものであるかどうかは疑問ですが、伊勢の神楽は、今の代神楽だけでなく、もっと古い形式のものが幾つかあったに違ひありません。一昨年、三越呉服店で催された「伊勢詣での会」の出品中、神楽の書止めがあって、其に、まどこおふすまの絵があったと言ふ話を聞きました。私は遂にそれを見ないでしまひましたが、恐らく天蓋の様な形をしたもので、其を垂らすとすっかり姿が隠れてしまふ事になるのだと思ひます。真床覆衾《マドコオフスマ》が蒲団の様なものであったのは、極古代で、後にはそんな形になったのです。此が伊勢の神楽に這入ったのが何時であったかは、一寸想像もつきません。又、後の神楽にもそんなものはない様ですが、確に或時代には其があったらしいのです。其を想像させるものが、設楽の山奥に伝った神楽

の中にあるのです。（「山の霜月舞」、全集第十七巻所収）

「追」とも「襲」ともある衾は、おふの表音法であらうが、いづれにしても、細部までの訓み方は決定出来ぬ。床を掩ふ衾《フスマ》か、床の上の大衾《オフスマ》の義かであらう。この名称を伝へる神具は、伊勢神宮などには伝説的に残ってゐたらしいが、……（「皇子誕生の物語」、全集第二十巻所収）

なお、この問題を扱った近年の先行研究として、山本ひろ子氏「神話と呪物の構想力―中世伊勢神宮の隠された神をめぐって―」がある。[2] 同右論文における山本氏の史料引用方法にはやや問題が残る。年代の異なる史料を組合せて叙述するという手法を取られるので、年代が把握し難いという点が指摘されるが、史料を博捜された力作であり、本稿の二節1は同論文に依ったところが大きいことをまず記しておく。

第二節　伊勢神宮と「真床覆衾」

1

近世、伊勢神宮の御師が願主の申出により奉賽する大大神楽では、斎場に「真床覆衾」と称する「御蓋」が設けられる。このことに関しては、本田安次氏の詳論がある。大大神楽を奏するために、斎場の神籬と神楽座の上に二箇の「御蓋」が懸けられ、その形状と呼称を、本田安次氏は『伊勢神楽歌考』[3]において、

大大神楽にあっては、その御蓋には二箇あり、奥の神籬の上のが「内の真床」、或は「真床覆衾」、神楽座の上のが「外の御蓋」、両方区別なく「真床覆衾」とも呼ばれた。これは中央から四本の骨が傘状に出てゐ

て、これに紙で造った雛形が四枚と綱形を下げ、その上に緋錦の覆ひをかけたものである。……　外の御蓋からは緋の綱が左方の柱に引かれてゐる。又その真下には御座莚一重（二枚とも）が敷かれ、その上に御座紙が二枚重ねて置かれる。そして、こゝに神を招くと考へられてゐた。

と、解説されている。また、本田氏も同上書で引用されている史料であるが、この神楽の「御蓋」については、江戸前期の外宮祠官である龍熙近の『秘頤問答』に「真床覆衾、雖レ非レ蓋、敬粛類レ蓋、所三以用レ之覆二神座一矣」と見えている。(4)

さらに、本田安次氏の『霜月神楽之研究』(5)には、神宮文庫所蔵の『外宮大大御神楽儀式』（安政三〈一八五六〉年書写奥書）の書き下し文及び注釈と、『神楽御餝裝束楽器之図』（文化二〈一八〇五〉年、屯倉信邦画）が収録されており、前者の「神楽ノ斎場ヲ荘餝スル用物并ニ供進ノ具」条には、

神座ノ上ニ懸クル蓋一枚〔此ヲ真床覆衾ト謂フ、雛形及ヒ綱形ヲ著ク、網此ヲアミト云フ、紙ヲ以テ之ヲ造ル、下此ニ効フ〕

（本田氏の書き下し文に拠る。〔 〕内は原文では二行割注）

とあり、後者の『神楽御餝裝束楽器図』には「真床覆」と傍書されている「御蓋」の図が描写されている。

これらは、近世の伊勢神楽における「真床覆衾」の用例であるが、さらに遡って、伊勢神宮と「真床覆衾」との関わりを伺わせる史料がある。

『釈日本紀』巻八「述義」(6)に、

真床追衾

私記曰、問、此衾之名、其義如何、答、衾者、臥床之時覆レ之物也、真者褒美之辞也、故謂二真床追衾一、一書文、追字作レ覆也、訓読相通之故並用、今世太神宮以下諸社神躰、奉レ覆二御衾一、是其縁耳。天書第二曰、是後以二天杵尊一為二中国主一、賜下玄龍車・追二真床一之縁錦衾・八尺流火鏡・赤玉鈴・薙レ草劒上。

とあり、「真床追衾」に関しては「私記」の説を引き、「真」は「褒美の辞」で、「衾」は「臥レ床之時覆レ之物」とし、さらに「太神宮以下諸社の神体」を覆う御衾と解している。この『釈紀』所引「私記」説に依り、逆に言えば、伊勢神宮の御神体を覆う御衾は「真床覆衾」であるとする意識が、遅くとも『釈紀』成立時点にはあったことが窺える。

度会行忠の『古老口実伝』（正安二〈一三〇〇〉年成立）に「神宮秘記数百巻内最極書」の一書として挙げられ、鎌倉時代後期の成立とされる[7]『大和葛城宝山記』[8]には次の記事が見られる。

天津彦々火瓊々杵尊〈神勅曰、以二天杵尊一為二中国主一、賜二玄龍車・追二真床一之縁錦衾《今世称二小車之錦衾一是縁也》、八尺流大鏡・赤玉鈴・薙草剱一、而寿之曰……〉。

（日本思想大系本の原文に拠り、〈 〉・《 》内は注記である）

さらに、卜部兼邦が神祇に関する歌百首を詠み解説を付した書で、文明十八（一四八六）年に成立した『兼邦百歌抄』[9]の「神躰」の項には、

天照大神ノ御ふく也

内宮ハ屋形紋〔屋形紋は紅、紋は黄色也、屋形もんは御殿の形を織たる也〕

真床大衾

外宮ハ小車〔小車の色うすむらさき、小車とは式のゝり車也、又は車の輪ばかりも有〕

（〔 〕内は二行割注）

とあり、「真床覆衾」は「天照大神ノ御ふく也」とし、内宮は「屋形紋」＝屋形紋錦御被、外宮は「小車」＝刺車錦御被、であると記されている。[10]

「屋形紋錦御被（やかたもんのにしきのみふすま）」は内宮の、「刺車錦御被（さしぐるまのにしきのみふすま）」は

外宮の、それぞれ正殿神座御装束の御被である。なお、「小車」とは「屋形紋」と同じく文様で、外宮の刺車錦御被の織紋のこと。例えば、『宝永六年外宮遷宮記』(11)に「刺車錦御衾《サシクルマノミフスマ》　二条〔黄地以二黒糸一織二小車紋於六両竝一〕各長八尺、弘四幅、裏大紋緋綾《ノアケノアヤ》、納レ綿」(〔　〕内は二行割注)とあり、また、その織紋より、「おくるまのにしき御ふすま」(『慶長十四年調進色目』(12))とも、称されている。

吉田兼右の神代巻講義である『日本書紀聞書』(13)(永禄十〈一五六七〉年〜同十一年頃成立)にも、

一、真床追衾《マトコヲウフスマ》。云々、真ト云ハ、讃タル言ニソ、結構ナル衣装也、以レ之瓊々杵尊《ニヽキノ》ノ身ヲツヽム也、依之伊勢ノ神体ヲモツヽム也、又タ宝殿ニ戸張ヲ懸ル因縁、是ヨリ起ル也、

と述べられ、先掲した『釈紀』説に基づいて、「真床覆衾」を「伊勢ノ神体ヲモツヽム」衾と解している。

『釈紀』所引「私記」説を始めとして、僅かながらも、鎌倉時代後期より室町時代にかけての如上の史料により、伊勢神宮の御神体を覆う「御被」が「真床覆衾」であり、さらに、多くの御神座装束の中で、内宮では「屋形紋錦御被」、外宮では「刺車錦御被」が「真床覆衾」に相当するという観念があったことが窺知される。

2

伊勢神宮の遷宮に際しては、殿舎の造替にあわせ、正殿内外の御装束・神宝が新たに調進される。「延喜伊勢大神宮式」宝装条に、

営二造神宝幷装束一使

弁官五位以上一人、史一人、史生二人、官掌一人、神祇若諸司主典已上可レ堪レ事者四人、史生四人、女孺廿一人、仕女二人、雑使六人、雑工六十三人、自外応二供作一雑色人等、随レ事喚摂、使二多少堪一レ済、其女孺以上各給二明衣一、男各絹四丈五尺、女一疋一丈、雑工以上、男各布二丈六尺、女二丈、五位以下、大膳、大

炊依レ例供給、七月一日神祇官西院始行レ事、

とあるように、「弁官五位以上一人」以下で構成される「営二造神宝并装束一使」が任命され、行事所が神祇官の西院に設置され、遷宮斎行年の七月一日には御装束・神宝の調製が開始される。『新儀式』[14]巻四「伊勢大神遷宮事」条――「大神遷宮之事、……至二于其年七月一、令レ造二神宝并御装束一、九月上旬造畢」――に依れば、九月上旬には調製が完了していたことになる。[15]調製が終った御装束・神宝は、[16]「送官符」（大神宮司宛の太政官符で、現存最古は長暦二〈一〇三八〉年の内宮への送官符[17]）と共に、京都の朝廷より伊勢神宮へ発遣される。

調進される御装束・神宝の品目・数量に関しては、その歴史的変遷を丹念に跡付けた村瀬美樹氏の詳論が夙にある。[18]

前節で記した、内宮の「屋形紋錦御被」・外宮の「刺車錦御被」は、この調進される御装束に含まれ、正殿神座の御装束に用いられる。「屋形紋錦御被」と「刺車錦御被」は、それぞれ両宮において並び称され、調進される多くの御被の中でも特に注意が払われた。例えば、嘉元二（一三〇四）年の内宮式年遷宮（第三十三回）に際し、「屋形文」が誤って「隔文」（屋形紋六文を並列させるのではなく、屋形紋を交互に並べる）により織られているとして、同三年一月二十八日に「大内人正六位上荒木田神主貞友《カ》」以下十人が連名で「隔文」訂正を求める注進書が提出されるという一件（「嘉元二年御遷宮屋形文錦御被御文相違事」[19]）が起っていることからも理解される。さらに、室町期の神宮祠官である荒木田氏経が「屋形文錦の御事は肝心の御被なり」（『氏経卿神事日次記』）と書き記していることは、諸書によく引用される箇所である。

また、『神宮―第六十回神宮式年遷宮―』（小学館、昭和五十四年）の写真解説（村瀬美樹氏執筆、執筆時点での肩書は神宮式年造営庁技監・神宝装束部長）の「図96　刺車錦被部分　豊受大神宮装束　昭和四年調進」に「一幅六文並列の文様組織は屋形紋錦と同じであるが、黄地に黒の配色とあいまってこれが古い伝統をもつ錦かと疑わ

しめるほど、この文様には現代に通ずる感覚がある。屋形文とともにかつては神宮所伝の秘文とされていたのも、またゆえなしとしない」とあり、「図97　刺車錦被　豊受大神宮装束　昭和四年調進」には「この被は御霊の至近に舗設されるから、総数百五十条ある被のうちでも、皇大神宮御料の屋形紋錦被とともに並び称せられ、古くから重要視されてきた。緋練綾の裏を付けた納綿の四幅仕立になっている」と述べられている。

内宮の「屋形紋錦御被」、外宮の「刺車錦御被」が「御霊の至近」の鋪設として特に重視され、またその故と思われるが、「真床覆衾」と解する史料を前掲した。両「御被」の写真図版は、近年のものとしては、『神宮―第六十回神宮式年遷宮―』(前掲)、『神宮―第六十一回神宮式年遷宮をひかえて―』(神宮司庁、昭和六十年)、『第六十一回神宮式年遷宮記念　御神宝特別展図録』(神宮徴古館)等に掲載されているので、それらに拠って頂くとし、ここでは、行論上、「屋形紋錦御被」の形状を知っておくために、瀧川政次郎氏が執筆された解説文を次に引用しておく。[20]

屋形錦御被《やかたのにしきのみふすま》

赤地に黄糸をもって家の形の文様を置いた御被で、長さは九尺、広さは四幅であります。この屋形文といふのは、他に比類のない模様で、御神宝の御装束の中で最もめづらしいものであります。その家は簡単な線であらはされてゐますが、屋根には鵄尾《しび》をかゝげ、柱の上には桝型があり、櫺子窓《れんじまど》が開かれ、壇の上に建てられてゐます。正しくこれは奈良時代の宮殿建築を文様化したものでありまして、文様として非常な傑作であるのみならず、建築史・文様史の上からみて、重要な史料を提供するものと思ひます。

第三節　『愚昧記』嘉応元年二月四日条について

1

前節においては、鎌倉時代後期の『釈紀』説を始めとして室町時代にかけて、伊勢神宮の御神体を覆う「御衣」が「真床覆衾」と解され、さらに、内宮の「屋形紋錦御被」・外宮の「刺車錦御被」を「真床覆衾」と考定していることが窺える史料を掲げた。

本節では、この問題に関連するかとも思われる、三条実房の日記『愚昧記』嘉応元（一一六九）年二月四日条を取り上げ、考察してみたい。なお、嘉応改元は同年四月八日であるので、『愚昧記』該条は仁安四（一一六九）年二月四日条とするが、本稿では改元後の年号――嘉応元年を用いることとする。『愚昧記』同条は、夙に『古史伝』第三十六巻の「真床覆衾」条（矢野玄道の増補[21]）に引用・紹介されているが[22]、『愚昧記』活字本が現在存在しないためか、該条に注目された先行研究は管見の限りでは見当らず、玄道自身も該条についての考証はおこなっていない。『古史伝』所引『愚昧記』には、やや文意が通り難い点もあるので、神宮文庫所蔵の『愚昧記』写本に拠り、当該条を次に引用する。

神宮文庫には、『愚昧記』写本は左の二本が架蔵されている。

○　請求番号　五門十六――一三八二　（永万二年〜文治五年）

○　請求番号　五門二十――一三八一　（仁安元年〜承安四年）

両写本とも、当該条の文章は、僅かな文字の異同がある以外は同文であるので、奥書の古い前者に拠った[23]。また、読解を考慮して適宜段落に切り、返り点を付した。正漢字は当用漢字に改めたところがある。

二月四日、太神宮禰宜忠良入来、自二去月十二日一在京也、依二火災事一被二召上一也、数日住レ京、難レ堪二多端一云々、示云、前中納言師仲、頻依レ被二招引一、一日罷向之処、言談種々也、

其次云、一日或公卿語云、自二天宮一所レ令二著御一之御衣、去仁平二年遷宮之時、奉レ撤之由云々、件事如何、

忠良申云、粗所レ承也、然而其時、依レ為二最末禰宜一、不レ能二進止一者、

又被レ示、件体何様物哉、

申云、非二絹類一、如レ綿也、其色如二染茜一、其体如二小児衣一

被レ命云、無レ疑件御衣歟、件御衣、於二天宮祠一、尊明と云神調之、奉レ纏也云々、而撤二件御衣一、自二公家一所レ被レ奉之御衣ヲ奉レ纏云々、件御衣ハ已凡卑之所レ致也、雖二潔斎一不レ可レ似二彼御衣一、而仍件御衣上、遷宮之時不レ纏云々、而已以撤レ之、今度又焼失了、不レ可レ説大事也、

忠良云、此事達二天聴一、若沙汰出来歟、承二此事一之後、不レ寝候也、

予云、件時、第一禰宜誰人哉、

答云、経仲と申男也、件男其次年死去了、又其子男、此四五年間死了、其弟今一人所レ候也、

予云、件経仲不レ知二件御衣一歟、

答云、件男愚者也、又、遷二御体一之作法、不レ知二故実一、無二左右一奉レ撤レ之、以二屋形御衣一奉レ纏レ之、奉レ遷之間事、自余一切不レ知事也、仍奉レ取二出件御衣一之時、二禰宜等申云、此御衣、所二伝聞一之御衣歟、各以恐懼、其時経仲変レ色振掻、禰宜等、触二祭主一之処、祭主申云、有レ恐之、更不レ可二口入一、仍黙止了云々、

予云、祭主称下不レ可二申上一之由上者、禰宜等只可二越奏一歟、争可二黙而止一哉、又件御衣、奉二何処一哉、
答云、各相議、奉レ納二外幣殿一〔入レ桶、奉レ納レ之〕云々、

（〔 〕内は二行割注）

遷御の様子が述べられ、興味深いが、まず記事内容を箇条書きにして整理しておく。

(1) 嘉応元（一一六九）年二月四日、三条実房の許に大神宮禰宜忠良が入来する。忠良は火災事の事情説明のために京都に呼ばれ、一月十二日より在京しており、「難レ堪二多端一」し、と零している。

(2) 忠良が実房に物語るには、前中納言師仲が頻りに招引するので、一日参り、種々言談に及んだ。

(3) その次は、或る公卿の質問に忠良が答えたことが語られる。

（或公卿） 去る仁平二（一一五二）年の遷宮の時に、「自二天宮一所レ令二著御一之御衣」を撤下してしまった由、如何か。

（忠 良） 承る所也。しかし、その時は最末の禰宜であったので進止することができなかった。

（或公卿） 件の体はどのようなものであったか。

（忠 良） 絹類ではなく、綿の如し。色は染茜のようで、その体は小児衣のようであった。

（或公卿） 疑い無く、件の「御衣」であったか。件の「御衣」は「天宮祠」において「尊明と云神」が調え、（御神体に）纏い奉ったものである。しかるに、件の「御衣」を撤し、公家より奉献された御衣で纏い奉ったと言う。遷宮の時に件の「御衣」の上に纏うことをせず、それを撤し、今度焼失してしまったことは、「不可説」の大事である。

（忠 良） このことが天聴に達すれば、沙汰があろうかと思い、眠れなかった。

(4) 次は(3)を受けて、実房と忠良の問答である。

（実　房）その時の第一禰宜は誰か。

（忠　良）経仲と申す男で、経仲はその翌年（仁平三年）に死去し、その子息もこの四～五年の間に死去した。今はその弟が一人候している。

（実　房）経仲は件の「御衣」のことを知らなかったのか。

（忠　良）経仲は御体を遷す作法の故実を知らず、撤下してしまい、「屋形御衣」（屋形紋錦御被）を以って纏い奉った。件の「御衣」を取り出し奉る時、二禰宜等が「此御衣、所㆓伝聞㆒之御衣歟」と申し、恐懼すると、経仲は色を変え振り騒いだ。禰宜等は、ことの次第を祭主に注進したが、祭主は「有㆑恐之、更不㆑可㆓口入㆒」とし、結局、「黙止了」となった。

（実　房）祭主の指示がそうであれば、禰宜等は越奏すべきではなかったか。また件の「御衣」は何処に奉ったか。

（忠　良）相議の上、桶に入れ、外幣殿に奉納した。


記事は上のような内容になると思われるが、手順として、この『愚昧記』該条の信憑性を知るために、事実関係を確認する作業が次に必要であろう。

【人物】

予（実房）の他、記事中に人名が明記される人物は、前中納言師仲、神宮側の忠良・経仲である。実房は『公卿補任』(24) 仁安四（嘉応元）年条に拠ると、権大納言、正二位で、この時、二十三歳。前中納言師仲は、『公卿補任』同年条に「散位　前権中納言　従二位　源師仲　五十四」とある源師仲のことであろう。

忠良は、荒木田二門出身で元定の二男。嘉応元年二月時点では、内宮三禰宜で六十九歳。また、仁平二年九月の内宮遷宮の時は五禰宜（『（皇太神宮禰宜）補任次第　延喜以後』[25]〈以下、『補任次第』と略称す〉・『二宮祢宜年表』[26]）を勤めていた。

経仲も、荒木田二門の出身で俊経の一男。仁平二年九月の内宮遷宮当時は、忠良が述べる通り、一禰宜（『補任次第』・『二宮祢宜年表』）である。『補任次第』に「一禰宜正四位上経仲　……　仁平三年八月廿三日、譲㆓禰宜職於一男公俊神主㆒、同九月十八日、出家、所労也、同十月廿日卒」とあり、翌仁平三年八月二十三日に禰宜職を一男公俊に譲り、同十月二十日に卒している。この経仲没年も忠良の言と一致している。

【内宮火災の事】

嘉応元年正月に忠良が上洛したのは、内宮火災の件の事情説明のためであるが、内宮に火災が発生したのは、前年の仁安三（一一六八）年十二月二十一日である。仁安三年十二月の内宮焼失のことは、『百錬抄』にも記事があるが[27]、さらに詳細な記載は『兵範記』[28]同年同月二十四日条に「酉剋祭主親隆朝臣使持㆓書札㆒走来、状云、去廿一日申剋太神宮正殿焼失、従㆓権神主師朝宿館㆒猛火出来、炎煙熾盛、不㆑能㆓禦滅㆒、於㆓御正体㆒者無事奉㆑出、暫奉㆑鎮㆓忌屋殿㆒了、委細解状進上了者」と見える。権神主師朝の宿館より出火し、内宮正殿以下が悉く灰燼に帰した。「但中外院之中、忌屋殿、由貴殿、酒殿、子良宿、各一宇僅所㆓焼残㆒也」（『兵範記』同日条）という有様であった。

【忠良在京の事】

忠良は嘉応元年正月十二日より在京していると述べている。このことは、『兵範記』同年月日条によって裏付けられる。

十二日己巳　早旦祭主神祇大副親隆朝臣、造営司大中臣有長、禰宜荒木田神主忠良、元満、成長等（一二三禰宜等不㆓参上㆒）、率来相会、尋㆓問炎上間次第并遷宮事等㆒、次引率参㆓殿下㆒、但親隆朝臣自㆓去九日㆒至㆓于此十五日㆒、有㆓軽服日数㆒云々、仍不相具、申㆓入参上并子細㆒、次依㆑仰、率参㆑院、於㆓御精進屋門外㆒、以㆓光能朝臣㆒奏㆓事由㆒、

（（　）内は二行割注）

『兵範記』によると、嘉応元年正月十二日の早旦、祭主大中臣親隆、造営使大中臣有長、禰宜荒木田神主忠良・元満・成長が参上し、前年十二月の内宮炎上と遷宮の事についての尋問がなされた[29]。その上で、信範は一行を引率し（但し、祭主親隆は同道せず）、殿下（摂政基房）の許に参り、事の子細を報告する。そして、仰せに依り、さらに一行を率いて、院（後白河上皇）に参上し、事由を奏している。

また、同記事から、内宮より内宮火災と遷宮の件に関して上京したのは、忠良一人ではなく、元満・成長も行動を共にしていたことが知られる。但し、右記事中の「一二三禰宜等不参上」の二行割注はやや不審で、『補任次第』・『二宮祢宜年表』に拠れば、この時、忠良は三禰宜、元満は四禰宜、成長は五禰宜、である。念のため、嘉応元（一一六九）年一月時点での内宮禰宜構成を次に示しておく[30]（表1は『補任次第』・『二宮祢宜年表』を基に作成）。

表1

一禰宜	二禰宜	三禰宜	四禰宜	五禰宜	六禰宜	七禰宜
俊定	実定	忠良	元満	成長	重章	範宗

【仁平二年内宮遷宮の事】

『愚昧記』該条の話題の中心は、仁平二（一一五二）年の内宮遷宮のことであるが、同年に内宮の第二十五回

式年遷宮が斎行されたことは、『二所太神宮例文』[31]等に明記されているところで、その挙行月が九月であることは、『本朝世紀』同年九月八日条に「伊勢太神宮遷宮神宝使」発遣記事が見られること[32]からも確認される。

【経仲の死去及びその子弟の事】

忠良の言に、①経仲は仁平二年遷宮の翌年に死去。②その子息もこの四〜五年間に死去。③その弟は今一人候す、とある。

①は、【人物】の項で上記したように、経仲は仁平三年八月に禰宜職を一男公俊に譲り、同十月に卒しているので、忠良の言が確認される。

②に関して、経仲より禰宜職を譲られたのは一男公俊であるが、公俊の没年は『補任次第』に「四禰宜正四位上公俊、……建久四（一一九三）（年）―十月十二日卒」とあるので、嘉応元（一一六九）年二月時点では存命している。但し、同書の範宗の項に「四禰宜正四位上範宗……右神主、二門隆範男也、仁安二年六月四日補任、公俊替」と見え、公俊は仁安二（一一六七）年に禰宜職を辞していることが知られる。忠良が語る経仲の子息とは公俊のことではないのか。田中卓氏「荒木田氏古系図の出現」の附図「荒木田氏古系図」[33]を参照すると、経仲には公俊と忠満の二人の子息があった。忠満は嘉応二（一一七〇）年九月に七禰宜として補任され、その後、一禰宜迄昇り、建仁四（元久元〈一二〇四〉）年卒している（『補任次第』）。従って、忠満は嘉応元年時点では、未だ禰宜職に補任されてはいなかった。

③については、「其弟」は、経仲の弟、経仲の子の弟、の二通りの解釈が可能である。前者の場合、史料上、差し当り、内宮権禰宜であった定俊が考えられる（『類聚大補任』[34]）が、定俊の生没年は不明である。

以上、忠良の言中、①の点は実名も述べられており、裏付けられるが、②③の点に関しては、現存の系図・補任等では史料上の制約もあり、確認することができなかった。

2

『愚昧記』当該条の前提——内宮火災・忠良の在京（時期・目的）・忠良の言説の一部、が他の史料により裏付けられ、確認されるので、該条の信憑性は高く、従って、仁平二年度内宮遷宮に関して、忠良と或公卿・実房との間に記事中の如き問答が交されたことは、——実房が捏造する積極的な理由が見い出せない限りにおいて——事実と認められる。

話題の中心となっているのは、前年十二月の内宮火災ではなく、十七年前の仁平二年九月に斎行された第二十五回内宮式年遷宮のことである。仁平二年九月の内宮遷宮時における内宮禰宜構成は次のようになる（表2も『補任次第』・『二宮祢宜年表』を基に作成）。

表2

一禰宜	二禰宜	三禰宜	四禰宜	五禰宜	六禰宜	七禰宜
経仲	俊定	実定	延明	忠良	忠成	元満

さらに、この一禰宜から七禰宜迄の関係が窺えるように、略系図を掲げておく[35]（図1参照）。

また、当時の祭主は大中臣清親で、清親は保元二（一一五七）年八月七日に薨じている（『祭主補任』[36]）。

さて、上記した考証に大過なければ、『愚昧記』当該条は次の点が指摘され貴重である。

(1) 記事内容は、仁平二年内宮遷宮に五禰宜として実際に奉仕した忠良（嘉応元年時点では三禰宜）が語っていること。

(2) 平安時代末期、十二世紀中頃の神宮祭主・内宮禰宜の間には、「仍奉㆑取㆓出件御衣㆒之時、二禰宜等申云、

図1　荒木田氏二門略系図

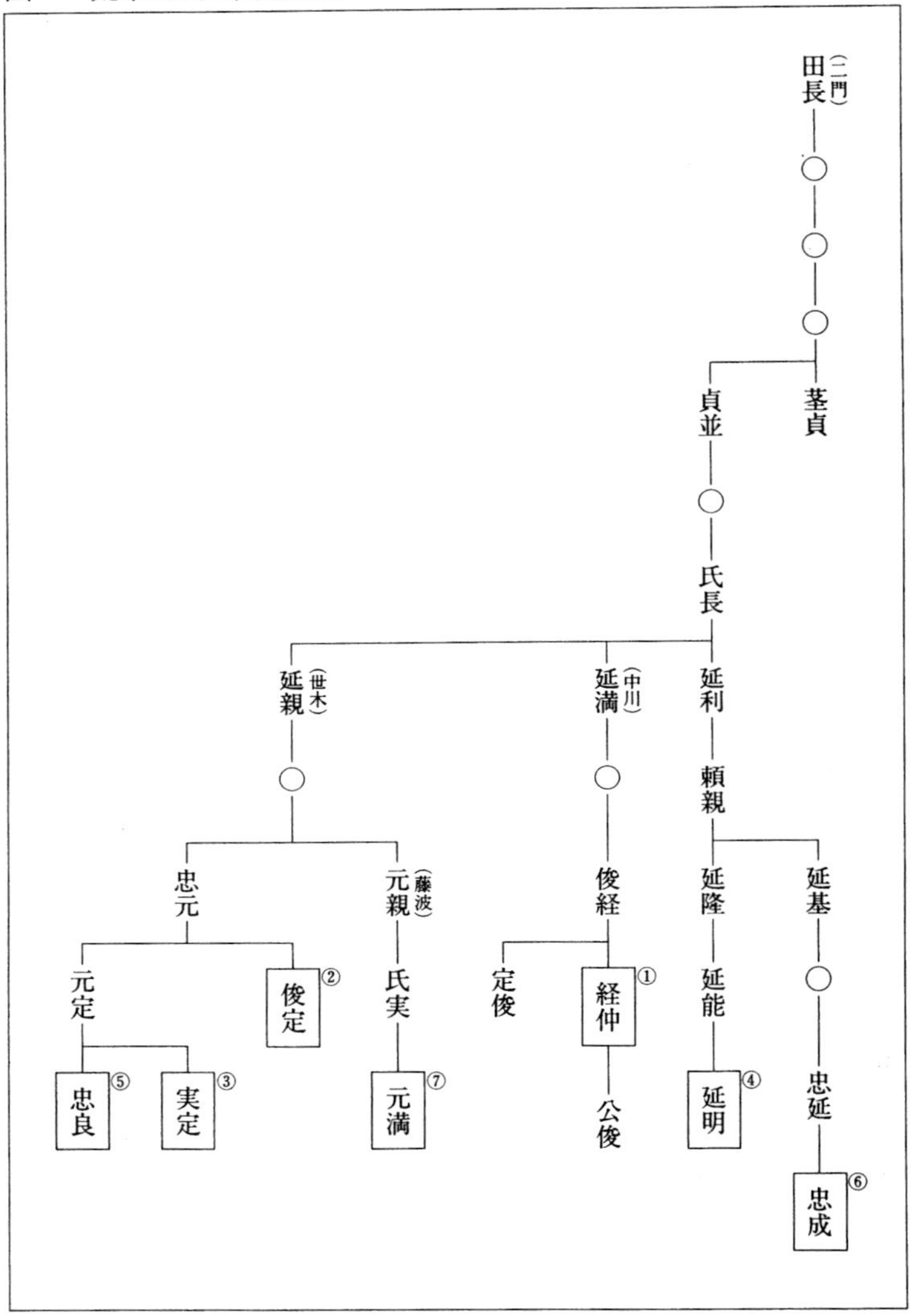

注：□内は仁平二年九月遷宮時の内宮禰宜。右肩の番号は禰宜職を示す。

此御衣、所二伝聞一之御衣歟、各以恐懼」とあるように、内宮の御神体を覆う御衣の中に「自二天宮一所レ令二著御一之御衣」があり、その「御衣」は「天宮祠」において「尊明と云神」が調製したものである、という伝承と意識があった。

(3)　(2)の伝承・意識は、神宮側だけではなく京都の一部の公卿間にも存した。

なお、(3)の点をも勘案すれば、(2)の意識は外宮側にもあったと思われ、(2)の御神体を覆う、言わば「天衣」の伝承をもとに記されたものが、『豊受皇太神御鎮座本紀』の次の条であろう。[37]

泊瀬朝倉宮御宇天皇廿一年丁巳十月朔、……戊午秋九月望、従二離宮一遷二幸山田原之新殿一、奉レ鎮二御船代・御樋代之内一、〔樋代則天小宮之日座儀也、故謂二天御蔭・日御蔭登隠坐一祝言縁也、船代則謂二天材木屋船之霊一、故瑞舎名号二屋船一縁也、天御翳・日御翳隠坐、古語也〕、以二天衣一奉レ餝レ之、如二日小宮儀一也。

（〔 〕内は二行割注。傍線は加茂が付した）

雄略天皇の代に、度会の山田原の新殿に天照大神を祀り、御船代・御樋代の内に御神体を鎮め、「天衣」をもって奉餝したとする。

『豊受皇太神御鎮座本紀』の成立に関しては、鎌倉時代後期で度会行忠の撰述とする通説（岡田米夫氏・久保田収氏[38]）と、平安時代末期迄遡るとする新説（田中卓氏[39]）が出されているが、少なくとも、『御鎮座本紀』に記述される、御神体を覆う「天衣」のことは、平安時代末期（十二世紀中頃）の神宮祠官には伝承されていたことが、『愚昧記』当該条より確認されることを付記しておく。

最後に、『愚昧記』当該条に言う、内宮の御神体を覆う「自二天宮一所レ令二著御一之御衣」について検討を加えたい。

まず、考えられることは、神宮側でも特別の配慮が払われた「屋形紋錦御被」のことであろうが、私は、忠良が述べる件の「御衣」とは「屋形紋錦御被」では有り得ないと推定する。以下に、その理由を記してみる。

(1) 忠良は、件の「御衣」の形状を「非㆓絹類㆒、如㆑綿也、其色如㆓染茜㆒、其体如㆓小児衣㆒」と述べている。一方、「屋形紋錦御被」は『皇太神宮儀式帳』以下の諸史料に記載があるので、それらをもとに作表した（表3参照）。

表3

出典	記事	装束位置
皇太神宮儀式帳	屋形錦御被一条〔長九尺・弘四幅〕	出坐御床
延喜伊勢太神宮式	屋形錦御被一条〔長五尺・広二幅〕	御樋代
内宮長暦送官符	錦御被壱領〔長五尺・広二幅・無綿・屋形文〕	御樋代
承安元年御装束絵巻	屋形文錦御衾	御樋代内
嘉元二年内宮送官符	屋形文錦御被壱領〔長五尺・弘二幅・無綿〕	御樋代
元亨三年内宮遷宮記	屋形文錦御被一条〔長五尺・弘二幅・無綿〕	御樋代
貞治三年内宮遷宮記	屋形文錦御被一条〔長五尺・弘　幅・無綿〕	御樋代
寛正三年内宮神宝送官符	屋形文錦御被一条〔長五尺・弘二幅・無綿〕	
永正十八年内宮仮殿遷宮記	屋形文錦御被二条〔長各八尺・弘四幅・裏緋絹〕	

※ 出典史料の簡単な注記をしておく。『内宮長暦送官符』は長暦二（一〇三八）年の送官符で、『群書類従』第一輯所収。『承安元年御装束絵巻』は承安元（一一七一）年の第二十六回内宮式年遷宮における

装束絵巻で、『神宮遷宮記』第七巻所収。『嘉元二年内宮送官符』は嘉元二（一三〇四）年の送官符で、注(17)の渡辺寛氏論文に翻刻。『元亨三年内宮遷宮記』は元亨三（一三二三）年の第三十四回内宮式年遷宮記録で、『神宮遷宮記』第三巻所収。『貞治三年内宮遷宮記』は貞治三（一三六四）年の第三十六回内宮式年遷宮記録で、『神宮遷宮記』第三巻所収。『寛正三年内宮神宝送官符』は寛正三（一四六二）年の送官符で、『続群書類従』第一輯上所収。『永正十八年内宮仮殿遷宮記』は永正十八（一五二一）年六月の仮殿遷宮記録で、『神宮遷宮記』第四巻所収。

また、「延喜伊勢太神宮式」において「屋形紋錦御被」を御樋代の装束としたのは、櫻井勝之進氏の分類に拠った（同『伊勢神宮の祖型と展開』、国書刊行会、平成六年）。

管見した上記の史料からすると、「屋形紋錦御被」の長さと広さは、『儀式帳』と『永正十八年内宮仮殿遷宮記』以外は総て「長五尺、広二幅」[40]（但し、『貞治三年内宮遷宮記』の弘さは欠字となっている）であり、「無レ綿」であったことが知られる。また、その色調は『嘉元二年御遷宮屋形文錦御被御文相違事』[41]に「地緋文黄」とあり、地は緋糸、屋形紋は黄糸で織られている。件の「御衣」は「如二染茜一」とあるので、「屋形紋錦御被」の地の色調とは一致するが、一幅六文並列と言われる屋形紋の黄色が吻合しない。

さらに、異なると思われる点は、「屋形紋錦御被」は、名称通り、錦織りであり、「被」であり（中井正晴氏は、「屋形紋錦御被」・「刺車錦御被」について「内宮様と外宮様に奉飾申し上げる「御被《みふすま》」と申しまして、平たく申し上げますと神様のお布団に当たるわけでございまして」と発言されている）[42]、「無レ綿」であるが、件の「御衣」は「非二絹類一、如レ綿也」で、その形は「如二小児衣一」であった。

(2) 記事中に、件の「御衣」を撤し、「自二公家一所レ被レ奉之御衣」――「屋形紋錦御被」を含む、朝廷から奉献された御装束で御神体を覆った、という或る公卿の言があること。

(3) 忠良の言に、件の「御衣」を撤し、「以㆓屋形御衣㆒奉㆑纏㆑之」とあること。

また、件の「御衣」を取り出す時、二禰宜等が「此御衣、所㆓伝聞㆒之御衣歟」と恐懼し、一禰宜経仲が「変㆑色」え振り騒いだ、とする。

この仁平二年遷宮に奉仕したと思われる内宮禰宜の、同年遷宮を含めた遷宮奉仕経験は左のようになる(43)（表4参照）。

表4

禰宜	回数	内容（〈 〉内はその時の禰宜職）
一禰宜 経仲	5	○永久二（一一一四）年九月十六日第二十三回内宮式年遷宮〈五禰宜〉 ○大治元（一一二六）年十二月二十一日仮殿遷宮〈二禰宜〉 ○長承二（一一三三）年九月十六日第二十四回内宮式年遷宮〈二禰宜〉 ○久安二（一一四六）年十一月十六日仮殿遷宮〈一禰宜〉 ○仁平二（一一五二）年九月第二十五回内宮式年遷宮〈一禰宜〉
二禰宜 俊定	2	○久安二（一一四六）年十一月十六日仮殿遷宮〈二禰宜〉 ○仁平二（一一五二）年九月第二十五回内宮式年遷宮〈二禰宜〉
三禰宜 実定	2	○久安二（一一四六）年十一月十六日仮殿遷宮〈三禰宜〉 ○仁平二（一一五二）年九月第二十五回内宮式年遷宮〈三禰宜〉
四禰宜 延明	2	○久安二（一一四六）年十一月十六日仮殿遷宮〈四禰宜〉 ○仁平二（一一五二）年九月第二十五回内宮式年遷宮〈四禰宜〉

五禰宜 忠良	4	○大治元（一一二六）年十二月二十一日仮殿遷宮〈六禰宜〉 ○長承二（一一三三）年九月十六日第二十四回内宮式年遷宮〈六禰宜〉 ○久安二（一一四六）年十一月十六日仮殿遷宮〈五禰宜〉 ○仁平二（一一五二）年九月第二十五回内宮式年遷宮〈五禰宜〉
六禰宜 忠成	2	○久安二（一一四六）年十一月十六日仮殿遷宮〈六禰宜〉 ○仁平二（一一五二）年九月第二十五回内宮式年遷宮〈六禰宜〉
七禰宜 元満	2	○久安二（一一四六）年十一月十六日仮殿遷宮〈七禰宜〉 ○仁平二（一一五二）年九月第二十五回内宮式年遷宮〈七禰宜〉

表4は、各人の禰宜補任から仁平二年九月迄に斎行された内宮遷宮を記したものである。従って、必ずしも厳密ではない点もあるが、触穢・服喪等のことが無い限りは、当然奉仕したであろうから、禰宜全員少なくとも一回以上（仁平二年九月の遷宮を含めれば二回以上）の遷宮行事・祭祀体験があったことになる。とすれば、「屋形紋錦御被」のことは既知していたはずで、仮に、件の「御衣」が前遷宮時の「屋形紋錦御被」であったならば、「此御衣、所㆓伝聞㆒之御衣歟」とし、さらに恐懼まではしなかったであろう。

以上の論拠が認められるとすれば、忠良が語った件の「御衣」は「屋形紋錦御被」ではなく、また、「自㆓公家㆒所㆑被㆑奉之御衣」でもなかったと考定される。件の「御衣」とは、当時の祭主・内宮禰宜にとって、内宮御神体を覆う「天衣」[44]であると伝承され意識されていたものである。

第四節　結　び

小稿では、二節において、『釈紀』説以下の、伊勢神宮に関する「真床覆衾」の用例を掲げた。三節では、『愚昧記』嘉応元年二月四日条の分析を通して、伊勢神宮の御神体を覆う御衾を「真床覆衾」と解する『釈紀』説より溯る、平安時代末期・十二世紀中頃の神宮祭主・内宮禰宜には、御神体を覆う「天衣」伝承と意識があったことを指摘した。[45] 迂遠な考証に終始したが、識者の御叱正をお願いして擱筆することにしたい。

注

(1) 拙稿「天孫降臨神話と大嘗祭―折口氏説以前の研究史―」(『皇學館大学神道研究所紀要』第十一輯、平成七年、本書第三篇第七章所収)。
(2) 山本ひろ子「神話と呪物の構想力」(『思想』平成三年九月号、岩波書店、平成三年)。
(3) 本田安次『伊勢神楽歌考』(錦正社、昭和六十三年)一三〇頁。
(4) 神宮文庫所蔵。
(5) 本田安次『霜月神楽之研究』(明善堂書店、昭和二十九年)。
(6) 新訂増補国史大系『釈日本紀』(吉川弘文館、昭和五十年)。
(7) 日本思想大系『中世神道論』(岩波書店、昭和五十二年)の解説(大隅和雄氏執筆)参照。
(8) 注(7)前掲書所収。
(9) 『続群書類従』第三輯下(続群書類従完成会、昭和五十五年)所収。
(10) 『群書解題』第六輯(続群書類従完成会、昭和五十七年)の該当項の解説(鎌田純一氏執筆)によると、「真床大衾」表記は本文ではなく、注記が本文の如く入ったものではないか、とされる。仮に鎌田氏説が正しいとすると、「真床大衾」の注記がなされた時点で、本文で述べた意識――「真床大衾」は「天照大神ノ御ふく」で、それは内宮の「屋形紋錦御被」・外宮の「刺車錦御被」である――があったことになる。
(11) 『神宮遷宮記』第六巻(神宮式年造営庁、平成七年)所収。
(12) 御巫清直『豊受大神宮装束神宝通証』(大神宮叢書『神宮神事考証』中篇、臨川書店、昭和四十五年)の「刺車錦御被」の項参照。

(13) 神道大系『日本書紀註釈』(下)（神道大系編纂会、昭和六十三年）所収。
(14) 『群書類従』第六輯（群書類従完成会、昭和五十五年）所収。
(15) この期間について、村瀬美樹氏は「装束神宝と調進の沿革」（『神宮—第六十回神宮式年遷宮—』、小学館、昭和五十四年）において「現行からすれば、この短期間の調製はいかにも不合理にうけとられるが、当時の神宝は式に制定した「神宝二十一種」の皇大神宮御料だけで、豊受大神宮とその別宮にはなく、また皇大神宮の別宮には奉献されていたとしても、長暦官符の記載例はわずかに五所の四四点に過ぎなかったから、現今、考えるほどの難事ではない。まして資材は官下で、施工は常時これらの技術に熟練していた各寮司直属の専門職が当然、これに当っていたからである」と述べられている。
(16) 村瀬美樹、注(15)前掲論文では、外宮遷宮に対する神宝奉献に関して、『止由気宮儀式帳』に記載が見えないことなどより、その確実な史料を『応永二十六年外宮神宝送官符』とされ、『延喜式』段階では外宮への神宝奉献はなかったと推定されている（注(15)引用箇所参照）が、この村瀬氏説に対して、外宮遷宮神宝奉進は貞観十二（八七〇）年度遷宮まで遡るとする牟禮仁氏の反論がある（同「外宮遷宮奉神宝考」〈『谷省吾先生退職記念　神道学論文集』、国書刊行会、平成七年〉）。
(17) 渡辺寛「嘉元二年内宮送官符」（『皇學館論叢』第七巻二号、昭和四十九年）。
(18) 村瀬美樹、注(15)前掲論文。なお、中西正幸『神宮式年遷宮の歴史と祭儀』（大明堂、平成七年）の序説には「神宝」の項があり、御装束神宝に関する史料・先行研究が列挙されており有益である。また、中西氏の著書には記されていないものとして、中井正晴「御装束神宝の奉献」（『神道学会報』第十六号、皇學館大学神道学会、平成六年）がある。
(19) 『神宮遷宮記』第二巻（神宮式年造営庁、平成四年）所収。
(20) 瀧川政次郎『伊勢の御神宝』（伊勢神宮式年遷宮奉賛会、昭和二十五年）、のちに『遷宮論集』（神社本庁、平成七年）に再録。
(21) 『新修　平田篤胤全集』第四巻（名著出版、昭和五十二年）所収。篤胤による『古史伝』の成稿は巻二十八迄で、巻二十九以降は矢野玄道の増補である。この間の経緯については、福井款彦「矢野玄道の大嘗祭研究」（皇學館大学神道研究所編『続　大嘗祭の研究』、平成元年、皇學館大学出版部）に詳しい。

(22)『愚昧記』当該条は、矢野玄道の『神典翼』第二十九巻下（国民精神文化研究所、昭和十五年）にも引用されている。

(23) 神宮文庫所蔵『愚昧記』の奥書には次のようにある

○五門十六―一三八二

暦応四年七月廿二日一見了

左近中将（花押）

貞和三年林鐘中旬之後取目録了

（花押）

○五門二十―一三八一

暦応四年七月廿二日一見了

左近中将（花押）

貞和三年林鐘中旬之後取目録了

（花押）

右愚昧記官記之内也実房公正記令書写加校合了　惣《イ本》十四弓

正保四仲冬下旬

なお、陽明叢書『平記・大府記・永昌記・愚昧記』（思文閣出版、昭和六十三年）の『愚昧記』解説（新田英治氏執筆）では、略同じ暦応奥書を持つ陽明文庫所蔵本があり、暦応奥書の「左中将」は実房七世の孫で、『後愚昧記』の記主である公忠の可能性を指摘されている。

(24) 新訂増補国史大系『公卿補任』第一篇（吉川弘文館、昭和五十七年）。

(25) 神道大系『太神宮補任集成』(下)（神道大系編纂会、昭和六十年）所収。

(26) 大神宮叢書『二宮祢宜年表』（臨川書店、昭和四十六年）。

(27) 新訂増補国史大系『百錬抄』（吉川弘文館、昭和五十六年）。なお、『百錬抄』仁安三年十二月二十一日条には

「伊勢太神宮内宮焼亡、正殿東西殿門及内外院殿舎悉為㆓灰燼㆒、御躰奉㆑取㆓出之㆒」とある。

(28) 増補史料大成『兵範記』第四巻（臨川書店、昭和五十八年）。

(29) 史料大成本『兵範記』では、「造宮司大中臣有長」とするが、「造宮使大中臣有長」の誤りである。『古事類苑』神祇部三に引用する同史料では「造宮使」とある。

(30) この時、一禰宜俊定（八十五歳）・二禰宜実定（七十歳）が上京しなかったのは、高齢のためか、或いは、俊定は翌年の嘉応二年九月五日に卒し、また、実定は同年の嘉応元年十一月十三日に卒している（『二宮祢宜年表』）ので、体調不良のためであろうか。

(31) 『群書類従』第一輯所収。なお、『二所太神宮例文』には「仁平二年〔壬申〕内宮遷宮、〔近衛院御宇〕、自㆓長承二年㆒及㆓廿年㆒」と記されている。

(32) 国史大系『本朝世紀』（吉川弘文館）。同書仁平二年九月八日条に「八日己亥、天晴、今日、伊勢太神宮遷宮神宝使、自㆓神祇官㆒発遣也。仍廃務」とある。

(33) 田中卓「荒木田氏古系図の出現」（『古典籍と史料　田中卓著作集10』、国書刊行会、平成五年）。

(34) 神道大系『太神宮補任集成』(下)（神道大系編纂会、昭和六十年）所収。『類聚大補任』に「内宮禰宜……正四位上満盛〔……権禰宜定俊一男……〕」と見える。

(35) 略系図は、田中卓、注(33)前掲論文附図の「荒木田氏古系図」、『国史大辞典』第一巻（吉川弘文館、昭和五十四年）の「荒木田氏」の項目（鎌田純一氏執筆）の「荒木田系図」を参照して作成した。

(36) 神道大系『太神宮補任集成』(上)（神道大系編纂会、昭和五十九年）所収。

(37) 『続群書類従』第一輯上（続群書類従完成会、昭和五十四年）所収。

(38) 岡田米夫「豊受皇太神御鎮座本紀」（『群書解題』第六巻所収、続群書類従完成会、昭和五十七年）。久保田収『中世神道の研究』（神道史学会、昭和三十四年）。

(39) 神道大系『伊勢神道』(上)（神道大系編纂会、平成五年）の解題「神道五部書について」（田中卓氏執筆）。

(40) 村瀬美樹、注(15)前掲論文によると、「延喜伊勢太神宮式」が現行（第六十回時点）の製作仕様基準と考えられる、とされている。

(41)『神宮遷宮記』第二巻（神宮式年造営庁、平成四年）所収。

(42)「シンポジウム　神宮式年遷宮について」（『神道宗教』第百五十号、平成五年）の中井正晴氏の発言。

(43)内宮遷宮年月日は、『神宮―第六十回神宮式年遷宮―』（小学館、昭和五十四年）所収「皇大神宮遷宮一覧表」を参照した。また、作表に際して、『補任次第』・『二宮祢宜年表』も参照した。

(44)「天衣」の語は、『伊勢太神宮瑞柏鎮守仙宮秘文』（神道大系『伊賀・伊勢・志摩国』〈神道大系編纂会、昭和五十四年〉所収）にも「吾聞、以代承二皇天天御中主詔命一、天皇孫尊天降居之時、平二鬼神一治二天下一霊異物有二三百六十種之神宝一、所謂天之八坂瓊曲玉、弋、玉裳、叱礼、天衣、白銅鏡、神釼類是」と見える。

(45)本文で述べたように『豊受皇太神御鎮座本紀』に「天衣」の語が見えることも勘案すれば、外宮祀官にも「天衣」伝承と意識があったと思われる。

第七章　天孫降臨神話と大嘗祭
――折口氏説以前の研究史――

第一節　はじめに

折口信夫氏の「大嘗祭の本義」[1]に代表される大嘗祭研究が、大嘗祭研究史上、特記される業績であることは夙に多くの先学が指摘されていることである。[2]平成の御代替りの際に高まった大嘗祭研究の大きな論点の一つが、折口氏説の再検討であったことは、いまだ記憶に新しいところである。

「大嘗祭の本義」における、折口氏大嘗祭論の重要点は次の文章である。

(1)　恐れ多い事であるが、昔は、天子様の御身体は、魂の入れ物である、と考へられて居た。天子様の御身体の事をすめみまのみことと申し上げて居た。……（略）……此すめみまの命に、天皇霊が這入つて、そこで、天子様はえらい御方となられるのである。（『折口信夫全集』第三巻、一九三頁）

(2)　大嘗祭の時の、悠紀・主基両殿の中には、ちやんと御寝所が設けられてあつて、蓐・衾がある。褥を置いて、掛け布団や、枕も備へられてある。此は、日の皇子となられる御方が、資格完成の為に、此御寝所に引き籠つて、深い御物忌みをなされる場所である。実に、重大なる鎮魂《ミタマフリ》の行事である。此処に設けられて居る

> 衾は、魂が身体へ這入るまで、引き籠つて居る為のものである。(同右、一九五頁)
>
> (3) 此重大な復活鎮魂が、毎年繰り返されるので、神今食・新嘗祭にも、褥が設けられたりする事になる。大嘗祭と同一な様式で設けられる。復活を完全にせられる為である。日本紀の神代の巻を見ると、此布団の事を、真床襲衾《マドコオフスマ》と申して居る。彼のにゝぎの尊が天降りせられる時には、此を被つて居られた。此真床襲衾《マドコオフスマ》こそ、大嘗祭の褥裳を考へるよすがともなり、皇太子の物忌みの生活を考へるよすがともなる。物忌みの期間中、外の日を避ける為にかぶるものが、真床襲衾《マドコオフスマ》である。此を取り除いた時に、完全な天子様となるのである。(同右、一九六頁)

多くの研究者に引用される箇所で、(1)が「天皇霊」、(2)(3)が「真床覆衾」に関する折口氏説であり[3]、大嘗宮悠紀殿・主基殿の室の中央に鋪設される第一の神座の寝具・御衾を、天孫降臨神話の「真床覆衾」と解し、天皇が神座に臥す時に、「天皇霊」と一体になり、「完全な天子様となるのである」と説く。

折口氏説の学説上の意味は、天孫降臨神話を大嘗祭の祭儀神話と見なし、さらに、『日本書紀』に散見する「天皇霊」についての独特の解釈、とを結び付け、大嘗祭を王者誕生儀礼として理解しようとしたところにある。

折口氏大嘗祭論を構成する重要な論点――①「天皇霊」、②「真床覆衾」、に対して、①については、岡田精司氏[4]・熊谷公男氏[5]・赤坂憲雄氏[6]・小林敏男氏[7]の反論があり、また、②に関しては、岡田精司氏[8]・岡田荘司氏[9]の批判が提示されている。

折口氏説への再検証が進む過程で、明確になったことの一点は、大嘗祭と天孫降臨神話を結び付けたのは折口信夫氏の独創ではなく、すでに同旨の先行学説が存在していたことである。

岡田精司氏は、明治天皇大嘗祭に際し、明治四（一八七一）年十一月に発布された太政官告諭に「大嘗会ノ儀ハ、天孫瓊瓊杵尊降臨ノ時天祖天照大神詔シテ、豊葦原瑞穂国ハ吾御子ノ所知国ト封シ玉ヒ、乃斎庭ノ穂ヲ授ケ玉ヒシヨリ天孫日向高千穂宮ニ天降マシマシ、始テ其稲種ヲ播テ新穀ヲ聞食ス、是レ大嘗新嘗ノ起源也、是ヨリ御歴代年々ノ新嘗祭アリ、殊ニ御即位継体ノ初ニ於テ大嘗ノ大義ヲ行ヒ玉フ事ハ、天祖ノ封ヲ受玉フ所以ノ大礼ニシテ、国家第一ノ重事タリ[10]」とあることから、「ここには大嘗祭の由来とし、明らかに天孫降臨神話が語られていることが注目される。この太政官告諭の起草者はわからぬが、平田系国学を学んだものではあるまいか」と、考察されている。[11]

また、後期水戸学を代表する学者、会沢安（正志斎、天明元〈一七八一〉年～文久三〈一八六三〉年）の『新論』（文政八〈一八二五〉年成立）に着目され、その大嘗祭論を分析されたのは、荒川久壽男氏[12]、山本ひろ子氏[13]である。『新論』に「夫れ嘗とは、始めて新穀を嘗めて、天神に饗するなり……（略）……天祖、嘉穀の種を得て、以為らく以て蒼生を生活すべしと、すなはちこれを御田に種ゑたまふ。また口に繭を含みて、始めて蚕を養ふの道あり、これを万民衣食の原となし、天下を皇孫に伝ふるに及んで、特にこれに授くるに斎庭の穂を以てしたまふ。民命を重んじて嘉穀を貴ぶ所以のもの、また見るべきなり。故に大嘗の祭には、新穀を烹熟して、以てこれを殷薦す[14]」とあるように、既に会沢安の時点において、大嘗祭の起源として天孫降臨神話の「斎庭の穂」が論じられていることが指摘されている。

折口氏大嘗祭論の「真床覆衾」論を構成するのは、次の論点である。

①　天孫降臨神話を大嘗祭の祭儀神話と考定する（以下、小稿では「天孫降臨神話由来説[15]」とも称す）。

②　大嘗宮神座の寝具・御衾を「真床覆衾」と解釈する（以下、小稿では「真床覆衾説」とも称す）。

①の「天孫降臨神話由来説」は、右に述べたように、折口氏の独創ではなく、会沢安の『新論』迄遡ることが指摘されている。

小稿では、①の「天孫降臨神話由来説」が会沢を中心とする後期水戸学にその淵源があるのか、あるいはさらに先行する学説があるのか、また、②の「真床覆衾説」は折口氏の独創的見解なのか、という問題意識より、折口氏説以前の先行説の検証をおこなってみたい。従って、例えば、一条兼良の『代始和抄』に「御即位は漢朝の礼儀をまなぶなり、大嘗祭は神代の風儀をうつす」とあり、すくなくとも室町時代には大嘗祭を「神代の風儀」とする解釈が存在したことが理解されるが、小稿では、折口氏説の検証という観点から、①②の論点に限定して先行学説の有無を確認する作業をおこないたい。

なお、稿を始める前に、折口氏の「真床覆衾」についての具体的記述を瞥見しておく。

○「ほんとうは紐のない、風呂敷の様な、大きな布で、真床襲衾と称した処のものである」(「古代人の思考の基礎」、『折口信夫全集』第三巻、昭和四年初出)。

○「もに籠ると言ふことは、蒲団の様なものを被つてぢつとして居る事であつた。大嘗会の真床襲衾(神代紀)が其である」(「霊魂の話」、同右第三巻、昭和四年初出)。

○「一昨年、三越呉服店で催された「伊勢詣での会」の出品中、神楽の書止めがあつて、其に、まどこおふすまの絵があつたと言ふ話を聞きました。私は遂にそれを見ないでしまひましたが、恐らく、天蓋の様な形をしたもので、其を垂らすとすつかり姿が隠れてしまふ事になるのだと思ひます。真床襲衾《マドコオフスマ》が蒲団の様なものであつたのは、極古代で、後にはそんな形になつたのです」(「山の霜月舞」、同右第十七巻、昭和五年初出)。

○「真床襲衾とは蒲団の事である。蒲団の事をもといふ。邇々芸命は、もの中に包つて御降りになつたのである」(「古代生活に於ける惟神の真意義」、同右第二十巻、昭和五年初出)。

○「襲衾は、その髣髴《オモカゲ》すら知る事は出来ないが、……(略)……国の古風では、真白い装ひであつた事が察せられる」(「皇子誕生の物語」、同右第二十巻、昭和八年初出)。

○「真床襲衾といふことは、語の通り、床の上で著るところの大きな衾といふ意味らしいのです。つまり、上へ掛ける蒲団のことなのです」（「上代葬儀の精神」、同右第二十巻、昭和九年初出）。

「真床覆衾」をめぐる折口氏の観念が、「産屋」と「喪屋」の観念の双方に揺れ動いていたことについては、谷川健一氏の指摘があるが[16]、その具体的な形態としては、「蒲団の様なもの」「上へ掛ける蒲団」と考えていたことが伺える。

第二節　近世以前における研究

「真床覆衾」は『古事記』には見えず、『日本書紀』神代下の天孫降臨章本文に、

于時、高皇産霊尊、以二真床追衾一、覆二於皇孫天津彦彦火瓊瓊杵尊一使レ降之、皇孫乃離二天磐座一（天磐座、此云二阿麻能以簸矩羅一）、且排二分天八重雲一、稜威之道別道別而、天二降於日向襲之高千穂峯一矣。

（（　）内は二行割注、以下同じ）

とあり[17]、同章第四の一書に「真床覆衾」、同第六の一書にも「真床覆衾」とある。

また、海宮遊幸章の第四の一書に、

於レ是、天孫於二辺床一則拭二其両足一、於二中床一則拠二其両手一、於二内床一則寛二坐於真床覆衾之上一、海神見レ之、乃知二是天神之孫一。

とあり、さらに、

豊玉姫大恨……（略）……遂以二真床覆衾及草一、裹二其児一置二之波瀲一、即入レ海去矣、此海陸不二相通一之縁也。

と見える。

先に引用した「太政官告諭」等に掲げられた「斎庭ノ穂」は、『書紀』天孫降臨章第二の一書に、

天照大神、……（略）……文勅曰、以二吾高天原所レ御斎庭之穂一、亦当レ御二於吾児一、則以二高皇産霊尊之女号万幡姫一、配二天忍穂耳尊一為レ妃降之、故時居二於虚天一而生児、号二天津彦火瓊瓊杵尊一、因欲下以二此皇孫一代レ親而降上、

とある。

まず、『釈日本紀』巻八「述義」の説を見る。(18)

真床追衾

私記曰、問、此衾之名、其義如何、答、衾者、臥床之時覆レ之物也、真者褒美之辞也、故謂二真床追衾一、一書文、追字作レ覆也、訓読相通之故並用、今世太神宮以下諸社神躰、奉レ覆二御衾一、是其縁耳。

天書第二曰、是後以二天杵尊一為二中国王一、賜下玄龍車・追二真床一之縁錦衾・八尺流火鏡・赤玉鈴・薙レ草釼上。

斎庭

大問云、以レ斎訓レ湯如何、先師申云、湯者、潔斎之義也、大嘗会由貴次、盖此謂也。

八重席薦《タヽミ》

私記曰、問、此何物乎、答、今新甞祭神今食神態之時神座八重畳、摸レ之者也。

「真床追衾」に関しては、「私記」の説を引き、「真」は「褒美の辞」で、「衾」は「臥レ床之時覆レ之物」とし、さらに「太神宮以下諸社神体」を覆う御衾とする。そして『天書』をさらに引用する。

『釈紀』には「斎庭之穂」についての解はなく、「斎庭」についての問答が収録されている。この問答の「大問」は一条実経で、「先師」は卜部兼文（兼方の父）であり、前関白実経の『書紀』神代巻に関する質問に兼文が答

えたもので、その時期は、後宇多天皇大嘗祭執行――文永十一（一二七四）年十一月十九日――の二十日程前のことであろうと考定されている。[19]

問題となっているのは、「斎庭之穂」の「斎庭」のことで、[20]特に「斎」の読みと意味である。兼文は「潔斎之義」で、大嘗祭の由貴（悠紀）・次（主基）を謂うと答えている。問答で注意したいことは、兼文が大嘗祭の悠紀だけでなく、次（主基）のことも例として述べていることである。この点からすれば、単に「斎《ユ》」の語義だけの説明ではなく、「斎庭」（「斎庭之穂」）のことから大嘗祭悠紀・主基に言及するので、やや穿った見方をするならば、「斎庭の穂」（天孫降臨神話）と大嘗祭との関連の意識が兼文にあった、とも考えられよう。しかし、「潔斎之義」として悠紀・主基を例としてあげたとも解されるので、ここではこれ以上の断定は差し控えておく。

「八重席薦」は彦火火見尊の海宮遊幸章本文・同章第二の一書に見える「八重席《やへたたみ》（薦）」のことで、大嘗宮神座と基本的には同鋪設と考えられる[21]新嘗祭・神今食の神座八重畳は「摸レ之」と解釈している。なお、この「八重席（薦）」は、文脈上、同章第四の一書の「真床覆衾」に相当することとなる。

次に注目したいのは、『夫木和歌抄』巻三十一所収の正安大嘗会歌である。[22]

正安大嘗会歌

君が代は安のこほりのみつきもの　ゆにはの稲穂つきそはしむる

兼仲卿

これは、正安三（一三〇一）年十一月二十日に斎行された後二条天皇大嘗祭に際し、藤原兼仲が詠進した大嘗会和歌である。同大嘗祭では悠紀が近江国野洲郡、主基は備中国英賀郡が卜定され、兼仲は悠紀の野洲郡を踏まえて詠じている。野洲郡より貢上された大嘗祭神饌用の「撰子稲」が「ゆにはの稲穂」、すなわち天孫降臨神話の「斎庭之穂」と意識されている。天孫降臨神話の「斎庭之穂」を念頭に置き詠進された和歌であるので、天孫降臨神話と大嘗祭を関連付ける意識が既に鎌倉時代末期にあったことが知れる史料となり得ると思われる。

次に掲げるべき『書紀』神代紀の註釈書は、貞治六（一三六七）年成立（自序）とされる忌部正通の『神代巻口訣』[23]であろう。『口訣』では、「真床覆衾」について、

真床追衾者、御帳也、追、覆也。

とし、「御帳」とのみ解するだけで、大嘗祭への言及は見られない。

ところが、「斎庭之穂」に関しては、

斎庭之穂亦当二御於吾児一者、斎而奉二大神一、以二稲穀一授レ之、大嘗会有二斎場之儀式一

と解釈し、明確に、天孫降臨神話を大嘗祭祭儀と結びつけ、天照大神が瓊瓊杵尊に授けた「斎庭之穂」の儀のことが、大嘗会に「斎場之儀式」として有り、と説明している。

また、『書紀』天孫降臨章第三の一書の「時以二竹刀一截二其児臍一、其所レ棄二竹刀一、終成二竹林一、故号二彼地一、曰二竹屋一、時神吾多鹿葦津姫以二卜定田一、号曰二狭名田一、以二其田稲一、醸二天甜酒一嘗レ之、又用二渟浪田稲一、為レ飯嘗レ之」の箇所に、『口訣』は、

以二竹刀一截二其児臍一者、示二養産之方一……（略）……竹屋在二日向国一、竹之和語、一歳而長高名、以二卜定田一者、為レ卜取レ稲、大嘗会国郡卜定起レ是、……（略）……大嘗国郡卜定者、起二火火出見尊降誕之時一

と注解し、瓊瓊杵尊の子を出産した、神吾田鹿葦津姫の田卜定のこと、及びその稲を用いての「天甜酒」「飯」の「嘗」のことを、大嘗祭国郡卜定の起源と解している。

『神代巻口訣』の成立に関しては、自序にある貞治六（一三六七）年とする説（宮地直一氏[24]・久保田収氏[25]）と、その神道説より、後人の仮託とみなす説（鎌田純一氏[26]）とがある。忌部正通の生没年・伝記がともに不明という

ことも、『口訣』の成立年代確定を困難にしている理由であり、筆者にも現段階では、いずれの説に左袒すべきかの私案は持ち合わせていない。ただ、小稿の目的からすれば、後人仮託説の立場を取る場合、『口訣』成立がどこまで降るかという点の確認はすべき必要がある。

『神代巻口訣』が出版されたのは、江戸時代初期の寛文四（一六六四）年で、同年三月に「村田勝五郎開板」の『日本書紀神代合解』十二冊に本書が収録され、さらに九月には「二条通松尾町書肆武村市兵衛新刊」の単行本（五冊）、として版本が流布する。後者の単行本の校刊は山崎闇斎の尽力によるものであることが、谷省吾氏の研究により明らかにされている。[27]『口訣』の古写本については、夙に久保田収氏が「無窮会神習文庫に寛文元年書写の一巻がみられるほかに、比較的古い写本は管見においてみない」[28]と指摘されている。

上の如く、『神代巻口訣』の成立年代に関しては、自序の貞治六（一三六七）年説と、近世初頭の後人仮託説が並立するが、小稿の行論上、後人仮託説を採用する立場であっても、遅くとも寛文四（一六六四）年には成立していたことを確認しておく。

次に、麗気神道の紹述者、『日本書紀』の研究者である比叡山の良遍の神代紀講義――『日本書紀巻第一聞書』（応永二十六〈一四一九〉年の良遍の講義）、『神代巻私見聞』[29]（応永三十一〈一四二四〉年の良遍の講義）を伺うと、「真床覆衾」「斎庭之穂」共に項目も注釈も見当らない。

神宮文庫に『日本書紀私見聞』二本が架蔵されている。[30]一本（道祥本）は、伊勢神宮神主荒木田匡興（道祥）が応永三十三（一四二六）年に筆写したもので、もう一本（春瑜本）は、同年道祥の命で弟子の春瑜が書写したものとされる。[31]この『日本書紀私見聞』の著者は不明であるが、両書とも「真床覆衾」「斎庭之穂」には言及しない。

康正年間（一四五五～一四五七）に成立したとされる一条兼良の『日本書紀纂疏』[32]では、次のように解釈する。

「真床覆衾」については、

床与レ衾、皆臥具、真之為レ言、不レ仮也、追者、覆之訓同、故下文追作レ覆、一云、非二二物一、謂在二床上一之衾也

と、床上にある衾と解し、続けて『釈日本紀』に引用される『天書』を引き、さらに「按二仏経一、転輪王七種煖宝、有二床宝一」と、仏典の転輪聖王の「七種煖宝」に結びつけ説明している。

また、「御斎之穀」（「斎庭之穂」）として、

言天上所レ供之嘉穀、充二之下土御廩一、給二玉食一耳

とあるだけで、大嘗祭との関連は窺えない。ただし、天孫降臨章第三の一書に見える神吾田鹿葦津姫の田卜定・嘗のことに関して、

卜定田者、今大嘗之祭、卜二国郡田一、供二粢盛一之類也、甜酒、謂二美酒一也、渟浪田、謂二水田一也、以レ稲為レ酒為レ飯嘗レ之、養二産婦之血気一耳、

とあり、『神代巻口訣』と同じく、大嘗祭国郡卜定と結び付け解釈をしている。

明応（一四九二～一五〇一）の末年から文亀（一五〇一～一五〇四）の間に成立したとされる[33]吉田兼倶の『日本書紀神代巻抄』[34]では、次のように説く。

「真床覆衾」に関しては、

衾ハ、御殿ノ綺帳ナトソ、覆ト云ハ、蓋ナントヲサシカケテ、カシツイタル皃ソ。

と、御殿の綺帳の類と解し、続けて『釈紀』説を掲げる。海宮遊幸章の「真床覆衾」の釈も「真床覆衾上ニ坐スルソ、衾ト云ハ、綺帳ヤナトヲ云ソ、坐ヲカサル物ソ」と同趣の説明をする。

「斎庭之穂」については、

天上御田ノ瑞穂ヲモ、皇孫ニマイラセルルソ

とあるのみである。

ただし、同章の「八重席」の項には、

海神ハ、ヤカテ天神ト知ソ、敷二八重席一請レ之、大甞会ニモ、神前ニ八重席ヲ敷テ祭レ之ソ。

とあり、解釈に大嘗宮神座の八重畳をあげている。また、この点は、兼倶の『神書聞塵』[35]（兼倶が文明十三〈一四八一〉年におこなった講義）の「八重席」の項にも、

鋪設ｰ、ハカリコトチヤホトニソ、神ヲマツルニ、サカマクラ、八重タ、ミ、ナント、云事アリ、大嘗会ナントニモ、八重畳ヲ敷テ置事ハ、コレヨリ始ソ。

とあり、この兼倶の説は、海宮遊幸神話と大嘗祭の関係を指摘する松前健氏[36]・次田真幸氏[37]の先蹤と言える。

吉田兼倶の子息である清原宣賢の永正本『日本書紀神代巻抄』[38]（永正十〈一五一三〉年代前半に作成[39]）では、「真床覆衾」の説明には、兼良の『日本書紀纂疏』の説を引用するだけで、また、天文五（一五三六）年の宣賢の神代巻講義である『日本書紀神代巻抄』[40]には、

真牀トハ、真ハ真実ノ義也、追ハ、覆也、真床ト追衾ト二也、又ハ真床ヲ覆フ衾也、今モ神ヲ祭ルニ衾ト云コトアリ、キ帳ノ事也。

としている。

永禄十（一五六七）年〜十一年頃の、吉田兼右の神代巻講義『日本書紀聞書』[41]では、

真床追衾、云〻、真ト云ハ、讃タル言ニソ、結構ナル衣装也、以レ之瓊〻杵尊ノ身ヲツ、ム也、依レ之伊勢ノ神体ヲモツ、ム也、又タ宝殿ニ戸張ヲ懸ル因縁、是ヨリ起ル也。

と解している。また、『書紀』宝鏡開始章第二の一書の「及二至日神当新嘗之時一、素戔嗚尊、則於二新宮御席之下一、陰自送レ糞」について、

　天御席ト云ハ、畳ノ事也、大嘗会ノ時、八重畳ヲ敷ク是也。

と記し、大嘗宮の神座八重畳との関係を指摘していることは注目される。

第三節　近世以降における研究

1

本節では江戸時代における注釈を検討する。

まず、江戸前期の儒者・神道学者である山崎闇斎（元和四〈一六一八〉年〜天和二〈一六八二〉年）が晩年におこなった神代巻講義『神代記垂加翁講義』[42]には、

　真床追衾、追ハ口訣ノ様ニ先覆フト云コト、又ウシロカラアテマスルニヨリテ追フトモ云ト云、

とあり、忌部正通の『神代巻口訣』を引用・踏襲し解する。また、闇斎の『風葉集』[43]の「真床覆衾」の項では、前節に掲げた『神代巻口訣』『日本書紀纂疏』『釈日本紀』の各説を引用している。闇斎の上記二書には、「斎庭之穂」に関する注記は見られない。

伊勢神道の再興者とされる外宮神官度会（出口）延佳（元和元〈一六一五〉年〜元禄三〈一六九〇〉年）の『日本書紀神代講述鈔』[44]には、「斎庭之穂」についての注解はなく、「真床覆衾」に関しては、『釈紀』説を引用するにとどまる。

吉川惟足が寛文十一（一六七一）年におこなった神代巻講義『神代巻惟足講説』[45]では、「真床覆衾」（海宮遊幸

章第四の一書）について、

於内床—、真床ハ今時ノ錦ノシトネノ類ナラン、古書ノ体、覆衾ハ、几帳等ノオホヒモノソ、是カ吾カ居ルヘキ処ト思召テタレヲモ、ハヾカラス、ウチアグミニヰ玉フ也。

と、「真床」は錦の褥の類、「覆衾」は几帳等の覆い物、とする。また、「八重席」に関しては、

八重重（ママ）八重ニタ、ミヲシカル、モ此ヨリ起トソ、抄ニ、龍宮テ八重畳ハ皆生類ノ皮ヲシク、大嘗会ノ時ニ神殿ニ八重席ヲシイテ、其上ニ天神地祇ノ神ヲ勧請シテ祭タマヘル是ナリ。

と、海宮遊幸神話の「八重席」と大嘗宮神座の八重畳との関係を説く。また、天孫降臨章第三の一書に記される神吾田鹿葦津姫の卜定田条を、大嘗祭国郡卜定と関連付けている。

真野時綱（尾張国国幣小社津島神社の神職）の『古今神学類編』[46]（元禄九〈一六九六〉年成立）では、「真床覆衾」の項目が立てられており、「神代巻」・『釈日本紀』・『神代巻口訣』・『兼倶抄』・「環翠（清原宣賢）曰」・『天地麗気府録』の先行説を掲げ、さらに、「卜部兼延神宝図ノ中、此御衾之図又ハ褥茵ノ図ヲ載タリ、神代伝受記ニ云、真床覆衾ハ今八尺四方ニ縫㆑之、但錦勿論也、或ハ和服等也。神宝図形ニ、以㆓白絹㆒而縫㆑之有㆓寸法㆒ト、云々」と、『卜部兼延神宝図（神宝図形）』に「真床覆衾」の図があること、『神代伝授記』によると「真床覆衾」は「八尺四方」の錦であること、を紹介し、続けて、

按ズルニ、皇孫降臨天磐座離レ給事ヲ説者、皆人出胎ニ取リ、真床衾ヲ以胞衣《エナ》トスル事、既ニ陳説ニシテ有㆑以也。惣テ古今ニ至尊ノ御出座、或ハ翳を覆ヒ奉リ、御帳ヲ垂ル、ノ類モ、尊形ヲ露ニセザルノ御儀ヒ、唯是理ノ常ヨリ備ル者歟。諸神社ノ霊形モ亦此御衾ヲ奉㆑覆事不㆑俟㆑弁可㆑知。理ヨリ拡メテ謂バ、今人ノ愛子遠客旅ノ時、父母ノ愛育追護ノ一念ヲ傍《ソフ》ル事モ無形ノ衾ト可㆑謂。況神孫ノ降臨、天神ヨリ厳重丁寧ノ御送行ヲヤ。

と、「真床覆衾」を「胞衣（えな）」或は「尊形ヲ露ニセザルノ御儀ヒ」とする自説を付している。

また、巻四十祭祀編の「大嘗会」においては、悠紀・主基の語義説明、即位式・大嘗祭の儀式次第とその歴史を簡略に述べ、神吾田鹿葦津姫の卜定田のことを大嘗祭国郡卜定の濫觴とする。

荷田春満（寛文九〈一六六九〉年～元文元〈一七三六〉年）の『日本書紀神代巻箚記』[47]（宝永二〈一七〇五〉年七月より開始された春満の神代巻講義）には、

　真床追衾とは先大切なもの也、その訳は神代の事故不知也、今神事祭祀の神輿に、御衣と云ふものを掛く、これ衾の象也。

と、説いている。

白川家相伝の家記類を宝暦四（一七五四）年に編纂した『伯家部類』[48]の「作進物之事」条には、「真床追衾、瓊々杵尊ハ木徳ナリ、此瑞穂国ハ、元来金徳ノ素戔嗚尊ノ国ナレバ、金尅木ノ理ニテ、其過アランコトヲ高皇産霊尊ノ恐レ玉ヒテ、一重ヲ隔テ玉フ御事ナリ、又武備ナリ、他ノ国へ往キ玉フユへ、戎衣ヲ具エタマフ義ナリ、又天子明察ナレドモ、明察ヲ先トセズ、不顕ノ徳ヲ示シタマフナリ、又人身ノ誕生ニトリテハ、胞衣ナリ」と、天孫を護る物、或は胞衣、とする記事が見える。

谷川士清の『日本書紀通証』（延享五〈一七四八〉年脱稿と推定され、宝暦十二〈一七六二〉年本版本刊行）[49]では、次のように解釈する。

「真床覆衾」については、まず『釈日本紀』の説を掲げ、それに続けて、

〔玉木翁曰、真床謂二玉座一、衾臥裳也、宗因曰、淳素之世、未レ有二翳障之設鳳輦之制一、故以二被衣一奉レ覆二玉体一也〕色弗曰、真床衾翳二天孫一也〔玉木翁曰、是天御蔭日御蔭之表示也、猶下中臣祓就二御舎一言中天御蔭日御蔭隠坐上、故本章及一書、皆言高皇尊覆レ之、其旨深哉、今按此胞衣之象也〕

（〔　〕内は二行割注）

と記している。士清の師である玉木正英（葦斎）の説——玉座を覆う被衣、宗因説——玉体を覆うための翳障の類、そして「翳二天孫一」とする色弗説（色弗説とは、前文に「斎部色弗知祝詞」を引用するので、斎部色夫知の『八箇祝詞』のことであろうか）、をあげ、最後に「胞衣之象」とする士清の私案を示している。

「斎庭之穂」に関しては、

広成曰、是稲種也、正通曰、大嘗会有二斎場之儀式一、以二清浄一而祭二天神一、謂二之悠紀一、以二後度神供一祭二地神一、謂二之主基一、……（略）……夫木集正安大嘗会、兼仲卿、君我代波安乃郡乃貢物斎庭之稲穂揭曽初牟留。

と、忌部広成の『古語拾遺』、前節に掲げた忌部正通の『神代巻口訣』、『夫木集』を引用する。この引用態度からすれば、天孫降臨神話の「斎庭之穂」と大嘗祭儀を関連付けて考えていた、或はすくなくとも、その先行説を認めていたことは理解される。

河村秀根・益根の『書紀集解』(50)（序文年次は天明五〈一七八五〉年）では、「真床覆衾」の釈として、『釈紀』説を引いた後、

按、皇祖於二皇孫一慈愛深矣、庶幾途中安穏以避二風寒一、故装以下所二寝処一之物上、皇祖所二憐愛一之情、視二諸今人之情一、応二須如一レ此。

と、「風寒」を避く装い、とする。「斎庭之穂」に関しては、『古語拾遺』の説を引用するにとどまる。

本居宣長の『神代紀髻華山陰』(51)（寛政十二〈一八〇〇〉年）には、「真床覆衾」「斎庭之穂」に関する註記は見い出せない。また、『古事記伝』では、海宮遊幸章の「八重席」に注釈があるが、「八重」の語義に関心が向けられ、『釈紀』説を掲示するだけである。

2

次に、平田篤胤の著作を伺う。文政元(一八一八)年に刊行された『古史成文』[52]は、『記紀』『風土記』『古語拾遺』その他の古書を取捨し、『古事記』の文体に倣って篤胤が編成した「古史」である。本文は長文であるので、小稿に関係する天孫降臨神話の必要箇所を要約すると、

一三二段　瓊瓊杵尊の誕生
一三三段　豊葦原瑞穂国統治の神勅
一三四段　瓊瓊杵尊への瑞穂授与と天壌無窮の詔
一三五段　天都詞《ノリト》の言依し
一三六段　降臨に先立ち、天鈿女命と猨田彦神との対話
一三七段　瓊瓊杵尊、真床覆衾に包まれて降臨
一三八段　降臨に際し、瓊瓊杵尊が散米
一三九段　瓊瓊杵尊降臨し、吾田笠狭之御碕に到る
一四〇段　天鈿女命、猨田彦神を送る
一四一段　鰭広物・狭物、天孫への奉仕のこと、海鼠口裂けの起源
一四二段　猨田彦神とその末裔

が述べられ、次の一四三段には、大嘗祭の辰日の朝に中臣氏により奏上される「天神寿詞(中臣寿詞)」と、一云として『大同本記』の天つ水神話をもとに成文した、「天津水」の由来が語られる。そして、次の一四四段では、「斎庭之穂」を用いて斎行される大嘗祭儀が明記されている。

［百四十四］　於是天児屋根命、任二天都神之御依一而、所聞食、由庭之瑞穂、持二太兆之卜事一奉仕而、斎二定悠紀主基国一而、物部之人等、酒造児、酒波、粉走、灰焼、薪採、相作、稲実公等、於二大嘗之斎場一、持斎波理参来而、由志理伊都志理、持恐恐之、清麻波理奉仕而、月内撰二定日時一而献之、此献之、悠紀主基之黒木白木之大御酒、皇美麻命、為二天都御膳之長御膳之遠御膳一、於レ汁亦レ実、赤丹之穂所聞而、豊明明御坐焉、……（略）……此者大嘗祭之御政之本也、亦諸部之神等、如二天津神之勅一、歴世相承而、各奉二供其職一矣

この一四四段の大嘗祭儀は、「天神寿詞（中臣寿詞）」の後半部（大嘗祭に関する詞章）に基づいて成文されている。次の一四五段は天香山と大和三山のことが述べられ、一四六段からは、瑞穂国での瓊瓊杵尊と神吾田鹿葦津姫との婚姻、と続く。

如上のように、篤胤は、天孫降臨神話の中に大嘗祭を組み込んで叙述しており、両者を一体、或は同一文脈の中で解釈していることが理解される。また、この点は、『古史成文』についての篤胤の自己注釈書である『古史伝』巻二十六[53]に、

さて天御膳と云より、斎庭までの文意は、かの稲穂をし蒔生して、其を継々に、天御膳の長御膳の遠御膳と為て、万千秋の長五百秋の、無窮に安らけく、大嘗の斎庭に知食し給へとなり。

とあることからも窺える。

天孫降臨神話と大嘗祭の関連を明確に意識した篤胤にとって、「真床覆衾」は如何に解されるか。『古史伝』巻二十七に以下のように記されている。

真床覆衾は、私記に……（『釈紀』説を引用）……或説に衾は臥裳なりと云るは、褌の波久毛と聞ゆるを思ふに、然も有むかし。○裹奉とは天降り給ふ途の程を痛はりて、其被を以て、暖に柔やかに裹み著せ奉り給へ

るなり。

天孫を「暖に柔やかに」包むための衾、としている。

会沢安と同世代で、且つ、同年生まれ（天明元〈一七八一〉年）である橘守部の『稜威道別』[54]（天保十五〈一八四四〉年頃成立）では、「真床覆衾」に関して、『釈紀』説を掲げ、次に、

今按に其も衾にてはあれども、此に真床覆衾と云るは、小児を裹む褓、小搔纏の類とぞおぼしきなり。

と記す。また、「斎庭之穂」については、

以二吾高天原所御斎庭之穂一云云、斎庭とは斎はり淨はりて、収納するに就て云。後々大嘗祭に云るも其心なり。

と、大嘗祭との関連に言及している。

次に、鈴木重胤（文化九〈一八一二〉年～文久三〈一八六三〉年）の解釈を見ることとする。天孫降臨神話、特に「斎庭之穂」を大嘗祭に結びつけ考察することは、重胤も同様で、例えば『延喜式祝詞講義』[55]（嘉永元〈一八四八〉年成立）巻十二上「大嘗祭」祝詞条に、

神代紀には、……（略）……是時天照太神手持二宝鏡一授二天忍穂耳尊一、而祝之曰云々、又勅曰以二吾高天原所御斎庭之穂一亦当レ御二於吾児一、と詔給へるなど弥々大嘗の大御政有し證也、其は此文に斎庭之穂と有るは上にも云る如く、大嘗の斎場の事成を思ふ可し。

と記し、また『中臣寿詞講義』[56]（嘉永六〈一八五三〉年成立）下巻に、

神代紀御天降段に、天照太神又勅曰、以二吾高天原所御斎庭之穂一、亦当レ御二於吾児一、と見えたる、斎庭は高天原にて天照太神の毎年の新嘗を所聞す斎場を云るなり、此詞に由庭仁所知食と有は、其斎場に於て所知

食せと仰給へるにて、此に引る御紀の趣に異ならず、〔然れば毎世一度の大嘗祭は悠紀主基の大嘗宮にして被行れ、毎年一度の新嘗祭は中和院の神嘉殿に於て被行るなど、共に高天原の斎庭を伝へさせ給へる者なる事右の件々にて明らけし〕

と述べていることからも知ることができる。

さて、注目されるのは、「真床覆衾」についての重胤の考察である。『日本書紀伝』[57]〔文久二〈一八六二〉年に一応書き終えるが、没年迄加筆〕巻二十九に、「真床覆衾」に関する詳細な解釈があり、『神代巻口訣』『釈日本紀』を引用した後に、

此に就て思ふに真床は御床にて天津高御座に載せ奉り、真床追衾を覆ひ奉れるながら天降し奉らせ給へる、儀式天皇即位儀に、皇帝服二冕服一即二高座一云々、二九女孺執レ翳、左右分奉レ翳、命婦二人褰二御帳一と有る、御帳即真床追衾なり、夫木廿一に、高御座雲の御帳を褰ぐとて、昇る御階の詮も有るかな、と詠める是なり、

と、まず記す。「真床覆衾」とは、即位式において天皇が登壇する高御座の御帳〔翳を開き、御帳を褰げると「龍顔初見」となる〕[58]のことと説く。とすれば、この重胤の指摘は、即位式と天孫降臨神話の関連に注目し天孫降臨神話を即位式の祭儀神話とされる岡田精司氏の新説[59]の先蹤であると言える。

重胤の「真床覆衾」論は、さらに続き、

其皇太神宮御装束の中に生絁絹被二条〔長九尺広四幅、納二綿廿屯一、一条無レ綿〕、小窠錦被一条、著二緋裏一〔長九尺広四幅、納二綿二十屯一〕、小文紫被一条〔長五尺広二幅、納二綿八屯一〕、小文緋被一条〔長広如レ上〕、屋形錦被一条〔長広如レ上〕、小文緋絹一疋〔折累敷料〕、帛被三条〔二条長一丈広四幅、納レ綿各二十屯、一条長九尺広四幅、無レ綿〕、五窠錦被一条〔長一丈広五幅、著二緋裏一、納二綿二十屯一〕と有は、皆其御船代を覆ひ奉る料なり、荒祭宮条に絹被一条、帛被一条〔各長七尺広三幅、納二綿八屯一〕と有りて、其余別宮の御装

束なるも右に同じく、度会宮御装束に帛被一条〔長八尺広四幅〕、刺車錦被二条〔長各八尺広四幅〕、船代内敷小綾帛被二条〔各長八尺広二幅〕、上覆帛被一条〔長八尺広四幅〕、小綾紫被一条〔長八尺広四幅〕と見え、相殿神三座装束にも帛被三条、絹被三条〔已上各長三尺五寸広二幅、納㆓綿五斤㆒〕と有て、多賀宮の御も右と一なり、是即上代に謂ゆる真床覆衾の遺制なるにて、甚も可畏も御体を顕はに為まじき御装束なりければ、後世の俗意を以て見るべからざるなり、

とある。これは『釈紀』説を踏襲したもので、伊勢神宮内宮・外宮の御船代を覆う被、荒祭宮・多賀宮の神座装束用の被を「真床覆衾」と解している。さらに、内宮装束の「壁代絹帳三条・天井上覆絹帷一条・内蚊帳絹帳二条」等も「皆其類なり」とする。

そして、その次に、

大嘗祭式大嘗宮条に席上敷㆓白端御帖㆒、帖上施㆓坂枕㆒〔帖枕並掃部寮所㆑設、其製在㆓彼寮式㆒〕、戸懸㆓布幌㆒〔内蔵寮所㆑設〕と有て、其御服に衾三条敷衾三条と見え、建武年中行事神今食条に掃部頭参りて神座を敷く云々、坂枕八重畳の下に敷く、内侍参りて御衾を八重畳の上に奉る云々と有るも右に同じ御設なり、

とあり、大嘗宮神座・神嘉殿神今食神座の御衾も「真床覆衾」であると論断している。また、清涼殿の御帳台の装束も「取も直さず真床覆衾なる者」であると言及する。

このような「真床覆衾」についての多様な解釈の基本には、「真床覆衾」を「君上などの可畏き大御面を凡下に見えさせ給ふまじく装束ひ奉る御物」とする重胤の認識が存在したと思われ、そのために、「或説に皇御孫尊の御幼少に渡らせ給へるに就て御衾を裹み奉らせ給へる者の如く云へるは、凡ての事実に疎き説なれば取るに足らず、已にも引ける如く海宮遊行章第六ノ一書彦火々出見尊の玉座の御設に真床覆衾の御事有りて、其は御床の御装束なるを何とか見られけむ、又通証に此胞衣之象也と云へることも推当の理屈と云ふ者にして何の拠も無き

事なり」と、産衣説・胞衣説に対して批判を加えている。

この『日本書紀伝』の文により、折口信夫氏以前に、夙に幕末の鈴木重胤が天孫降臨神話の「真床覆衾」を大嘗宮神座の御衾と関連付け解釈をしていたことが理解された。管見の限りではあるが、この重胤説が「真床覆衾」と大嘗宮神座の関係を明確に指摘した最も早い説であると思われる。

なお、大嘗宮神座に関連して、『日本書紀伝』巻二十九には次のような興味深い説が述べられている。大嘗宮神座は「此神座即大嘗を供りて神を臥させ奉らせ給ふ料なり」とし、さらに、

然して其大嘗にて十一月卯日天照太神を請奉らせ給ひて、当年の新穀を初て奉らせ給ふ、大御祭に御在し坐して、其翌辰日豊楽院にて聞食させ給ふ新嘗にて渡らせ給へるが、其にも坂枕等の御事御在し坐しき、儀式装飾豊楽院御座条に、御床子一脚〔長八尺、広五尺、高一尺二寸云々〕、錦端龍鬢御帖二枚〔長八尺、広五尺〕、下敷御畳十五枚〔長各八尺、広各四尺云々〕、御坂枕二枚、綵色羅編云々と見えたるを思ふに、古は主上の御も御坂枕に臥させ給へるなりけり、

と、『儀式』の装飾豊楽院御座条に着目し、大嘗祭辰・巳日に豊楽殿上に立てられる斗帳[60]の鋪設は、「古は主上の御も御坂枕に臥させ給へる」ための料であると想定する。そして、

偖大嘗の時は卯日の祭儀にも辰日の宴会にも御床子を構へ、八重帖を敷き坂枕を置き御衾を覆奉りて、神をも臥させ奉り天皇も臥させ給ふが礼儀にて御在し坐す事、右に注せる事共を見合せて暁る可し、

と結論づけている。大嘗宮神座には神が臥し、豊楽殿斗帳は天皇が臥す料とし、「神をも臥させ奉り、天皇も臥させ給ふが礼儀」とする重胤の理解が窺われる。

最後に、明治三十五（一九〇二）年に完成する飯田武郷の『日本書紀通釈』[61]の注釈を紹介しておく。「斎庭之穂」に関しては、まず「所御斎庭之穂、是より所謂大嘗祭の本なり」と明言し、以下、既述した平田篤胤説を引

用する。「真床覆衾」については、『釈日本紀』説・平田篤胤説を掲げ、その次に、

栗田寛説に、儀式大嘗の神御に寝具を供へ、天皇の御にも同く寝具あり、また諸社の神座にも、衾あり枕あること、往々見えたるは、みな上古の礼ときこえたり、此寝具を供ふることは、天孫降臨の時、真床覆衾の遺風にやあらむ、と云り。さも有へし。

とある。『通釈』に引用されている栗田寛（天保六〈一八三五〉年～明治三十二〈一八九九〉年）説も、大嘗宮神座を真床覆衾と考定している。(62) この栗田寛説の出典を確認するために、栗田寛の著作を渉猟したが、現時点では見い出すことができなかった。この点は今後の課題となるが、ここで指摘しておきたいことは、この栗田寛説を再読すると、これは先記した鈴木重胤の『日本書紀伝』の説と全く同じ、或はその要約ではないかと考えられることである。大嘗宮神座を「真床覆衾」と解釈することは既に重胤が指摘しているところで、栗田説の「天皇の御にも同く寝具あり」は、重胤の「古は主上の御も御坂枕に臥させ給へる」と対応するし、また『釈紀説』をもとに「諸社の神座にも、衾あり枕あること、……（略）……天孫降臨の時、真床覆衾の遺風にやあらむ」（栗田説）は、重胤の、伊勢神宮・「多賀宮の御も右と一なり、是即上代に謂ゆる真床覆衾の遺制なる」とする見解と一致する。この栗田説の典拠が不明であるので、断言は避けたいが、重胤説を踏襲したものである可能性が高いと思われる。

第四節　結　び

以上、小稿では、折口信夫氏の真床覆衾論の研究史的位置付けという問題意識より、折口氏説以前における、①天孫降臨神話を大嘗祭に結び付けその祭儀神話とする（天孫降臨神話由来説）先行説、②大嘗宮神座の寝具・御衾を真床覆衾と解釈する（真床覆衾説）先行説、が存在するのか否か、またどこまで溯ることができるのかを

確認するための蕪雑な作業をおこなった。

①の天孫降臨神話由来説については、夙に江戸後期の会沢安の『新論』に見い出されることが指摘されていたが、管見の限りでは、天孫降臨神話と大嘗祭を結び付けその関連を明記した文献上の初見は、忌部正通の『神代巻口訣』である。『神代巻口訣』の自序によれば貞治六（一三六七）年成立、後人仮託説をとれば、その成立下限は寛文四（一六六四）年となる。この『口訣』の説は、山崎闇斎をはじめ江戸期の研究者に影響を与えていることは既述した通りである。

②の真床覆衾説こそは、従来、折口信夫氏の独創的見解であるかのように説かれていた。例えば、岡田精司氏は「折口信夫氏の大嘗祭論の中心をなすものは、大嘗宮正殿（悠紀殿・主基殿）の中央に設けられた神座の寝具についての独特の解釈にある。すなわち、その寝具を天孫降臨神話における天孫ニニギがくるまって降臨したという、マドコオブスマに見立てるのである」[63]と述べられている。しかし、小稿で先記したように、幕末の国学者鈴木重胤が既に着目し指摘していたことが知れた。

天孫降臨神話を大嘗祭の祭儀神話と考定する見解は、文献上、少なくとも江戸初期以来の学問的伝統があり、また、『神代巻口訣』を一旦除外すると、室町期の一条兼良が既に、天孫降臨章第三の一書に見える神吾田鹿葦津姫の田卜定記事を大嘗祭国郡卜定に結び付け理解していることも確認された。[64]さらに、鈴木重胤が大嘗宮神座を天孫降臨神話の「真床覆衾」に比定し解釈していることも既述の通りである。

折口信夫氏の真床覆衾説が、鈴木重胤説を直接継承したものであるのか否かの判断は直ちに下し得ないが、折口氏が重胤の著作に親しみ、高く評価していたことは、例えば「鈴木重胤などは、ある点では、国学者中最大の人の感さへある人で、尊敬せずには居られぬ立派な学者である」「さすがに鈴木重胤は、早くから幾分此点に注意を払ってゐる。私が、神道学者の意義に於ける国学者の第一位に置きたいのは、此為である」（「神道に現れた民族論理」、『折口信夫全集』第三巻）といった叙述から窺え、勘案すれば、右の可能性は高いと思われる。「神をも臥させ奉り、天皇も臥させ給ふが礼儀」とする重胤の指摘は、折口氏の真床覆衾説の、謂わば原形と位置付けられる。研究史的視点から言えば、折口氏大嘗祭論の独創性とは、大嘗宮神座を「真床覆衾」に見立てる真床覆衾説ではなく、折口氏の「天皇霊」概念それ自体と、同概念を結合させ立論したところにあると言うことができよう。従って、その意味において、折口氏大嘗祭論は決して孤立したものでなく、また、単に「詩人的直観」にのみ拠ったものでもなく、豊かな書紀研究史・大嘗祭研究史の先行学説の上に立脚して立論されていることが理解される。

注

（1）折口信夫氏には、「大嘗祭の本義」と題する論文が少なくとも三篇あり、『折口信夫全集』第三巻所収論文の他に、昭和三年十月に弟子に浄書させた未完草稿「大嘗祭の本義」（『折口記念古代研究所紀要』第三号、昭和五十二年）、「大嘗祭の本義ならびに風俗歌と真床覆衾」（『国学院雑誌』第三十八巻十八号、昭和三年）があり、『折口信夫全集』所収論文完稿に至る迄、論説内容に刻々と変化があったことが指摘されている（岡田荘司『大嘗の祭り』〈学生社、平成二年〉、茂木栄「折口信夫の大嘗祭観」〈『国学院雑誌』第九十一巻七号、平成二年〉参照）。
（2）例えば、岡田精司編『大嘗祭と新嘗』（学生社、昭和五十四年）の解説（岡田精司氏執筆）。
（3）折口氏説の引用箇所及び定義付けは、岡田荘司氏の指摘に拠った（岡田荘司、注（1）前掲著書四〇～四三頁）。
（4）岡田精司「大王就任儀礼の原形とその展開」（同『古代祭祀の史的研究』、塙書房、平成四年）。
（5）熊谷公男「古代王権とタマ（霊）」（『日本史研究』第三百八号、昭和六十三年）。
（6）赤坂憲雄「天皇霊・再考」（『仏教』別冊二、法蔵館、平成元年）。
（7）小林敏男「天皇霊と即位儀礼」（同『古代天皇制の基礎的研究』、校倉書房、平成六年）。
（8）岡田精司、注（4）前掲論文。
（9）岡田荘司、注（1）前掲著書。

(10) 京都町触研究会編『京都町触集成』第十三巻（岩波書店）、なお、この史料に注目した研究として、岩井忠熊「即位・大嘗祭研究の問題点」（岩井忠熊・岡田精司編『天皇代替り儀式の歴史的展開』、柏書房、平成元年）、赤坂憲雄、注(6)前掲論文がある。

(11) 岡田精司「折口信夫の大嘗祭論と登極令」（同『古代祭祀の史的研究』、塙書房、平成四年）。

(12) 荒川久壽男「後期水戸学派における大嘗祭の思想」（皇學館大学神道研究所編『大嘗祭の研究』、皇學館大学出版部、昭和五十三年）。

(13) 山本ひろ子「天・天祖・天孫」（『仏教』別冊二、法蔵館、平成元年）。

(14) 日本思想大系『水戸学』（岩波書店、昭和四十八年）の訓読文に拠る。

(15) この名称は、岡田精司氏（注(11)前掲論文）に拠る。

(16) 谷川健一「「まどこ・おふすま」論をめぐって」（同『大嘗祭の成立』、小学館、平成二年）。

(17) 日本古典文学大系『日本書紀』上（岩波書店、昭和四十九年）。『書紀』の引用は、以下は同書に拠る。

(18) 新訂増補国史大系『釈日本紀』（吉川弘文館、昭和五十年）。

(19) 安江和宣「釈日本紀と大嘗祭」（『神道史研究』第二十八巻三号、昭和五十五年）。

(20) 「斎庭」の語は、『書紀』では、天孫降臨章第二の一書の「斎庭之穂」と、同書の最後にその訓注―「斎庭、此云踰貳波」―に二箇所だけであるので、問題となっている「斎庭」は「斎庭之穂」のことである。

(21) 川出清彦『祭祀概説』（学生社、昭和五十三年）三〇五～三〇六頁。

(22) 『夫木和歌抄』は国書刊行会本（明治三十九年）を用いた。

(23) 神道大系『日本書紀註釈』㊥（神道大系編纂会、昭和六十年）所収。

(24) 宮地直一「忌部正通の神道説」（『宮地直一論集　六　神道史Ⅱ』、蒼洋社、昭和六十年）。

(25) 久保田収「忌部正通の神道」（同『中世神道の研究』、神道史学会、昭和三十四年）。

(26) 『国史大辞典』第一巻（吉川弘文館、昭和五十四年）の「忌部正通」の項目（鎌田純一氏執筆）。但し、『国史大辞典』第七巻「神代巻口訣」の項目（土岐昌訓氏執筆）では、自序の通り貞治六年成稿とし、後人仮託説には全く触れない。

(27) 谷省吾「山崎闇斎によって校刊された『神代巻口訣』」(『神道史研究』第二十四巻三号、昭和五十一年)。
(28) 久保田収、注(25)前掲論文。
(29) 両書共、神道大系『天台神道』(神道大系編纂会、平成二年)に所収。
(30) 神宮古典籍影印叢刊2『古事記　日本書紀』下(皇學館大学、昭和五十七年)に所収。
(31) 注(30)前掲影印本解説(鎌田純一氏執筆)参照。
(32) 注(23)前掲神道大系『日本書紀註釈』(中)所収。
(33) 『兼倶本・宣賢本　日本書紀神代巻抄』(続群書類従完成会、昭和五十九年)の解題(岡田荘司氏執筆)。
(34) 注(33)前掲翻刻書所収。
(35) 神道大系『日本書紀註釈』(下)(神道大系編纂会、昭和六十三年)所収。
(36) 松前健「日向神話の形成」(同『日本神話の形成』、塙書房、昭和四十五年)。
(37) 次田真幸「海幸山幸神話の形成と阿曇連」(同『日本神話の構成と成立』、明治書院、昭和六十年)。
(38) 注(33)前掲翻刻書所収。
(39) 注(33)前掲翻刻書の解題(岡田荘司氏執筆)。
(40) 神道大系『日本書紀註釈』(下)所収。
(41) 注(40)前掲翻刻書所収。
(42) 神道大系『垂加神道』(上)(神道大系編纂会、昭和五十九年)所収。
(43) 注(42)前掲翻刻書所収。
(44) 神道大系『伊勢神道』(下)(神道大系編纂会、平成五年)所収。
(45) 神道大系『吉川神道』(神道大系編纂会、昭和五十八年)所収。
(46) 神道大系『古今神学類編』(中)(神道大系編纂会、昭和六十年)所収。
(47) 『荷田全集』第六巻(名著普及会、平成二年)所収。
(48) 神道大系『伯家神道』(神道大系編纂会、平成元年)所収。
(49) 『通証』は臨川書店本(昭和五十三年)を用い、成稿年代は同書解説(小島憲之氏執筆)に拠る。

(50)『集解』は臨川書店本（昭和五十三年）に拠る。
(51)『本居宣長全集』第六巻（筑摩書店、昭和四十五年）所収。
(52)篤胤の『古史成文』『古史伝』は、『新修　平田篤胤全集』（名著出版、昭和五十二年）に拠る。
(53)篤胤による『古史伝』の成稿は巻二十八迄で、巻二十九以降は矢野玄道の増補である。この間の経緯については、福井款彦「矢野玄道の大嘗祭研究」（皇學館大学神道研究所編『続　大嘗祭の研究』、皇學館大学出版部、平成元年）に詳しい。
(54)『橘守部全集』第一巻（国書刊行会、大正十年）所収。
(55)国書刊行会本（昭和五十三年）に拠る。
(56)国書刊行会本（昭和五十三年）に拠る。
(57)『鈴木重胤全集』（鈴木重胤先生学徳顕揚会、昭和十五年）所収。
(58)『儀式』巻五「天皇即位儀」。
(59)岡田精司、注(4)前掲論文。
(60)豊楽殿上に立てられる斗帳については、榎村寛之「律令国家の皇位継承儀礼」（『別冊文芸・天皇制』、河出書房新社、平成二年、のちに、同『律令天皇制祭祀の研究』〈塙書房、平成八年〉所収）参照。
(61)明治書院・六合館本（明治四十二年）に拠る。なお、敷田年治の『日本紀標注』（明治二十四年）では、「真床覆衾」に関して「真ハ美称、床ハ玉座を云ヒ、追者覆の意なり。衾ハ和名抄尓、大被也、布須万と注せり、今云フ夜着也」と注解する。
(62)この『通釈』所引栗田寛説に注目され紹介された先行研究として、肥後和男「古代伝承と新嘗」（『新嘗の研究』第二輯、昭和三十年。学生社より昭和五十三年に合冊復刊）、松前健「古代王権と記紀神話」（同『日本神話と古代生活』、有精堂、昭和四十五年）がある。
(63)岡田精司、注(11)前掲論文。
(64)なお、天神寿詞（中臣寿詞）について、一言述べておく。天神寿詞は、『儀式』的形態では、大嘗祭「辰日前段行事」として、豊楽院において、卯日の神事を終えた天皇と群臣の前で、中臣氏が奏上するものである（拙稿「大嘗祭〝辰日前段行事〟考」〈岩井忠熊・岡田精司編『天皇代替り儀式の歴史的展開』、柏書房、平成元年〉、本書第三篇第二章所収)。現在、天仁元(一一〇八)年の鳥羽天皇大嘗祭・康治元(一一四二)年の近衛天皇大嘗祭の時の詞章が伝存する。前半部の「天つ水」の由来と、後半部の大嘗祭に関する詞章はやや不整合であることが指摘されている(岡田精司「大王と井水の祭儀」〈同『古代祭祀の史的研究』、塙書房、平成四年〉)が、前半部の「天つ水」の由来譚は天孫降臨神話を前提としたものである。とすれば、儀式の場において、天神寿詞を奏上する中臣氏は言う迄もなく、詞章を聞く天皇以下群臣、一様に天孫降臨神話と大嘗祭の関係が意識されたのではないだろうか。

第八章　『大嘗会儀式具釈』管見

一

荷田在満著『大嘗会儀式具釈』全九巻は、元文三（一七三八）年十一月に斎行された桜町天皇大嘗祭の詳細な調査見聞記録であり、また在満の大嘗祭研究の到達点を示す注釈書でもある。

文正元（一四六六）年十二月十八日[1]に挙行された後土御門天皇大嘗祭以後、後柏原天皇・後奈良天皇・正親町天皇・後陽成天皇・後水尾天皇・明正天皇・後光明天皇・後西天皇・霊元天皇の九代、二百二十余年間、大嘗祭は斎行されることなく、再興されるのは、貞享四（一六八七）年十一月の東山天皇大嘗祭である。この東山天皇大嘗祭の再興については、武部敏夫氏・三木正太郎氏が朝幕間の交渉を丹念に跡づけ、その経緯を明らかにされている。[2]東山天皇大嘗祭は、御禊行幸等もなく、「不レ叶二神慮一者歟」（『基熙公記』[3]）とまでの批判が朝廷内部より出されるが、儀制を簡略化した形態で挙行される。次代の中御門天皇の大嘗祭はおこなわれず、再び中断し、次の桜町天皇朝において、元文三年、即位式の三年後、大嘗祭が斎行される。桜町天皇大嘗祭の再興に到るまでの朝廷と幕府間との交渉の事情についても、武部敏夫氏の卓論がある。[4]

この桜町天皇大嘗祭の再興は、『徳川実紀』[5]の「有徳院殿御実紀」の元文三年十一月二十六日条に、

この十九日、京にて大嘗会行はれしをもて、宿老、少老賀し奉る。こは貞享四年よりこのかた五十一年中絶したるを、こたびこなたよりの御沙汰にて、御再興ありしなり

とあるように、幕府（吉宗）の主導によるものであったことが指摘されている。[6]そして、在満派遣のことは、「有徳院殿御実紀付録」巻三に、以下のようにある。

大嘗会の時は、府よりも羽倉藤之進在満（田安小十人組）、住吉内記広守を遣はされ、其礼をうかゞひ帰り、ありし様をくはしく聞えあげしめ。重ねて広守に仰ありて、そのかたをゑがゝせ、八巻となして、永く考証に備へらる。[7]

幕府より、荷田在満が画工住吉内記広守と共に、桜町天皇大嘗祭の調査見聞のため、京都に派遣され、在満はその復命書『大嘗会儀式具釈』九巻を幕府に提出する。

二

桜町天皇大嘗祭は、元文三年八月二十八日の悠紀・主基両国郡卜定（近江・丹波）から儀式が開始され、九月晦日の荒見河祓（検校・行事以下の禊祓）、十月二十九日の御禊（天皇の御禊、清涼殿において斎行）と執行されている。在満が京都に着いたのは同年十一月十日であり、さらに同年七月の実父の死去による服喪のため、実際の祭儀の拝観については、自粛せざるを得ないところもあったようである。この間の事情に関しては、羽倉敬尚氏が関連史料を掲げ詳細に述べておられる。[8]

在満の『大嘗会儀式具釈』九巻（以下『具釈』とも略称す）の内容は、巻一「国郡卜定次第」から始まり、巻二「荒見河祓次第」、巻三「御禊次第」、巻四「供忌火御飯次第」、巻五「大嘗会由奉幣次第」、巻六「大嘗会卯日次

第〔無㆓行幸儀㆒〕」、巻七「辰日悠紀節会次第」、巻八「巳日悠紀節会次第[9]」、巻九「豊明節会次第〔無㆓加叙儀㆒〕」、となっている。そして、各巻において、儀式次第文ごとに詳密な注釈――儀式の解説・意味、その歴史的変遷、今次の奉仕者名、疑問点等――を施している。在満が『具釈』を執筆するに際して参照した研究書のことについては、羽倉敬尚氏も「在満がこの書を著録するに当っては、恐らく相当の参考書を要したことであろう」と述べられる[10]ように、多くの先行儀式書・史籍・古記録を博捜し、勘案を加えたと思われる。

以下、小稿では、在満が注釈執筆のために『具釈』九巻に引用した書籍名とその頻度を調査することにより、『具釈』における在満の大嘗祭研究の実態を窺うこととする。左に引用書名表（表1）を掲げる。

表1中の書名の一部について、簡単な注記をしておく。『世俗浅深秘抄』・『禁秘抄』・『日中行事』は、各々、後鳥羽天皇・順徳天皇・後醍醐天皇著の有職故実書である。『三箇重事抄』は一条兼良の著作で、『代始和抄』・『御代始抄』・『三知抄』とも言い、「三箇」は譲位・即位・御禊行幸と大嘗会を指し、三種の即位儀礼に関する作法・先例を記した書。

「後成恩寺関白の注」の具体的な書名は不明であるが、後成恩寺関白は一条兼良のこと。「中臣寿詞」は「天神寿詞」とも言い、大嘗祭の辰日に中臣氏が奏上する寿詞で、天仁元（一一〇八）年の鳥羽天皇大嘗祭・康治元（一一四二）年の近衛天皇大嘗祭の時に奏上された寿詞が伝存している。

「藤原光忠卿の図説」の藤原光忠は葉室氏で、正三位・権大納言迄昇り、明応二（一四九三）年に薨じた室町期の公卿である[11]。『具釈』に「藤原光忠卿の図説に見えたる昔の高御座は、最玲瓏たる物なり」とあることよりすれば、「文安元年正月令㆓書写㆒了、藤原光忠」の奥書をもつ『文安御即位調度図』（『群書類従』第七輯所収）のことであろうと思われる[12]。

表1　引用書名表

〈凡　　例〉

一、底本は、『荷田全集　第七巻』（名著普及会、平成二年）所収『大嘗会儀式具釈』を用いた。

一、表１は、『具釈』に引用される書籍名を列記し作表したものである。

一、表中の「条」は、注釈が施されている儀式次第文の順序に従い、作表者（加茂）が付した番号で、巻一は四十五条、巻二は十四条、巻三は十六条、巻四は二十七条、巻五は六十九条、巻六は五十五条、巻七は七十五条、巻八は四十七条、巻九は三十九条、ある。また、巻頭の「元文三年大嘗会」の文は「序」とし、各巻の始めにある前文は「前」と略称した。

一、儀式次第文一条分の注釈を一項目としたので、同一項目内では複数回の引用があっても、回数は問わず一回の引用として示した。

一、現行の一般的と思われる書名に改めたものもあり、また推定に拠った場合もある。さらに、「今次の次第」（元文三年桜町天皇大嘗祭の儀式次第文）は省略した。巻五（大嘗会由奉幣次第）は、「今次の次第」以外の書籍が引用されていないので、作表しなかった。

巻	条	引用書名
巻一 (国郡卜定次第)	序	古事記・日本書紀・大宝令・江家次第
	①	儀式・江家次第
	⑩	江家次第
	⑰	貞享の次第
	⑱	江家次第
	⑲	江家次第
	㉒	貞享の次第
	㉚	江家次第
	㉝	貞観儀式
	㉞	貞享の次第
	㊲	貞享の次第・江家次第
	㊵	江家次第
	㊷	貞享の次第
	㊸	貞享の次第・世俗浅深秘抄

巻二 （荒見河祓次第）	②	職員令
	⑤	貞観儀式
巻三（御禊次第）	⑪	江家次第
巻四 （供忌火御飯次第）	①	禁秘抄
	⑤	禁秘抄・帝王編年記・日中行事
	⑮	禁秘抄
	⑱	禁秘抄
	⑳	禁秘抄・日中行事
	㉑	江家次第
巻六 （大嘗会卯日次第）	前	職員令義解・貞観儀式・三箇重事抄・公事根源・内裏式・貞享（の次第）
	①	延喜式
	④	貞観儀式・延喜式・儀制令
	⑤	掃部寮式
	⑥	貞観儀式・延喜掃部寮式・日本書紀・日本紀私記
	⑧	貞享の次第
	⑩	貞享（の次第）
	⑮	三箇重事抄・貞享（の次第）・寛平式
	⑲	貞享（の次第）
	㉔	貞享（の次第）
	㉙	寛平式
	㉝	貞享の次第
	㉟	貞享（の次第）
	㊴	貞観儀式・西宮記・後成恩寺関白の注・周礼・江家次第
	㊵	貞観儀式・江家次第
	㊶	江家次第・貞観儀式
	㊻	江家次第
	53	貞享の次第
	55	江家次第
巻七 （辰日悠紀節会次第）	前	衣服令
	①	貞観儀式・江家次第

	②	貞観儀式
	⑤	江家次第
	⑥	神祇令・神祇令義解・中臣寿詞・台記別記・儀制令・貞観儀式
	⑧	後成恩寺関白江次第抄（江次第抄）・江家次第
	⑩	貞観儀式・延喜式
	⑬	後成恩寺関白江次第抄（江次第抄）・公事根源
	⑳	神祇令・貞観儀式
	㉑	三箇重事抄・貞観儀式・延喜践祚大嘗祭式
	㉒	貞享（の次第）
	㉘	貞享（の次第）
	㉛	李部王記・令文・令義解・公事根源
	㉝	公事根源・江次第抄・貞観儀式・江家次第
	㊳	和名抄・貞観儀式・江家次第
	㊹	貞享（の次第）
	㊻	貞観儀式・延喜式・康富記・貞享（の次第）
	㊽	貞観儀式
	㊿	貞観儀式・江家次第
	52	貞観儀式・江家次第
	55	貞観儀式
	57	貞観儀式
	71	貞観儀式
巻八 （巳日悠紀節会次第）	⑩	江家次第
	⑫	貞観儀式・江家次第
	㉒	江家次第・貞観儀式
	㉟	貞観儀式・江家次第
	㊻	貞観儀式・江家次第
	㊼	江家次第
巻九 （豊明節会次第）	前	貞享（の次第）
	②	藤原光忠卿の図説
	⑥	選叙令

	㉗	古事記・日本書紀・新撰姓氏録・政事要略・延喜宮内省式
	㉘	日本書紀・貞観儀式・江家次第
	㉚	貞観儀式・江家次第・貞享（の次第）
	㊱	内裏式・貞観儀式
	㊴	貞享（の次第）・江家次第

次に、表1を基に、書籍の引用頻度を知るために、引用頻度表（表2）を作成した。以下に掲げる。なお、表中の回数は、表1を基にした引用回数である。

在満が『具釈』作成のために引用した書籍は、表2の三十一書である（但し、「大宝令」を「令」に含めてしまえば三十書となる）。このほかにも、当然、多くの書物を参照したものと思われるが、在満が実見していながらも『具釈』には引用しなかった書物がある。『大嘗会便蒙御咎顚末』（『荷田全集 第七巻』〈名著普及会、平成二年〉所収）に、

大嘗会の儀を板行仕候事、卒忽にも可有之歟に候へ共、現に板本の延喜式、并に松下見林述作板行の公事根源釈等には神座の坂枕の寸法迄有之、江次第にも大嘗会の始終天子御内陣御深秘の御所作迄相見え、近年板行の和歌職原抄には大嘗会の儀式図絵等有之、又去々年大嘗会相済候砌も、新板大嘗会の書、京都にて誰人の板行にも御座候歟、御当地迄も流布仕候。右の通りに御座候へば、必ず差控可申儀とも不存、板行申付候。然共 天子御内陣の御所作、坂枕のこしらへ様の類は、他の板行の書籍には相見え候得共、此書には差控へ書出し不申候。

とあり、在満は松下見林の『公事根源（集）釈』、『和歌職原抄』を見ていたことが知られるが、表2のように、『具釈』には引用されていない。

なお、『大嘗会便蒙』に右の書籍等が引かれていないことは、在満自身の弁明で理解されるが、『具釈』では、例えば、坂枕の項では、『（貞観）儀式』と『延喜式』を引用し、その寸法・材質迄解釈されている。従って、在満が『具釈』に右の二書（『公事根源（集）釈』・『和歌職原抄』）を引用しなかったのは別の理由があったためであろう。

三

在満が『具釈』において最も多く引用し参照しているのは、大江匡房の『江家次第』（三十回）である。そして、それに次ぐのが『（貞観）儀式』（二十九回）となる。これは『儀式』を引き、続いて『江家次第』を引用するという、『具釈』の一般的な書式によるものであろう。例えば、巻七「辰日悠紀節会」の「次㆓献、奏㆓風俗㆒」条では、

表2　引用頻度表

回数	書　名
30	江家次第
29	貞観儀式
22	貞享の次第
8	令（職員令・儀制令・衣服令・神祇令・選叙令）
7	延喜式（掃部寮式・践祚大嘗祭式・宮内省式）
5	禁秘抄
4	日本書紀
4	公事根源
3	令義解（神祇令義解・職員令義解）
3	江次第抄
3	三箇重事抄（代始和抄）
2	古事記
2	内裏式
2	寛平式
2	日中行事
1	周礼
1	大宝令
1	新撰姓氏録
1	日本紀私記
1	和名抄
1	西宮記
1	李部王記
1	儀式
1	政事要略
1	中臣寿詞
1	台記別記
1	世俗浅深秘抄
1	帝王編年記
1	後成恩寺関白の注
1	藤原光忠卿の図説（文安御即位調度図）
1	康富記

此儀昔と今とは大に同じからず。貞観儀式に見えたるが如きは、先鉦人鉦を撃つ等の儀ありて、弥異なれば之を略す。江次第に見えたるが如きは、音声人・歌人・歌女等此所にては悠紀の国司に率ゐられて、悠紀の国の風俗の歌を歌ひながら参入し、八人にして風俗の歌舞を奏して退す。……（以下略）

と、『儀式』・『江家次第』の文を引き、注釈を進めていく。

『儀式』の引用頻度に較べ、『延喜式』の引用はきわめて少なく（七回）、また、「儀式　巻二〜四　践祚大嘗祭儀」と対比される「践祚大嘗祭式」は明記されるもので一箇所の引用にすぎない。在満の『儀式』重視の姿勢が伺える。なお、幕命を受けた在満が、『儀式』校訂に努め、『新校貞観儀式』を撰進したのは延享三（一七四六）年のことである。(13)

次に指摘されるべきことは、一条兼良に対する評価の高さであろう。一条兼良の著作物の引用度を見ると、『公事根源』（四回）、『江次第抄』（三回）、『代始和抄（三箇重事抄）』（三回）に、具体的な書名は明確ではないが「後成恩寺関白の注」（一回）を加えれば、合計十一回の引用となる。この引用頻度は、前回斎行の貞享四年東山天皇大嘗祭の儀式次第文と推定される「貞享の次第」を一旦除外すれば、『（貞観）儀式』に次ぐこととなる。なお、『公事根源』の著者を二条良基とする説もあるが、(14)該説の当否は別にして、在満は、「敷尹とは、後成恩寺関白の公事根源にしきゐんは敷居なり」（『具釈』巻七）とあるように、一条兼良の著作と看破していたことを付記しておく。

在満が『具釈』において最も多く参照したのは『江家次第』であることは先記したが、これは、一条兼良が『江家次第』を重視し研究したことを踏襲した結果であろう、と一応推測される。

ただ右のように断定してしまうことにはやや疑問点が残る。兼良は、『江家次第』と共に『西宮抄（記）』・『北山抄』を掲げ、「此書籍最可₂披見₁者也」（『桃華蘂葉』(15)）と述べているが、在満の『具釈』においては、『江家次

第』の引用度（三十回）に比べ、『西宮記』の引用は僅か一箇所に留まり、『北山抄』に至っては全く引用されていない。(16)

また、『江家次第』の重視を思う時、指摘されることは、同じ大江匡房の『江記』（特に『天仁元年大嘗会記』）を引用していないことである。『天仁元年大嘗会記』（『江記』）に関しては、貞享度大嘗祭の神饌調備に奉仕した御厨子預紀宗恒が良き先例として筆写したことが知られ(17)、在満も『家記所繫考』(18)に「江記　中納言大江匡房卿」と記すようにその存在は知っていたはずである（但し、『家記所繫考』には「凡諸記一巻以上存二在今世一者、已見未見並挙レ之」とある）。『天仁元年大嘗会記』（『江記』）には大嘗宮内の神座の鋪設方法が詳細に記されており、在満は引用を憚ったのであろうか。

四

次に、引用書を中心として、在満の注釈の特長を窺う。

まず、元文三年桜町天皇大嘗祭儀式次第文に対して、批判・誤りを指摘するところがある。例えば、巻三の第十四条に「次宮主授二太麻於五位蔵人一、五位蔵人取レ之進二関白一、関白取レ之返二賜蔵人一、蔵人授二宮主一」とある儀式次第文に、「関白の一撫一吻を書かざるは文の略なり」と記す。また、巻五の第五十二条の儀式文「次上卿以二召使一仰下可レ持三参宣二命於内記一由上、内記持レ筥進立」については、「此所の文、仰可持参宣命之由於内記と書くべきを、作進の顚倒なり」と指摘する。さらに、巻六の第二十四条の儀式文「采女申レ時」に関しては、貞享度・今次の次第が「采女申時」を天皇の悠紀殿渡御前とし、別に「亥一刻供御膳」の儀式文を立てることに、「然るを猶次第には亥ノ一刻供御膳と定む。何ぞ矛盾せるや」とその意味の矛盾を衝く。采女が男性官人であることには、上の注釈に続けて「昔の書に采女と云へるは皆宦女の采女なり。男官の采女司を采女とのみ記す事は、いかにも紛れざる所ならでは、司の字を略する事なし。……然るに貞享并に今度男官の采女司時を申す事、いまだ甘心せず」と批判する。特に、巻六の「大嘗会卯日次第」儀式文に関しては、その前文に「但今度は出納職甫（出納右近将監）が父高年たるに依りて、之に仰せて作進すと云へり。頗貞享の次第に従ひて之を作り、間文言を加減せる所あり。其加減せる所、貞享に比すれば、却って劣れり」と評している。

次に、一条兼良の説をよく引き、参照するが、その引用態度は単なる先行説相承ではなく、例えば、「敷尹とは、後成恩寺関白の公事根源にしきゐんは敷居なり。堂上に敷きたる坐にゐよと云ふ心なるべし。又同人の江次第抄に、諸司昇著堂上所敷座也。引声召之時曰敷尹と見えたり、此説大かたに可にして、いまだ尽さざる所あり。……」（巻七の第三十三条）と兼良説を補説する場合もある。さらに「後成恩寺の敷尹のヰを居よとの心、ヰンとは声を引く時いふと云はれしは、并に誤なり」（同上）と、その誤りを指摘することも見られる。

引用度が最も高い『江家次第』に関しては、「抑貞観延喜の比に行はれたる大嘗会はその儀宏大にして、今の世摸す可らず。江次第などに載せたる所と、貞享に行はれしと、今度の儀式とは大略同じ。但今度の儀は江次第よりは略にして、貞享よりは少しき厳なり」（巻一の序文）、或いは、「抑貞観儀式に見えたる次第の如きは、大嘗会に付きて国郡を卜せらるゝより、卯ノ日神膳を殿内に供するまで、其儀式最広大にして、且造作の殿舎奉仕の百官等の多々なる事、今日と同日の談に非ざれば、其事の不同枚挙すべからず。江次第に見えたる次第は、総て今と大に同じくして、小しき異なり。されば此供進の事も、江次第の次第を見て、今世を略知すべし」（巻六の四十条）と見え、在満が、『江家次第』に規定された儀式——院政期大嘗祭を「今世」の模範と考えていたことが窺知される。

五

以上、まことに浅薄な考察に終始したが、引用書から見た在満の『具釈』執筆態度は、先行の儀式書・研究書をよく渉猟し――特に参照・利用したものは、『儀式』・『江家次第』、及び一条兼良の著作『公事根源』・『江次第抄』・『代始和抄』である――、単にそれらを祖述するだけではなく、批判的に摂取し、注釈執筆を進めていることが理解できる。『具釈』が単なる事務的な調査・見聞記録ではなく、むしろ、「大嘗祭の古儀」再興の考証に努力した、在満の大嘗祭研究書と称される所以である。

最後に、余言ながら、『具釈』の「附録」について一言述べておく。管見した解説書・辞典項目等では言及されていないことであるが、『具釈』巻六の第十八条に、

　着小忌とは、青摺を着るなり。其青摺の事は詳に附録に注すが故に此に略す。

とあり、また、巻七の第四条に、

　其悠紀主基の御屏風の事は、詳に附録に注す。

と見え、『具釈』には本文九巻のほかに「附録」が存在したことが知られる。

『具釈』の現行活字本（荷田全集本・新註皇学叢書本・神道大系本）には、いずれも「附録」はなく、本文九巻本である。「大嘗会便蒙自叙」にも「予幸奉下記二得大礼一之鴻命上、去歳仲冬、伝馬到レ洛、雖下会二重服一不上レ得レ入二宮城一、而東馳西駆、略明二其趣一、朝問夕正、漸得二其奥一、今春東帰、筆レ之録レ之、自二国郡卜定一、至二豊明節会一、当時進退、巨細悉挙、上世規式、参差必附、分為二九巻一以擬レ上」と記し、在満自身も「自叙」では、『具釈』九巻とし、「附録」のことにはふれていない。

『具釈』において「附録」のことが見えるのは、管見の限りでは、右の二例だけで、「青摺」と「悠紀・主基御

屛風」の項目である。「青摺」とは大嘗祭に奉仕する官人が着す小忌衣のことである。

『荷田全集』第七巻に『具釈』・『便蒙』と共に収録されている『大嘗会図式』については、同全集本凡例で「大嘗会儀式具釈九巻は、……幕府の内命により、桜町天皇元文三年大嘗会の儀式を注して上れるものにして、解説詳密を極めて居る。大嘗会図式も同時に幕府に上れるものである。本書は旧南葵文庫所蔵のものより採った（斎藤彦麻呂本書にはし書して、大嘗会便蒙著作の為に集められしのものと云へるは、誤である）。」と記され、また、復刻版解題（鈴木淳氏執筆）でも、右の凡例を踏襲されてか、「本来は『大嘗会具釈』と同様、幕府に上ったものと言う」と、述べられている。

現行本『大嘗会図式』には、小忌衣が図示され、さらにその文様・色相等の表までが添付されているので、本書が『具釈』の「附録」に相当するものかとも考えられる。しかし、本書には「悠紀・主基御屛風」のことは見えない。従って、現行本『大嘗会図式』は、『具釈』九巻と共に撰進された「附録」そのものではなく、その一部、或いは抄本、またはその史料と考えるべきものであると、一先ず推定しておきたい。

注

（1）後土御門天皇大嘗祭が十二月に挙行されたことについて、『皇年代略記』（『群書類従』第三輯所収）に「大嘗会……十二月大嘗会上古已来初例歟、然而触穢、無レ力之上、京中已及二兵乱一、令二延引一者難レ被レ行、仍无レ力被レ遂二行之一」とある。

（2）武部敏夫「貞享度大嘗会の再興について」（『書陵部紀要』第四号、昭和二十九年、のちに、岡田精司編『大嘗祭と新嘗』〈学生社、昭和五十四年〉所収）。三木正太郎「近世に於ける大嘗会」（皇學館大学神道研究所編『大嘗祭の研究』、皇學館大学出版部、昭和五十三年）。

（3）記主は近衛基熙。陽明文庫所蔵。『基熙公記』の概略については、『日本歴史古記録総覧』下（新人物往来社、平成二年）の「基熙公記」（久保貴子氏執筆）を参照。霊元天皇（上皇）と近衛基熙との間には長期に亙る確執があり、霊元上皇が秘かに下御霊神社に捧げられた御願文中の「私曲邪佞之悪臣」は基熙を指す、と推定されている（注(2)前掲、三木論文の注㉒）。

(4) 武部敏夫「元文度大嘗会の再興について」（『大正大学大学院研究論集』第八十六巻六号、昭和六十一年、のちに、岩井忠熊・岡田精司編『天皇代替り儀式の歴史的展開』〈柏書房、平成元年〉所収）。

(5) 『新訂増補国史大系』所収。

(6) 武部敏夫、注(4)前掲論文。

(7) 住吉内記広守（当時、三十四歳）が画いた絵図八巻の現存は確認されていないが、茨城県立歴史館所蔵の『桜町天皇大嘗会辰日節会絵巻』（辰日のみ、五巻）がその一部ではないかとする想定もある（『別冊歴史読本　図説天皇の即位礼と大嘗祭』〈新人物往来社、昭和六十三年〉カラー図版参照）。

(8) 羽倉敬尚「荷田在満の著、発禁本『大嘗会便蒙』に因る奇禍」（『朱』第十六号、伏見稲荷大社、昭和四十九年）。

(9) 巳日は一般に主基節会と称している。川出清彦氏は「ちなみにこの賜禄のことと、鮮味の献上と挿頭花、和琴（いわゆる別貢の品）の進献のこととは、江家次第等実際の儀式書を見ると辰日には悠紀、巳の日には主基がこれにあずかっている。こうした点から、辰ノ日を一名悠紀の節会といい、巳ノ日を主基の節会と称するのであろう」（『祭祀概説』、学生社、昭和五十四年）と述べられている。

(10) 羽倉敬尚、注(8)前掲論文。

(11) 坂本武雄編『公卿辞典』（国書刊行会、昭和六十一年）。

(12) 『文安御即位調度図』に関しては、『群書解題』第五巻（岩橋小弥太氏執筆）、米田雄介「所謂『文安御即位調度図』について」（『日本歴史』第五百十六号、平成三年）参照。

(13) 秋元信英「近世の『儀式』写本と荷田在満」（『続日本古典全集　貞観儀式』、現代思潮社、昭和五十五年）。

(14) 例えば、『国史大辞典』（吉川弘文館、昭和五十九年）の「公事根源」の項目（日野西資孝氏執筆）参照。

(15) 『群書類従』第二十七輯所収。

(16) 『儀式考』の著者である林良通が『儀式』校訂に『北山抄』を利用していることについては、秋元信英「荷田在

満の学績二題」（『朱』第十三号、伏見稲荷大社、昭和四十七年）参照。

(17) 図書寮本『江記』の奥書に、「右天仁元年十一月廿一日大嘗会記者、前権中納言大江匡房卿記也、……………貞享四年十月廿五日、従二庭田黄門一拝借、而一昼夜謄写之加二校合一、且不レ審之文字以二朱点一之、子孫不レ可二他見一……………貞享四年丁卯十月廿九日御厨子預紀宗恒」とある。『続々群書類従』第五巻所収。

(18) 『荷田全集　第七巻』所収。

第四篇　践祚儀（剣璽渡御儀礼）の研究

第一章　剣璽渡御儀礼の成立についての一試論

第一節　剣璽渡御儀礼

平安時代における天皇即位儀礼は、先帝崩御或いは譲位の日におこなわれる践祚儀[1]（剣璽渡御儀礼）、日を改めて挙行される即位式、そして十一月に斎行される大嘗祭、より構成される。

剣璽渡御の儀については、『儀式』巻五「譲国儀」に詳細な儀式次第の規定がある。「譲国儀」の規定は先帝譲位の場合であるが、略記すると、譲位の日、天皇が南に御すと、皇太子も殿上の座に就く。譲位の宣命が読まれる。訖ると、

今帝下レ自二南階一、去レ階一許丈拝舞、訖歩行帰列、内侍持二節剣一追従、所司供二奉御輿一、皇帝辞而不レ駕、衛陣警蹕、少納言一人率二大舎人等一、持二伝国璽櫃一追従、次少納言一人率二大舎人・闈司等一、持二鈴印鑰等一進二於今上御所一、次近衛少将率二近衛等一、持二供御雑器一進二同所一、訖今上御二春宮坊一、諸衛警蹕・侍衛如レ常

今帝（皇太子）は階を下り拝舞し、節剣を持つ内侍が追従する。少納言一人は大舎人等を率い伝国璽櫃を持って追従する。次に少納言一人は大舎人・闈司等を率いて鈴印鑰等を持って今上御所に進め、近衛少将は近衛等を

率いて供御雑器等を持ち同所に進む。訖ると今上は春宮坊に御す。諸衛警蹕、侍衛は常の如し。

この剣璽渡御儀礼の文献上の初見は、桓武天皇崩御の後に登極した平城天皇からであり、『日本後紀』の大同元（八〇六）年三月十七日条に次のように記されている。

表1

天皇	奉献品	先帝譲位 先帝崩御	出典
平城天皇	璽并剣櫝	崩御	日本後紀
文徳天皇	天子神璽宝剣符節鈴印等	崩御	文徳実録
清和天皇	天子神璽宝剣節符鈴印等	崩御	三代実録
陽成天皇	天子神璽宝剣	譲位	三代実録
光孝天皇	天子璽綬神鏡宝剣等	譲位	三代実録
宇多天皇	天子神璽宝剣等	崩御	践祚部類鈔
醍醐天皇	璽剣笏服御物等	譲位	践祚部類鈔

〔備考〕嵯峨天皇・淳和天皇・仁明天皇の三代には剣璽渡御儀礼の記事は見えない。井上光貞氏は、これは譲位例によるためであり、譲位例でも同儀が明記される陽成天皇以後に、先帝の崩御・譲位いずれの場合にもその日に神器が新帝に授与され、時を経て即位儀がおこなわれるという原則が定まった、とされる。

有レ頃天皇崩二於正寝一、……皇太子哀号擗踊、迷而不レ起、参議従三位近衛中将坂上大宿禰田村麻呂、春宮大夫藤原朝臣葛野麻呂固請扶下レ殿、而遷二於東廂一、次璽并剱櫝奉二東宮一、近衛将監従五位下紀朝臣縄麻呂、従五位下多朝臣入鹿相副従レ之、

桓武天皇が崩じた三月十七日に安殿皇太子（平城天皇）は「璽并剱櫝」の奉献を受ける。

剣璽渡御儀礼・即位式について、井上光貞氏が『日本古代の王権と祭祀』(2)において平城天皇以降明治天皇迄の各代の記事を図表化されている。上に井上氏著書を参照して作成した略表――平城天皇朝から『延喜式』が奏進される醍醐天皇朝迄の剣璽渡御儀礼における奉献品を示す――を掲げさせて頂く（表1）。

表1で注意されることはいくつか有るが、こ

こでは行論上、新帝が剣璽渡御儀礼において受理する奉献品についてのみ確認しておきたい。それは、先の「譲国儀」の規定と表1歴代の剣璽渡御儀礼記事を対応させると、「節剣・伝国璽櫃」[3]は「天子神璽宝剣」（文徳天皇・清和天皇・陽成天皇・宇多天皇）・「天子璽綬神鏡宝剣」（光孝天皇）・「璽剣」（醍醐天皇）に、「鈴印鑰等・供御雑器等」は「符節鈴印等」（文徳天皇）・「節符鈴印等」（清和天皇）・「笏服御物等」（醍醐天皇）と対応するものであろう。

剣璽渡御儀礼は、既に謂われるように、剣と璽の皇位の「神器」、内印、符節（駅鈴・関契・節刀・伝符等）の私家あることを禁じられている重器が、先帝崩御或いは譲位の日に今帝に奉献され、継承する儀である。

同儀礼の文献上の初見が先述した『後紀』大同元年三月十七日条であることについて、井上光貞氏は「日本後紀中の、平城「即位」（広義）にあたり先帝（桓武）崩御のその日に剣璽渡御がおこなわれた、との記事は、以前からあったそういう制度を日本後紀の編者が特に記したと考えるより、かかる制度がこのころになってはじめて制度化され、このときにはじめて実施されたもの、とみた方が自然であると考えられる」[4]とされる。

さらに、井上氏は、光仁天皇・桓武天皇の皇位継承までの政治史を跡付け、その考察をもとに同儀礼の創始について、

> 私は、……つぎのような仮説をかかげてみる。それは、問題としている践祚の儀礼、すなわち先帝崩御のその日に剣璽を皇太子へ移すという制度を建てたのは、①桓武天皇ないしその朝廷ではなかったか、また②その動機は、光仁の即位、桓武の立太子、光仁の譲位、光仁の崩御、氷上川継事件へとつづいたような、先帝崩御による皇位継承期の緊迫感ではなかったか、そして③これをはじめて実施したのは、桓武自身が崩御し、平城「即位」のときであった、ということである。

右に述べたことは、一つの仮説ではあるが、奈良時代末期の皇位継承時の政治不安のたかまりが、それを

未然に防ぐ装置としての、「践祚儀」成立の有力な背景であったことは、ほぼ確かであろう(5)。

と述べられ、剣璽渡御儀礼を制度化したのは桓武天皇朝、実施の初例は平城天皇朝であり、その成立理由を光仁天皇・桓武天皇朝における先帝崩御による皇位継承時の緊迫感に求められる。

井上氏の指摘は、儀式的変遷と政治史を踏まえた説得力のある見解であり、従うべきであろうが、その成立理由にはやや疑義が残ると思われる。皇位継承時の政治的不安は光仁天皇・桓武天皇朝の特殊現象では決してなく、その危機感は程度の差こそ異なるものの歴代天皇の継承時にも存在する、からである。以下、この点について若干の検討を加えてみたい。

第二節　即位式と大嘗祭

井上光貞氏は、剣璽渡御儀礼の実施の初例を平城天皇朝とされるが、では、同儀礼実施以前においては、皇位のレガリアは新天皇にいつ奉上されるか。まず確認されるのは即位式である。『日本書紀』の即位・即位前紀記事には、天皇即位に際して「璽符」(允恭天皇・継体天皇)、「璽」(清寧天皇・顕宗天皇)、「璽印」(推古天皇・舒明天皇)、「璽綬」(孝徳天皇)、「鏡剣」(継体天皇・宣化天皇・持統天皇)が奉献されたことが散見する。記事の信憑性と内容の具体性からすると、即位式においてレガリアが奉献されたことが確実と思われるのは、持統天皇四(六九〇)年正月一日に挙行された持統天皇即位式である。

物部麻呂朝臣樹㆓大盾㆒、神祇伯中臣大嶋朝臣読㆓天神寿詞㆒、畢忌部宿禰色夫知奉㆓上神璽剣鏡於皇后㆒、皇后即天皇位。公卿百寮、羅列匝拝、而拍㆑手焉。

持統天皇即位式において、中臣氏が「天神寿詞」を奏上し、忌部氏が「神璽鏡剣」を奉上している。

また、同儀は「養老神祇令」践祚条にも見え、

凡践祚之日、中臣奏㆓天神之寿詞㆒、忌部上㆓神璽之鏡剣㆒。

と規定される。この条文の「践祚之日」が「即位之日」であることは「神祇令集解」践祚条所収「古記」「跡記」「令釈」の注釈から理解され、さらに践祚条規定は「大宝神祇令」にも存在したことが推定されている。(6)

持統天皇即位記事及び令規定では、中臣氏の天神寿詞奏上と忌部氏の神璽の鏡剣奉上を即位式の行事とするが、令の施行細則である『儀式』『延喜式』の規定は、この両儀を即位式ではなく大嘗祭二日目の辰日の行事とする。辰日は悠紀節会とも称され、豊楽院の儀で、『儀式』巻四「践祚大嘗祭儀下」に以下のようにある。

辰日、……所司開㆓豊楽・儀鸞両門㆒、皇太子入㆑自㆓東北掖門㆒、……親王已下五位以上左右相分入㆑自㆓儀鸞門東西戸㆒各就㆑版、六位以下相続参入立定、神祇官中臣捧㆓賢木㆒入㆑自㆓儀鸞門東戸㆒、就㆑版跪奏㆓天神之寿詞㆒（群臣共跪）、忌部奉㆓神璽之鏡剣㆒、共退出。　（（　）内は二行割注。以下同じ）

平安朝的形態の即位式では、天神寿詞奏上と鏡剣奉上はおこなわれない（最古の即位記である『淳和天皇御即位記』(7)、『儀式』巻五「天皇即位儀」参照）。

私は前稿「大嘗祭〝辰日前段行事〟考」で右の問題について次のような私見を述べたことがある。(8)

令制当初、即位式の場でおこなわれていた中臣氏による天神寿詞奏上と忌部氏による鏡剣奉上は、即位式の儀式的整備過程（唐風化）で儀式としてそぐわなくなり、それが、伝統的な行事・作法を保持・継承しようとする大嘗祭（の辰日）に移された。そしてその移行の時期を、「神祇令集解」践祚条所収「跡記」（成立年代は延暦十年～同十二年と考定される）(9)が「跡云。奏㆓寿詞㆒、上㆓剣并鏡㆒、至㆓十一月㆒為㆓大嘗㆒耳。鏡剣以㆓一物㆒、永奏㆓数帝㆒、但奏㆓寿辞㆒・云々耳」と、寿詞奏上と鏡剣奉上を大嘗祭の行事とする注釈より、両儀が大嘗祭の行事となったのは桓武天皇大嘗祭からであると推定した。

第三節　剣璽渡御儀礼の創始

剣璽渡御儀礼の文献上の初見が次の平城天皇朝であることは前記したが、その創始の理由を、上に記した、即位式と大嘗祭での寿詞奏上と鏡剣奉上の儀の変遷についての私見から説明できるのではないだろうか。

つまり、桓武天皇大嘗祭から天神寿詞奏上と神璽の鏡剣奉上が大嘗祭の行事となったために、新天皇は大嘗祭迄、神璽の献上に与らないという儀式上の不都合が生じてくることになる。即位式と大嘗祭の時間的関係については、「践祚大嘗祭式」定月条に、

凡践祚大嘗、七月以前即位、当年行レ事。八月以後者、明年行レ事〔此拠二受禅即位一、非レ謂二諒闇登極一〕。

とあり、大嘗祭斎行は即位が七月以前の場合同年に、八月以後の場合は明年と規定される。定月条は大嘗祭にとって必須の条件である稲の収穫時期より規定された条文であると思われ、同条が『弘仁式』に存在したことは確実で、[10]さらに大嘗祭成立時迄溯る可能性が高い。

大嘗祭は即位式が八月以後に挙行された時は翌年斎行となり、また定月条は割注にあるように受禅即位の場合の規定であり、諒闇登極（諒闇は最も厳重な天皇の服喪〈心喪〉のことを言い、原則として天皇の父母・祖父母、またはそれに準ずる者に対しておこなわれる）の場合は朞年（満一年）後に延引される（『北山抄』巻五「大嘗会事」）。さらに、大嘗祭は政変・遷都・宮都造営に依っても延引されることがある。[11]

本来即位式の行事であった忌部氏の神璽之鏡剣奉上が中臣氏の天神寿詞奏上と共に、桓武天皇大嘗祭から大嘗祭の行事となったために、新天皇は大嘗祭まで皇位のレガリア献上を待たなければならなくなる。しかも、大嘗祭は延引されることがある。この儀式上の謂わば不都合を避ける必要と、井上氏が指摘された皇位継承時の政治的不安を抑えるために、先帝崩御或いは譲位の日に、新帝が「神器」及び国家の「重器」を継承する——剣璽

渡御儀礼が新儀として実施された、と考えたい。とすれば、天応元（七八一）年四月三日――光仁天皇が皇太子山部親王（桓武天皇）への譲位を表明した日に、剣璽渡御がおこなわれた蓋然性が高い[12]が、史料的確証が得られない以上、断定は差し控えておく。そして同儀礼を創始したのは、井上氏が言われるように桓武天皇政権であろう。

右は、「神器」奉上の儀式的変遷から、剣璽渡御儀礼の成立理由について蕪雑な見通しを述べたもので、奉献者・奉献品（特に鏡）の問題等を含め、言及しなければならない課題が多く残されている。桓武天皇朝における皇位継承儀礼の再編成についての総合的研究が必要であろう。特に桓武天皇が崩じる前年――延暦二十四（八〇五）年六月に帰国した第十六次遣唐使が、唐の皇帝即位儀礼（徳宗崩御、順宗即位）を報告している（『後紀』延暦二十四年六月二日条）ことは注目すべきことと思われる。[13]

なお、既述した私見が正鵠を得たものであるならば、少なくとも剣璽渡御儀礼が明記される平城天皇朝以降は、「神器」が二度、剣璽渡御と大嘗祭で奉献されることになる（大嘗祭では忌部氏が奉献）が、大嘗祭における鏡剣奉上は天長十（八三三）年十一月の仁明天皇大嘗祭以来廃止されてしまう（『北山抄』巻五「大嘗会事」所収「寛平式[14]」）。

注

（1）「養老神祇令」では「践祚」と「即位」は区別なく同意義に用いられ、また「六国史」でも書きわけられていないと思われる（八木充「日本の即位儀礼」〈『東アジア世界における日本古代史講座　9　東アジアにおける儀礼と国家』、学生社、昭和五十八年〉）。先帝崩御による剣璽渡御儀礼を「践祚」と呼ぶようになったのは院政期に入ってからではないかとする指摘もある（井上光貞『日本古代の王権と祭祀』、東京大学出版会、昭和五十九年）。
（2）井上光貞、注（1）前掲著書。
（3）「譲国儀」において内侍が持つ「節剣」について、現行活字本『儀式』（新訂増補故実叢書本・神道大系本）は「節剣」とするが、伴信友が『大刀契考』（『伴信友全集』第二巻、ぺりかん社、昭和五十二年）に引用する『儀式』では、内侍は「璽剣」を持つとする。また、「伝国璽」については、『小右記』長和五（一〇一六）年正月二十二日条に「伝国璽不レ知ニ何物一、仍尋ニ其事一、天長十年記見ニ大刀啓一」とあり、引用される「天長十年記」によれば「大刀契」のこととなる。上記二点に関しては、笠井純一「大刀契と即位儀礼」（『続日本紀の時代』、塙書房、平成六年）、所功「『禁秘御抄補註』と『大刀契考』覚書」（『谷省吾先生退職記念　神道学論文集』、国書刊行会、平成七年）参照。
（4）井上光貞、注（1）前掲著書八一頁。
（5）井上光貞、注（1）前掲著書九二頁。
（6）黛弘道「三種の神器について」（『古代史論叢』上巻、吉川弘文館、昭和六十二年）。
（7）『続群書類従』公事部所収。
（8）拙稿「大嘗祭〝辰日前段行事〟考」（『文化史学』第三十九号、昭和五十八年、のちに、『天皇代替り儀式の歴史的展開』〈柏書房、平成元年〉に再録。本書第三篇第二章所収）。なお、天神寿詞奏上と鏡剣奉上の儀の儀式的変遷を扱った論考に、高森明勅「中臣氏の天神之寿詞奏上と忌部氏の神璽之鏡剣奉上について」（『神道学』第百四十二号、平成元年）があり、私見と略同じ結論を導かれている。
（9）井上光貞「日本律令の成立とその注釈書」（同『日本古代思想史の研究』、岩波書店、昭和五十八年）。
（10）和田英松『式逸』（『続々群書類従』法制部）。
（11）拙稿「持統天皇五年十一月戊辰条について」（横田健一先生古稀記念会編『日本書紀研究』第十六輯、塙書房、昭和六十二年。本書第三篇第一章所収）。
（12）天応元年四月三日に剣璽渡御が実施され、桓武天皇受禅時に同儀礼が成立したとする研究として、柳沼千枝「践祚の成立とその意義」（『日本史研究』第三百六十三号、平成四年）、高森明勅「神器相承と昇壇即位―古代皇位継承儀礼における連続性と非連続性―」（『神道宗教』第百五十五号、平成六年）がある。

(13) 尾形勇「中国の即位儀礼」（『東アジア世界における日本古代史講座　9　東アジアにおける儀礼と国家』、学生社、昭和五十八年）。

(14) 西田長男「中臣寿詞攷」（同『神道史の研究』第二巻〈理想社、昭和三十一年〉、のちに、岡田精司編『大嘗祭と新嘗』〈学生社、昭和五十四年〉に再録）。

〔付記〕本稿は剣璽渡御儀礼の創始を、即位式と大嘗祭における「神器」奉上の儀式的変遷と政治上の必要性から考察したものであるが、報告（『歴史手帖』第十八巻十一号、名著出版、平成二年）後、柳沼千枝氏（「践祚の成立とその意義」〈『日本史研究』第三百六十三号、平成四年〉）より批判が提示された。柳沼氏は即位式が唐風に整備されたのは桓武天皇朝以降であることを前提に、即位式の唐風化は践祚儀の成立によって始めて可能になったもので、従って、「加茂説のように捉えるならば、寿詞・鏡剣奉上の移動によって生じる儀式上・政治上の不都合を冒してまで即位儀が唐風化されなくてはならなかったのはなぜなのかを解く必要があろう」と指摘される。

　即位式の唐風化は一言でいえば、日本版中華小帝国の威容樹立を目指すという国家的要請によるものであると考えているが、むしろ柳沼氏説の問題点は、即位式の唐風化を践祚儀の成立に求め、そのために即位式の唐風化を桓武天皇朝以降とされるところにある。『儀式』規定の即位式と元日朝賀式は同一儀式構造・次第であり、本書第三篇第二章において述べたように、朝賀式は大化二年より記事があり、唐風化による儀式的整備が計られ、大宝元年には「文物之儀於レ是備矣」とある。これらを勘案すれば、柳沼氏説の前提となる、即位式のみが桓武天皇朝まで唐風化せず「旧態」を保持し、桓武天皇朝以降唐風化したとする想定自体が成立し難いであろう。なお、天平期の即位式・元日朝賀式における唐代儀礼の影響については、本書第二篇第二章を参照して頂きたい。

第二章　平安時代における践祚儀（覚書）

――剣璽渡御を中心として――

一

前稿「『儀式』から見た平安朝の天皇即位儀礼」で、平安時代における天皇位継承儀礼――践祚儀・即位式・大嘗祭――の儀式次第を『儀式』規定に従い概観した。[1] この三種の即位儀礼の内、研究史を顧みれば、研究業績の幅・奥行が最も充実し且つ積み重ねられているのは大嘗祭であり、それに対して、即位式・践祚儀についての研究は決して多いとは言えない。[2] 特に践祚儀についての実証的研究は、同儀を即位儀礼の歴史的展開の中で検証された井上光貞氏の『日本古代の王権と祭祀』[3] より始まり、その後、成立・展開の問題にも言及した若干の専論が漸く報告されるようになった。[4] 私も井上氏の卓説に触れ、剣璽渡御儀礼の創始に関して一仮説を提示したことがあるが、[5] 十全なものとはとても言えず、まず儀礼実体そのものについての基礎的な理解が必要と考えられる。

本稿の目的は、平安時代における各代の践祚儀を史料に基づいて跡付け、践祚儀を考察するための基礎史料を提示することにある。

平安時代における践祚儀の実態を知るために、各天皇の剣璽渡御を中心とした践祚儀表を作成した。以下に同表を掲げる。

〈凡例〉

一、左は剣璽渡御儀礼の文献上の初見である平城天皇から後鳥羽天皇迄の践祚記事表である。Ａ表は先帝崩御による新帝践祚の場合、Ｂ表は先帝譲位による新帝受禅の場合、を各々年代順に排列したものである。

一、ＡＢ両表中の記事番号は次の事項を示す。

Ａ表　諒闇践祚

①先帝崩御・新帝践祚の年月日。

②先帝が崩御した場所。

③新帝が践祚した場所。

④奉献品。

⑤奉献者。

⑥備考。

⑦新帝即位年月日。

Ｂ表　受禅践祚

①先帝譲位・新帝受禅の年月日。

②新帝が受禅した場所。

③奉献品。

④奉献者。

⑤備考。
⑥新帝即位年月日。
※但し、後鳥羽天皇の①は新帝践祚の年月日である。

一、記事項目中の［　］には出典史料名を掲げ、頻出するものについては略語を用いた。略語の正式書名及び出典史料の所収叢書名は次の通りである。
後紀＝日本後紀、続後紀＝続日本後紀、文実＝日本文徳天皇実録、三実＝日本三代実録、紀略＝日本紀略、百錬＝百錬抄、扶桑＝扶桑略記（以上、総て新訂増補国史大系）。践祚部＝践祚部類鈔（群書類従帝王部）。為房＝為房卿記（堀河院昇霞記）（続群書類従拾遺部）。左経＝左経記、中右＝中右記、小右＝小右記、兵範記、権記、山槐記（以上、総て増補史料大成）。顕広王記（増補続史料大成）。殿暦（大日本古記録）。吏部王記（史料纂集）。北山＝北山抄（新訂増補故実叢書）。愚管抄（古典文学大系）。玉葉（国書刊行会）。大日本＝大日本史料（東京大学出版会）。

A表　諒闇践祚

天皇		記事
平城天皇	①	大同元（八〇六）年三月十七日［後紀］
	②	天皇（桓武天皇）崩二於正寝一。［後紀］
	③	東廂［後紀］
	④	璽并剣櫝［後紀］

天皇	番号	記事
	⑤	参議（近衛中将）、春宮大夫、近衛将監が相副い従う。［後紀］
	⑥	平城天皇（安殿皇太子）が錫紵を着するのは三月十九日。［後紀］
	⑦	同年五月十八日［後紀］
文徳天皇	①	嘉祥三（八五〇）年三月二十一日［続後紀］
	②	帝（仁明天皇）崩二於清涼殿一。［続後紀］
	③	皇太子直曹［続後紀］ 宜陽殿東庭休廬［文実］
	④	天子神璽宝剣符節鈴印等［文実］
	⑤	参議（左兵衛督）が左右近衛少将・将曹等を率いて。［続後紀］ 左右大臣が諸卿、少納言、左右近衛少将等を率いて。［文実］
	⑥	文徳天皇（道康皇太子）は剣璽奉献の後、東宮雅院に移る（同日）。文徳天皇の錫紵は三月二十三日。［文実］
	⑦	同年四月十七日［文実］
清和天皇	①	天安二年（八五八）年八月二十七日［三実］
	②	文徳天皇崩二於冷然院新成殿一。［三実］
	③	皇太子直曹［三実］
	④	璽印樻等［文実］

		天子神璽宝剣符節鈴印等 〔三実〕
	⑤	大納言が少納言、近衛少将、主鈴等を率いて。〔文実〕
	⑥	清和天皇（惟仁皇太子）の東宮遷御は八月二十九日、錫紵を着すのは九月四日。〔三実〕
	⑦	同年十一月七日 〔三実〕
宇多天皇	①	仁和三（八八七）年八月二十六日 〔紀略〕
	②	天皇（光孝天皇）晏二駕于仁寿殿一。〔紀略〕
	③	皇太子直曹 〔紀略〕 宣耀殿 〔践祚部〕
	④	天子神璽宝剣等 〔紀略〕
	⑤	太政大臣が諸公卿を率いて。〔紀略〕 太政大臣が剣璽使（公卿・少納言・左右近衛）を率いて。〔践祚部〕
	⑥	宇多天皇（定省皇太子）が東宮に還御するのは八月二十七日、九月二日に倚廬に移御し素服を着す。〔紀略、大日本一―一〕
	⑦	同年十一月十七日 〔紀略、大日本一―一〕
冷泉天皇	①	康保四（九六七）年五月二十五日 〔紀略〕
	②	天皇（村上天皇）崩二於清涼殿一。〔紀略〕
	③	凝華舎 〔紀略・村上天皇紀〕 皇太子直曹襲芳舎（或云、凝華舎）〔紀略・冷泉天皇紀〕 襲芳舎 〔践祚部〕

	④	璽剣　〔紀略〕
	⑤	右大臣が上卿、大納言・左右近衛少将が剣璽使。〔践祚部〕
	⑦	同年十月十一日　〔紀略〕
後朱雀天皇	①	長元九（一〇三六）年四月十七日　〔百錬〕
	②	天皇（後一条天皇）崩㆓于清涼殿㆒。〔百錬〕
	③	昭陽舎　〔百錬、践祚部〕
	④	剣璽　〔百錬、践祚部〕
	⑤	左右近衛少将が剣璽使　〔践祚部〕。左少将が剣、右少将が璽を持つ。〔左経〕
	⑥	「依㆓遺詔㆒秘㆓喪事㆒」し、剣璽は「以㆓如㆑在之礼㆒」って奉献。〔百錬〕 御笏渡御は十九日。〔践祚部〕
	⑦	同年七月十日　〔百錬〕
後三条天皇	①	治暦四（一〇六八）年四月十九日　〔百錬〕
	②	天皇（後冷泉天皇）崩㆓于高陽院㆒。〔百錬〕
	③	閑院　〔百錬、践祚部〕
	④	剣璽　〔百錬、践祚部〕
	⑤	左近衛中将（剣）・左中弁（璽）が剣璽使、左大臣以下相副う。〔践祚部〕
	⑥	剣璽奉献を「如㆑在礼也」とする。〔百錬〕

天皇	番号	内容
	⑦	同年七月二十一日〔百錬〕
鳥羽天皇	①	嘉承二（一一〇七）年七月十九日〔百錬〕
	②	天皇（堀河天皇）崩二于堀川院一。〔百錬〕
	③	大炊御門東洞亭〔中右、践祚部〕
	④	剣璽、鈴印唐櫃、昼御座大床子二脚、御厨子二脚、師子形二、殿上御倚子、時簡、御膳棚、御笏、内侍所。〔中右〕 璽剣、太刀契、鈴身（印カ）、漏剋器、内侍所。〔為房〕
	⑤	上卿は大納言（民部卿）、剣璽使は左近衛少将（剣）・右近衛少将（璽）。〔中右、践祚部〕。 鈴印唐櫃は少納言、内侍所には蔵人（弁）・左近衛少将が従う。〔中右〕
	⑥	崩御例であるが、白河法皇の指示により「御譲位事」として勤行される。〔殿暦〕
	⑦	同年十二月一日〔百錬〕
後白河天皇	①	久寿二（一一五五）年七月二十四日〔百錬〕
	②	同年七月二十三日。天皇（近衛天皇）崩二于近衛皇居一。〔百錬、兵範記〕
	③	高松殿〔兵範記、践祚部〕
	④	剣璽、漏刻、時簡、大刀契、鈴印、賢所。〔兵範記〕
	⑤	左近衛大将（内大臣）が率い、右近衛中将（剣）・左近衛中将（璽）、左右衛門・兵衛等が供奉。賢所には蔵人（左衛門佐）・右少弁が相副う。〔兵範記〕
	⑥	近衛天皇が崩じた七月二十三日に鳥羽法皇の前で「有二王者議定一」るが、皇嗣決定に時間が

		かかり、ついに「鶏鳴天曙、剣璽奉㆑渡、依㆑無㆓白昼儀㆒」り、剣璽奉献は二十四日となる。［兵範記］
	⑦	同年十月二十六日［百錬］

B表　受禅践祚

天皇		記事
嵯峨天皇	①	大同四（八〇九）年四月一日［後紀］
	②	天皇（平城天皇）……禅㆓位於皇太弟㆒（神野皇太弟）。詔曰……。［後紀］
	⑤	剣璽奉献の記事見えず。但し、譲位宣命に対する神野皇太弟（嵯峨天皇）の上表文中に「今忽遜㆓神器㆒、伝㆓之孱蒙㆒、事殊㆓恒制㆒」とある。四月二日に嵯峨天皇は東宮に遷御。［後紀］
	⑥	同年四月十三日［紀略］
淳和天皇	①	弘仁十四（八二三）年四月十六日［紀略］
	②	帝（嵯峨天皇）御㆓前殿㆒（冷然院）、引㆓今上㆒（淳和天皇）、曰……仍欲㆑伝㆓位於太弟㆒。［紀略］
	⑥	同年四月二十七日［紀略］
仁明天皇	①	天長十（八三三）年二月二十八日［紀略］
	②	皇帝（淳和天皇）於㆓淳和院㆒譲㆓位於皇太子㆒（正良皇太子）。［紀略］
	⑥	同年三月六日［紀略］

陽成天皇	①	貞観十八（八七六）年十一月二十九日［三実］
	②	皇太子（貞明皇太子）出レ自二東宮一……詣二染殿院一。是日天皇（清和天皇）譲二位於皇太子一。［紀略］
	③	天子神璽宝剣［紀略］
	⑤	譲位例として、剣璽奉献が記事に見える初例。
	⑥	元慶元（八七七）年一月三日［紀略］
光孝天皇	①	元慶八（八八四）年二月四日［三実］
	②	太上天皇（陽成天皇）遷二御二条院一、遜二皇帝位一焉。于レ時、天皇（光孝天皇）在二東二条宮一、親王公卿奉二天子璽綬神鏡宝剣等一。［三実］
	③	天子神璽宝鏡剣等［三実・陽成天皇紀］ 天子璽綬神鏡宝剣等［三実・光孝天皇紀］
	④	親王公卿［三実］
	⑤	譲位詔は陽成天皇がいる二条院南門で宣制、剣璽は光孝天皇がいる東二条宮に奉献される。駅鈴伝符内印管鑰等は、翌二月五日、左右近衛少将等により内裏から東宮に運ばれる。［三実］
	⑥	同年二月二十三日［三実］
	①	寛平九（八九七）年七月三日［紀略］
	②	天皇（宇多天皇）御二紫宸殿一、譲二位於皇太子敦仁親王一。［紀略］

天皇	番号	内容
醍醐天皇	③	璽剣笏服御物等［践祚部］
	④	典侍［践祚部］
	⑤	典侍が璽剣笏服御物等を持ち、清涼殿の新帝（醍醐天皇）に奉献。［践祚部］
	⑥	同年七月十三日［紀略］
朱雀天皇	①	延長八（九三〇）年九月二十二日［紀略］
	②	先帝（醍醐天皇）逃レ位、譲二皇太子一（寛明皇太子）、…内侍執二剣璽一、参二宣耀殿一奉レ之。［紀略］
	③	剣璽［紀略］ 璽綬剣笏并服御物等［扶桑］
	④	上卿は右大臣（右大将）、剣璽使は内侍二人。［践祚部］
	⑤	醍醐天皇は麗景殿で左大臣に譲位の意を伝え、内侍が剣璽を宣耀殿に奉献。［吏部王記］
	⑥	同年十一月二十一日［紀略］
村上天皇	①	天慶九（九四六）年四月二十日［紀略・朱雀天皇紀、大日本一―八］
	②	紫宸殿［践祚部、大日本一―八］
	④	上卿は右大臣（左近衛少将）、剣璽使は内侍二人。［践祚部］
	⑤	同日、御笏・御袍・御衣一襲が内侍により新帝（村上天皇）に奉献。［天慶例〈北山巻五〉］
	⑥	同年四月二十八日［紀略］
	①	安和二（九六九）年八月十三日［紀略］

天皇	番号	内容
円融天皇	②	冷泉院天皇逃レ位譲二於天皇一（円融天皇）……新主於二襲芳舎一受レ禅。［紀略］
	③	剣璽　［紀略］ 剣璽持宮（衍カ）等、御衣・笏等。［御譲位一会〈大日本一―十三所引〉］
	④	内侍　［紀略］ 内侍二人（典侍・掌侍各一人）［御譲位一会］ 上卿は左大臣、剣璽使は掌侍。右近衛権中将が相引す。［践祚部］
	⑤	内侍が剣璽を凝華舎（新帝御在所）に奉献。［紀略］
	⑥	同年九月二十三日　［紀略］
花山天皇	①	永観二（九八四）年八月二十七日　［紀略］
	②	天皇（円融天皇）譲二位於皇太子一（師貞皇太子）、皇太子自二閑院第一移二御堀河院一、受レ禅。［紀略］
	③	剣璽、御袍・笏等。［践祚部］
	④	上卿は右大臣、剣璽使は内侍二人。御袍・笏等は掌侍が奉献。［践祚部］
	⑤	受禅の後、花山天皇は新造の内裏に入御（同日）。［紀略］
	⑥	同年十月十日　［紀略］
	①	寛和二（九八六）年六月二十三日　［紀略、大日本二―一］
	②	六月廿三日庚申、華山天皇偸出二禁中一、奉二剣璽於新皇一（懐仁皇太子）。［紀略］ 六月廿二日庚申、夜半、天皇（花山天皇）…出二鳳闕一向二花山寺一、……即時、令下左近少将藤原道綱持二神璽宝剣一、献中東宮（懐仁皇太子）御在所凝華舎上。［扶桑］

天皇	項目	内容
一条天皇	③	剣璽［紀略］。
	④	左近衛少将（藤原道綱）［扶桑、践祚部］ 右近衛中将（藤原道隆）・左近衛少将（道綱）［愚管抄］
	⑤	『紀略』寛和二年六月二十三日条（一条天皇紀）に「翌日、行二先帝譲位之礼一」とある。
	⑥	同年七月二十二日［紀略］
三条天皇	①	寛弘八（一〇一一）年六月十三日［紀略］
	②	一条院［践祚部、大日本二―六］
	③	剣璽筥［権記］ 剣璽、御衣・御笏。［践祚部］
	④	上卿は右大臣、剣璽使は典侍（剣）・掌侍（璽）。御衣・御笏は掌侍が奉献。［践祚部］
	⑤	受禅の後、三条天皇（居貞皇太子）は東三条第に入御（同日）。［紀略］
	⑥	同年十月十六日［紀略］
後一条天皇	①	長和五（一〇一六）年一月二十九日［紀略］
	②	三条院天皇逃レ位、譲二皇太子一（敦成皇太子）、于レ時皇太子春秋九歳、于レ時御二坐上東門院一 ……大臣以下諸衛等奉二剣璽等一。［紀略］
	③	剣璽［紀略］ 宝剣并璽御筥、大刀契櫃、鈴印鎰等櫃、漏剋具、時簡、机等、御衣一襲、御笏、御倚子、大床子、御笛、琵琶、神鏡。［小右］

天皇	番号	内容
	④	剣璽使は左近衛中将・右近衛中将。大刀契櫃は少納言が左右近衛将監・大舎人等を率いて、鈴印鎰等は少納言が大舎人・闈司等を率いて、奉献。左大臣・内大臣・左右大将已下供奉。剣璽等の奉献後、御衣・御笏等が御衣使の左近衛少将により奉献。［小右］
	⑤	譲位宣命は三条天皇がいる枇杷第で宣制、剣璽等は敦成皇太子（後一条天皇）がいる上東門第（土御門殿）に奉献。［紀略］
	⑥	同年二月七日［紀略］
後冷泉天皇	①	寛徳二（一〇四五）年一月十六日［百錬］
	②	東三条殿［践祚部］
	③	剣璽、御袍・御笏等。［践祚部］
	④	上卿は内大臣（左近衛大将）、剣璽使は内侍（典侍一人・掌侍一人）。御袍・御笏等は内侍が奉献。［践祚部］
	⑤	『践祚部』に「新主東三条〔当日自㆓上東門院㆒参入即乗□〕、旧主御同宿崩」とある。
	⑥	同年四月八日［扶桑］
白河天皇	①	延久四（一〇七二）年十二月八日［百錬］
	②	内裏［百錬、践祚部］
	③	剣璽、御衣・御笏。［践祚部］
	④	上卿は左大臣（左近衛大将）、剣璽使は内侍（掌侍二人）。関白以下公卿扈従。御衣・御笏は掌侍が奉献。［践祚部］

	⑤	『百錬』に「譲二位於皇太子一〔先帝遷二御飛香舎一、新帝御二昭陽舎一〕」とあり、また『践祚部』に「内侍二人……新帝還御之時、捧二剣璽一供奉入二昭陽舎一」とある。譲位の後、後三条天皇は飛香舎に移り、白河天皇（貞仁皇太子）は昭陽舎に還り、内侍が剣璽を同舎に奉献。
	⑥	同年十二月二十九日〔百錬〕
堀河天皇	①	応徳三（一〇八六）年十一月二十六日〔百錬〕
	②	堀河院〔扶桑、柳原家記録〈大日本三―一所収〉〕
	③	御剣、神璽、大刀契、鈴印鑰等櫃、鈴鑰、漏剋器、時簡杭、辛櫃等、御衣・御笏等。〔柳原家記録〈大日本三―一所収〉〕
	④	剣璽は左右近衛中将、大刀契・鈴印鑰等は弁・少納言等が持ち奉献。「大臣以下歩行相従……六衛府供奉……如二行幸儀一」〔柳原家記録〈大日本三―一所収〉〕上卿は内大臣（左近衛大将）〔践祚部〕
	⑤	譲位宣命は白河天皇がいる三条内裏で宣制、剣璽等は堀河天皇（善仁皇太子）がいる堀河院へ奉献。〔柳原家記録〈大日本三―一所収〉〕
	⑥	同年十二月十九日〔百錬〕
崇徳天皇	①	保安四（一一二三）年一月二十八日〔百錬〕
	②	土御門内裏〔践祚部〕
	③	剣璽、御装束・御笏等。〔践祚部〕
	④	上卿は太政大臣、剣璽使は左右近衛中将。御装束・御笏等は内侍が奉献。〔践祚部〕

天皇	項目	内容
	⑤	新主（崇徳天皇）は同内裏東対代、旧主（鳥羽天皇）は同宿で清涼殿代北孫廂に遷御。［践祚部］
	⑥	同年二月十九日［百錬］
近衛天皇	①	永治元（一一四一）年十二月七日［百錬］
	②	土御門内裏［百錬］
	③	剣璽、御袍・御笏等。［百錬］
	④	上卿は左大臣、剣璽使は左右近衛中将。左大臣以下諸卿供奉。［百錬］
	⑤	新主（近衛天皇）は同内裏東対（昭陽舎代）、旧主（崇徳天皇）は同内裏北対子午廊。［百錬］
	⑥	同年十二月二十七日［百錬］
二条天皇	①	保元三（一一五八）年八月十一日［百錬］
	②	南殿（紫宸殿）［兵範記、山槐記］
	③	剣璽、伝国璽櫃、鈴印櫃、御袍并御笏、殿上御倚子、昼御座、大床子御座、日記御厨子、師子形、管絃具、日記、御厨子、時簡。［兵範記］
	④	剣璽は内侍二人が捧持。伝国璽櫃・鈴印櫃は少納言、御袍・御笏は内侍、御倚子等は小舎人等が奉献。［兵範記］ 上卿は内大臣（左近衛大将）［践祚部］
	⑤	受禅の後、新主（二条天皇）は剣璽と共に昭陽舎に還御、その後に御袍・御笏以下を同舎に奉献。旧主（後白河天皇）は弘徽殿に御す。［兵範記、践祚部］
	⑥	同年十二月二十日［百錬］
	①	永万元（一一六五）年六月二十五日［百錬］

	①	②	③	④	⑤	⑥
六条天皇		高倉宰［顕広王記］ 高倉第［践祚部］	剣璽［顕広王記、践祚部］。御袍以下。［践祚部］	蔵人（剣）・左近衛中将（璽）、蔵人（御袍以下）。［践祚部］	『百錬』同年六月二十五日条に「譲二位於第二親王順仁一（二歳）、先雖レ可レ有二立坊一、依二主上御不予危急一、俄有二此儀一、二歳例、今度始レ之」とある。	同年七月二十七日［百錬］
高倉天皇	仁安三（一一六八）年二月十九日［百錬］	閑院［兵範記、玉葉］	剣璽、大刀契、鈴印櫃、鎰、漏剋、時簡、版位、御装束（黄櫨染闕腋御袍・黒半臂・躑蠋下重、紅打袙、同単衣、縮線綾表袴、張大口、引帯、御襪、入帷一帖）、御笏、内侍所。［兵範記］	「左右大将（左大臣・内大臣）以下歩行相従……六衛府供奉、左右相分如二行幸儀一」とある。剣璽使は左右近衛中将。大刀契・鈴印櫃は少納言が大舎人を率いて奉献。御装束・御笏は蔵人が奉献。［兵範記］	譲位宣命は前主（六条天皇）がいる高倉殿（土御門高倉）で宣制、剣璽等は新主（高倉天皇）がいる閑院へ奉献。剣璽等が閑院に到着した後、内侍所が渡御。［兵範記］	同年三月二十日［百錬］
	治承四（一一八〇）年二月二十一日［百錬］					

天皇	項目	内容
安徳天皇	②	天皇（高倉天皇）譲二位於皇太子一（安徳天皇）。被レ渡二剣璽於新帝御在所一（五条南、東洞院西）〔百錬〕
	③	剣璽、御装束（闕腋御袍）・御笏。〔山槐記、践祚部〕
	④	剣璽使は左右近衛中将。「諸陣供奉如二行幸儀一」とある。御装束・御笏は蔵人が奉献。〔山槐記〕
	⑤	譲位宣命は旧主（高倉天皇）がいる閑院で宣制、剣璽等は新主（安徳天皇）がいる五条東洞院殿に奉献。〔玉葉、山槐記〕
	⑥	同年四月二十二日〔玉葉〕
後鳥羽天皇	①	寿永二（一一八三）八月二十日〔百錬〕
	②	高倉院第四皇子（尊成皇子）、践祚（御年四歳、閑院）〔百錬〕 閑院〔玉葉〕
	③	大刀契、鈴印等。〔玉葉〕
	⑤	『百錬』八月二十日条に「奉二法皇詔一、召二大内記光輔一、仰下可レ令レ作二伝国宣命一之由上、摂政藤原朝臣（基通）如レ元、不レ伝二剣璽一践祚之例、今度始之、前主出二洛城一之後、至二于今日一空二王位一廿六ヶ日」とあり、『玉葉』同日条に「不レ得二剣璽一践祚之例、希代之珍事也」とある。
	⑥	元暦元（一一八四）年七月二十八日〔百錬〕

二

上掲の各代の践祚記事表を作成することが本稿の目的であるが、後考のために簡潔な覚書を以下に記しておく。

平城天皇より後鳥羽天皇まで三十二人の天皇が即位している。先帝崩御により諒闇践祚した天皇が九代（平城天皇・文徳天皇・清和天皇・宇多天皇・冷泉天皇・後朱雀天皇・後三条天皇・鳥羽天皇・後白河天皇）、先帝譲位により受禅践祚した天皇が二十三代（嵯峨天皇・淳和天皇・仁明天皇・陽成天皇・光孝天皇・醍醐天皇・朱雀天皇・村上天皇・円融天皇・花山天皇・一条天皇・三条天皇・後一条天皇・後冷泉天皇・白河天皇・堀河天皇・崇徳天皇・近衛天皇・二条天皇・六条天皇・高倉天皇・安徳天皇、そして、後鳥羽天皇も受禅践祚とする。後鳥羽天皇は寿永二年七月二十五日に安徳天皇が出京したため、後白河天皇の院宣により「不ㇾ伝二剣璽一践祚之例」〈『百錬抄』〉として践祚儀が挙行される）となる。

まず、A表の諒闇践祚の九代のうち八代が先帝崩御即日に剣璽の渡御が行われている。先帝崩御の翌日に剣璽以下レガリアが奉献されたのは後白河天皇の一例だけである。これは、先帝近衛天皇は久寿二（一一五五）年七月二十三日の午刻、近衛殿において十七歳で崩御するが、その後、王者議定に時間がかかり、已むなく翌二十四日に剣璽以下レガリア・賢所の渡御となったためである。この間の経緯については、拙稿「剣璽渡御と時刻―剣璽渡し奉ること、白昼の儀に無きに依り―」（本篇第三章）に述べた[6]。従って、後白河天皇の場合は例外として、先帝崩御即日に剣璽渡御が行われていることがまず確認される。

さらに、A表にあるように、諒闇践祚の場合の剣璽奉献者は、太政大臣（宇多天皇例）、左右大臣（文徳天皇例等）、大納言（清和天皇例等）、参議（平城天皇例）が上卿となり、剣璽使は上卿以外の公卿（宇多天皇例等）、左中弁（後三条天皇例）、少納言（清和天皇例等）、左右近衛中将・少将が任命されている。但し、各代とも例外無く、左右近衛が剣璽使となっており、左近衛は剣、右近衛は璽を捧持している（鳥羽天皇例等）。なお、後三条天皇践祚時では、左近衛中将が剣、左中弁が璽を持っている。また、鳥羽天皇、後白河天皇の践祚時に見られるが、先帝・新帝別処で新帝が里内裏を新宮とした時は内侍所（賢所、神鏡）が動座する。内侍所渡御の場合は蔵人が従う。

さて、剣璽渡御儀礼の文献上の初見である平城天皇は、諒闇践祚における同儀が確認される初例でもあるが、大同元（八〇六）年三月十七日に先帝桓武天皇が崩御し、即日に剣璽が安殿皇太子に奉献される。『日本後紀』同年条には次のように記されている。[7]

三月辛巳（十七）、………有レ頃天皇崩二於正寝一、春秋七十、皇太子哀号擗踊、迷而不レ起、参議従三位近衛中将坂上大宿祢田村麻呂、春宮大夫藤原朝臣葛野麻呂固請扶下レ殿、而遷二於東廂一、次璽并剣櫝奉二東宮一、近衛将監従五位下紀朝臣縄麻呂、従五位下多朝臣入鹿相副従レ之。遣三使固二守伊勢・美濃・越前三国古関一。是日有レ血、灑二東宮寝殿上一。壬午（十八）、中納言従三位藤原朝臣内麻呂率二参議正四位下藤原朝臣縄主、……散位五百枝王等一奉二御斂一。正三位藤原朝臣雄友、……為二御装束司一。従三位藤原朝臣乙叡、……為二山作司一。………癸未（十九）、以二山城国葛野郡宇太野一為二山陵地一。是日上着服、服用二遠江貲布一、頭巾用二皂厚繒一。百官惣素服。

桓武天皇が正寝において崩御すると、安殿皇太子は悲嘆のために立ち上がることができない。参議坂上田村麻呂と春宮大夫藤原朝臣葛野麻呂の「固請」により、安殿皇太子は二人に扶けられ殿を降り、東廂に遷る。「璽并剣櫝」が東宮に奉献され、近衛将監が従う。

上記記事において、まず確認しておきたい事は、桓武天皇が崩御したのは十七日で、十八日に葬諸司が任命され、平城天皇が服喪のために錫紵を着すのは十九日である。錫紵とは天皇の着用する喪服で「喪葬令」服錫紵条に「凡天皇、為二本服二等以上親喪一、服二錫紵一、為二三等以下及諸臣之喪一、除二帛衣一外、通用二雑色一」とあり、「同令集解」同条所引「古記」に「錫紵、謂二黒染之色一」とある。[8]従って、十七日の「璽并剣櫝」の奉献時には安殿皇太子は錫紵を着してはいないことである。

なお、安殿皇太子は崩御に際して殿を降り、東廂に遷御する。服喪のため正殿を避けた例としては、『続日本紀』延暦八（七八九）年十二月乙未（二十九日）・丙申（三十日）条に「乙未、皇太后崩。丙申、………天皇服二錫紵一、避二正殿一御二西廂一率二皇太子及群臣一挙レ哀。」とあり、桓武天皇の生母高野新笠が崩御した翌日、桓武天皇は錫紵を着し、正殿を避け西廂に御し喪に服していることが挙げられる。

桓武天皇が崩じた平安宮の正寝については、弘仁九（八一八）年の殿門改号（『日本紀略』同年四月二十七日条）以前であり、確定は困難であるが、例えば、村井康彦氏・瀧浪貞子氏は「のちの清涼殿」とし、[9] 大石良材氏は「紫宸殿」と解釈されている。[10]

問題は安殿皇太子が「璽并剣櫃」の奉献を受けた場所である。上の践祚記事中の「而遷二於東廂一、次璽并剣櫃奉二東宮一」の枠内の「奉東宮」三文字は、『紀略』平城天皇紀により補われたもの（新訂増補国史大系本『後紀』鼇頭注記）であり、佐伯有義氏校訂標注『増補六国史　巻五　日本後紀上』には「奉東宮」の三文字はない。[11] 但し、佐伯氏本ではやはり脱字が想定され、同書頭注には「類史此下に奉東宮の三字あり」と記されている。従って、国史大系本に拠ることとするが、記事中の「東廂」の理解と、また「東宮」を安殿皇太子或いは皇太子の現在の御在所と解するか、殿舎（東宮御所）と解するかで次の解釈が可能であろう。

① 安殿皇太子は桓武天皇が崩じた正寝の東廂に遷り、そこに「璽并剣櫃」が奉献される。

② 安殿皇太子は正寝の東廂に遷り、その後、東宮に還御し「璽并剣櫃」が奉献される。

③ 東廂を東宮の東廂と解し、安殿皇太子は東宮の東廂に遷り、そこに「璽并剣櫃」が奉献される。

安殿皇太子は桓武天皇崩御に際して一旦殿を降り、そして東廂に遷御しているので、東廂に遷御したのは剣璽奉献のために正寝を避けたためであると思われる。従って、②では正寝の東廂に移御した意味が不明確となり、解釈としてはふさわしくないであろう。因みに、橋本義則氏は「長岡京内裏考」において「桓武天皇が「正寝」

で崩御した時、……ここに言う「東廂」とは恐らく「正寝」の「東廂」のことであろう。一旦天皇の崩御した「正寝」から下り、その「東廂」に再び遷御したことは、践祚を行い、かつ服喪する一連の行為のために採られた行動として注目される」と述べ、①と推定されている。[12] 一方、詫間直樹氏は『皇居行幸年表』では「三月十七日◆東宮〈東廂〉［践祚］（後紀、紀略）」と記し、東廂を東宮の東廂と理解し、③と解釈されている。[13]

この点の確認のため、次の諒闇践祚である文徳天皇践祚儀を窺うこととする。文徳天皇は嘉祥三（八五〇）年三月二十一日に践祚する。『日本文徳天皇実録』には以下のように記されている。

嘉祥三年三月己亥（廿一）、仁明皇帝崩二於清涼殿一、于レ時、皇太子下レ殿、御二宜陽殿東庭休廬一、左右大臣率二諸卿及少納言左右近衛少将等一、献二天子神璽宝剣符節鈴印等一。須臾駕二輦車一、移二御東宮雅院一、陣列之儀、一同二行幸一、但無二警蹕一。庚子（廿二）、定二縁葬諸司一。……辛丑（廿三）、東宮成レ服、公卿百寮従レ之。

二十一日に仁明天皇が清涼殿に崩御すると、道康皇太子は殿を降り、宜陽殿東庭の休廬（『続日本後紀』同年月日条では「皇太子直曹」とする）に遷り、神璽宝剣符節鈴印等が奉献される。須臾の後、輦車に駕して東宮雅院に還御している。[14] また、文徳天皇が錫紵を着すのは二十三日である。なお、「休廬」については、裏松固禅の『大内裏図考証』第十四「御輿宿」に復現図が作成されているが、[15] 丸山茂氏は休廬は践祚儀のための専用施設であり、嵯峨上皇の家父長的な配慮により創設された施設ではないかと推測されている。[16]

文徳天皇践祚次第は、先帝崩御―宜陽殿東庭休廬（剣璽奉献）―東宮雅院に還御（同日）―錫紵（二日後）、となるが、A表の備考欄にも記したように、清和天皇・宇多天皇の場合も同様で、清和天皇が東宮に還御するのが践祚より二日後で、錫紵を服すのは七日後のことであり、宇多天皇が東宮に還御するのが践祚の翌日で、錫紵を服すのは五日後である。いずれも剣璽の奉献を受けた後に東宮に還御していることが確認される。

この文徳天皇・清和天皇・宇多天皇の例よりすれば、先掲した解釈の内、①を採るべきで、安殿皇太子が「璽并剣樻」の奉献を受けた場所は東宮ではなく、桓武天皇が崩じた正寝の東廂と考定される。

次に、先帝崩御と剣璽渡御の時間的な間隔は、十七日条の記述によると、安殿皇太子は「哀号擗踊、迷而不レ起」という状態で一旦殿を降り、そして東廂に移御し剣璽を受理している。安殿皇太子はこの時三十三歳で、かつ桓武天皇の不予は延暦二十三年十二月からであったことをも勘案すれば、崩御後、あまり時をおかず、むしろ言えば、すぐに正寝を降り東廂に移御し剣璽渡御が行われたと思われる。先掲した『文徳天皇実録』に「仁明皇帝崩二於清涼殿一、于レ時、皇太子下レ殿、御二宜陽殿東庭休廬一」とあり、「于レ時、皇太子下レ殿」とあることからすれば、道康皇太子は仁明天皇崩御と同時或いは直後に殿を降り、宜陽殿東庭の休廬において剣璽を受理していることも上の想定を助けるものであろう。

また、崩御時に殿を降りることに関しては、時代が降るが、『権記』寛弘八（一〇一一）年六月二十二日条に記されている一条上皇崩御記事に「廿二甲子、卯剋参レ院、近候二床下一、依二御悩危急一、心中竊奉レ念二弥陀仏一、奉レ廻二向極楽一、上皇時々又念仏、権僧正并僧都心覚、明救……等、又近候念仏、……辰剋有二臨終御気一、仍左大臣示二右大臣以下一皆令レ下レ殿、暫之、令二蘇生一給云々。即諸卿等参上、午剋上皇気色絶」とある。(17) 一条上皇に「臨終御気」が顕れた時、左大臣道長は右大臣以下に殿より降りるように指示し、諸卿は殿を降りる。しかし、暫くして上皇は蘇生し諸卿は再び参上する。崩御直前に下殿したのは、高取正男氏が指摘するように死穢を避けるためであろう。(18)

以上、『後紀』の平城天皇践祚記事より、同天皇践祚儀では次のことが指摘される。

① 安殿皇太子（平城天皇）は、桓武天皇が崩御した正寝の東廂において「璽并剣樻」の奉献を受けた。
② 「璽并剣樻」の奉献は、先帝崩御後、あまり時をおかずに行われたと思われる。
③ 「璽并剣樻」の奉献時は錫紵を着してはいない。

この平城天皇践祚儀次第は、以後の諒闇践祚の先蹤となったと考えられる。(19) 文徳天皇、清和天皇、宇多天皇の場合も略同様で、A表にあるように、文徳天皇践祚次第は、清涼殿において先帝(仁明天皇)崩御—宜陽殿東庭休廬において剣璽受理—東宮雅院に還御(同日)—錫紵(二日後)となり、清和天皇践祚次第は、冷然院新成殿において先帝(文徳天皇)崩御—冷然院の皇太子直曹において剣璽受理(20)—東宮還御(二日後)—錫紵(七日後)、となり、宇多天皇践祚次第は、仁寿殿において先帝(光孝天皇)崩御—皇太子直曹(宣耀殿)において剣璽受理—東宮還御(翌日)—錫紵(五日後)、となる。

宇多天皇践祚儀は史料上、比較的、時間的な経過を跡付けることができる。先帝光孝天皇は仁和三(八八七)年八月二十六日の巳二刻(午前九時半頃)、仁寿殿において崩御する(『紀略』同年月日条)。『政事要略』巻三十「年中行事・阿衡事」所引『宇多天皇御記』には、病床において光孝天皇は左手に定省皇太子(宇多天皇)、右手に藤原基経の手をとり、基経に定省皇太子の輔弼を依頼したことが記されている。(21) この記事を『大日本史料』第一篇之一では光孝天皇が崩御する八月二十六日条に掲げているが、(22) 崩御日のことであるならば、光孝天皇崩御の有様を伝える貴重な史料となる。定省皇太子は崩御時刻の巳二刻まで光孝天皇の傍にいたと思われるが、皇太子直曹(『紀略』同日条。『践祚部類鈔』宇多天皇条では宣耀殿とする)(23) において剣璽を受理したのは、『皇年代略記』宇多天皇条によると、酉一刻(午後五時頃)であった。(24) 剣璽渡御については、『宇多天皇御記』同日条に「巳二尅先帝登霞、即尚侍藤原淑子賜二璽筥及御剣一、請三太政大臣申二其由一、持二進於麗景殿一。少納言左近少将等遺レ賷二鎰印一、公卿候二常寧殿南廊一、典侍治子鎰印、奉二御座辺一、即公卿侍務固関、事訖太政大臣率二万事一云々。」とある。(25) 尚侍藤原淑子が璽筥と御剣の出納に当たり、太政大臣(基経)が諸公卿を率いて(『紀略』は諸公卿とし、『践祚部類鈔』では少納言・左近衛少将少監とする)璽筥と御剣を麗景殿(宣耀殿の南)に奉献し、少納言・左近少将等が鎰印を賷し、典侍治子が鎰印を新帝御座辺に進め、公卿は常寧殿南廊に候したことが窺える。なお、光孝天皇登霞が巳二刻(午前九時半頃)

で、剣璽は酉一刻（午後五時頃）に渡御するが、以後、剣璽渡御の時刻は先帝崩御時刻に拘わらず、次第に遅くなり、十世紀以降の剣璽渡御は「夜の儀式」として挙行されることとなる。[26]

十一世紀に入ると、先帝崩御であるが、「如レ在之礼」―喪事を秘し、先帝譲位による受禅践祚として践祚儀が挙行されることが確認される。A表の備考欄に記したように、長元九（一〇三六）年四月十七日に践祚した後朱雀天皇、治暦四（一〇六八）年四月十九日に践祚した後三条天皇、嘉承二（一一〇七）年七月十九日に践祚した鳥羽天皇はいずれも受禅践祚として践祚儀が執行されている。後朱雀天皇の場合は先帝の遺詔により（『紀略』同日条）、鳥羽天皇の場合は白河法皇の指示によるものである（『殿暦』同日条）。[27]

三

先帝譲位による受禅践祚儀は『儀式』巻五「譲国儀」に規定文がある。行論上、略述しておく。

まず、天皇は本宮を出て別所（御在所）に移御する。文武官も扈従する。儀式の三日前になると、鈴鹿・不破・愛発（平安中期以降は逢坂）の三関を管掌する関国に固関使が派遣され関門を閉塞し警固に当る。但し三関は延暦八（七八九）年七月の勅で廃止されているが、廃止以後も以前と同様に、天皇の崩御・譲位等の非常時には固関使が派遣される。儀式が挙行される場所については、『儀式』規定は「皇帝御レ南」とだけ記す。『西宮記』、『北山抄』、『江家次第』では、いずれも「皇帝御二南殿一」とし、南殿（紫宸殿）における挙行を明記している。当日、天皇が南に御すと、皇太子も殿上の座に就く。次いで近衛により南門（紫宸殿挙行の場合は承明門）が開かれ、親王已下官人が参入し所定の位置に列立する（親王以下五位以上は門内、六位以下は門外）。宣命大夫が版に就き、譲位の宣命が下される。それに対して、親王已下が称唯（上位者の命令に対して下位の者が「おお」と称して応答すること）し再拝、退出する。近衛が門を閉じる。門が閉じられると、

今帝下レ自二南階一、去レ階一許丈拝舞、訖歩行帰列、内侍持二節剣一追従、所司供二奉御輿一、皇帝辞而不レ駕、衛陣警蹕、少納言一人率二大舎人等一、持二伝国璽櫃一追従、次少納言一人率二大舎人闈司等一、持二鈴印鑰等一、進二於今上御所一、次近衛少将率二近衛等一、持二供御雑器一進二同所一、訖今上御二春宮坊一、諸衛警蹕・侍衛如レ常。

今帝（皇太子）は階を下り、拝舞す。節剣を持つ内侍が追従する。所司は御輿（輦車）を供奉し衛陣は警蹕（天皇出還御の時、声をかけてまわりを戒め先払いをすること）を称える。少納言一人は大舎人等を率いて伝国璽櫃を持って追従する。次に少納言一人は大舎人・闈司等を率いて鈴印鑰等を持って今帝の御所に進め、近衛少将は近衛等を率いて供御の雑器を持って同所に進む。訖ると、今上は春宮坊に還御する。諸衛警蹕・侍衛は常の如し。

「譲国儀」は先帝譲位・新帝受禅の場合の規定であり、先帝崩御・新帝践祚の場合の規定は『儀式』には存在しない。これは範となった唐代にも見られることで、『新唐書』巻二十礼楽志に、

周礼五礼、二曰凶礼、唐初、徙二其次第五一、而李義府、許敬宗以為凶事非二臣下所レ宜レ言、遂去二其国恤一篇一、由レ是天子凶礼闕焉。

とあり、唐においては皇帝の喪葬礼規定は礼典から意図的に削除されていることが伺える。(28)

この「譲国儀」規定と実際の践祚記事との関係から、井上光貞氏は貞観十八（八七六）年十一月の陽成天皇践祚時には「譲国儀」規定が成立していたことを確認される。(29) 現存本『儀式』十巻の成立年代は貞観十五（八七三）年～同十九（八七七＝元慶元）年と推定されているので、(30)「譲国儀」規定の成立はさらに遡るであろう。この点に関して、土井郁磨氏は弘仁十四（八二三）年四月の淳和天皇践祚時を「譲国儀」の成立期と考定され、(31) 内田順子氏は、土井氏説を踏まえ、淳和天皇践祚時は譲位式成立の重要な画期であり、儀式の骨子はこのとき成立するが、確立・制度化は次の天長十（八三三）年二月の仁明天皇践祚時とされる。(32) 内田氏が指摘されるように、天長十年の仁明天皇大嘗祭から忌部の鏡剣奉上が廃止されることをも勘案すれば、内田氏説が穏当で左袒すべきかとも思われるが、

両氏が説かれるように、受禅践祚儀は嵯峨天皇朝・淳和天皇朝に成立したと考えられる。

さて、嵯峨天皇・淳和天皇・仁明天皇の三代には剣璽奉献の具体的な記事は見えないが、陽成天皇以降は剣璽渡御記事があり、譲位宣命宣制の日に剣璽が奉献されている。但し、一条天皇と後鳥羽天皇の場合は例外となる。

一条天皇は花山天皇の宮中失踪、退位、出家という異常な事態での践祚である。『紀略』寛和二（九八六）年六月二十三日条（花山天皇紀）によると、丑剋許（午前一時〜同三時）、天皇は密かに禁中を出て、東山の花山寺に向い落飾してしまう。蔵人左少弁藤原道兼が従う。天皇は宮中を出奔する前に、剣璽を懐仁皇太子に密奉させた。花山天皇の宮中出奔の日を二十二日とするものもあるが[33]、土井郁磨氏が指摘するように、『為房卿記』嘉承二年七月十九日条の傍書（『大日本史料』三―九）によれば、二十四日に右大臣藤原兼家の指示により、形式を整えるために二十三日の日付けの「譲位宣命」が作成される[34]。花山天皇の出家退位は兼家の陰謀によるものであるが、花山天皇及び花山天皇の退位を計画した兼家からすれば、形式的に不備はあるものの、剣璽を東宮に渡すことにより、実質的には譲位を表明できたと考えていたことの徴証となるのではないだろうか。また、後鳥羽天皇は、前記したように、先帝安徳天皇が平家一門と共に都を逃れており、奉献される剣璽がないという状況での践祚である。

儀式が挙行される場所については、前述したように現行本『儀式』は「皇帝御㆑南」とだけ記し、「天皇預去㆓本宮㆒、百官従遷㆓於御在所㆒」とある「御在所」における挙行を想定したものかとも思われるが、『西宮記』、『北山抄』、『江家次第』ではいずれも「皇帝御㆓南殿㆒」とし、南殿（紫宸殿）挙行を明記している。次にこの点の確認をおこなうが、『儀式』では天皇と皇太子は同殿上に着御し譲位宣命が宣制されるとするが、平安時代の各代の実際の儀式においては、先帝が譲位を表明する場所に新帝が同席せず、譲位宣命宣制が訖ると剣璽以下のレガリア・類代の御物が新帝のいる新帝御所に奉献される例がある。

従って、先帝の譲位宣命宣制の場所に着目すると、受禅践祚の二十三代の内、内裏において先帝の譲位宣命が宣制されたのは、嵯峨天皇（内裏）・醍醐天皇（紫宸殿）・朱雀天皇（麗景殿）・村上天皇（紫宸殿）・円融天皇（内裏）・一条天皇（内裏）・白河天皇（内裏）・二条天皇（紫宸殿）の八代となり、その内、紫宸殿において挙行されたことが確認されるのは、醍醐天皇・村上天皇・二条天皇の三代である。「譲国儀」に「天皇預去㆓本宮㆒、百官従遷㆓於御在所㆒」とある「御在所」において先帝の譲位詔・宣命が宣制されたのは、淳和天皇（冷然院前殿）・仁明天皇（淳和院）・陽成天皇（染殿院）・光孝天皇（二条院）の四代となり、里内裏・里第において先帝の譲位詔・宣命が宣制されたのは、花山天皇（堀河院）・三条天皇（一条院）・後一条天皇（枇杷第）・後冷泉天皇（東三条殿）・堀河天皇（三条内裏）・崇徳天皇（土御門内裏）・近衛天皇（土御門内裏）・六条天皇（高倉第）・高倉天皇（高倉第）・安徳天皇（閑院）・御鳥羽天皇（閑院）の十一代となる。

さらに、譲位宣命宣制の場に皇太子（新帝）が臨席していることが史料上確認、或いはほぼ断定されるのは、宣制時に先帝がいない一条天皇と後鳥羽天皇を除くと、嵯峨天皇（内裏。神野皇太弟は二十四歳〈年齢は数え年、以下同じ〉）・淳和天皇（冷然院前殿。大伴皇太子は三十八歳）・仁明天皇（淳和院。正良皇太子は二十四歳）・陽成天皇（染殿院。貞明皇太子は九歳。先帝清和天皇は父）・醍醐天皇（紫宸殿。敦仁皇太子は十三歳。先帝宇多天皇は父）・村上天皇（紫宸殿、成明皇太子は二十一歳）・花山天皇（堀河院。師貞皇太子は十七歳）・三条天皇（一条院。居貞皇太子は三十六歳）・後冷泉天皇（東三条殿。親仁皇太子は二十一歳）・白河天皇（内裏。貞仁皇太子は二十歳。先帝後三条天皇は父）・二条天皇（紫宸殿。守仁皇太子は十六歳。先帝後白河天皇は父）の十一代となる。

一方、譲位宣命宣制の場に皇太子（新帝）が臨席していないことが史料上確認されるのは、光孝天皇（二条院で宣制。時康皇太子は東二条宮、五十五歳）・後一条天皇（枇杷第で宣制。敦成皇太子は上東門第、九歳）・堀河天皇（三条内裏で宣制。善仁皇太子は堀河院、八歳。先帝白河天皇は父）・高倉天皇（高倉第で宣制。憲仁皇太子は閑院、八歳）・安徳天皇（閑院で宣制。言仁皇太子は五条東洞院殿、三歳。先帝高倉天皇は父）の五代である。

なお、どちらとも断定し難いのが、朱雀天皇〈内裏。寛明皇太子は八歳、先帝醍醐天皇は父〉・円融天皇〈内裏。守平皇太子は十一歳〉・崇徳天皇〈土御門内裏。顕仁皇太子は五歳。先帝鳥羽天皇は父〉・近衛天皇〈土御門内裏。体仁皇太子は三歳〉・六条天皇〈高倉第。順仁皇太子は二歳〈践祚二歳例の初例〉。先帝二条天皇は父〉の五代である。この内、B表の備考欄にも記したが、寛明皇太子〈朱雀天皇〉践祚の場合、『吏部王記』延長八年九月二十二日条に、醍醐天皇は麗景殿において左大臣藤原忠平に皇太子への譲位の意を伝え、内侍をして剣璽を宣耀殿に奉献させたとあることと、さらに、醍醐天皇は同年七月より体調不調であったこと、寛明皇太子は八歳であることより、譲位表明があった麗景殿には寛明皇太子はいなかったと推定すべきであろうか。また、土御門内裏において践祚する顕仁皇太子〈崇徳天皇〉は五歳で、体仁皇太子〈近衛天皇〉は三歳であり、また、高倉第において践祚する順仁皇太子〈六条天皇〉は二歳であるので、儀式には臨席しなかったとすべきであろうか、とも考えたが一応保留としておくことにする。

最後に、剣璽使について見ておく。受禅践祚の場合の剣璽奉献者は、親王公卿〈光孝天皇例〉、太政大臣〈崇徳天皇例〉、左大臣〈円融天皇例等〉、右大臣〈三条天皇例等〉、内大臣〈後冷泉天皇例等〉が上卿となっている。剣璽使については次のように分類することができる。

○　内裏内では内侍が奉献する。三条天皇践祚時には典侍が剣、掌侍が璽を奉献している。白河天皇践祚時には掌侍二人が勤めている。

○　内裏外で、先帝の譲位宣命宣制の場に皇太子〈新帝〉が臨席している場合〈花山天皇、三条天皇、後冷泉天皇〉は、内侍が奉献する。

○　内裏外で、先帝の譲位宣命宣制の場に皇太子〈新帝〉が臨席せず、先帝、新帝別処の場合〈後一条天皇、堀河天皇、高倉天皇、安徳天皇〉は、左右近衛中将が奉献する。

但し、崇徳天皇、近衛天皇、六条天皇は先帝と同一殿舎（崇徳天皇・近衛天皇は土御門内裏、六条天皇は高倉第）において践祚するが、左右近衛中将が剣璽使（六条天皇の場合は先帝不予により急遽譲位となり、蔵人が剣、左近衛中将が璽を奉献する）となっている。これは新帝が幼少で先帝の譲位宣命宣制の場に皇太子（新帝）が臨席しなかったためであろうか。また、諒闇践祚時と同じく、先帝・新帝別処で新帝が里内裏を新宮とした時は内侍所（賢所、神鏡）が動座する。内侍所渡御の場合は蔵人が従う。

注

（1）拙稿「『儀式』から見た平安朝の天皇即位儀礼」（本書第一篇第二章所収）。

（2）皇學館大学神道研究所編『続　大嘗祭の研究』（皇學館大学出版部、平成元年）所収「大嘗祭関係文献目録」の「践祚・即位」の項目を参照。

（3）井上光貞『日本古代の王権と祭祀』（東京大学出版部、昭和五十九年、のちに、『井上光貞著作集　第五巻　古代の日本と東アジア』〈岩波書店、昭和六十一年〉所収）。

（4）柳沼千枝「践祚の成立とその意義」（『日本史研究』第三百六十三号、平成四年）、土井郁磨「「譲位儀」の成立」（『中央史学』第十四号、平成五年）・同「践祚儀礼について」（『中央史学』第十八号、平成七年）、内田順子「「譲国儀」の検討―九世紀の王位就任儀礼の検討―」（岡田精司編『古代祭祀の歴史と文学』、塙書房、平成九年）。各論文の論点については、本書第一篇第一章第二節「践祚儀（剣璽渡御儀礼）についての研究動向と課題」を参照。

（5）拙稿「剣璽渡御儀礼の成立についての一試論」（『歴史手帖』第十八巻十一号、平成二年、本書第四篇第一章所収）。

（6）拙稿「剣璽渡御と時刻―剣璽渡し奉ること、白昼の儀に無きに依り―」（『京都精華学園研究紀要』第三十一輯、平成五年、本書第四篇第三章所収）参照。

（7）新訂増補国史大系本に拠る。以下、『続日本紀』以下の五国史は同大系本に拠る。

(8) 新訂増補国史大系本に拠る。
(9) 村井康彦『日本の歴史　8　王朝貴族』（小学館、昭和五十六年）。瀧浪貞子「歴代遷宮論―藤原京以後における―」（同『日本古代宮廷社会の研究』、思文閣出版、平成三年）。
(10) 大石良材『日本古代王権の成立』（塙書房、昭和五十年）。
(11) 佐伯有義氏校訂標注『増補六国史　巻五　日本後紀上』（朝日新聞社、昭和十五年）。
(12) 橋本義則「長岡京内裏考」（同『平安宮成立史の研究』、塙書房、平成七年）の注(30)。
(13) 詫間直樹『皇居行幸年表』（続群書類従完成会、平成九年）。
(14) 文徳天皇が東宮雅院に還御し、その後、在位八年半の間内裏に常住しなかったことについては、目崎徳衛「文徳・清和両天皇の御在所をめぐって―律令政治衰退過程の一分析―」（同『貴族社会と古典文化』、吉川弘文館、平成七年）を参照。
(15) 『新訂増補故実叢書』所収。
(16) 丸山茂「倚廬、休廬、廬―建築形式からみた大嘗宮正殿の形成についての一試論―」（『建築史学』第六号、昭和六十一年）。
(17) 増補史料大成本に拠る。
(18) 高取正男『神道の成立』（平凡社、昭和五十四年）。
(19) 井上光貞、注(3)前掲著書では、この平城天皇践祚儀が平安時代末迄踏襲され、厳格に行われたとする。
(20) 目崎徳衛、注(14)前掲論文では、惟仁皇太子（清和天皇）が剣璽を受理したのは冷然院の皇太子直曹であるとされている。
(21) 新訂増補国史大系本に拠る。
(22) 『大日本史料』第一篇之一（東京大学出版会、昭和六十三年）。
(23) 『群書類従』第三輯所収。
(24) 『群書類従』第三輯所収。
(25) 所功『三代御記逸文集成』（国書刊行会、昭和五十七年）に拠る。

(26) 拙稿、注(6)前掲論文。
(27) 大日本古記録本に拠る。
(28) 丸山茂、注(16)前掲論文。『新唐書』は鼎文書局印行本に拠る。
(29) 井上光貞、注(3)前掲著書。
(30) 所功「「大嘗祭」儀式文の成立」(同『平安朝儀式書成立史の研究』、国書刊行会、昭和六十年)。
(31) 土井郁磨「「譲位儀」の成立」(注(4)前掲)。
(32) 内田順子「「譲国儀」の検討」(注(4)前掲)。
(33) 『大日本史料』第一篇之二十四(東京大学出版会、昭和六十三年)の案文では、花山天皇の宮中出奔を二十二日夜としている。
(34) 土井郁磨、注(31)前掲論文。

第三章　剣璽渡御と時刻

――「剣璽渡し奉ること、白昼の儀に無きに依り」――

第一節　はじめに

近衛天皇は久寿二（一一五五）年七月二十三日の午刻（午前十一時～午後一時）[1]に、近衛殿において早逝した。時に十七歳の若さであった。近衛天皇崩御時に東宮は不在であったので、後継天皇擁立がすぐさま問題となったことは言うまでもない。この間のことを、『兵範記』同年同月日及び翌二十四日条は以下のように伝えている。[2]

廿三日戊辰、天晴、午刻、天皇崩二於近衛殿一。春秋十七歳、在位十五年、太上法皇第一宮、母美福門院、……（中略）……　聖主去々年夏以後御目有レ恙間以不予、就中去月以来、御膳乖レ例、経レ日陪レ増、内外祈レ治、仏神加護、効験如レ無、大漸之積、遂所二崩御一也、……（中略）……　申刻、法皇御消息被レ奉二殿下一。撿非違使右衛門尉藤原為信為二御使一馳参、即被レ召二御前一（割注略）、此間、御乳母二位并弁典侍等出二夜御殿一、内侍二人取二劔璽一、奉二安書御帳中一。次備中守光隆朝臣（内蔵頭）、加賀守定隆、筑前守頼季等、奉仕次第事、奉レ直二北首一云々、書御座并二間下二格子一垂二御簾一、晩頭、大納言伊通卿、権大納言宗能卿、成通卿、左衛門督重通卿、中納言中将師長卿、左兵衛督忠雅卿、参議公通卿、右近衛中将経宗卿、左大弁資信卿、右大弁朝隆朝臣、参会殿上……（割注略）…… 此間蔵人頭左中弁光頼朝臣、為二法皇御使一参上、新帝時、且可レ有二沙汰一。高松殿可レ為二新帝宮一之由被レ申二殿下一了〔但儲君未レ聞云々〕、又旧主凶事、大納言伊通卿可二奉行一之由、同被レ申二殿下一了、次頭弁仰下大納言、入レ夜供二奉諸司一参入上（割注略）、此間、殿下召二御装束一。又於二鳥羽院一入道右府、権大納言公教卿等召二御前一、有二王者議定一。御消息両三度往二反殿下一之間、鶏鳴天曙、劔璽奉レ渡、依レ無二白晝儀一。公卿以下退出、于レ時辰刻也。

廿四日己巳 天晴、早旦前蔵人頭光頼朝臣、為二法皇御使一、以二第四親王雅仁一可レ令二登用一之由、被レ申二殿下一。即同朝臣新帝雑事、依二院宣一申行、殿下且任二先例一、且随二当時便一、被レ評二定之一。……（中略）……未刻、宮行二啓高松殿一。御冠直衣織物指貫着二御之一。庇御車、前駈廿餘人〔衣冠〕……（中略）……

入夜、公卿参二集近衛殿一。左右近将以下供奉、諸司皆以参会。次殿下召二御装束一令レ昇給、出二御書御座一。次蔵人源長定、高忠、依二殿下仰一、畫御帳間上二格子一〔只一間許上也〕、巻二御簾一。副母屋柱立二燈臺一供レ燈、殿下令レ安二劔璽於御帳中南端一給、次令レ候二晝御座東頭一給、次召二頭弁光頼朝臣一、光頼朝臣経二簀子一参二長押下一、即奉レ仰召二近将一、右近中将師仲朝臣自二簀子一参進、依二殿下御命一、進着二御帳南頭一、褰二御几帳帷一、取二宝劔一退二下簀子一。次左近中将成雅朝臣同参上如レ初、依レ仰参進、取二神璽一退下（割注略）、両将自二南簀子一東行、殿下令二扈従一、……（中略）…… 主殿官人炬二松明一、在二近将左右一。左大将〔内大臣〕在二御劔前一。殿下令レ候二劔璽後一給、左右次将以下相副之、左右衛門兵衛等供奉如二行幸儀一。漏刻・時簡机在二後陣中一。大刀契鈴印同相二具之一、以二外記史官一掌二召使等一各以扈従、……（中略）…… 自二近衛一東行、自二東洞院一南行、自二一条一西行、自二西洞院一南行、入レ自二高松殿四足門一（割注略）、至二于新帝宮一、……（中略）…… 此間賢所奉レ渡、蔵人左衛門佐忠親、右少弁資長相副レ之、自余諸司如レ常、

（〔 〕内は二行割注。以下同じ）

近衛天皇は、一昨年の夏以来、体調を崩し、特に去月以来病状が重く、内外の祈禱も効無く、ついに二十三日

午刻（午前十一時〜午後一時）に崩御する。その後、申刻（午後三時〜同五時）に、鳥羽殿にいる鳥羽法皇よりの使者が近衛殿にいる関白藤原忠通のもとに到り、剣璽を夜御殿から昼御帳に奉安すること、頭を直北とすること等の指示が伝えられた。

晩頭になり、大納言・権大納言・衛門督・兵衛督・中納言・参議・近衛中将・大弁が近衛殿々上に参会する。その後、鳥羽法皇からの使者（蔵人頭左中弁光頼朝臣）が再び参上し、高松殿を新帝の宮とすべき沙汰が伝えられたが、儲君についての伝言はなかった。この間、鳥羽殿において、法皇は入道右府・権大納言公教卿等を召し「王者議定」の審議を続けるが、決意には到らない。「王者議定」のため、近衛殿の関白忠通と連絡をとること「再三度」。決定に時間がかかり、結局「鶏鳴天曙、剣璽奉レ渡、依レ無二白昼儀一」り、二十三日の剣璽渡御はなく、公卿以下は退出する。時に辰刻（午前七時〜同九時）になっていた。

翌二十四日の早旦に、法皇の使者が忠通のもとに来て、第四親王雅仁を登用すべきという法皇の沙汰が伝えられた。決定を受けた雅仁親王は未刻（午後一時〜同三時）に高松殿に行啓する。夜になり、公卿が近衛殿に参集し、関白忠通の指示により、剣璽、漏刻・時簡・大刀契・鈴印が近衛殿から新帝のいる高松殿へ奉献される。また賢所は、剣璽以下のレガリアが高松殿に到着して後、別に渡御する。

この雅仁親王（後白河天皇）践祚が、翌年の保元の乱の発端の一つとなっていくことは著名な史実であるが、ここで注目したいことは、鳥羽法皇の前での「王者議定」に時間がかかり、「鶏鳴天曙」となり、「剣璽奉レ渡、依レ無二白昼儀一」り、近衛天皇が崩御した二十三日には剣璽渡御はおこなわれず、翌二十四日となったことである。

この『兵範記』の記事によれば、剣璽渡御は「白昼儀」ではないという意識が、すくなくとも十二世紀中頃の法皇・関白・公卿以下の中央官人層の共通認識として存在していたこととなる。

また、この雅仁親王（後白河天皇）践祚の場合も、雅仁親王践祚決定の沙汰が二十四日の早旦にあり、それを受けて雅仁親王が高松殿に行啓したのが未刻（午後一時〜同三時）であるにもかかわらず、剣璽以下のレガリアが近衛殿から高松殿に奉安されたのは、「入夜」であった。このことも上の意識の表われであろう。

以下、小稿では、この剣璽渡御の時刻の問題について若干の考察を加えたい。

第二節　先帝崩御と剣璽渡御の時刻

前稿「平安時代における剣璽渡御儀礼」[3]において、剣璽渡御が史料上確認できる平城天皇より後鳥羽天皇までの剣璽渡御記事表を、先帝崩御時と先帝譲位時に分類し作成した。本節では、前稿を受けて、先帝崩御の場合を取りあげ、その崩御時刻と剣璽渡御の時刻を明らかにしてみたい。

平城天皇から後鳥羽天皇までで、先帝崩御のために新帝が践祚した例は、平城天皇・文徳天皇・清和天皇・宇多天皇・冷泉天皇・後朱雀天皇・後三条天皇・鳥羽天皇・後白河天皇の合計九例がある（因みに、平城天皇から後鳥羽天皇迄の天皇は三十二人）。

上記九例中、後白河天皇の一例を除く残り八例は、総て剣璽渡御は先帝が崩御した日に執行されている。後白河天皇の場合は、皇嗣決定に時間がかかり、やむなく翌日の奉献となったことは前節で述べた通りであり、翌日奉献の点において後白河天皇の場合は異例とすべきであろう。

剣璽が先帝崩御日に新帝に奉献されることは、例えば、『中右記』嘉承二（一一〇七）年七月十九日条にも窺える。同日、堀河殿において堀河天皇が崩御し、剣璽渡御のことについて、藤原宗忠が関白藤原忠実に「予申㆓殿下㆒云、天下者重器也、不㆑可㆑空㆓王位㆒。先例一日之中被㆑渡㆓剣璽㆒如何……[4]」と述べていることからも理解されよう。

さて、この九例中、先帝崩御の時刻と剣璽渡御の時刻が確認できるもの、あるいは推定し得るものは、宇多天皇・冷泉天皇・後朱雀天皇・後三条天皇・鳥羽天皇の五例である。

先帝崩御と剣璽渡御の時刻を知ることができる五例を作表した。次にこれを掲げる。

なお、表中の番号の意味は、

① 先帝崩御時刻・場所
② 新帝践祚時刻・場所
③ 備考

であり、［　］内は典拠史料である。[5]

表1

	宇多天皇
①	仁和三（八八七）年八月二十六日巳二刻（午前九時半）［日本三代実録・日本紀略］ 仁寿殿［日本三代実録・日本紀略］
②	同日［日本三代実録・日本紀略］ 酉一刻（午後五時）［皇年代略記］ 皇太子直曹［日本紀略］、宣耀殿［践祚部類鈔］
③	『皇年代略記』によると、定省親王の立太子は、同日辰一刻(午前七時)。『寛平御記(宇多天皇御記)』には、病床で先帝光孝天皇は左手に定省親王(宇多天皇)、右手に藤原基経の手を取り、基経に対し定省親王の輔弼を依頼した、とあり、光孝天皇臨終迄、定省親王は光孝天皇の傍にいたと思われる。また、同記によると、尚侍藤原淑子が璽筥及び御剣の出納

		にあたり、璽筥・御剣は麗景殿（宣耀殿の南）に奉安され、少納言・左近衛少将等が鎰印を賷し、典侍給(洽)子が鎰印を新帝の御座辺に奉献し、公卿は常寧殿南廊に候した、とある。
冷泉天皇	①	康保四（九六七）年五月二十五日巳時（午前九時～同十一時）［日本紀略］ 巳二刻（午前九時半）［践祚部類鈔］ 清涼殿［日本紀略・践祚部類鈔］
	②	同日［日本紀略・践祚部類鈔］ 子剋（午後十一時～午前一時）［践祚部類鈔］ 襲芳舎［日本紀略（冷泉天皇紀）・践祚部類鈔］、凝華舎［日本紀略（村上天皇紀）］
	③	新帝践祚所は、襲芳舎と凝華舎の二説有るが、『大日本史料』の同月日項目では「襲芳舎ニ於テ、践祚アラセラル」とする。
後朱雀天皇	①	長元九（一〇三六）年四月十七日戌刻（午後七時～同九時）［日本紀略］ 清涼殿［日本紀略・左経記］
	②	同日［日本紀略・左経記］ 子刻（午後十一時～午前一時）［日本紀略］ 昭陽舎［日本紀略・左経記］
	③	『左経記』によると、後一条天皇が清涼殿に崩御すると、神璽宝剣を昭陽舎に渡す作法が僉議され、剣璽のほか、「今夜可レ渡物」は、「御笏・御袍・時簡・殿上御倚子・昼御座大床子・同二階厨子等、代々被レ渡者也」とする。また、御被は憚りがあるので今夜は渡さ

		ないことを諸卿間で決定する。
後三条天皇	①	治暦四（一〇六八）年四月十九日卯剋（午前五時～同七時）〔本朝世紀〕 高陽院〔本朝世紀〕
	②	同日〔本朝世紀・百錬抄〕 酉剋（午後五時～同七時）〔本朝世紀〕 閑院〔本朝世紀・百錬抄〕
鳥羽天皇	①	嘉承二（一一〇七）年七月十九日辰時許（午前七時～同九時）〔殿暦〕 辰剋〔為房卿記〕 堀河殿〔殿暦・中右記〕
	②	同日〔殿暦・為房卿記・中右記〕 子剋（午後十一時～午前一時）〔為房卿記〕 大炊御門東洞亭〔殿暦・中右記〕
	③	『殿暦』によると、堀河殿を剣璽が出発したのは戌時（午後七時～同九時）で、「今夜被レ渡物目録」として「御笏〔在レ筥〕・昼御座大床子三脚〔在二御厨子二脚一〕・師子形二頭〔昼御座也〕・上殿御倚子・時簡・御膳棚」とある。また管絃具が渡御するは二十二日。 『中右記』によると、剣璽以下類代之御物が大炊御門東洞亭に渡御し、奉安された後に、内侍所が迎えられ、同亭に渡御する。

剣璽渡御の時刻が確認できる例で、「白昼の儀」として、奉献が執行されたものは表1の通り一例もない。右

の五例の内、実施時刻の最も早い例が、宇多天皇の酉一刻（午後五時）、後三条天皇の酉刻（午後五時〜同七時）であり、残る三例の冷泉天皇・後朱雀天皇・鳥羽天皇はいずれも子刻（午後十一時〜午前一時）と、深夜に奉献がおこなわれている。

先帝崩御の時刻が遅かったのは後朱雀天皇の場合（戌刻、午後七時〜同九時）だけで、他の四例は総て遅くとも巳二刻（午前九時半、宇多天皇・冷泉天皇）迄の先帝崩御であるので、剣璽渡御が「白昼の儀」として実施されなかったことは、先帝崩御の時刻が遅かったための結果でないことは明白であろう。また、新帝に奉献される剣璽以下の渡御物が多く、そのための準備に時間がかかり渡御が深夜に及んだとする推定も一応可能ではあるが、宇多天皇の例——先帝が巳二刻（午前九時半）に崩御し、酉一刻（午後五時）には新帝のもとに剣璽が渡御している——を勘案すれば右の想定は成立しないであろう。さらに、里内裏間の渡御の場合の距離について言及しておくと、後三条天皇の場合の高陽院→閑院、鳥羽天皇の場合の堀河殿→東洞院亭は、いずれも距離が近く、道程で時間がかかったとは思われない(6)。

平城天皇から後鳥羽天皇までの平安朝の天皇で、先帝崩御により新帝践祚をしたものが九例有り、その内、剣璽渡御の時刻を確認できるものが五例有り、その五例すべてが「白昼の儀」ではないことが理解できた。また、前節において述べた後白河天皇践祚の場合も、二十四日の早旦に皇嗣決定があったにもかかわらず、剣璽渡御は夜になるのを待って実施された。このことも、剣璽渡御が「白昼の儀」ではないことの証左の一つとなろう。

内侍所（賢所、神鏡）渡御に関して申し添えておくと、内侍所が動座するのは里内裏で前帝・新帝別処の場合であるが、鳥羽天皇例でも分るように、剣璽以下類代の御物が新帝のもとに奉献された後に、別に内侍所を迎え、内侍所が渡御することが確認される。

第三節　先帝譲位と剣璽渡御の時刻

本節においては、先帝譲位と新帝受禅の場合を検討したい。平城天皇から後鳥羽天皇迄で、先帝譲位により新帝が受禅した例は、嵯峨天皇・淳和天皇・仁明天皇・陽成天皇・光孝天皇・醍醐天皇・朱雀天皇・村上天皇・円融天皇・花山天皇・一条天皇・三条天皇・後一条天皇・後冷泉天皇・白河天皇・堀河天皇・崇徳天皇・近衛天皇・二条天皇・六条天皇・高倉天皇・安徳天皇・後鳥羽天皇の計二十三例がある。(平城天皇から後鳥羽天皇迄の天皇は三十二人)。

この二十三例中、先帝譲位の時刻・剣璽渡御の時刻が確認できるもの、あるいは推定し得るものは、醍醐天皇・朱雀天皇・後一条天皇・堀河天皇・二条天皇・高倉天皇・安徳天皇・後鳥羽天皇の八例があげられる。

ここで、まず、先帝譲位の場合の剣璽渡御について一言述べておく。前稿で略記したように[7]、譲位式の儀式次第は、『儀式』巻五「譲国儀」に規定されている。「同儀」によると、

天皇と皇太子は同殿上の座に御すと、宣命大夫が譲位宣命を読む。親王已下が称唯し再拝、退出。今帝(皇太子)は階を下り、拝舞す。節剣を持つ内侍が追従する。所司は御輿を供奉し衛陣は警蹕を称える。少納言一人は大舎人等を率いて伝国璽櫃を持って追従する。次に少納言一人は大舎人・闈司等を率いて鈴印鑰等を持って今帝の御所に進め、近衛少将は近衛等を率いて供御の雑器を持って同所に進む。訖ると、今上は春宮坊に還御す。諸衛警蹕は常の如し。

と、規定がある。「譲国儀」によると、先帝と新帝は同殿で同席し、譲位宣命の後、レガリアが新帝に追従し、新帝御所に奉献されることになる。「譲国儀」の条文では、剣璽渡御の時刻を考える場合、次の二通りの解釈が可能であろうと思われる。①新帝へのレガリア奉献が剣璽渡御と考えれば、譲位表明(譲位宣命が宣制された)

時刻が剣璽渡御の時刻。②新帝御所へのレガリア奉献を剣璽渡御と考えれば、譲位式を終えた新帝が新帝御所に帰り、レガリアが同所に奉献される時刻が剣璽渡御の時刻。儀式の主旨から見て、「譲国儀」では、剣璽渡御の時刻を①と考定するのが常識的であろうが、問題となることは、平安時代の各代の実際例が「譲国儀」とは若干異なるという点である。

平安時代における、先帝譲位・新帝受禅の各代の儀式的実態を史料から見ていくと、「譲国儀」の規定とは異なり、先帝が譲位を表明する場所に新帝が同席せず、譲位表明が訖ると、剣璽以下のレガリア・類代の御物が新帝のいる新帝御所に渡御する例が比較的多い。従って、この場合の剣璽渡御の時刻は、新帝御所へのレガリア奉献時となる。譲位詔宣制の場に新帝が同席しないのは、幼帝の出現が理由の一つであろうが、これは今後の課題としたい。

さて、先帝譲位の時刻・剣璽渡御の時刻が確認あるいは推定できる八例を、前節の表1に準じ、以下に作表した。次にこれを掲げる。

表中の番号の意味は、

① 先帝譲位時刻・場所

② 新帝受禅（レガリア奉献・受理）時刻・場所

③ 備考

であり、［ ］内は典拠史料である。(8) なお、②の項目について、前述したように、先帝が譲位表明をした時に、新帝が同席している場合と、新帝が別所にいる場合がある。従って、前者の場合は譲位表明の時刻を剣璽渡御の時刻、後者の場合は新帝御所への奉献時刻を剣璽渡御の時刻、とする。

表2

醍醐天皇	①	寛平九（八九七）年七月三日午三刻（午後零時）［日本紀略］ 紫宸殿［日本紀略］
	②	同日 同刻 同所［日本紀略・践祚部類鈔］
	③	典侍春澄洽子は、璽剣を清涼殿に於て新帝に奉献、その後、新帝は先帝・皇后を拝し、清涼殿へ還御する。時に未刻（午後一時～同三時）［践祚部類鈔］
朱雀天皇	①	延長八（九三〇）年九月二十二日未一刻（午後一時）［吏部王記］ 麗景殿［吏部王記］
	②	同日 亥時（午後九時～同十一時）に奉献が終る。［扶桑略記裏書］ 宣耀殿［扶桑略記裏書］
	③	『吏部王記』によると、寛明皇太子（朱雀天皇）は八歳、麗景殿に参上したか否かは未詳。醍醐天皇は同殿において左大臣に譲位詔を伝える。また、渡御物の内、「殿上時簡」は寛平の時より伝えられたもの、との記事がある。
	①	長和五（一〇一六）年一月二十九日未二刻（午後一時半）［小右記］ 枇杷殿［御堂関白記・小右記］ 同日

後一条天皇	②	戌二刻（午後七時半）以前［左経記］ 上東門第［御堂関白記・左経記］
	③	先帝三条天皇は枇把殿において譲位宣命を発し、敦成皇太子（後一条天皇）は上東門第で剣璽以下を受理する。『御堂関白記』『左経記』によると、上東門第に剣璽以下が渡御し、続いて内侍所を迎え、「文殿之内」へ奉安されたのが、戌二刻（午後七時半）。
堀河天皇	①	応徳三（一〇八六）年十一月二十六日 三条院［扶桑略記・為房卿記］
	②	同日 亥二刻（午後九時半）以前［為房卿記］ 堀河院［為房卿記］
	③	先帝白河天皇は三条院において譲位を表明し、善仁皇太子（堀河天皇）は堀河院で剣璽を受理する。 『扶桑略記』によると、剣璽が三条院西門を出発したのは亥時（午後九時～同十一時）とする。『為房卿記』によると、堀河院に剣璽が渡御した後、内侍所奉迎時刻を陰陽寮が亥二刻（午後九時半）と勘申する。
	①	保元三（一一五八）年八月十一日 「入夜」［兵範記・山槐記］ 紫宸殿［兵範記・山槐記］
		同日

	①	②	③
二条天皇		同刻 同所［兵範記］	『兵範記』『山槐記』によると、後白河天皇譲位に先立ち、固関使派遣勅符が同日の酉一点（午後五時）の時刻に出され、後白河天皇が譲位のため南殿に御したのは「入夜」。『兵範記』には、守仁皇太子（二条天皇）は南殿において受禅の後、剣璽と共に昭陽舎へ還御する、とある。
高倉天皇	仁安三（一一六八）年二月十九日酉二刻（午後五時半）［兵範記］ 高倉殿［兵範記］	同日 亥刻（午後九時~同十一時）以前［兵範記］ 閑院［兵範記］	『兵範記』によると、閑院へ剣璽以下の奉献があり、その後、内侍所が渡御する。時刻は亥時（午後九時~同十一時）。
安徳天皇	治承四（一一八〇）年二月二十一日 閑院［玉葉］	同日 亥刻（午後九時~同十一時）［玉葉］ 五条東洞院［玉葉］	『玉葉』『山槐記』によると、譲位宣命は先帝高倉天皇がいる閑院で読まれ、剣璽以下は

		言仁皇太子（安徳天皇）がいる五条東洞院に奉献される。
後鳥羽天皇	①	寿永二（一一八三）年八月二十日酉刻（午後五時〜同七時）［玉葉］
	②	同日 同刻 閑院［玉葉］
	③	先帝安徳天皇は都を出ており、「前主出二洛城一之後、至二于今日一空二王位一廿六ヶ日」（『百錬抄』）であり、『玉葉』によれば、御白河法皇詔により、先帝不在のまま尊成皇太子（後鳥羽天皇）への譲位式が酉刻（午後五時〜同七時）から開始され、奉献されるべき剣璽もなく、「不レ得二剣璽一践祚之例、希代之珍事也」とある。

先帝譲位・新帝受禅の場合において、剣璽渡御の時刻が確認あるいは推定し得るものは、右の八例であるが、醍醐天皇の一例のみが午三刻（午後零時）で、残る七例では総て剣璽渡御を「白昼の儀」としては実施していないことが理解できる。その七例中、最も時刻が早いと思われるのが、二条天皇（酉一点〈午後五時〉以後）と後鳥羽天皇（酉刻、午後五時〜同七時）であるが、該当の備考欄にも記したように、二条天皇の場合は譲位に先立ち、固関使派遣の勅符が発せられたのが酉一点（午後五時）であり、その後、先帝後白河天皇が譲位式に臨御したのは「入夜」である。また後鳥羽天皇の場合は前主安徳天皇が都城を出奔し、且、奉献されるべき剣璽もない、という異常事態での践祚であるが、譲位式は酉刻（午後五時〜同七時）より開始されている。

残る五例中、後一条天皇が戌二刻（午後七時半）以前で、他の四例（朱雀天皇・堀河天皇・高倉天皇・安徳天皇）は、亥刻（午後九時〜同十一時）以前か亥刻である。

平城天皇から後鳥羽天皇迄の平安朝の天皇で、受禅例が二十三例あり、その内、剣璽渡御の時刻を確認・推定できるものが八例で、醍醐天皇例を除く七例すべてが「白昼の儀」ではなく、むしろ言えば「夜の儀式」として実施されていることが知れた。

譲位の時刻について触れておくと、譲位は先帝の意志で決定されるものであろうが、先帝の譲位表明時刻は時代が降るごとに時刻的に遅くなってくることが確認される。醍醐天皇例の午三刻（午後零時）・朱雀天皇例の未一刻（午後一時）・後一条天皇例の未二刻（午後一時半）に対し、二条天皇例は酉一点（午後五時）以後、高倉天皇例は酉二刻（午後五時半）である。

また、内侍所が渡御する場合は、前節において述べた先帝崩御時と同じく、剣璽以下類代の御物が新帝のもとに奉献された後に、別に内侍所を迎え、内侍所が渡御する。確認される内侍所動座の時刻は、後一条天皇例の戌二剋（午後七時半）、堀河天皇例の亥二刻（午後九時半）、高倉天皇例の亥刻（午後九時～同十一時）であり、まさに「夜の儀式」であると言える。

第四節　結　び

小稿は、『兵範記』の「剣璽奉㆑渡、依㆑無㆓白昼儀㆒」の記事に注目し、剣璽渡御は「白昼の儀」ではないという同記の意識を、平安時代の歴代の天皇について、①先帝崩御の場合、②先帝譲位の場合に分け調査したものである。

剣璽渡御の時刻が確認されるもので、①の場合は総て、②の場合は、九世紀末の醍醐天皇を除く残る総ては、剣璽渡御は「白昼の儀」ではなく、夜あるいは深夜に実施されている例が圧倒的に多い、という結論が得られた。すくなくとも十世紀以後の剣璽渡御は総て「白昼の儀」ではなく、「夜の儀式」として挙行されていることが確認できた。従って、剣璽渡御は「白昼の儀」ではないという『兵範記』の意識は、すくなくとも十世紀まで遡ることは確実である。

問題は、何故、剣璽渡御が「白昼の儀」ではなく、「夜の儀式」であるのか、という点であろう。剣璽渡御儀礼は、桓武天皇朝に創設された新儀式であることは既に諸家により指摘がある。(9) 同儀礼創始以前の神器奉献は、即位式・大嘗祭二日目の辰日の行事であった。

即位式における鏡剣奉上は既に『日本書紀』に散見するが、忌部氏による鏡剣奉献の確実な初例は、『書紀』持統天皇四（六九〇）年正月戊寅（一日）条の持統天皇即位記事である。(10)

物部麻呂朝臣樹二大盾一、神祇伯中臣大嶋朝臣読二天神寿詞一、畢忌部宿禰色夫知奉二上神璽剣鏡於皇后一、皇后即天皇位。公卿百寮羅列匝拝、而拍レ手焉。

ここでは、公卿百寮の前で、忌部氏による持統天皇への鏡剣献上がおこなわれている。同記事には時刻を明記しないが、「夜の儀式」とはとても思われず、群臣羅列の「朝の儀」あるいは「白昼の儀」であろう。平安朝的形態の即位式は大儀であり、『儀式』規定によれば、元日朝賀式――「元正受朝賀儀」と同一儀式構造・次第である。『儀式』巻六「元正受二朝賀一儀」によれば、元日朝賀式のために天皇が大極殿後房に御すのは辰一刻（午前七時）と規定されており、「朝の儀」である。このことも右の想定を助けるものであろう。

この即位式における忌部氏の鏡剣奉上は、桓武天皇大嘗祭から大嘗祭二日目の辰日の行事となるが、(11) 大嘗祭辰日での、忌部氏による鏡剣奉上を含む「辰日前段行事」は、辰日の辰二刻（午前七時半）から開始される（『儀式』巻二〜四「践祚大嘗祭儀」）。『儀式』規定では大嘗祭における鏡剣奉上も「朝の儀式」である。

即位式・大嘗祭辰日における神器奉献が群臣の前での朝あるいは白昼の儀であったことと、本稿で既述したように、すくなくとも十世紀以後の剣璽渡御がすべて夜あるいは深夜に実施されていること、との間には大きな意識の変化が窺える。

この意識の変化は、践祚儀（剣璽渡御儀礼）・即位式・大嘗祭という三種の即位儀礼を構成する各儀式・祭儀の性格に、本質的には起因するものであろうが、ここでは一先ずその理由を以下のように考定しておきたい。

大嘗祭における忌部氏の鏡剣奉上は、『北山抄』（巻五「大嘗会事」）所収「寛平式」によると、天長十（八三三）年十一月の仁明天皇大嘗祭以来廃止されてしまう。(12)

忌部奉二神璽鏡剣一、共退出。〔群臣起、寛平式云、天長以来此事停止。清涼抄云、近代不レ給二此神璽一、只奏二其詞一。而寛平以後記文、忌部惣不二参入一、天慶記云、頼基申云、件鏡剣、自二御所一暫下給《奉イ》奏之。而天長式奏《或イ》輙給二重物一、非レ无二事危一者、其後忌部雖レ申不レ給〕

仁明天皇大嘗祭迄は、大嘗祭辰日の行事のために鏡剣を忌部氏に一旦預けていたが、「輙給二重物一、非レ无二事危一者」という判断から、忌部氏が鏡剣を奉上する儀は廃絶したというのである。これはレガリアに対する観念が変化したための措置であろう。忌部氏による鏡剣奉上の儀の廃絶は、レガリアが単なる「重物」ではなく、神格化した「重物」と観念されるようになったことを示すものではないだろうか。(13)単なる「重物」であれば、それは警備上の問題で処理できるはずであり、また単なる「重物」というだけでは、すくなくとも持統天皇即位式を史料上の初見とし、即位式・大嘗祭において実施されてきた忌部氏の名誉の行事を廃絶する積極的な理由とはならないであろう。

レガリアへの神性付与、神格化が十世紀に入り、さらに増幅され、皇位継承に伴う剣璽渡御は夜あるいは深夜に挙行されるようになったと思われる。『兵範記』の「剣璽奉レ渡、依レ無二白昼儀一」とは、剣璽を含むレガリアの神格化に対する意識の表われであろうと解釈したい。

注

(1) 時刻の換算は、橋本万平『日本の時刻制度　増補版』(塙書房、昭和五十六年)に拠った。特に四一頁～六一頁を参照した。以下も同じ。

(2) 『兵範記』は増補史料大成本(臨川書店)に拠った。

(3) 拙稿「平安時代における剣璽渡御儀礼」(『京都精華学園研究紀要』第二十九輯、平成三年。「平安時代における践祚儀(覚書)」と改題して、本書第四篇第二章所収)。

(4) 『中右記』は増補史料大成本(臨川書店)に拠った。

(5) 典拠史料の所収叢書名等を記す。『日本三代実録』『日本紀略』『本朝世紀』『百錬抄』=新訂増補国史大系(吉川弘文館)、『皇年代略記』『践祚部類鈔』=群書類従(続群書類従完成会)、『寛平御記』=所功編『三代御記逸文集成』(国書刊行会、昭和五十七年)、『左経記』『中右記』=増補史料大成、『殿暦』=大日本古記録(岩波書店)、『為房卿記』=大日本史料(東京大学出版会)所収。

(6) 高陽院は左京二条二坊九・十・十五・十六町、閑院は左京二条大路の南、西洞院大路の西、に所在する。また、堀河殿は左京三条二坊九・十町、大炊御門東洞院第(大炊御門殿)は左京二条三坊十五町(大炊御門の北、東洞院の西)に所在する。太田静六『寝殿造の研究』(吉川弘文館、昭和六十二年)参照。また、『平安時代史事典』(角川書店、平成六年)の「高陽院」(朧谷寿氏執筆)・「閑院」(中村修也氏執筆)・「堀河院」(野口孝子氏執筆)・「大炊御門東洞院第」(五島邦治氏執筆)の項目参照。

(7) 拙稿「『儀式』から見た平安朝の皇位継承儀礼」(『京都精華学園研究紀要』第二十八輯、平成二年。改題して本書第一篇第二章所収)、同「剣璽渡御儀礼の成立についての一試論」(『歴史手帖』第十八巻十一号、名著出版、平成二年。本書第四篇第一章所収)。

(8) 典拠史料の所収叢書名等を記す。但し、注(5)で前掲したものは省く。『吏部王記』=史料纂集(続群書類従完成会)、『小右記』『御堂関白記』=大日本古記録、『扶桑略記』=新訂増補国史大系、『兵範記』『山槐記』=増補史料大成、『玉葉』=名著刊行会本(名著刊行会)、「扶桑略記裏書」=『大日本史料』第一編之六所収。

(9) 井上光貞『日本古代の王権と祭祀』(東京大学出版会、昭和五十九年)、柳沼千枝「践祚の成立とその意義」(『日

本史研究』第三百六十三号、平成二年）参照。

（10）『日本書紀』は古典文学大系本（岩波書店）に拠った。

（11）拙稿「大嘗祭〝辰日前段行事〟考」（『文化史学』第三十九号、昭和五十八年、のちに、岩井忠熊・岡田精司編『天皇代替り儀式の歴史的展開』〈柏書房、平成元年〉に再録。本書第三篇第二章所収）。

（12）『北山抄』は新訂増補故実叢書本（明治図書）に拠った。

（13）内侍所（神鏡）の神格化についての先駆的研究として、宮地直一「内侍所神鏡考」（『神道史学』第一輯、昭和二十四年）があり、また、宮地氏論文を検証した研究として、渡部真弓「神鏡奉斎考」（『神道史研究』第三十八巻二号、平成二年）が報告されている。

第四章　土御門殿における「神器」の奉安場所について

――後一条天皇践祚の場合――

第一節　太田静六氏復元説

長和五（一〇一六）年正月二十九日、三条天皇は枇杷殿において皇太子敦成親王に位を譲ることを表明する。譲位宣命を受け、剣璽・内侍所（神鏡）の「神器」は、藤原道長の土御門殿にいる敦成親王のもとに奉献され、奉安される。後一条天皇の践祚である。

皇太子敦成親王（後一条天皇）が剣璽・内侍所の奉献をうけた土御門殿（京極院・上東門第とも称するが、小稿では土御門殿で統一しておく）については、太田静六氏の雄篇「藤原道長の土御門殿」があり[1]、その中に、古記録をよく博捜されその史料の上に立脚した復原図を作成されている。太田氏の「第一期土御門殿復原図」は、後一条天皇践祚時の史料をも利用して復原されているので、以下に論文と共に引用させて頂き、太田氏に導かれながら、土御門殿における剣璽以下の奉安場所を跡付けていきたい。

長和五年（一〇一六）正月二十九日、三条天皇が道長の枇杷殿で譲位されると同時に、土御門殿では後一条天皇の御即位となるが、これに先立って皇位継承の象徴とされる剣璽の移行が、枇杷殿から土御門殿へと行われた。この間の経路や有様は『小右記』長和五年（一〇一六）正月二十九日の移行当日条に次の如く記される。

出東門、経陽明門大路、入自土御門院南門、（中略）左右近陣留巽橋南頭、諸卿列立東対前、左大臣左右大将相副宝剣璽筥等、渡寝殿前、母后御在所、就西対南階、左大臣、昇東階如何、余答云、用南階可宜、両頭先昇、次左大臣、次左右大将、内侍二人進出取宝剣璽筥等、

即ち枇杷殿の東門を出御すると、陽明院大路（近衛御門大路）を東行して土御門殿の南門に達した。次いで南門から入って邸内を北進し、左右近衛陣が巽橋の南頭に留まると、待ちうけた諸卿が東対の前に列立して迎え、更にここからは左大臣道長以下が神宝に従って南庭を西進し、後一条天皇の母后・上東門院彰子のおられる寝殿の前を通って西対の南階に着かれた。西対に昇るについては東階にするか南階にするかの問が道長から出されたが実資の意見で南階と決り、神宝は南階から昇って西対に奉安された。

これで解る通り神宝は土御門殿の南門から入られた……（中略）……

次に寝殿の左右に東西対屋が設けられていたことは本文中の記載で立証されるし、西対には南階に加えて東階もあり、結局、剣璽は南階を昇って西対に奉安された。その他の品々についても、『小右記』正月二十九日条中には続いて、

納南池南展、号書殿、鈴印鎰等安東廊、左大臣左右大将度南庭、到東対前、内大臣已下列立、左大臣着陣座、以東対南庇為陣座、

と記される通り、或る品物は南池の南にある南展（南殿）に、或る物は東対の東廊に安置されたが、南殿は書殿と呼ばれていたという。なお『小右記』同日条中には続いて、

夜臨深更不可出例文歟、秉燭不入文殿也

と記される通り、文殿の存在は別に見えるので、書殿と文殿とは別の建物と思われる。そして文殿が馬場殿附近に建てられたことは、第二期土御門殿で判明する。

一方、西対にいた左大臣道長以下は寝殿前の南庭を通って東対に至り、陣座に着いたというが、陣座は東対南庇と明記されるので陣座の位置も確定するし、東対に南唐庇が設けられたことは曲水宴の時に述べた。それで東対は南庇に加えて南唐庇、即ち広庇も設けられた本格的な対屋形式を備えたことが知られる。

（傍線は加茂が付した）

非礼を顧みず、長文の引用をさせて頂いたが、確認のため、『小右記』・『御堂関白記』同月日条をもとにもう一度整理する。

まず、剣璽について。『小右記』に、

大臣召二左中将資平一、（割注略）右中将雅通相共参上、執二宝剣・璽筥等一、出レ自二母屋御几帳中一、資平先進受二宝剣一、次雅通執二璽筥一、出二侍所一、左右大将相副、以二紫綾一覆二宝剣并璽御筥一。

とあり、左近衛中将が宝剣を執り、右近衛中将が璽筥を執る。左大臣・左右大将が相副い、土御門殿南門より入り、邸内を北進し、寝殿の前を通り、西対の南階に就く。両中将が先ず昇り、次に左大臣、左右大将が続く。内侍二人が宝剣璽筥を受け取り、太田氏が言われる通り、西対の新帝御座辺へ奉献される。

次は、大刀契の櫃であるが、行論上、先に鈴印鎰等の櫃について見ておく。『小右記』に、

少納言一人率二大舎人・闈司等一、取二鈴印鎰等櫃一追従、陰陽寮取二漏剋具一、内豎持二時簡・机等一従レ之

……（中略）……　鈴印鎰等櫃安二東廊一。

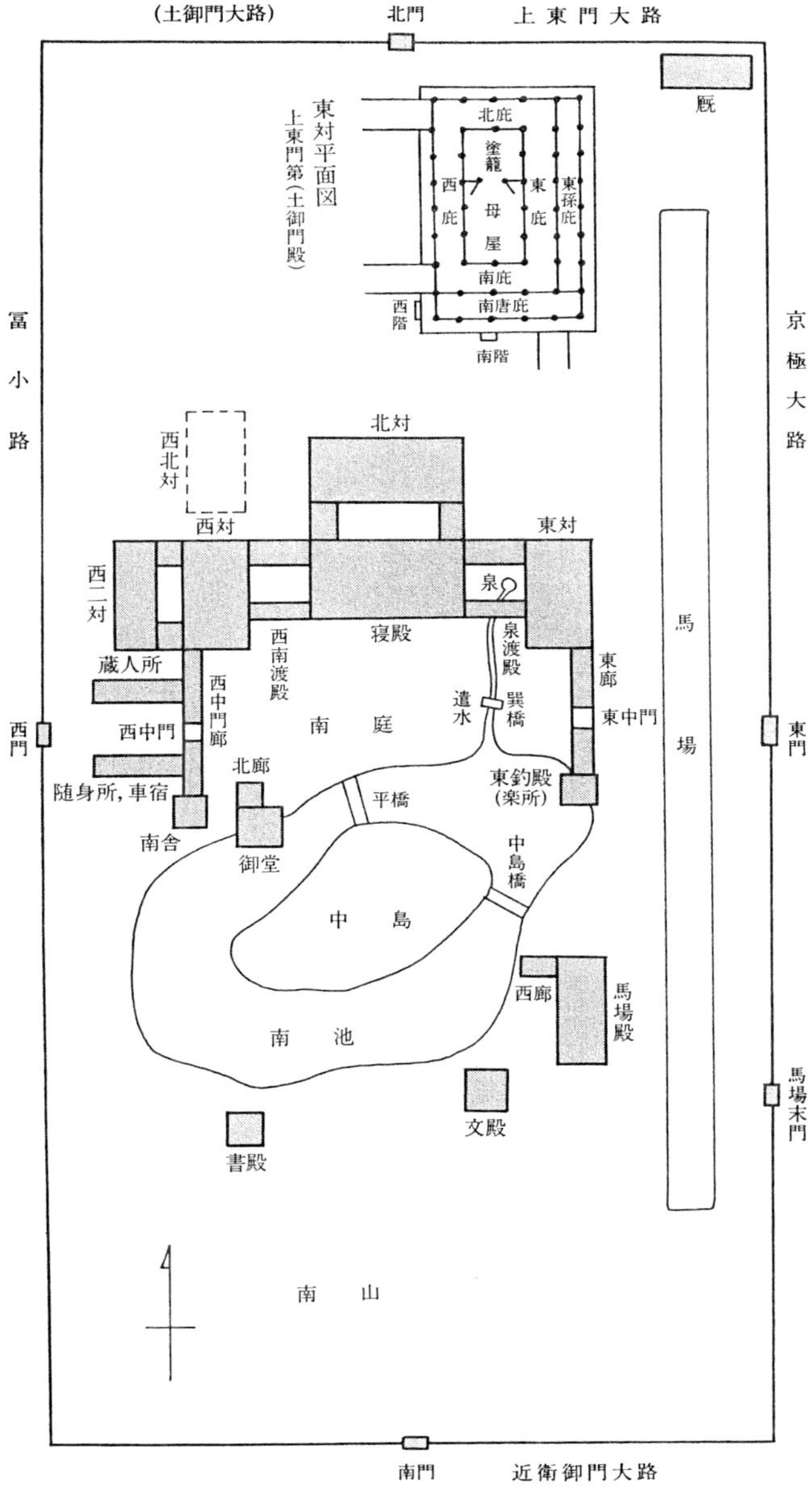

図一　藤原道長の第一期土御門殿復原図（太田静六氏作成、同『寝殿造の研究』〈吉川弘文館、昭和六十二年〉所収図を転載）

とあり、東対の東廊に安置された。『御堂関白記』にも、「少納言鈴（衍カ）鎰等置陣座南廊鈴鎰櫃等」とあり、[2]「陣座」の位置が東対南庇であることは『小右記』にも明記され、『御堂』も「此間諸卿立二東対南頭一、是陣座前也」としているので、鈴印鎰等の櫃が東対の東廊に安置されたことは『御堂』の記事からも裏付けることができる。なお、「漏刻具・時簡・机等」は「従レ之（鈴印鎰等櫃）」とあるので、鈴印鎰等の櫃と共に東対の東廊に置かれたと考定すべきであろう。

第二節　大刀契の奉安場所

大刀契については、『小右記』に、まず「少納言率下左右近衛将監各一人及大舎人等、令上レ持二大刀契櫃一」とあり、枇杷殿より、少納言が左右近衛将監各一人及び大舎人等を率い、大刀契の櫃を奉献する。

この大刀契櫃が安置される場所については、太田氏は「南池の南にある書殿」であるとされる。この説明は、前掲引用文の傍線を付した文章に相当する（前掲太田氏論文参照）。

太田氏は、『小右記』の、

　納南池南展号書殿

の記事に着目され、それを「南池の南にある南展（南殿）＝書殿」と解釈され、「或る品物（大刀契櫃のこと、加茂注）は南池の南にある南展（南殿）に、……（中略）……安置されたが、南殿は書殿と呼ばれていたという」と論じられる。また、文殿が、『小右記』の同日条に別に見えることから、「南池南展」の記事をもとに、南池の南に「書殿」を、太田氏作成の図の位置に復原されている（図1参照）。

ここで問題としたい点は、太田氏が「書殿」の復原根拠とされた『小右記』の該当記事である。

増補史料大成本『小右記』には、太田氏の引用される通り、

納南池南展《殿カ》号書殿

とあるが[3]、大日本古記録本『小右記』は、

左右将監相副伝国大刀啓《契》櫃、付掃部女官、〻〻舁之、納南池南舎、号書殿、鈴印鎰等櫃安東廊、

（傍点は加茂が付した）

とする[4]。なお、大日本古記録本の例言によれば、□（枠内に文字）は「底本たる古写本の破損をその直接写本と思はれるもので補った場合、その部分を枠の中に入れた」と断っている。

また、『大日本史料』長和五年正月二十九日条（第二編之九、三二九頁）所引の『小右記』（九条家本）も、問題となる箇所は、

納南池南舎、号書殿、

（傍点は加茂が付した）

と、なっている。

史料大成本の「南展」なる聞きなれない殿舎があるとするよりは、大日本古記録本のように「南舎」と解する方が適切であろう。従って、この一条は、太田氏が言われるように、「南池の南にある南展」と読むのではなく、古記録本に拠り、「南池の南舎」と解釈すべきであると思う。

「南舎」とは、太田氏が別の史料から復原されている、西対西中門南廊の南端にある「南舎」のことであろう（図1参照）。そして、この南舎が「書殿」とも称されたのである。

大日本古記録本『小右記』により、大刀契櫃は、殿上で掃部女官がこれを舁ぎ、西中門南廊南端の南舎に安置されたことが確認される。

なお、太田氏は、上に掲げた引用論文に先行する論考——昭和十六年に『考古学雑誌』第三十一巻四号に発表された「藤原道長の邸宅に就いて」——においても、

猶此等諸殿の前面に池が設けられ、池の南に書殿の存在したことは、

納南池南展、号書殿、………　秉燭不入文殿也、（小右記、長和五年正月二十九日条）

とみえることによって察せられる。此処に言う所の南展とは南殿の当字なるべく、然して南殿が書殿と呼ばれていたことは、その註によって知られるから、或は後にでてくる文殿と書殿、即ち南殿とは同一物を称しているのかも知れない。

と述べられている。両論文からすると、太田氏が復原された「南池の南の書殿」は、氏が引用される『小右記』の記事に依拠されたものであることが一層明瞭となるが、前掲したように、大日本古記録本によれば、「南池の南の書殿」の復原・存在理由はなくなってしまうことになる。

第三節　内侍所（神鏡）の奉安場所

次は内侍所（神鏡）について検討する。太田氏は前掲引用論文において、内侍所については言及されていないが、この後一条天皇践祚に際し、枇杷殿より内侍所が渡御している。剣璽・大刀契櫃・鈴印鎰等櫃が、それぞれ西対・南舎（書殿）・東対の東廊に安置された後、内侍所が動坐する。『左経記』同年月日条に、

戌二剋、余蒙二左府仰一、率二左右近・左右兵衛・左右衛門一、向二内侍所一、奉レ迎レ賢（所脱カ）奉レ安二文殿之内一（女官等云、先例向二御所方一奉安者、仍向レ北奉安）、入二深更一退出、余今日被レ補二蔵人一

とあり、[5] 戌二剋（午後七時半頃）、内侍所（神鏡）を迎えるために、源経頼が左右近衛府以下を率いて枇杷殿に向い、賢所（内侍所）が土御門殿の「文殿之内」に奉安された。

「文殿」は、太田氏の復原図では、馬場殿の近くの西に復原されている（図1参照）。但し、文殿の位置が判明するのは、『御堂関白記』寛仁三（一〇一九）年正月二十四日条の「此日馬場末西方可レ立二文殿居礎一」とある記事

で、これは、第一期土御門殿が長和五（一〇一六）年七月二十日に罹災した後の第二期土御門殿（一〇一八〜一〇三二）の段階でのことである。第一期土御門殿にも文殿が存在したことは太田氏が指摘される通り、『小右記』の記事より窺える（前掲引用文参照）が、「文殿」が南舎（書殿）とは別の建物であったこと（昭和十六年発表の太田氏の論文では同一建物ではないかとされる）、またその位置が第二期土御門殿と同じであったとするのは、やはり、厳密に言えば推定の域を出るものではないだろう。

『左経記』によると、内侍所（神鏡）は「文殿之内」に奉安されたとするが、この「文殿」が太田氏の復原される馬場殿の西の「文殿」であったとすると、次のような疑問点がある。

○　大刀契と内侍所が別置となり、内侍所のみが南池を隔てた場所に奉安されたことになる。

既述したように、大刀契の櫃は西中門南端の南舎（書殿）に安置されるので、馬場殿西の「文殿」に内侍所が奉安されたとすれば、両者は別置されたことになってしまう。

大刀契については、夙に大石良材氏の先論「大刀契」があり、[6] 内裏における大刀契の安置場所は内侍所（神鏡）と共に温明殿であることを論じておられる。大刀契が内侍所と共に温明殿に安置されていたことを示す史料は、『本朝世紀』天慶元（九三八）年七月十三日条、『小右記』天徳四（九六〇）年九月二十三日条等、少なくないが、ここでは天徳の内裏炎上記事である『小右記』の記事を引用しておく。

火已着二温明殿一、不レ能レ出二内侍所所レ納太刀契等一。　（傍点は加茂が付した）

大刀契が内裏において内侍所と同処（温明殿）に安置されることは、上の史料からも理解できるが、土御門殿における後一条天皇践祚の場合も同様であったことが、『御堂関白記』長和五年正月二十九日条により確認される。

近衛将監四人奉レ置二御前南廊大刀契櫃一、女官賜レ之置二内侍所一、　（傍点は加茂が付した）

大刀契は女官により内侍所に置かれたとする。

『御堂』では内侍所の位置を明記しないが、内侍所と大刀契は同処に安置されたことは知れるので[7]、内侍所の奉安場所については次の解釈が可能である。

(1)『小右記』によると、大刀契は南舎（書殿）に安置されたので、内侍所も南舎に奉安された。『左経記』の「文殿」は南舎の別名「書殿」を指すと解釈する。

(2)『左経記』の「文殿」は南舎ではなく、太田氏作成復原図の如く別の建物で、内侍所は池を隔てた「文殿」に奉安された。従って、大刀契も同所に安置された。

論理的整合性からいえば、(2)の解釈は『小右記』の記事を否定しなければ成立し難いので、(1)のように解して良いと思われる。またこの点は『左経記』の割注によっても補強される。すなわち、同割注には「女官等云、先例向二御所方一奉安者、仍向レ北奉安」と記し、内侍所は西対にいる後一条天皇に向け、北に向け奉安されたとする（なお、「御所」は内裏ではあり得ない。土御門殿は土御門南、京極西で、内裏の東に位置するので）。西対に対して、南舎は真北となるが、復原図の「文殿」では北西となり、図の「文殿」に内侍所が奉安されたとすると、方向が符合しない。

次では、念のために、(2)のような場合——寝殿・西対・東対から遠く、しかも池を隔てた建物に内侍所が奉安される例が、他に有るのかを確認しておきたい。左に掲げたのは、平安時代の里内裏において内侍所の奉安場所が判明する例を表化したものである。もとより管見の限りであるので遺漏もあろうかと思う。この点は御教示を賜わりたい。なお、表中の番号は、①＝出典・年月日、②＝邸第名・内侍所奉安場所、③＝備考、④＝太田静六氏『寝殿造の研究』に復原図が掲載されている場合の頁数、となる。

〔1〕	①	『権記』寛弘二（一〇〇五）年十二月九日
	②	東三条殿、東対
	③	同年十一月の内裏火災のため、一条天皇は同第に遷御。
〔2〕	①	『御堂関白記』長和五（一〇一六）年六月十日
	②	一条院、西対代
	③	後一条天皇、同第に行幸。
〔3〕	①	『春記』長暦四〈長久元〉（一〇四〇）年十月二十二日
	②	二条院、東対南母屋二間
	③	同年九月九日の内侍所被災により、後朱雀天皇は藤原教通の二条院へ遷御。
	④	二八五頁
〔4〕	①	『帥記』承暦四（一〇八〇）年五月十一日
	②	堀河殿、南釣殿
	③	白河天皇、堀河殿へ遷御

	④	四一八頁
〔5〕	①	『中右記』寛治七（一〇九三）年十二月十五日
	②	堀河殿、西中門南廊
	③	堀河殿において内侍所御神楽を奏す。
	④	四一八頁
〔6〕	①	『中右記』嘉保元（一〇九四）年十月二十四日
	②	堀河殿、西中門南廊
	③	同日、堀河天皇の里内裏である堀河殿が罹災。内侍所が奉安されている西中門南廊にも火が付く。
	④	四一八頁
	①	『中右記』嘉保元（一〇九四）年十月二十四日
	②	大炊殿、西二棟廊

〔7〕	③	堀河内裏罹災の後、堀河天皇は藤原師実の大炊殿へ遷御。暫時の処置として、東対代廊を御所とし、西二棟廊（寝殿と西対を結ぶ北渡殿）に内侍所を奉安する。
	④	四七八頁
〔8〕	①	『中右記』嘉保二（一〇九五）年十一月二日
	②	閑院、西釣殿
	③	堀河天皇、閑院（白河上皇御所）に行幸。
	④	五三七頁
〔9〕	①	『中右記』嘉保二（一〇九五）年十二月八日
	②	閑院、東中門南廊西向渡殿
	③	閑院において内侍所御神楽を奏す。
	④	五三七頁
〔10〕	①	『中右記』承徳元（一〇九七）年九月二十三日
	②	二条第、東中門南廊

	③	堀河天皇、藤原師通の二条第へ遷御。
〔11〕	①	『中右記』承徳元（一〇九七）年十月十七日
	②	高陽院、東本小寝殿
	③	同年十月十一日、堀河天皇、高陽院へ遷御。
	④	四四〇頁
〔12〕	①	『堀河院昇霞記』嘉承二（一一〇七）年七月十九日
	②	大炊殿、西中門南廊
	③	鳥羽天皇、大炊殿において践祚。
	④	四八四頁
〔13〕	①	『中右記』嘉承二（一一〇七）年十二月九日
	②	六条殿、西中門南廊
	③	鳥羽天皇、六条殿へ遷御。
	①	『中右記』天仁元（一一〇八）年十一月二十八日

	①	②	③	④
(14)		大炊殿、東中門南廊	鳥羽天皇が同第を里内裏とする。	四八四頁
(15)	『中右記』天永二（一一一一）年四月二十七日	土御門第、東中門南廊	鳥羽天皇、方違忌のため、源雅実の土御門第へ行幸。	五一四頁
(16)	『中右記』天永二（一一一一）年九月二十日	高陽院、小寝殿	鳥羽天皇、同第へ遷御。	四四〇頁
(17)	『永久五年遷幸記』永久五（一一一七）年十一月十日	土御門内裏、辰巳角屋		

	③	鳥羽天皇、新造土御門内裏（旧源師時宅）に遷御。
〔18〕	①	『長秋記』大治四（一一二九）年十二月八日
	②	京極殿、東中門南廊
	③	崇徳天皇、方違のため同第へ行幸。
〔19〕	①	『兵範記』保元二（一一五七）年七月五日
	②	東三条殿、中門南廊北向戸内三ヶ(間)
	③	後白河天皇、同第へ行幸。
	④	三五〇頁
〔20〕	①	『兵範記』保元三（一一五八）年十月十四日
	②	東三条殿、東中門南廊
	③	二条天皇、同第へ行幸。
	④	八一五頁
	①	『兵範記』仁安三（一一六八）年二月十九日

〔21〕	②	閑院、東中門南廊
	③	高倉天皇、同第において践祚。
	④	五五六頁
〔22〕	①	『山槐記』治承四（一一八〇）年二月二十一日
	②	五条東洞院第、中門南廊
	③	安徳天皇、藤原邦綱の同第において践祚。
	④	六三八頁

注：出典史料の所収叢書名を掲げておく。
『権記』＝史料纂集、『御堂関白記』＝大日本古記録、『春記』『帥記』『中右記』『長秋記』『兵範記』『山槐記』＝増補史料大成、『堀河院昇霞記』＝続群書類従雑部、『永久五年遷幸記』（中右記抜書）＝続群書類従帝王部。

二十二例をあげたが、内侍所の奉安場所について、その内訳をみると、東・西中門南廊＝十三例（東中門南廊七例、西中門南廊五例、東西が確定できないもの一例）、東対・西対＝三例（東対二例、西対代一例）、小寝殿＝二例、西二棟廊（北渡殿）＝一例、釣殿＝二例（南釣殿一例、西釣殿一例）、辰巳角屋＝一例、となる。

太田氏が作成された復原図を各々参照して頂ければ、より理解が得やすいが、(2)で想定したような例――東対・西対、寝殿から遠くしかも南池を隔てた建物に内侍所が奉安される例は、見当らない。ただ、やや問題となるの

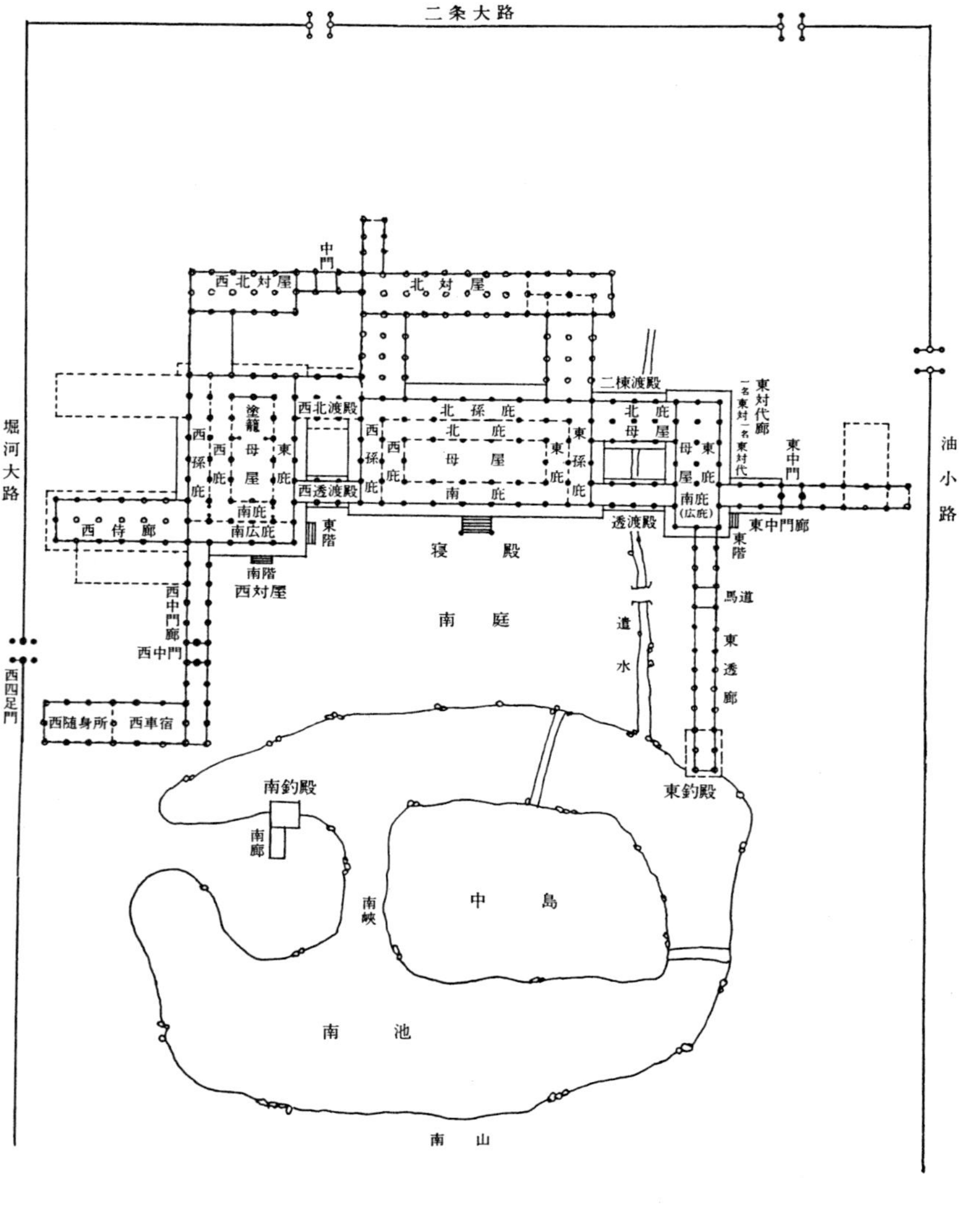

図２　堀河殿全構復原図（太田静六氏作成、同『寝殿造の研究』〈前掲〉所収図を転載）

は、〔4〕の堀河殿の南釣殿と〔17〕の土御門内裏の辰巳角屋であろう。〔4〕の南釣殿は、太田氏の復原図では、西中門南廊の南端ではなく、南端から少し離れた所に復原されている（図2参照）。しかし、この〔4〕の南釣殿でも、西中門南廊に近く、土御門殿の「文殿」とは距離的に全く異なっていることは言う迄もない。また、同じ堀河殿でも、〔5〕・〔6〕の場合は、西中門南廊に内侍所が奉安されている。〔17〕の土御門内裏は、近年の発掘調査でも建築遺構は確認されていないが、鳥羽天皇・崇徳天皇・近衛天皇の三代の里内裏で、平安宮内裏をまねて造られた最初の里内裏である。(8) 従って、内侍所も内裏に準じて安置されたと考えて大過ないと思われる。

以上、里内裏における内侍所の奉安場所を瞥見したが、問題とした、土御門殿の「文殿」のような場所に内侍所が奉安された例を見出すことはできなかった。よって、小稿では、先の(1)の解釈が正しいとし、内侍所は土御門殿の西対西中門南廊の南端にある南舎（書殿）に奉安されたと考定する。

注

（1）太田静六『寝殿造の研究』（吉川弘文館、昭和六十二年）所収。
（2）大日本古記録『御堂関白記』下（岩波書店、昭和五十九年）に拠る。
（3）増補史料大成『小右記』二（臨川書店、昭和五十七年第四刷版）に拠る。
（4）大日本古記録『小右記』四（岩波書店、昭和六十二年）に拠る。以下、『小右記』の引用は、大日本古記録本に拠る。
（5）増補史料大成『左経記』（臨川書店、昭和五十七年）に拠る。
（6）大石良材『日本王権の成立』（塙書房、昭和五十年）所収。「大刀契」については、笠井純一「大刀契と即位儀礼」（『続日本紀の時代』、塙書房、平成七年）、所功「『禁秘御抄補註』と『大刀契考』覚書」（『谷省吾先生退職記念　神道学論文集』、国書刊行会、平成七年）が報告されている。
（7）枇杷殿でも内侍所と大刀契は同処に安置されていた（『小右記』）。

（8）『平安時代史事典』（角川書店、平成六年）の「土御門第③」項目（朧谷寿氏執筆）参照。

第五篇　資料篇

第一章　古代即位儀礼史料年表稿

凡　例

一、本年表は、日本古代天皇の即位儀礼――践祚・即位・大嘗祭――及び代始改元の執行年月日を、その典拠史料名と共に掲げ、年代順に配列したものである。その対象年代は神武天皇より後鳥羽天皇迄とする。

一、践祚については、先帝譲位の場合と、先帝崩御の場合があるので、前者の例は受禅、後者の例は践祚と表記した。

一、大嘗祭の項の（・）は悠紀・主基国名を、改元の項の（）には改元前の旧年号を記入した。

一、〈〉は、本表作成者（加茂）が備考のために付したものである。なお、即位式と大嘗祭の時期的関係については、『延喜式』（践祚大嘗祭式定月条）に「凡践祚大嘗、七月以前即位、当年行レ事、八月以後者、明年行レ事〔此拠二受禅即位一、非レ謂二諒闇登極一〕」と規定され、大嘗祭斎行は即位が七月以前の場合は同年に、八月以後の場合は明年とする。さらに、定月条の式文はその割注に従えば、受禅即位時の規定であり、諒闇登極の場合は同規定に拘束されない。諒闇は最も厳重な天皇の服喪（心喪）のことを言い、原則として天皇の父母・

祖父母、またはそれに準ずる者に対しておこなわれる。諒闇登極時の大嘗祭は、『北山抄』（大嘗会事）によれば朞年（満一年）後に延引されるとする。

一、記事項目中の［ ］には出典史料名を掲げ、頻出するものについては略語を用いた。略語の正式書名及び出典史料の所収叢書名は次の通りである。

記＝古事記、書紀＝日本書紀、続紀＝続日本紀、後紀＝日本後紀、続後紀＝続日本後紀、文実＝日本文徳天皇実録、三実＝日本三代実録、紀略＝日本紀略、類史＝類聚国史、扶桑＝扶桑略記、延喜式、百錬＝百錬抄、本世＝本朝世紀、帝王編年記（以上、総て新訂増補国史大系）。帝説＝上宮聖徳法王帝説、律令（日本思想大系）。正倉院文書（大日本古文書）。東大寺献物帳、平田寺文書「墾田等施入勅書」（寧楽遺文）。淳和天皇御即位記、皇年代略記、践祚＝践祚部類鈔（群書類従）。二条院御即位記、保元三年番日記、六条院御即位記、安徳天皇御即位記、後鳥羽院御即位記（続群書類従）。行基年譜（続々群書類従）。北山抄、西宮記、江家＝江家次第（神道大系）。一代要記、二中歴（改訂史籍集覧）。園太暦（史料纂集）。大日本＝大日本史料。寛平御記（所功編『三代御記逸文集成』）。貞信公記、小右＝小右記、御堂＝御堂関白記、左経＝左経記、師通記＝後二条師通記、殿暦（以上、大日本古記録）。大嘗会御禊部類記（『大日本史料』所収）。帥記、中右記、永昌記、台記、兵範記、山槐記、吉記（増補史料大成）。顕広王記（増補続史料大成）。大嘗会卯日御記、大嘗会記（図書寮叢刊『九条家歴世記録』一）。江記（木本好信編『江記逸文集成』）。範国記＝平範国朝臣記、実親記＝実親朝臣記（歴代残闕日記）。玉葉（名著刊行会本）。栄花物語、大鏡、愚管抄（日本古典文学大系）。

神武天皇	神武天皇元年正月一日即位［書紀］
綏靖天皇	神武天皇七十六年三月十一日神武天皇崩［書紀］ 綏靖天皇元年正月八日即位［書紀］
安寧天皇	綏靖天皇三十三年五月十日綏靖天皇崩［書紀］ 〈崩御記事に「卅三年夏五月、天皇不予。癸酉、崩、時年八十四」とあることより、五月癸酉(十日)とす〉 綏靖天皇三十三年七月三日即位［書紀］
懿徳天皇	安寧天皇三十八年十二月六日安寧天皇崩［書紀］ 懿徳天皇元年二月四日即位［書紀］
孝昭天皇	懿徳天皇三十四年九月八日懿徳天皇崩［書紀］ 孝昭天皇元年正月九日即位［書紀］
孝安天皇	孝昭天皇八十三年八月五日孝昭天皇崩［書紀］ 孝安天皇元年正月七日即位［書紀］
孝霊天皇	孝安天皇百二年正月九日孝安天皇崩［書紀］ 孝霊天皇元年正月十二日即位［書紀］
孝元天皇	孝霊天皇七十六年二月八日孝霊天皇崩［書紀］

	孝元天皇元年正月十四日即位〔書紀〕
開化天皇	孝元天皇五十七年九月二日孝元天皇崩〔書紀〕 孝元天皇五十七年十一月十二日即位〔書紀〕
崇神天皇	開化天皇六十年四月九日開化天皇崩〔書紀〕 崇神天皇元年正月十三日即位〔書紀〕
垂仁天皇	崇神天皇六十八年十二月五日崇神天皇崩〔書紀〕 〈『記』に「戊寅年十二月崩」とある〉 垂仁天皇元年正月二日即位〔書紀〕
景行天皇	垂仁天皇九十九年七月一日垂仁天皇崩〔書紀〕 〈「垂仁天皇紀」では、垂仁天皇崩御月日を七月戊午朔とするが、乙巳朔戊午（三日）の誤りとする説もある。「景行天皇紀」では同年二月とする〉 景行天皇元年七月十一日即位〔書紀〕
成務天皇	景行天皇六十年十一月七日景行天皇崩〔書紀〕 成務天皇元年正月五日即位〔書紀〕
仲哀天皇	成務天皇六十年六月十一日成務天皇崩〔書紀〕 〈『記』に「乙卯年三月十五日崩也」とある〉

	仲哀天皇元年正月十一日即位　［書紀］
応神天皇	仲哀天皇九年二月六日仲哀天皇崩　［書紀］ 〈『記』に「壬戌年六月十一日崩也」とある〉 神功皇后六十九年四月十七日神功皇后崩　［書紀］ 応神天皇元年正月一日即位　［書紀］
仁徳天皇	応神天皇四十一年二月十五日応神天皇崩　［書紀］ 〈『記』に「甲午年九月九日崩」とある〉 仁徳天皇元年正月三日即位　［書紀］ 〈菟道稚郎子と大鷦鷯尊が位を譲り合う場面で「大鷦鷯尊対曰、先皇謂、皇位者一日之不レ可レ空」（「仁徳天皇即位前紀」）と見ゆ。類似の語句は「允恭天皇即位前紀」にも見える。仁徳天皇四十年是歳条に「当二新嘗之月一、以二宴会日一、賜二酒於内外命婦等一」とある〉
履中天皇	仁徳天皇八十七年正月十六日仁徳天皇崩　［書紀］ 〈『記』に「丁卯年八月十五日崩也」とある〉 履中天皇元年二月一日即位　［書紀］ 〈『記』の「履中天皇段」に「本坐二難波宮一之時、坐二大嘗一而為二豊明一之時、於二大御酒一宇良宜而大御寝也」とある〉
	履中天皇六年三月十五日履中天皇崩　［書紀］

反正天皇	〈『記』に「壬甲年正月三日崩」とある〉 反正天皇元年正月二日即位　［書紀］ 反正天皇五年正月二十三日反正天皇崩　［書紀］ 〈『記』に「丁丑年七月崩」とある〉
允恭天皇	允恭天皇元年十二月即位　［書紀］ 〈「允恭天皇即位前紀」に、反正天皇崩御の後、群臣が「天皇之璽」を跪いて献上し、三回に亙る即位要請をする。さらに、忍坂大中姫が捧げた鋺の水がこぼれ、寒さのために死なんとする時、允恭天皇が助け即位を承認した、と見える〉 允恭天皇四十二年一月十四日允恭天皇崩　［書紀］ 〈『記』に「甲午年正月十五日崩」とある〉
安康天皇	允恭天皇四十二年十二月十四日即位　［書紀］ 安康天皇三年八月九日安康天皇崩　［書紀］
雄略天皇	安康天皇三年十一月十三日即位　［書紀］ 〈即位記事に「天皇命㆓有司㆒、設㆓壇於泊瀬朝倉㆒、即天皇位、遂定㆑宮焉」とある。「設壇」即位記事の初見〉
	雄略天皇二十三年八月七日雄略天皇崩　［書紀］ 〈『記』に「己巳年八月九日崩也」とある〉

清寧天皇	清寧天皇元年正月十五日即位　［書紀］ 〈即位記事に「命二有司一、設二壇場於磐余甕栗一、陟天皇位、遂定レ宮焉」とある。また、前年の雄略天皇二十三年十月四日条に「大伴室屋大連、率二臣連等一、奉二璽於皇太子一」と見える。また、清寧天皇二年十一月条に「依二大嘗供奉之料一、遣二於播磨国一司、山部連先祖伊予来目部小楯、於二赤石郡縮見屯倉首忍海部造細目新室一、見二市辺押磐皇子々億計・弘計一」とあり、「大嘗」表記が見られるが、同一説話を記した「顕宗天皇即位前紀」では「新嘗供物」とする〉
顕宗天皇	清寧天皇五年正月十六日清寧天皇崩　［書紀］ 顕宗天皇元年正月一日即位　［書紀］ 〈清寧天皇五年十二月条に「百官大会、皇太子億計、取二天子之璽一、置二之天皇之坐一、再拝従二諸臣之位一曰、此天子之位、有功者可二以処一之……」と見える。「顕宗天皇即位前紀」に「白髪天皇二年冬十一月、播磨国司山部連先祖伊予来目部小楯、於二赤石郡一親弁二新嘗供物一」とある〉
仁賢天皇	顕宗天皇三年四月二十五日顕宗天皇崩　［書紀］ 仁賢天皇元年正月五日即位　［書紀］
武烈天皇	仁賢天皇十一年八月八日仁賢天皇崩　［書紀］ 仁賢天皇十一年十二月即位　［書紀］ 〈即位記事に「太子命二有司一、設二壇場於泊瀬列城一、陟天皇位、遂定レ宮焉」と見える〉

継体天皇	武烈天皇八年十二月八日武烈天皇崩　〔書紀〕 継体天皇元（五〇七）年二月四日即位　〔書紀〕 〈即位記事に「大伴金村大連、乃跪上二天子鏡剣璽符一再拝、男大迹天皇謝曰、……　男大迹天皇曰、大臣大連、将相諸臣、咸推寡人、々々敢不レ乖、乃受二璽符一、是日、即天皇位」と見える〉
安閑天皇	継体天皇二十五（五三一）年二月七日継体天皇崩　〔書紀〕 〈同年十二月庚子条の割注に「或本云、天皇、廿八年歳次甲寅崩、而此云二廿五年歳次辛亥崩一者、取二百済本記一為レ文」と見える。『記』に「丁未年四月九日崩也」とある〉 継体天皇二十五年二月七日即位　〔書紀〕
宣化天皇	安閑天皇二（五三五）年十二月十七日安閑天皇崩　〔書紀〕 〈『記』に「乙卯年三月十三日崩」とある〉 安閑天皇二年十二月即位　〔書紀〕 〈即位記事に「二年十二月、勾大兄広国押武金日天皇崩無レ嗣、群臣奏上二剣鏡於武小広国押盾尊一、使レ即二天皇之位一」と見える〉
欽明天皇	宣化天皇四（五三九）年二月十日宣化天皇崩　〔書紀〕 〈「宣化天皇紀」は右のように記すが、「欽明天皇即位前紀」では「四年冬十月、武小広国押盾天皇崩」とする〉 宣化天皇四（五三九）年十二月五日即位　〔書紀〕 〈『帝説』によると、欽明天皇即位は辛亥年＝継体天皇二十五年となる〉

敏達天皇	欽明天皇三十二（五七一）年四月欽明天皇崩　［書紀・帝説］ 〈欽明天皇崩御記事に「夏四月戊寅朔壬辰《（十五日）》、天皇寝疾不予、……是月、天皇遂崩㆓于内寝㆒」とあり、「是月」を「是日」の誤りとすれば、欽明天皇の崩御月日は四月十五日となる〉 敏達天皇元（五七二）年四月三日即位　［書紀］
用明天皇	敏達天皇十四（五八五）年八月十五日敏達天皇崩　［書紀］ 〈『帝説』に「乙巳年八月崩」と見える。『記』に「甲辰年四月六日崩」とある〉 敏達天皇十四年九月五日即位　［書紀］ 〈『書紀』用明天皇二年四月丙午条に「御㆓新嘗於磐余河上㆒」と見える〉
崇峻天皇	用明天皇二（五八七）年四月九日用明天皇崩　［書紀］ 〈『帝説』に「丁未年四月崩」と見える。『記』に「丁未年四月十五日崩」とある〉 用明天皇二年八月二日即位　［書紀］
推古天皇	崇峻天皇五（五九二）年十一月三日崇峻天皇崩　［書紀］ 〈『帝説』に「壬子年十一月崩」と見える。『記』に「壬子年十一月十三日崩也」とある〉 崇峻天皇五年十二月八日即位　［書紀］ 〈「推古天皇即位前紀」に「当㆓于泊瀬部天皇五年十一月㆒、天皇為㆓大臣馬子宿禰㆒見㆑殺、嗣位既空、群臣請㆓渟中倉太珠敷天皇之皇后額田部皇女㆒、以将㆑令㆓践祚㆒、皇后辞譲之、百寮上表勧進、至㆓于三㆒乃従㆑之、因以奉㆓天皇之璽印㆒」と見える〉

舒明天皇	推古天皇三十六（六二八）年三月七日推古天皇崩　［書紀］ 〈『帝説』に「戊子年三月崩」と見える。『記』に「戊子年三月十五日癸丑日崩」とある〉 舒明天皇元（六二九）年正月四日即位　［書紀］ 〈即位記事に「大臣及群卿、共以二天皇之璽印一、献二於田村皇子一、則辞之曰、宗廟重事矣、寡人不賢、何敢当乎、群臣伏固請曰、大王先朝鍾愛、幽顕属心、宜纂二皇綜一、光二臨億兆一、即日、即天皇位」とある。『書紀』舒明天皇十一年正月乙卯条に「新嘗、蓋因レ幸二有間一、以闕二新嘗一歟」と見える〉
皇極天皇	舒明天皇十三（六四一）年十月九日舒明天皇崩　［書紀］ 皇極天皇元（六四二）年正月十五日即位　［書紀］ 〈『書紀』皇極天皇元年十一月丁卯条に「天皇御二新嘗一、是日、皇子、大臣、各自新嘗」と見える〉
孝徳天皇	大化元（六四五）年六月十四日皇極天皇譲位、軽皇子（孝徳天皇）即位　［書紀］ 〈即位記事に「天豊財重日足姫天皇、思三欲伝二位於中大兄一、而詔曰、云々。中大兄、退語於中臣鎌子連議曰、……於是、中大兄深嘉二厥議一、密以奏聞、天豊財重日足姫天皇、授二璽綬一禅レ位、策曰、咨、爾軽皇子、云々。軽皇子、再拝固辞、転譲二於古人大兄一、………由レ是、軽皇子、不レ得二固辞一、升レ壇即祚、于時、大伴長徳（宇馬飼）連、帯二金靫一、立二於壇右一、犬上健部君、帯二金靫一、立二於壇左一、百官臣連国造伴造百八十部、羅列匝拝」と見える〉

斉明天皇	白雉五（六五四）年十月十日孝徳天皇崩　〔書紀〕 斉明天皇元（六五五）年正月三日即位（重祚）　〔書紀〕 〈即位記事に「皇祖母尊、即二天皇位於飛鳥板蓋宮一」とある〉
天智天皇	斉明天皇七（六六一）年七月二十四日斉明天皇崩、中大兄皇子、称制　〔書紀〕 天智天皇七（六六八）年一月三日即位　〔書紀〕 〈同右条の割注に「或本云、六年歳次丁卯三月、即位」と見える〉
天武天皇	天智天皇十（六七一）年十二月三日天智天皇崩　〔書紀〕 天武天皇二（六七三）年二月二十七日即位　〔書紀〕 〈即位記事に「天皇命二有司一設二壇場一、即二帝位於飛鳥浄御原宮一」と見える〉 天武天皇二年十一月（十六日）大嘗祭（播磨・丹波）　〔書紀〕 〈『書紀』同右年十二月五日条に大嘗祭供奉者への賜禄記事が見えることと、一方『律令』等に大嘗祭斎行を十一月下の卯日（三卯の場合は中の卯日）と規定することより、十一月丁卯（十六日）と推定。また、天武天皇五年九月二十一日条、同六年十一月二十一日条に新嘗祭記事が見える〉
	朱鳥元（六八六）年九月九日天武天皇崩、皇后鸕野皇女、称制　〔書紀〕 持統天皇四（六九〇）年正月一日即位　〔書紀〕 〈即位記事に「物部麻呂朝臣樹二大盾一、神祇伯中臣大嶋朝臣読二天神寿詞一、畢忌部宿禰色夫知奉二上神璽劒鏡於皇后一、皇后即天皇位、公卿百寮、羅列匝拝、而拍レ手焉」とある。また、翌

持統天皇

二日の記事に「己卯、公卿百寮拝朝如二元会儀一、丹比嶋真人与二市勢御主人朝臣一奏二賀騰極一」とある。持統天皇即位式は、「養老神祇令」践祚条の規定「凡践祚之日、中臣奏二天神之寿詞一、忌部上二神璽之鏡剱一」と一致する〉

持統天皇五（六九一）年十一月戊辰、大嘗祭（播磨・因幡）［書紀］

〈大嘗祭記事に「十一月戊辰、大嘗、神祇伯中臣朝臣大嶋読二天神寿詞一」とある。また、日付の干支は「戊辰」（一日）とするが、『律令』等の規定等を参考にして「朔辛卯」を補い二十四日と考定する説もある〉

文武天皇

文武天皇元（六九七）年八月一日持統天皇譲位、軽皇子（文武天皇）即位［書紀・続紀］

〈『東大寺献物帳』（天平勝宝八歳六月二十一日条）に、文武天皇即位の時、藤原不比等が日並皇子の黒作懸佩刀を献じたことが見える〉

文武天皇元年八月十七日即位宣命［続紀］

文武天皇二（六九八）年十一月二十三日（己卯）大嘗祭（尾張・美濃）［続紀］

〈大嘗祭記事に「大嘗、直広肆榎井朝臣倭麻呂竪二大楯一、直広肆大伴宿禰手拍竪二楯桙一」とある〉

大宝元（七〇一）年三月二十一日改元（文武天皇五→大宝）［続紀］

慶雲四（七〇七）年六月十五日文武天皇崩［続紀］

〈崩御記事に「天皇崩、遺詔、挙哀三日、凶服一月」とある〉

慶雲四年七月十七日即位［続紀］

元明天皇	〈「元明天皇即位前紀」に「慶雲三年十一月、豊祖父天皇《文武天皇》不予、始有二禅レ位之志一、天皇謙譲、固辞不レ受、四年六月豊祖父天皇崩。庚寅《二十四日》、天皇御二東楼一、詔召二八省卿及五衛督率等一、告以下依二遺詔一摂二万機一之状上」とある〉 和銅元（七〇八）年一月十一日改元（慶雲五→和銅）［続紀］ 和銅元年十一月二十一日（己卯）大嘗祭（遠江・但馬）［続紀］ 〈『扶桑』『一代要記』は「遠江」を「近江」とする〉
元正天皇	霊亀元（七一五）年九月二日元明天皇譲位、氷高内親王（元正天皇）即位、改元（和銅八→霊亀）［続紀］ 〈元明天皇の譲位詔に「因以二此神器一、欲レ譲二皇太子一、而年歯幼稚、未レ離二深宮一、庶務多端、一日万機、一品氷高内親王、早叶二祥符一、夙彰二徳音一……今伝二皇帝位於内親王一、公卿・百寮、宜三悉祇奉以称二朕意一焉」と見える〉 霊亀二（七一六）年十一月十九日（辛卯）大嘗祭（遠江・但馬）
聖武天皇	神亀元（七二四）年二月四日元正天皇譲位、首皇子（聖武天皇）即位、改元（養老八→神亀）［続紀］ 神亀元年十一月二十三日（己卯）大嘗祭（備前・播磨）［続紀］ 〈大嘗祭記事に「大嘗、……従五位下石上朝臣勝男、……従七位上榎井朝臣大嶋等、率二内物部一、立二神楯於斎宮南北二門一」と見える〉

孝謙天皇	天平勝宝元（七四九）年七月二日聖武天皇譲位、阿倍内親王（孝謙天皇）即位、改元（天平感宝元→天平勝宝）［続紀］ 〈『続紀』天平勝宝元年閏五月癸丑条の施入願文に「太上天皇沙弥勝満」とあり（平田寺文書「墾田等施入勅書」の同年月日付の勅にも「太上天皇沙弥勝満」とある）、『扶桑』『行基年譜』では、同年一月十四日に行基を戒師として聖武天皇・宮子中宮・光明皇后が受戒したとする〉 天平勝宝元年十一月二十五日（乙卯）大嘗祭（因幡・美濃）［続紀］ 〈大嘗祭記事に「乙卯、於㆓南薬園新宮㆒大嘗」と見える〉
淳仁天皇	天平宝字二（七五八）年八月一日孝謙天皇譲位、大炊王（淳仁天皇）即位［続紀］ 〈淳仁天皇朝、代始改元・独自年号共に無し。孝謙天皇の譲位宣命草案は正倉院文書に所収［『大日本古文書』四―二八五］〉 天平宝字二年十一月二十三日（辛卯）大嘗祭（丹波・播磨）［続紀］ 〈大嘗祭記事に「辛卯、御㆓乾政官院㆒、行㆓大嘗之事㆒」と見える。淳仁天皇の即位年大嘗祭斎行は、「践祚大嘗祭式」定月条規定（凡例参照）と齟齬する〉
	天平宝字八（七六四）年十月九日淳仁天皇を廃し淡路国に配流、同十月十四日「皇嗣擁立の運動を戒める宣命」［続紀］ 〈『続紀』に即位記事見えず。十月九日を即位とすべきか、同十四日の詔を事実上の重祚宣言とする説もある〉 天平神護元（七六五）年一月七日改元（天平宝字九→天平神護）［続紀］

称徳天皇

天平神護元年十一月十六日（癸酉）大嘗祭（美濃・越前）〔続紀〕
〈『続紀』同年月日条に「癸酉（十六日）、先ㇾ是、廃帝既遷二淡路一、天皇重臨二万機一、更行二大嘗之事一、以二美濃国一為二由機一、越前国為二須伎一」とあるが、続く庚辰条の大嘗祭供奉者への授位・賜宴詔に「庚辰（廿三日）、………詔曰、今勅〔久〕、今日〔方〕大新嘗〔乃〕猶良比〔乃〕豊明聞行日〔仁〕在」と見えることからすれば、大嘗祭の神事は前日の己卯（二十二日）に斎行されたとすべきか。また同条の詔に続けて、「然此遍〔能〕常〔余利〕別〔仁〕在故〔方〕、朕〔方〕仏〔能〕御弟子等〔之天〕菩薩〔乃〕戒〔乎〕受賜〔天〕在、此〔仁〕依〔天〕上都方〔波〕三宝〔仁〕供奉、次〔仁〕方天社国社〔乃〕神等〔乎毛〕為夜備〔末利都〕、………復勅〔久〕、神等〔乎方〕三宝〔余利〕離〔天〕不触物〔曽止奈毛〕人〔乃〕念〔天〕在、然経〔乎〕見〔末都礼万〕、仏〔乃〕御法〔乎〕護〔末都利〕尊〔末都流方〕諸〔乃〕神〔多知仁〕伊末志〔家利〕。故是以、出家人〔毛〕白衣〔毛〕相雑天供奉〔仁〕豈障事〔波〕不在〔止〕念〔天奈毛〕、本忌〔之可〕如〔久方〕不忌〔之天〕、此〔乃〕大嘗方聞行〔止〕宣御命〔乎〕、諸聞食〔止〕宣」とある〉

宝亀元（七七〇）年八月四日称徳天皇崩〔続紀〕
〈同日、白壁王立太子〔続紀〕〉
宝亀元年十月一日即位、改元（神護景雲四→宝亀）〔続紀〕
〈同日の即位宣命に「挂〔母〕恐〔伎〕奈良宮御宇倭根子天皇、去八月〔尓〕此食国天下之業〔乎〕拙劣朕〔尓〕被賜而仕奉〔止〕負賜授賜〔伎〕勅天皇詔旨〔乎〕、頂〔尓〕受被賜」と

光仁天皇

ある〉

宝亀二（七七一）年十一月二十一日（癸卯）大嘗祭（参河・因幡）［続紀］

〈大嘗祭記事に「癸卯（廿一日）、御二太政官院一、行二大嘗之事一、……参議従三位式部卿石上朝臣宅嗣、……散位従七位上榎井朝臣種人立二神楯桙一、大和守従四位上大伴宿祢古慈斐、左大弁従四位上兼播磨守佐伯宿祢今毛人開門、内蔵頭従四位下阿倍朝臣息道、…奏二諸司宿侍名簿一、右大臣大中臣朝臣清麻呂奏二神寿詞一、弁官史奏二両国献物一」と見える〉

桓武天皇

天応元（七八一）年四月三日光仁天皇譲位、山部親王（桓武天皇）即位［続紀］

同年四月十五日即位宣命［続紀］

〈『続紀』の四月辛卯（三日）条を践祚、同癸卯（十五日）条を即位、とする説もある。桓武天皇の即位宣命は以後の即位宣命の規範となる〉

同年十一月十三日（丁卯）大嘗祭（越前・備前）［続紀］

〈大嘗祭記事に「丁卯（十三日）、御二太政官院一、以二越前国一為二由機一、備前国為二須機一、両国献二種々翫好之物一、奏二土風歌舞於庭一」とある。中臣の天神寿詞奏上と忌部の鏡剣奏上の両儀が、即位式から大嘗祭へと移行したのは桓武天皇大嘗祭からとする説もある〉

延暦元（七八二）年八月十九日改元（天応二→延暦）［続紀］

大同元（八〇六）年三月十七日桓武天皇崩、安殿親王（平城天皇）受禅［後紀］

〈『後紀』同年月日条に「有レ頃天皇崩二於正寝一、…皇太子哀号擗踊、迷而不レ起、………而遷二於東廂一、次璽并剱樻奉二東宮一」とある。剣璽渡御の文献上の初見〉

平城天皇

同年五月十八日即位、改元（延暦二十五→大同）［後紀］
〈改元記事に「改二元大同一、非レ礼也」とある〉
大同二（八〇七）年十月二十九日大嘗祭御禊（葛野川）［紀略・類史］
〈『紀略』同月日条に「車駕禊二葛野川一、依二大嘗会一也」とあり、大嘗祭御禊行幸の文献上の初見。また、十一月二日条に「停二大嘗事一、乱故也」とあり、伊予親王事件のため、大嘗祭は延引となる〉
大同三（八〇八）年十月二十七日大嘗祭御禊（大津）［紀略］
〈『紀略』同年十月二十九日条に「制、稽二於前例一、大嘗散斎三月也、自レ今以後、以二一月一為レ限」とある〉
大同三年十一月十四日（辛卯）大嘗祭（伊勢・備前）［後紀］
〈『後紀』同年十一月戊子条に「戊子（十一日）、勅、如レ聞、大嘗会之雑楽伎人等、専乖二朝憲一、以二唐物一為レ餝、令二之不一レ行、往古所レ譏、宜下重加二禁断一、不上レ得二許容一」とある。平城天皇大嘗祭延引は、桓武天皇崩御による諒闇と伊予親王事件のため〉
大同四（八〇九）年四月一日平城天皇譲位、神野皇太弟（嵯峨天皇）受禅［後紀］
〈剣璽渡御の記事見えず、但し、譲位宣命に対する神野皇太弟（嵯峨天皇）の上表文中に「今忽遜二神器一、伝二之孱蒙一、事殊二恒例一」［後紀］とあり、また、『紀略』弘仁十四年四月庚子条の嵯峨天皇譲位詔に、嵯峨天皇が疹疾のため平城上皇に、右大臣藤原園人をして神璽を奉還しようとした、とある。『紀略』弘仁十一年二月二日条に「詔曰、云々、其朕大小諸神事及季冬

奉㆓幣諸陵㆒、則用㆓帛衣㆒」とある〉

嵯峨天皇

同年四月十三日即位　［紀略］

弘仁元（八一〇）年九月十九日改元（大同五→弘仁）　［後紀］

同年十月二十七日大嘗祭御禊（松崎川）　［後紀］

同年十一月十九日（乙卯）大嘗祭（参河・美作）　［後紀］

〈嵯峨天皇大嘗祭延引について、『園太暦』貞和五年閏六月廿五日条に「諒闇外大祀延引例〔七月以前即位年〕嵯峨天皇　大同四年四月十三日即位、去一日践祚、今年十一月大嘗会無㆓沙汰㆒、依㆓太上天皇命㆒、擬㆑遷㆓平城都㆒、人心騒動云々、仍無㆓沙汰㆒歟」とある〉

弘仁十四（八二三）年四月十六日嵯峨天皇譲位、大伴親王（淳和天皇）受禅　［紀略］

〈剣璽渡御の記事は見えないが、『紀略』によると、嵯峨天皇は譲位の後——四月十六日か翌十七日に内裏から冷然院へ遷御する〉

淳和天皇

同年四月二十七日即位　［紀略・淳和天皇御即位記］

同年十月二十四日大嘗祭御禊（佐比河）　［紀略］

同年十一月十七日（丁卯）大嘗祭（美濃・丹波）　［紀略・類史］

〈大嘗祭の日付は、『紀略』『類史』弘仁十四年十一月癸亥条・庚午条記事より推定。また、『皇年代略記』には「淳和天皇……（弘仁十四年）同十一月丁卯大嘗会〔美濃・丹波〕」とある〉

天長元（八二四）年一月五日改元（弘仁十五→天長）　［紀略］

天長十（八三三）年二月二十八日淳和天皇譲位、正良親王（仁明天皇）受禅　［続後紀］

仁明天皇	同年三月六日即位　［続後紀］ 同年十月十九日大嘗祭御禊（賀茂河）［紀略］ 同年十一月十五日（丁卯）大嘗祭（近江国高嶋郡・備中国下道郡）［続後紀］ 〈『北山抄』（巻五）に「忌部奉二神璽鏡剣一、共退出（群臣起、寛平式云、天長以来此事停止、清涼抄云、近代不レ給二此神璽一、只奏二其詞一、而寛平以後記文、忌部惣不二参入一、天慶記云、頼基申云、件鏡剣、自二御所一暫下給奏レ之、而天長式奏《或イ》輙給二重物一、非レ无二事危一者、其後忌部雖レ申不レ給）」とあり、忌部の鏡剣奉上は天長十年の仁明天皇大嘗祭以来廃止されてしまう〉 承和元（八三四）年一月三日改元（天長十一→承和）［続後紀］
文徳天皇	嘉祥三（八五〇）年三月二十一日仁明天皇崩、道康親王（文徳天皇）践祚　［続後紀・文実］ 〈『文実』によると、道康親王は「宜陽殿東庭休廬」において、「天子神璽宝剣符節鈴印等」の奉献を受く〉 同年四月十七日即位　［文実］ 〈『文実』同年九月八日条に「向二摂津国一、祭二八十嶋一」とあり、八十島祭の初見記事〉 仁寿元（八五一）年四月二十八日改元（嘉祥四→仁寿）［文実］ 同年十月二十六日大嘗祭御禊（鴨川）［文実］ 同年十一月二十三日（辛卯）大嘗祭（伊勢・播磨）［文実］
	天安二（八五八）年八月二十七日文徳天皇崩、惟仁親王（清和天皇）践祚　［文実・三実］ 〈『三実』によると、惟仁親王は「皇太子直曹」において「天子神璽宝剣節符鈴印等」の奉献

清和天皇	を受く〉 同年十一月七日即位〔三実〕 貞観元（八五九）年四月十五日改元（天安三→貞観）〔三実〕 同年十月二十一日大嘗祭御禊（鴨水）〔三実〕 同年十一月十六日（丁卯）大嘗祭（参河国播豆郡・美作国英多郡）〔三実〕
陽成天皇	貞観十八（八七六）年十一月二十九日清和天皇譲位、貞明親王（陽成天皇）受禅〔三実〕 〈貞明親王、染殿院において「天子神璽宝剣」の奉献を受く。譲位例でも剣璽渡御が記事に明記される初見〉 元慶元（八七七）年正月三日即位〔三実〕 〈『三実』に「三日乙亥、天皇即㆓位於豊楽殿㆒〔大極殿未㆑作、故用㆓豊楽殿㆒云々〕」とある〉 同年四月十六日改元（貞観十九→元慶） 同年十月二十九日大嘗祭御禊（鴨水）〔三実〕 同年十一月十八日（乙卯）大嘗祭（美濃国席田郡・備中国都宇郡）〔三実〕 〈大嘗祭記事に「十八日乙卯、夜、天皇御㆓豊楽院㆒、自供㆓大嘗祭㆒」とあり、豊楽院における斎行は、前年四月の大極殿焼失のため〉
	元慶八（八八四）年二月四日陽成天皇譲位、時康親王（光孝天皇）受禅〔三実〕 〈譲位宣命は陽成天皇がいる二条院の南門で読まれ、「天子神璽宝鏡劔等」（陽成天皇紀）・「天子璽綬神鏡宝劔等」（光孝天皇紀）は時康親王がいる東二条宮に奉献される。奉献品の中に「神

光孝天皇	〈（宝）鏡」が見える〉
	同年二月二十三日即位　［三実］
	同年十月二十八日大嘗祭御禊（鴨河）　［三実］
	同年十一月二十二日（己卯）大嘗祭（伊勢国員弁郡・備前国和気郡）　［三実］
	仁和元（八八五）年二月二十一日改元（元慶九→仁和）　［三実］
宇多天皇	仁和三（八八七）年八月二十六日光孝天皇崩、定省親王（宇多天皇）践祚　［紀略・大日本一―一］
	〈定省親王は元慶八年四月十三日臣籍降下（源朝臣定省）するが、光孝天皇の不予により仁和三年八月二十五日親王宣下、翌二十六日立太子。『紀略』では、光孝天皇は仁寿殿で崩じ、「天子神璽宝剣等」は皇太子直曹に奉献。『寛平御記』（『西宮記』裏書）では、尚侍藤原淑子が璽筥・御剣を取り、麗景殿へ持進することを太政大臣に請う。『践祚』では新主は宣耀殿とする〉
	同年十一月十七日即位　［紀略・大日本一―二］
	仁和四（八八八）年十月二十八日大嘗祭御禊（鴨河）　［紀略・大日本一―二］
	〈『紀略』に「廿八日壬辰、天皇禊㆓于鴨河㆒（御日記曰、廿七日御禊）」とある〉
	〈『紀略』仁和四年十一月八日条に「発㆓遣大神宝使㆒」とあり、一代一度大神宝使の初見〉
	同年十一月二十二日（乙卯）大嘗祭（近江・播磨）　［紀略・大日本一―二］
	寛平元（八八九）年四月二十七日改元（仁和五→寛平）　［紀略・大日本一―二］
	寛平九（八九七）年七月三日宇多天皇譲位、敦仁親王（醍醐天皇）受禅　［紀略・大日本一―二］
	〈宇多天皇譲位に際し敦仁親王に遺誡を賜う。『践祚』に「剣璽使　典侍春澄洽子、持㆓璽剣笏

醍醐天皇	服御物等一、奉二新帝於清涼殿一」とある〉 同年七月十三日即位　〔紀略・大日本一―二〕 同年十月二十五日大嘗祭御禊（東河）〔紀略・大日本一―二〕 同年十一月二十日（辛卯）大嘗祭（近江国依智郡・丹波国多紀郡）〔紀略・大日本一―二〕 〈『北山』巻五に「天皇即位之年、……大臣奉レ勅……先令下諸卿定二上申悠紀主基両国一〈旧例国郡共卜、而寛平九年以後例如レ之〉」とある〉 昌泰元（八九八）年四月二十六日改元（寛平十↓昌泰）〔紀略・大日本一―二〕
朱雀天皇	延長八（九三〇）年九月二十二日醍醐天皇譲位、寛明親王（朱雀天皇）受禅〔紀略・大日本一―六〕 〈『紀略』（朱雀天皇紀）同月日条に「内侍執二剣璽一、参二宣耀殿一奉レ之」とある〉 同年十一月二十一日即位〔紀略・大日本一―六〕 承平元（九三一）年四月二十六日改元（延長九↓承平）〔紀略・大日本一―六〕 承平二（九三二）年十月二十五日大嘗祭御禊（鴨河）〔紀略・大日本一―六〕 同年十一月十三日（辛卯）大嘗祭（近江国神埼郡・丹波国氷上郡）〔紀略・大日本一―六〕 〈承平元年七月十九日宇多法皇崩御、『紀略』同年八月十日条に「停二大嘗会一」とある。『北山抄』巻五に「大嘗会事〈承平元年、依二法王御心喪中一延引〉」とある。『西宮記』（臨時七「大嘗会辰日」）に「奏二天神寿詞一〈……忌部可レ奉二神璽鏡剣一、自二天長一不レ被レ下、仍不レ奏、承平、斎部共参入〉」とある〉
	天慶九（九四六）年四月二十日朱雀天皇譲位、成明親王（村上天皇）受禅〔紀略・大日本一―八〕

村上天皇	〈『北山抄』巻五に「内侍二人、持㆓神璽宝剣㆒候㆓前後㆒……令㆔内侍奉㆓御笏・御袍於今上㆒〔天慶例、被㆑加㆓御衣一襲㆒〕」とある〉 同年四月二十八日即位〔紀略・大日本一―八〕 同年十月二十八日大嘗祭御禊（鴨河）〔大嘗会御禊部類記・大日本一―八〕 同年十一月十六日（癸卯）大嘗祭（近江国野洲郡・備中国下道郡）〔大嘗会御禊部類記・貞信公記・大日本一―八〕 天暦元（九四七）年四月二十二日改元（天慶十→天暦）〔紀略・大日本一―八〕 〈『貞信公記』同年十一月十七日条に「晩頭中使公(橘)輔来云、忌部奉㆓剣鏡㆒事、至㆓承平㆒三代日記不㆑見、何因所㆑停乎」とある〉
冷泉天皇	康保四（九六七）年五月二十五日村上天皇崩、憲平親王（冷泉天皇）践祚〔紀略・大日本一―十二〕 同年十月十一日即位〔紀略・大日本一―十二〕 〈『紀略』同年月日条に「天皇於㆓紫震(宸)殿㆒即位、依㆓不予㆒不㆑御㆓大極殿㆒」とある〉 安和元（九六八）年八月十三日改元（康保五→安和）〔紀略・大日本一―十二〕 同年十月二十六日大嘗祭御禊（東河〔二条末〕）〔紀略・大日本一―十二〕 同年十一月二十四日（癸卯）大嘗祭（近江国野洲郡・播磨国餝磨郡）〔紀略・大日本一―十二〕
円融天皇	安和二（九六九）年八月十三日冷泉天皇譲位、守平親王（円融天皇）受禅〔紀略・大日本一―十三〕 同年九月二十三日即位〔紀略・大日本一―十三〕 天禄元（九七〇）年三月二十五日改元（安和三→天禄）〔紀略・大日本一―十三〕

同年十月二十六日大嘗祭御禊（東河）〔紀略・大日本一―十三〕

同年十一月十七日（乙卯）大嘗祭（近江国坂田郡・丹波国氷上郡）〔紀略・二中歴・大日本一―十三〕

花山天皇

永観二（九八四）年八月二十七日円融天皇譲位、師貞親王（花山天皇）受禅〔紀略・大日本一―二十二〕

〈『紀略』（花山天皇紀）に「先皇留自（ママ）堀河院、今帝自二閑院第一移二堀河院一、受レ禅、即日入二新造内裏一、行幸儀也」とある〉

同年十月十日即位〔紀略・大日本一―二十一〕

寛和元（九八五）年四月二十七日改元（永観三→寛和）〔紀略・大日本一―二十一〕

同年十月二十五日大嘗祭御禊（二条末）〔紀略・大日本一―二十一〕

同年十一月二十一日（辛卯）大嘗祭（近江国高嶋郡・丹波国天田郡）〔小右・帝王編年記・大日本一―二十三〕

〈『紀略』（花山天皇紀）に「（十一月）廿日、庚寅、於二大極殿一大嘗会、依二豊楽院破壊一也」とある〉

寛和二（九八六）年六月二十三日花山天皇禁中より出御、剣璽は懐仁親王（一条天皇）に密奉される。〔紀略・大日本一―二十四、二―一〕

〈『紀略』（花山天皇紀）に「（六月）廿三日庚申、今暁丑剋許、天皇密々出二禁中一、向二東山華山寺一落飾、于レ時蔵人左少弁藤原道兼奉レ従レ之、先二于天皇一、密二奉剣璽於東宮一、出二宮内一云々、〔年十九〕、翌日、招二権僧正尋禅一、剃二御髪一、御僧名入覚、外舅中納言藤原義懐卿、蔵

一条天皇

人権左中弁藤原惟成等、相次出家、義懐卿、法名悟真、惟成法名悟妙。皇太子嗣レ祚」とあり、また、「一条天皇紀」には「寛和二年六月廿三日庚申、華山天皇偷出二禁中一、奉二剣璽於新皇一（年七）、外祖右大臣参入、令下固二禁内一警備上、翌日、行二先帝譲位之礼一、右大臣藤原朝臣摂二行万機一、如二忠仁公故事一、今帝即日補二蔵人頭以下一」とある。懐仁親王の受禅日を、『百錬』『践祚』は六月二十三日とするが、『園太暦』観応三年八月十七日条に「寛和花山院御出家翌日、以二如在礼一、被レ下二詔命一之由」とある。花山天皇の禁中出奔を『扶桑』『百錬』『帝王編年記』『一代要記』『栄花物語』『大鏡』『愚管抄』は六月二十二日のこととする〉

同年七月二十二日即位　〔紀略・大日本二―一〕

同年十月二十三日大嘗祭御禊（東河）　〔紀略・大日本二―一〕

同年十一月十五日（己卯）大嘗祭（近江国野洲郡・備中国下道郡）　〔帝王編年記・大日本二―一〕

〈『紀略』（一条天皇紀）に「十一月十六日庚辰、於二豊楽院一大嘗会（近江国野洲郡、備中国下道郡）」とある〉

永延元（九八七）年四月五日改元（寛和三→永延）　〔紀略・大日本二―一〕

三条天皇

寛弘八（一〇一一）年六月十三日一条天皇譲位、居貞親王（三条天皇）受禅　〔紀略・大日本二―六〕

〈『紀略』『践祚』によると、居貞親王は一条院において受禅、のちに東三条第に行幸〉

同年十月十六日即位　〔紀略・大日本二―七〕

長和元（一〇一二）年閏十月二十七日大嘗祭御禊（東河二条末）　〔紀略・大日本二―七〕

同年十一月二十二日（乙卯）大嘗祭（近江国坂田郡・丹波国天田郡）　〔紀略・帝王編年記・大日本二―

七］

〈『紀略』に「十一月廿二日乙卯、依㆓大嘗会㆒、天皇行㆓幸八省院㆒」とある。寛弘八年十月二十四日の冷泉上皇崩御のため大嘗祭延引〉

同年十二月二十五日改元（寛弘九→長和）［紀略・大日本二―七］

後一条天皇

長和五（一〇一六）年正月二十九日三条天皇譲位、敦成親王（後一条天皇）受禅［紀略・大日本二―九］

〈『御堂』・『小右』・『左経』によると、三条天皇は枇杷殿において譲位し、剣璽・神鏡等は敦成親王がいる上東門第（土御門殿）に奉献される〉

同年二月七日即位［紀略・大日本二―九］

同年十月二十三日大嘗祭御禊（郁芳門末東河）［紀略・大日本二―十一］

同年十一月十五日（乙卯）大嘗祭（近江国甲賀郡・備中国下道郡）［紀略・大日本二―十一］

〈『紀略』に「十一月十五日乙卯、大嘗会、入御自㆓陽明門㆒、左右大臣以下諸卿歩行」とある。『御堂』十一月四日条によると大嘗宮は八省院に造営される〉

寛仁元（一〇一七）年四月二十三日改元（長和六→寛仁）［紀略・大日本二―十一］

長元九（一〇三六）年四月十七日後一条天皇崩、敦良親王（後朱雀天皇）受禅［紀略・左経］

〈『紀略』に「十七日乙丑、戌刻、天皇落餝、崩㆓于清涼殿㆒、……子刻、諸卿近衛以㆓璽剣㆒、奉㆓皇太子於昭陽舎㆒、依㆑有㆓遺詔㆒、暫秘㆓喪事㆒、以㆓如在之儀㆒、今日、譲㆓位於皇太弟㆒〔大床子、并小御厨子、時簡、殿上御倚子等、運㆓新帝御所㆒〕」とある。『践祚』に「固関、警固、節会

後朱雀天皇	等事無レ之〔遺詔奏曰、有二此両条一、如レ此時践祚無レ之、長元以来例也〕」とある〉 同年七月十日即位　［範国記］ 同年十月二十九日大嘗祭御禊（東河）［扶桑］ 同年十一月十七日（辛卯）大嘗祭（近江国愛智郡・丹波国氷上郡）［範国記・江家］ 〈『江家』巻十五に「忌部奉二神璽鏡剣一共退出〔群臣起〕、近代無二此事一〔長元忌部為レ賀奉二仕之一〕」とある〉 長暦元（一〇三七）年四月二十一日改元（長元十→長暦）［扶桑］
後冷泉天皇	寛徳二（一〇四五）年一月十六日後朱雀天皇譲位、親仁親王（後冷泉天皇）受禅　［践祚・扶桑］ 〈『践祚』『皇年代略記』に拠ると、親仁親王は東三条第において受禅〉 同年四月八日即位　［扶桑・皇年代略記］ 〈『百錬』は「四月十日即位〔廿一〕」とする〉 永承元（一〇四六）年四月十四日改元（寛徳三→永承）［扶桑］ 同年十月二十五日大嘗祭御禊（東河）［扶桑］ 同年十一月十五日（辛卯）大嘗祭（近江国甲賀郡・備中国英賀郡）［扶桑・江家］
	治暦四（一〇六八）年四月十九日後冷泉天皇崩、尊仁親王（後三条天皇）践祚　［本世・百錬］ 〈『百錬』（後冷泉天皇）に「十九日、天皇崩二于高陽院一〔四十四〕、左大臣已下参入、献二剣璽東宮一〔閑院〕、如レ在礼也」とある〉 同年七月二十一日即位　［本世・百錬・扶桑］

後三条天皇	〈『百錬』に「七月二十一日即㆓位（卅五）于太政官庁㆒、大極殿未㆑成之故也」とある〉 同年十月二十八日大嘗祭御禊（東河）［扶桑・本世・帥記］ 同年十一月二十二日（辛卯）大嘗祭（近江国愛智郡・備中国英賀郡）［本世・扶桑・帥記・帝王編年記］ 〈『本世』に「廿二日辛卯、於㆓官庁㆒、有㆓大嘗会事㆒、先㆑事択㆑吉悠紀主基国龍尾道前造㆓大嘗宮㆒、木工寮造㆓廻立殿㆒、巳剋、両国曳㆑標、申剋、天皇出御、左大臣、内大臣以下参入」とある。また、『帥記』二十三日条に「廿三日　未刻参内……中臣斎主元範入跪読㆓寿詞㆒（率㆓忌部人㆒参進）」とある。尚、『本世』同年十二月十一日条に「申剋、皇居焼亡（二条殿）、御物并印鑑鈴等焼了、僅所㆓取出㆒辛櫃二合也、天皇御㆓東二条殿御堂㆒、及㆓亥剋㆒、行㆓天皇御東幸閑院㆒、公卿以下供奉如㆑常、賢所御竃神同渡御」とある〉 延久元（一〇六九）年四月十三日改元（治暦五→延久）［扶桑］
白河天皇	延久四（一〇七二）年十二月八日後三条天皇譲位、貞仁親王（白河天皇）受禅［百錬・践祚・帝王編年記］ 〈『百錬』に「八日、譲㆓位於皇太子㆒（先帝遷㆓御飛香舎㆒、新帝御㆓昭陽舎㆒）」とある〉 同年十二月二十九日即位［扶桑・百錬・帝王編年記］ 承保元（一〇七四）年八月二十三日改元（延久六→承保）［扶桑・帝王編年記］ 同年十月三十日大嘗祭御禊（東河）［扶桑・帝王編年記］ 同年十一月二十一日（乙卯）大嘗祭（近江国坂田郡・丹波国多紀郡）［扶桑・百錬・帝王編年記・江家］ 〈『百錬』に「十一月、大嘗会於㆓大極殿㆒被㆑行㆑之、豊楽院未㆑作之間、於㆓官庁㆒可㆑被㆑行歟

由有二議定一、遂於二大極殿一所レ行也」とある。延久五年五月七日の後三条上皇崩御のため、大嘗祭延引〉

堀河天皇

応徳三（一〇八六）年十一月二十六日白河天皇譲位、善仁親王（堀河天皇）受禅〔師通記・扶桑・百錬・践祚・大日本三―一〕

〈『扶桑』に「十一月廿六日、庚辰、亥時践祚（八歳）、当日辰時親王従二車駕一、従二関白従一位藤原朝臣大炊第一、御二堀河院一、……亥時神璽宝剣受取、其儀式、自二三条院西門一、至二堀川新内裡東門一」とある〉

同年十二月十九日即位〔師通記・扶桑・大日本三―一〕

寛治元（一〇八七）年四月七日改元（応徳四→寛治）〔中右記・大日本三―一〕

同年十月二十二日大嘗祭御禊（東河）〔扶桑・中右記・本世・大日本三―一〕

〈『中右記』に「十月十六日、……入レ夜、有レ行二幸大膳職一、依レ可レ有二御禊一也、……十月廿二日（庚子）、天晴、大嘗会御禊（三条末）」とある〉

同年十一月十九日（丁卯）大嘗祭（近江国甲賀郡・備中国賀陽郡）〔中右記・扶桑・本世・大日本三―一〕

〈『本世』に「十九日丁卯、晴、大嘗会祭也、戌刻天皇従二堀河院一御二八省一」とある〉

嘉承二（一一〇七）年七月十九日堀河天皇崩、宗仁親王（鳥羽天皇）践祚〔殿暦・中右記・大日本三―九〕

〈『殿暦』『中右記』によると、堀河天皇は堀河殿において崩御、宗仁親王は大炊御門東洞院亭

鳥羽天皇

において剣璽等受理。崩御例であるが、白河上皇の指示により譲位として剣璽奉献。『践祚』に「固関、警固、節会等事無レ之〔当日無二沙汰一〕長元、治暦例也、廿四日有二遺詔一奏、道時朝臣奏レ之、警固諸陣如二先例一、固関又如レ例歟、不レ著二御錫紵一、七歳以前也〕」とある〉

同年十二月一日即位　〔殿暦・中右記・大日本三—九〕

天仁元（一一〇八）年八月三日改元　（嘉承三→天仁）〔殿暦・中右記・大日本三—十〕

同年十月二十一日大嘗祭御禊　（鴨川）〔殿暦・中右記・大日本三—十〕

〈『殿暦』に「廿一日、……次出二建礼門一、……経二待賢門一自二太宮大路一南行、自二二条大路一東行、著二御河原頓宮一〔当二冷泉院小路末一〕」とある〉

同年十一月二十一日（丁卯）大嘗祭　（近江国甲賀郡・丹波国氷上郡）〔殿暦・中右記・帝王編年記・大日本三—十〕

〈『江記』十一月二十一日条には大嘗宮内の神座鋪設記事有り。翌二十二日に大中臣朝臣親定が奏上した「中臣寿詞」の写本が伝存している（西田長男『神道史の研究』二所収）〉

崇徳天皇

保安四（一一二三）年一月二十八日鳥羽天皇譲位、顕仁親王（崇徳天皇）受禅　〔百錬・践祚〕

〈『百錬』に「廿八日、天皇譲二位於第一親王顕仁一〔五歳〕、先為二皇太子一之由載二宣命一」とある。『践祚』に「新主土御門内裏東対代席也、旧主御同宿、遷二清涼殿代北孫廂一」とある〉

同年二月十九日即位　〔中右記・実親記・百錬・帝王編年記〕

同年十月十五日大嘗祭御禊　（鴨川）〔皇年代略記・帝王編年記〕

〈『皇年代略記』に「十月十五日〔甲午〕、御禊〔二条末南、出二御一本御書所一、節下右大臣左

大将家忠公〕」とある〉
同年十一月十八日（丁卯）大嘗祭（近江国甲賀郡・備中国下道郡）［帝王編年記・皇年代略記］
〈藤原忠通『大嘗会卯日御記』に大嘗宮内の記事有り〉
天治元（一一二四）年四月三日改元（保安五→天治）［中右記・永昌記］

近衛天皇

永治元（一一四一）年十二月七日崇徳天皇譲位、躰仁親王（近衛天皇）受禅［百錬・践祚・帝王編年記］
〈『践祚』に「新主、土御門内裏東対〔昭陽舎代也〕、旧主、同内裏北対子午廊」とある〉
同年十二月二十七日即位［百錬・帝王編年記・皇年代略記］
康治元（一一四二）年四月二十八日改元（永治二→康治）［本世・百錬・帝王編年記］
同年十月二十六日大嘗祭御禊（鴨川）［台記・本世・帝王編年記］
〈『本世』に「（十月）十九日戊寅、入レ夜、天皇自二土御門皇居一遷二幸一本御書所一、……内侍所同渡、……依二保安例一無二政始一。……廿六日乙酉、天晴、今日大嘗会御禊也。……未二刻、行鼓初動、乗輿出御、……出レ自二待賢門一、自二宮城東大路一南行、至二二条大路一東行、法皇并上皇於二二条室町御桟敷一有二御見物一〔天仁・保安二代御禊之時、白河上皇於二此処一有二御見物一事、今又如レ此、已及二三代一〕」とある〉
同年十一月十五日（癸卯）大嘗祭（近江国野洲郡・丹波国氷上郡）［本世・台記・台記別記・帝王編年記］
〈『本世』に「十五日癸卯、大嘗祭也、……石上榎井二氏各二人、各著二朝服一、率二物部卅人一、

大嘗宮南北門立二神楯神桙一、諸事如レ式、戌刻、天皇自二一本御書所一臨二幸八省大嘗宮一、入二御廻立殿一」とある。翌十六日に大中臣朝臣清親が奏上した「中臣寿詞」詞章は『台記別記』に所収〉

後白河天皇

久寿二（一一五五）年七月二十三日近衛天皇崩　［兵範記・百錬］

同年七月二十四日雅仁親王（後白河天皇）践祚　［兵範記・皇年代略記・帝王編年記］

〈『兵範記』に拠ると、二十三日中には皇嗣決定までに至らず、「鶏鳴天曙、剣璽奉レ渡、依レ無二白昼儀一、公卿以下退出」となり、翌二十四日早旦、鳥羽法皇より雅仁親王を登用すべき指示があり、夜、高松殿の雅仁親王に剣璽・漏刻・大刀契等を奉献する〉

同年十月二十六日即位　［台記・兵範記・帝王編年記］

同年十月二十九日大嘗祭御禊（鴨川）　［兵範記・台記・帝王編年記］

〈『兵範記』に「廿九日癸卯、天晴、今日有二大嘗会御禊事一、于レ時、天皇御二一本御書所一、……大行自二宮城東大路一南行、自二一条一東行、……直着二御河原頓宮一」とある〉

同年十一月二十三日（丁卯）大嘗祭（近江国甲賀郡・丹波国氷上郡）　［兵範記・山槐記・台記・帝王編年記］

〈『兵範記』に「廿三日丁卯、……秉レ燭天皇幸二大嘗会一（鳳輦）、……乗輿入二御昭訓門一、於二龍尾壇一移二御腰輿一、入二御廻立殿一、次供レ浴」とある。また、『台記』に「廿三日丁卯、……伝聞引二標山一之間、悠紀山引二懸見物車一、其山破摧云々」とある〉

保元元（一一五六）年四月二十七日改元（久寿三→保元）　［兵範記・百錬・帝王編年記］

二条天皇	保元三（一一五八）年八月十一日後白河天皇譲位、守仁親王（二条天皇）践祚〔兵範記・山槐記・践祚・帝王編年記〕 〈『山槐記』に「十一日戊戌……次亥刻有二御譲位事一、南殿東第四間巳西懸二御簾一下レ之云々、主上御二南殿一、近仗立レ陣、……事了今上下レ自二南階一有二御拝一、内侍取二剣璽一下レ自レ東、今上還御之時（経二軒廊及宣仁・青左・化徳等門一、入二御昭陽舎一云々）」とある〉 同年十二月二十日即位〔兵範記・二条院御即位記・保元三年番日記・帝王編年記〕 平治元（一一五九）年四月二十日改元（保元四→平治）〔百錬・帝王編年記〕 同年十月二十一日大嘗祭御禊（鴨川）〔帝王編年記・皇年代略記〕 〈『皇年代略記』に「御禊（二条末南）」とある〉 同年十一月二十三日（癸卯）大嘗祭（近江国坂田郡・丹波国氷上郡）〔帝王編年記・皇年代略記〕
六条天皇	永万元（一一六五）年六月二十五日二条天皇譲位、順仁親王（六条天皇）受禅〔山槐記・顕広王記・践祚・百錬〕 〈『践祚』に「受禅（新主土御門高倉第、旧主東洞院）」とあり、『百錬』に「廿五日、譲二位於第二親王順仁一（二歳）、先雖レ可レ有二立坊一、依二主上御不予危急一、俄有二此儀一、二歳例、今度始之」とある〉 同年七月二十七日即位〔山槐記・顕広王記・六条院御即位記・百錬〕 仁安元（一一六六）年八月二十七日改元（永万二→仁安）〔山槐記・百錬〕 同年十月二十七日大嘗祭御禊（鴨川）〔兵範記・皇年代略記・帝王編年記〕

〈『皇年代略記』に「十月廿七日〔丁酉〕、御禊〔二条末以南〕」とある〉
同年十一月十五日（乙卯）大嘗祭（近江国坂田郡・丹波国多紀郡）［兵範記・帝王編年記・皇年代略記］
〈永万元年七月二十八日の二条上皇崩御のため大嘗祭延引〉

高倉天皇

仁安三（一一六八）年二月十九日六条天皇譲位、憲仁親王（高倉天皇）受禅［玉葉・兵範記・践祚・百錬］
〈譲位宣命は前主（六条天皇）がいる高倉殿（土御門高倉）で読まれ、剣璽等は憲仁親王がいる閑院へ奉献される〉
同年三月二十日即位［兵範記・高倉院御即位記・帝王編年記］
同年十月二十一日大嘗祭御禊（鴨川）［兵範記・帝王編年記・皇年代略記］
〈『皇年代略記』に「御禊〔三条末北〕」とある〉
同年十一月二十二日（己卯）大嘗祭（近江国甲賀郡・備中国賀夜郡）［兵範記・帝王編年記］
〈『兵範記』に「廿二日己卯、……次大嘗祭儀、……著二御八省東廊一、……入二御昭訓門一、於二龍尾道東階壇上一敷レ筵、其上並居二御輿一、移二駕腰輿一、亥一剋入二御悠紀神殿一」とあり、また、同日条には大嘗宮の神座鋪設記事有り〉
嘉応元（一一六九）年四月八日改元（仁安四→嘉応）［兵範記・百錬］
治承四（一一八〇）年二月二十一日高倉天皇譲位、言仁親王（安徳天皇）受禅［玉葉・山槐記・百錬・践祚］
〈『玉葉』『山槐記』によると、譲位宣命は高倉天皇がいる閑院において読まれ、剣璽等は言仁

親王がいる五条東洞院に奉献される〉
同年四月二十二日即位　〔玉葉・山槐記・安徳天皇御即位記・百錬〕
〈『玉葉』に「廿二日（甲辰）天晴、此日天皇即二位於紫宸殿一（春秋三歳）、太極殿火災以後、未レ企二出来一之故也、粗検二先規一、於二他所一即位之例、古来三ヶ度、所レ謂陽成院（依二大極殿災一、於二豊楽院一有二此礼一）、冷泉院（依二御悩一、於二紫宸殿一有二此礼一）、後三条院（大極殿及紫宸殿共無レ実、仍於二官庁一、有二此礼一）、等也」とある〉

安徳天皇

養和元（一一八一）年七月十四日改元（治承五→養和）〔吉記・玉葉〕
寿永元（一一八二）年十月二十一日大嘗祭御禊（鴨川）〔玉葉・皇年代略記〕
〈『玉葉』に「廿一日（戊午）天陰、此日、大嘗会御禊行幸也（三条末北辺）、……出三御自二承明・建礼・待賢等門一、経二大宮・二条・京極・三条等路一、御二頓宮一」とある〉
同年十一月二十四日（辛卯）大嘗祭（近江国野洲郡・丹波国氷上郡）〔玉葉・百錬・帝王編年記〕
〈『玉葉』に「廿三日（庚寅）……大忌公卿僅三人、各不レ着レ幄、徘二徊便所一云々、又左大臣候二御在所辺一之間、前駆等列二居其前一、雑人圍繞云々、古来不レ聞事也、大嘗会、鳥居之内、一切不レ入二大忌人一也、末代之陵夷敢不レ可レ云者歟」とある。治承四年六月の福原遷都・養和元年一月十四日の高倉上皇崩御のため大嘗祭二年延引。『帝王編年記』（養和元年条）に「去年遷都、今年諒闇、大嘗会不レ及二沙汰一、二年延引無レ例（云々）」とある〉
寿永二（一一八三）年八月二十日、院宣（後白河法皇）に依り、尊成親王（後鳥羽天皇）践祚〔玉葉・百錬・践祚・帝王編年記〕

後鳥羽天皇

〈『百錬』に「廿日、高倉院第四皇子（尊成）践祚（御年四歳閑院）……不レ伝二剣璽一践祚之例、今度始之、前主出二洛城一之後、至二于今日一空二王位一廿六ヶ日」とある〉

元暦元（一一八四）年四月十六日改元（寿永三→元暦）［百錬・帝王編年記］

同年七月二十八日即位［玉葉・山槐記・百錬・皇年代略記・後鳥羽院御即位記］

〈『玉葉』に「廿八日、……此日有二即位事一、依二治暦四年例一、於二太政官正庁一、被レ行レ之、抑相二待剣璽帰来一、可レ被レ遂二行即位一哉否、予被レ問二人々一、依二摂政及左大臣等一申下不レ備二剣璽一践二天子之位一、異域雖レ有レ例、我朝曾無上レ蹤、然而依下叡慮并識者等、議奏、不レ知二天意一、不上レ測二神慮一、所レ被レ行、只以レ目耳」とある〉

同年十月二十五日大嘗祭御禊（鴨川）［玉葉・百錬・皇年代略記］

〈『皇年代略記』に「御禊〔三条坊門末〕」とある〉

同年十一月十八日（癸卯）大嘗祭（近江国甲賀郡・丹波国多紀郡）［玉葉・吉記・百錬・皇年代略記］

第二章　大嘗祭・新嘗祭関係文献目録
――昭和二十(一九四五)年〜平成十(一九九八)年――

本稿は、昭和二十年より平成十年迄に発表された大嘗祭・新嘗祭関係文献の目録である。同種の目録は、先行の成果として、

①白山芳太郎氏「大嘗祭関係文献目録」(皇學館大学神道研究所編『大嘗祭の研究』、皇學館大学出版部、昭和五十三年)

②岡田精司氏「大嘗祭・新嘗祭関係参考文献目録」(同編『大嘗祭と新嘗』、学生社、昭和五十四年)

③拙稿「大嘗祭・新嘗祭関係文献目録」(『神道史研究』第三十五巻四号、昭和六十二年)

④井後政晏氏・櫻井治男氏・新田均氏・八幡崇経氏「大嘗祭関係研究文献目録」(皇學館大学神道研究所編『続大嘗祭の研究』、皇學館大学出版部、平成元年)

⑤井後政晏氏・新田均氏「大嘗祭関係文献目録(追補)・(追補II)・(追補III)」(『皇學館大学神道研究所所報』第三十九・四十一・四十二号、平成二・三・四年)

を挙げることができる。小稿作成においても、上記の文献目録を参酌させて頂き、先行研究に負うところ大であるが、⑤が報告されて既に六年の月日が経過している。

従って、小稿では上記文献目録以後の業績を追補することに努め、以前の業績についてはその拾遺を心掛けた。とは言え、重要文献の見落しがあるやも知れず、大方の御示教をお願いしたい。なお、記載に際しては、著・編書、論文に分け、著・編書篇に掲げたものについては、論文篇では原則として重複を避け省略した。また、論文のサブタイトルは、必要と思われるもの以外は除いた。さらに、践祚儀・即位式に関する論考も合せて掲出しておいた。

〔著・編書〕

昭和二十八（一九五三）年
にひなめ研究会編『新嘗の研究　第一輯』（創元社。第一・二輯を合冊し、『新嘗の研究　1　東アジアの農耕儀礼』として、学生社より昭和五十三年復刻）

昭和三十（一九五五）年
にひなめ研究会編『新嘗の研究　第二輯』（同右）

昭和三十五（一九六〇）年
橘孝三郎『神武天皇論』（天皇論刊行会）
林屋辰三郎『中世芸能史の研究』（岩波書店）
三谷栄一『日本文学の民俗学的研究』（有精堂、有精堂より昭和六十二年復刻）

昭和四十（一九六五）年
倉林正次『饗宴の研究　儀礼篇』（桜風社）

昭和四十二（一九六七）年
にひなめ研究会編『新嘗の研究　第三輯』（協同出版社。『新嘗の研究　2　稲と祭儀』として、学生社より昭和五十三年復刻）

昭和四十三（一九六八）年
星野輝興『日本の祭祀』（祭祀学会。国書刊行会より昭和六十二年新訂版刊行）

昭和四十五（一九七〇）年
岡田精司『古代王権の祭祀と神話』（塙書房）

昭和四十八（一九七三）年
西郷信綱『古事記研究』（平凡社）

昭和四十九（一九七四）年
松前健『古代伝承と宮廷祭祀』（塙書房）

昭和五十（一九七五）年
倉林正次『祭りの構造　饗宴と神事』（日本放送協会）
田中初夫『践祚大嘗祭　研究篇・資料篇』（木耳社）

昭和五十二（一九七七）年
廣畑輔雄『記紀神話の研究』（風間書房）
村上重良『天皇の祭祀』（岩波書店）

昭和五十三（一九七八）年
川出清彦『祭祀概説』（学生社）

皇學館大学神道研究所編『大嘗祭の研究』（皇學館大学出版部）
神道文化会編『昭和の御大典』（神道文化会）
真弓常忠『日本古代祭祀の研究』（学生社）
靖国神社問題特別委員会編『国宗と宗教』（日本基督教団出版局）
吉野裕子『陰陽五行思想からみた日本の祭』（弘文堂）

昭和五十四（一九七九）年

池浩三『祭儀の空間―その民俗現象の諸相と原型―』（相模書房）
井上辰雄『古代王権と語部』（教育社）
岡田精司編『大嘗祭と新嘗』（学生社）
佐々木忠慧『歌枕の世界』（桜楓社）
高取正男『神道の成立』（平凡社）
安江和宣『神道祭祀論考』（神道史学会）

昭和五十五（一九八〇）年

荷田在満校訂『貞観儀式』（続日本古典全集、現代思潮社）
渡辺直彦『儀式・内裏式』（神道大系朝儀祭祀編一、神道大系編纂会）

昭和五十八（一九八三）年

池浩三『家屋文鏡の世界―古代祭祀建築群の構成原理―』（相模書房）
倉林正次『天皇の祭りと民の祭り　大嘗祭新論』（第一法規出版）

昭和五十九（一九八四）年

坂橋隆司『践祚大嘗祭と古事記』（大塚書店）
井上光貞『日本古代の王権と祭祀』（東京大学出版会。『井上光貞著作集五』所収、岩波書店、昭和六十一年）
山尾幸久『日本古代王権形成史論』（岩波書店）

昭和六十（一九八五）年

青木紀元『祝詞古伝承の研究』（国書刊行会）
大野健雄『践祚大嘗祭』（神道大系朝儀祭祀編五、神道大系編纂会）
次田真幸『日本神話の構成と成立』（明治書院）
真弓常忠『神と祭りの世界』（朱鷺書房。改訂版『日本の祭りと大嘗祭』は同書房より平成二年刊行）

昭和六十一（一九八六）年

平野孝國『大嘗祭の構造』（ぺりかん社）
八木意知男『大嘗会和歌の世界』（皇學館大学出版部）

昭和六十二（一九八七）年
倉林正次『饗宴の研究　祭祀編』（桜楓社）
高橋紘『象徴天皇』（岩波書店）
富坂キリスト教センター編『キリスト教と大嘗祭』（新教出版社）
吉野裕子『大嘗祭―天皇即位式の構造』（弘文堂）

昭和六十三（一九八八）年
浅野栄一郎『事実に基づく践祚大嘗祭の精神的真義』（私家版）
岩井利夫『大嘗祭の今日的意義』（錦正社）
佐伯有清『柳田国男と古代史』（吉川弘文館）
瀧川政次郎『律令と大嘗祭―御代始め諸儀式―』（国書刊行会）
戸村政博『神話と祭儀―靖国から大嘗祭へ』（日本基督教団出版局）
土肥昭夫・戸村政博『天皇代替わりとわたしたち』（日本基督教団出版局）
にひなめ研究会編『新嘗の研究3　稲作と信仰』（学生社）
真弓常忠『大嘗祭』（国書刊行会）
『別冊歴史読本　図説天皇の即位礼と大嘗祭』（新人物往来社）

平成元（一九八九）年
赤松俊輔他編『天皇論を読む』（朝日新聞社）
伊藤哲夫『天皇即位と大嘗祭』（オーエス出版社）
岩井忠熊・岡田精司編『天皇代替り儀式の歴史的展開―即位儀と大嘗祭―』（柏書房）
岩井忠熊・後藤靖編『天皇制と代替わり』（かもがわ出版）
皇學館大学神道研究所編『続大嘗祭の研究』（皇學館大学出版部）
神社本庁編『大嘗祭―天皇さまのまつり―』（神社本庁）
神社本庁教学研究所編『御大禮を考へる』（同右）
日本政策研究センター編『大嘗祭―その意義とわたしたちの課題―』（日本政策研究センター）
平井直房『出雲国造火継ぎ神事の研究』（大明堂）
真弓常忠『大嘗祭の世界』（学生社）
八木意知男『大嘗会本文の世界』（皇學館大学出版部）
楊永良『日本古代王権の祭祀と儀式』（致良出版社〈台湾〉）
連続講座「国家と儀礼」運営委員会編『国家と儀礼―国家統合の回路を撃つ』（新地平社）
渡邊勝利編『即位大嘗祭とその周辺』（東京経済社）

平成二（一九九〇）年
赤坂憲雄・岡部隆志・斉藤英喜編『天皇制・入門』（JI

CC出版局）
阿蘇谷正彦『天皇の祭りと政教分離』（展転社）
生田神社編『即位の礼と大嘗祭』（生田神社社務所）
稲垣久和『大嘗祭とキリスト者』（いのちのことば社）
井本英一『王権の神話』（法政大学出版局）
岩井忠熊『天皇制と歴史学』（かもがわ出版）
岡田荘司『大嘗の祭り』（学生社）
加瀬英明・所功・高森明勅『皇室の伝統精神と即位礼・大嘗祭』（学校法人広池学園出版部）
川出清彦『大嘗祭と宮中のまつり』（名著出版）
共同通信社編『即位儀礼にみる宮廷文化展』（共同通信社）
工藤隆『大嘗祭の始原―日本文化にとって天皇とは何か―』（三一書房）
国学院大学院友会編『大嘗祭を考える』（桜楓社）
国学院大学神道資料館編『大嘗祭特別展示目録』（国学院大学神道資料館）
小堀邦夫『ニヒナへの分化と発達―践祚大嘗祭と神宮式年遷宮―』（私家版）
佐木秋夫『天皇をめぐる神々のざわめき―大嘗祭・靖国・式年遷宮―』（あずみの書房）
神宮文庫編『即位の礼と大嘗祭―資料集―』（国書刊行会）
神社本庁教学研究所編『共同討議・天皇と即位儀礼（第七回神社本庁神道教学研究大会報告書）』（神社本庁教学研究所）
新人物往来社編『古式に見る皇位継承「儀式」宝典』（別冊歴史読本、新人物往来社）
高森明勅『天皇と民の大嘗祭』（展転社）
田中卓・所功・大原康雄・小堀桂一郎『平成時代の幕開け―即位礼と大嘗祭を中心に―』（新人物往来社）
谷川健一『大嘗祭の成立―民俗文化論からの展開―』（小学館）
戸村政博『即位礼と大嘗祭を読む―現代と王権―』（日本基督教団出版局）
戸村政博・野毛一起・土方美雄『検証国家儀礼　一九四五～一九九〇』（作品社）
鳥越憲三郎『大嘗祭―新史料で語る秘儀の全容―』（角川書店）
鳥越憲三郎・有坂隆道・島田竜雄編『大嘗祭史料―鈴鹿家文書―』（柏書房）
内閣大礼記録編集委員会編『昭和大礼記録資料（復刊）第一巻～第四巻』（不二出版）
中島三千男『天皇の代替りと国民』（青木書店）
西秀成・荻野富士夫・藤野豊『昭和大礼記録資料　解説』（不二出版）

日本史研究会・京都民科歴史部会編『天皇制を問う―歴史的検証と現代―』（人文書院）
日本政策研究センター編『ガイドブック　即位の礼・大嘗祭』（ぎょうせい）
牧本卓郎『大嘗祭―天皇と日本人の人間学―』（潮文社）
松井嘉和監修・日本文化研究所編『大嘗祭の思想と歴史』（日本文化研究所）
牟禮仁編『大嘗祭論抄』（私家版）
山折哲雄『死の民俗学―日本人の死生観と葬送儀礼―』（岩波書店）
山折哲雄『天皇の宗教的権威とは何か』（河出書房新社）
横田耕一・江橋崇『象徴天皇制の構造―憲法学者による解読』（日本評論社）
吉本隆明・赤坂憲雄『天皇制の基層』（作品社）
歴史学研究会・日本史研究会・歴史教育者協議会・歴史科学協議会編『「即位の礼」と大嘗祭―歴史家はこう考える―』（青木書店）
『月刊アーガマ　特集天皇霊』（阿含宗総本山出版局）
『正論　特集大嘗祭と日本文化』二百十八（産経新聞社）
『ドルメン　特集大嘗祭と王の身体』四（言叢社）
『日本　御大典奉祝特輯』四十―十（日本学協会）
『瑞垣　大嘗祭特集号』百五十七（神宮司庁）
『歴史手帖　特集皇位継承儀礼』十八―十一（名著出版）
『歴史と旅　特集天皇家皇位継承の謎』二百四十九（秋田書店）
『歴史読本　特集大嘗祭と日本文化』三十五―十五（新人物往来社）
『悠久　特集即位の礼一・二・三・四』四十・四十一・四十二・四十三（鶴岡八幡宮、桜楓社）

平成三（一九九一）年
伊藤誠治『大嘗祭に見る日本の道』（新人物往来社）
宮内庁書陵部編『大嘗会関係資料展示目録』（宮内庁書陵部）
神社本庁教学研究所編『共同討議・大嘗祭と式年遷宮（第八回神社本庁神道教学研究大会報告書）』（神社本庁）
松原正毅編『王権の位相』（弘文堂）
水林彪『記紀神話と王権の祭り』（岩波書店）
牟禮仁『大嘗祭論抄・続』（私家版）
『瑞垣　御親謁特集号』百五十八（神宮司庁）
『悠久　特集御大典実感特集』四十六（鶴岡八幡宮、桜楓社）

平成四（一九九二）年
岡田精司『古代祭祀の史的研究』（塙書房）
倉林正次『冬から春へ―祭祀文化の基層を探る―』（桜楓

社）

徳島県神社庁『平成御大典記念　大嘗祭麁服貢進記録集』（徳島県神社庁）

山折哲雄『神と王権のコスモロジー』（吉川弘文館）

李家正文『大嘗祭の謎を探る』（木耳社）

平成五（一九九三）年

桜井好朗『祭儀と注釈―中世における古代神話』（吉川弘文館）

八木意知男『大嘗会和歌残葉集』（京都女子大学）

平成六（一九九四）年

小林敏男『古代天皇制の基礎的研究』（校倉書房）

中村生男『日本の神と王権』（法蔵館）

森田悌『天皇の祭り村の祭り』（新人物往来社）

渡辺勝義『鎮魂祭の研究』（名著出版）

平成八（一九九六）年

榎村寛之『律令天皇制祭祀の研究』（塙書房）

武田秀章『維新期天皇祭祀の研究』（大明堂）

東北六県神青協御大典記録編集委員会編『御大典記録集　平成の御大典と東北精神』（東北六県神道青年協議会）

平成九（一九九七）年

高木博志『近代天皇制の文化史的研究』（校倉書房）

〔論文〕

昭和二十六（一九五一）年

岩橋小弥太「語部」（『神道宗教』四。同『増補　上代史籍の研究　上巻』〈吉川弘文館、昭和三十一年〉に所収）

昭和二十九（一九五四）年

武部敏夫「貞享度大嘗会の再興について」（『書陵部紀要』四。岡田精司編『大嘗祭と新嘗』〈学生社、昭和五十四年〉に所収）

原田敏明「遷宮祭と大嘗祭」（『宗教公論』二十四―一）

八束清貫「大嘗祭の御復興と皇室典範について」（『天皇・神道・憲法』、神社新報社）

昭和三十一（一九五六）年

小野祖教「日本神話と新嘗の祭―天孫降臨の話系―」（『神道学』八）

西田長男「中臣寿詞攷」（同『神道史の研究』二、理想社。岡田精司編『大嘗祭と新嘗』〈学生社、昭和五十四年〉に所収）

昭和三十二（一九五七）年

椿実「日本神話と新嘗祭」（『宗教公論』二十七—十）

昭和三十三（一九五八）年

宮地治邦「大嘗祭に於ける神饌について」（『千家尊宣先生還暦記念神道論文集』）

昭和三十四（一九五九）年

西郷信綱「古代王権の神話と祭式」（『文学』二十八—二・三。同『詩の発生』〈未来社、昭和三十五年〉に所収）

昭和三十五（一九六〇）年

梅田義彦「大嘗名義考」（『神道宗教』二十二。同『伊勢神宮の史的研究』〈雄山閣、昭和四十六年〉に所収）

倉林正次「大嘗祭の芸能」（『国学院大学日本文化研究所紀要』六）

土岐昌訓「造酒児考」（『神道宗教』二十一）

横田健一「大嘗祭の成立時代」（『西田先生頌寿記念日本古代史論叢』、吉川弘文館。同『日本書紀成立論序説』〈塙書房、昭和五十九年〉に所収）

昭和三十六（一九六一）年

倉林正次「宮廷儀礼の構造」（『国学院大学日本文化研究所紀要』七）

昭和三十八（一九六三）年

神堀忍「語部とその遺制」（『国文学』三十四、関西大学国文学会）

昭和三十九（一九六四）年

西田長男「『出雲大社新嘗会記』について」（『神道学』四十三）

柳田国男「大嘗祭に関する所感」（『定本柳田国男集』三十一、筑摩書房）

昭和四十一（一九六六）年

岩本徳一「神祇官代新嘗考」（『国学院雑誌』六十七—六。『日本祭祀研究集成』一〈名著出版、昭和五十三年〉に所収）

昭和四十二（一九六七）年

角川源義「村の語部・国の語部」（『日本文学の歴史』一、角川書店）

角川源義「歌枕をめぐる人々」（『日本文学の歴史』三、角川書店）

倉林正次「にひなめの幻想」（『古事類苑月報』二、吉川弘

文館）

志田諄一「阿部氏とその伝承」（『茨城キリスト教大学紀要』一）

宮城栄昌「大嘗祭に関することども」（『古事類苑月報』二、吉川弘文館）

直木孝次郎「新嘗と大嘗のよみと意味」（『万葉』六十五。同『飛鳥奈良時代史研究』〈塙書房、昭和四十五年〉に所収）

西角井正慶「神祇官の祭儀―祈年・月次・新嘗―」（『国学院大学日本文化研究所紀要』二十一）

昭和四十三（一九六八）年

上田正昭「語部の機能と実態」（同『日本古代国家論究』、塙書房）

倉林正次「清暑堂御神楽成立の基盤」（『国語と国文学』四十三―十）

原島礼二「称号ヒコと真床覆衾」（同『日本古代社会の基礎構造』、未来社）

直木孝次郎「建国神話の虚構性」（『歴史学研究』三百三十五。同『神話と歴史』〈吉川弘文館、昭和四十六年〉に所収）

益田勝実「記紀の歌謡と儀礼」（『解釈と鑑賞』三十三―七。岡田精司編『大嘗祭と新嘗』〈学生社、昭和五十四年〉に所収）

昭和四十四（一九六九）年

小島盛枝「大嘗祭の意義についての一私見」（『香蘭女子短大紀要』十二）

松前健「古代王権と記紀神話」（『神道及び神道史』十三。同『日本神話と古代生活』〈有精堂、昭和四十五年〉に所収）

昭和四十五（一九七〇）年

沼部春友「直会と解斎―宮中新嘗祭と神宮三節祭の場合―」（『国学院大学日本文化研究所紀要』二十五）

松前健「古代王権祭式と神話」（『文学』三十八―二。同『日本神話と古代生活』〈有精堂、昭和四十五年〉に所収）

吉野裕子「大嘗祭の蒲葵」（同『扇』、学生社。人文書院より昭和五十九年復刻）

昭和四十六年（一九七一）年

倉林正次「大嘗祭の成立」（『古代の日本』二、角川書店。岡田精司編『大嘗祭と新嘗』〈学生社、昭和五十四年〉に所収）

昭和四十七（一九七二）年
菊地康明「悠紀・主基考」（『日本歴史』二百九十一）
小島盛枝「大宝令までの大嘗祭を記紀に拾う」（『香蘭女子短大紀要』十四）
昭和四十八（一九七三）年
梅田義彦「悠紀・主基の考察」（同『伊勢神宮の史的研究』、雄山閣）
小島盛枝「大嘗祭の変遷について」（『香蘭女子短大紀要』十五）
川上順子「豊玉毘売神話の一考察」（『日本文学』二十二―八。『日本神話II　日本文学研究資料叢書』〈有精堂、昭和五十二年〉に所収）
三品彰英「大嘗祭」（『古代祭政と穀霊信仰　三品彰英論文集五』、平凡社）
昭和四十九（一九七四）年
小島盛枝「大嘗会について」（『香蘭女子短大紀要』十六）
次田真幸「天語歌の成立と大嘗祭」（『古代文化』二十六―十）
昭和五十（一九七五）年
小島盛枝「大嘗会について」（『香蘭女子短大紀要』十七）
谷省吾「元号及び大嘗祭に関する問題」（『大日光』四十四）
直木孝次郎「大嘗祭と黒山莚」（『美原の歴史』一。同『古代史の窓』〈学生社、昭和五十七年〉に所収）
奈良国立文化財研究所編「造酒司と大嘗祭」（『平城宮本簡二　解説　平城宮発掘調査報告VIII』）
幡掛正浩「柳田国男の大嘗祭論」（『すみのえ』百三十五・百三十六）
沼部春友「宮中新嘗祭儀と神饌」（『どるめん』七）
昭和五十一（一九七六）年
岩本徳一・真弓常忠・田中初夫・小野和輝「共同討議　践祚大嘗祭をめぐって」（『神道宗教』八十三）
小山田義夫「大嘗会役小考」（『木代修一先生喜寿記念論文集　日本文化の社会的基盤』、雄山閣）
西宮一民「新嘗・大嘗・神嘗・相嘗の訓義」（『皇學館大学紀要』十四。岡田精司編『大嘗祭と新嘗』〈学生社、昭和五十四年〉に所収）
古橋信孝「物語の発生についてのひとつの覚書―大嘗祭の古詞を中心として―」（『古代文学』十五）
昭和五十二（一九七七）年
青木紀元「中臣寿詞の基礎資料」（『神道史研究』二十五

一―一。同『祝詞古伝承の研究』〈国書刊行会、昭和六十年〉に所収）
大橋信弥「吉志舞と阿部氏」（『芸能史研究』五十七）
高林実結樹「隼人狗吠考」（横田健一編『日本書紀研究』十、塙書房）
田沼睦「室町幕府財政の一断面―文正度大嘗会を中心に―」（『日本歴史』三百五十三）
次田真幸「海幸山幸神話の形成と阿曇連」（大林太良・伊藤清司編『日本神話研究』三、学生社。次田真幸『日本神話の構成と成立』〈明治書院、昭和六十年〉に所収）
森田悌「古代宮廷祭祀の一考察」（『風俗』十六―一。「祈年・月次・新嘗祭の考察」と改題して同『解体期律令国家政治社会史の研究』〈国書刊行会、昭和五十七年〉に所収）

昭和五十三（一九七八）年

石上七鞘「大嘗祭悠紀主基論」（『野州国文学』二十二）
加藤優「律令制祭祀と天神地祇の惣祭」（『奈良国立文化財研究所学報　研究論集Ⅳ』）
鎌田純一「安徳天皇の大嘗祭」（『神道史研究』二十六―四）
所功「天長十年の大嘗会記録」（『皇學館大学史料編纂所報史料』二）
所功「仁和四年の大嘗会記録」（『国書逸文研究』一）
西宮一民「国語学より見た践祚大嘗祭」（『神道史研究』二十六―三）
藤田百合子「大嘗会屛風歌の性格をめぐって」（『国語と国文学』五十三―四）
黛弘道「三種の神器について」（『古代史論叢』上、吉川弘文館。同『律令国家成立史の研究』〈吉川弘文館、昭和五十七年〉に所収）

昭和五十四（一九七九）年

黒崎輝人「大嘗祭試論―「親供儀礼」における神と王―」（『日本思想史研究』十一）
田中真人「近代天皇制国家における即位礼・大嘗祭―一九一四年の大礼使官制論争―」（『日本史研究』二百七）
洞富雄「大嘗祭における寝具の秘儀」（同『天皇不親政の起源』、校倉書房）
安江和宣「大嘗祭の神饌御供進」（『神道史研究』二十六―四）
和田行弘「大嘗祭に関する一試論」（横田健一編『日本書紀研究』十一、塙書房）

昭和五十五（一九八〇）年

井上辰雄「古代語部考」（同『古代王権と宗教的部民』、柏書房）
大林太良「新嘗に出現する王者・殺される王者」（『文学』四十八―五）
岡田精司「宮廷祭祀の再検討」（『歴史評論』三百六十六）
岡田精司「大王と井水の祭儀」（『講座日本の古代信仰』三、学生社。同『古代祭祀の史的研究』〈塙書房、平成四年〉に所収）
加藤優「「大嘗祭」「新嘗祭」の呼称について」（『関晃先生還暦記念　日本古代史研究』、吉川弘文館）
菊池克美「一九二八年の儀式と「国民」」（『歴史評論』三百五十八）
北爪真佐夫「宮中祭祀と大嘗祭の復活論」（『歴史評論』三百六十六）
倉林正次「宮廷の祭り」（『講座日本の古代信仰』三、学生社）
黒崎輝人「大嘗祭の基礎構造」（『日本思想史学』十二）
谷川章雄「古代の新嘗祭に関する一考察」（『滝口宏先生古稀記念考古学論集　古代探叢』、早稲田大学出版会）
土橋寛「寿詞と祝詞」（『講座日本の古代信仰』四〈前掲〉）
西秀成「近代における天皇即位儀礼」（『歴史評論』三百六十六）
前川明久「古代天皇の祭祀」（『歴史評論』三百六十六）

昭和五十六（一九八一）年
平井直房「近世後期の出雲国造新嘗会(一)(二)」（『国学院雑誌』八十二―九・十）
安江和宣「中世に於ける卜部氏の『日本書紀』研究と大嘗祭」（『皇學館論叢』十四―一）
山尾幸久「古代天皇の即位大嘗について」（『立命館史学』二）

昭和五十七（一九八二）年
岡田重精「『儀式』―大嘗祭における斎戒」（同『古代の斎忌』、国書刊行会）
尾形勇「中国の即位儀礼」（『東アジア世界における日本古代史講座』九、学生社）
木本好信「東洋文庫所蔵『朝隆卿大嘗会記』」（『国書逸文研究』八）
黒崎輝人「新嘗祭班幣の成立」（『日本思想史研究』十四）
所功「「大嘗祭」儀式文の成立」（神道文化会編『天照大御神』研究篇一。所功『平安朝儀式書成立史の研究』〈国書刊行会、昭和六十年〉に所収）
西秀成「柳田国男と天皇制論―大嘗祭論にふれて―」（『歴史の理論と教育』五十五）
八木充「日本の即位儀礼」（『東アジア世界における日本古代史講座』九、学生社）

昭和五十八（一九八三）年

泉谷康夫「磐之媛命と忍坂大中姫命」（『角田文衛博士古稀記念　古代学叢論』、角田文衛博士古稀記念事業会）

岩本徳一「「太神宮式」に於ける新嘗祭考」（『国学院大学大学院紀要』十四）

岡田精司「大王就任儀礼の原形とその展開」（『日本史研究』二百四十五。同『古代祭祀の史的研究』〈前掲〉に所収）

加藤隆久「明治・大嘗祭と福羽美静」（安津素彦博士古稀祝賀会編『神道思想史研究』、同祝賀会）

加茂正典「大嘗祭〝辰日前段行事〟考」（『文化史学』三十九。岩井忠熊・岡田精司編『天皇代替り儀式の歴史的展開』〈柏書房、平成元年〉に所収）

志賀剛「「大嘗会に風俗歌舞を奉納した」文書について」（同『式内社の研究五　山陽道・西海道』、雄山閣）

谷省吾「『藤波家譜』附録の中臣寿詞　附中臣寿詞本文校訂小見」（『皇學館大学神道研究所所報』二十四）

谷川健一「王権の発生と構造」（『日本民俗文化大系三　稲と鉄』、小学館）

西宮一民「三種の神器について」（『皇學館大学紀要』二十一）

平井直房「火継ぎ神事の研究序説」（安津素彦博士古稀記念祝賀会編『神道思想史研究』、同祝賀会）

丸山茂「平安時代の神嘉殿について」（『日本建築学会論文報告集』三百二十六）

若井勲夫「明治皇室典範の制定過程と大嘗祭」（『神道史研究』三十一―二）

昭和五十九（一九八四）年

清水潔「天仁元年大嘗祭について」（瀧川政次郎先生米寿記念論文刊行会編『神道史論叢』、国書刊行会）

中村浩「昭和大嘗祭の神饌」（『神道史論叢』〈同右〉）

平井直房「近世後期の火継ぎ神事」（『国学院大学日本文化研究所紀要』五十三）

廣畑輔雄「神武伝説の成立」（『史林』六十七―三）

八木意知男「大嘗会歌と歌枕」（『神道史研究』三十二―一）

昭和六十（一九八五）年

岩井忠熊「大嘗祭復活論と祝祭戦略」（『文化論評』二百九十五）

上山春平・江藤淳「（対談）天皇と大嘗祭」（『諸君』五月号、文芸春秋社）

森田康之助「大嘗祭とは何か」（同右）

木本好信「平安時代の大嘗会行事所」（『神道史研究』三十三―二）

木本好信「平安朝の大嘗会行事所と行事弁」（『悠久』二十）
坂本太郎「大嘗祭あれこれ」（『神道大系　朝儀祭祀編五　践祚大嘗祭』月報、神道大系編纂会）
土田直鎮「奈良時代の大嘗祭」（同右）
永積寅彦「昭和の大嘗祭」（同右）
谷省吾「大嘗祭」（同『祭祀と思想』、国書刊行会）
巽淳一郎「平城宮東区朝堂院において検出した大嘗祭の遺構について」（『日本歴史』四百五十一）
平井直房「特殊神事の変容—出雲国造の新嘗会と火継ぎ神事をめぐって」（『神道宗教』百二十）
奈良国立文化財研究所編『昭和五十九年度　平城宮跡発掘調査部発掘調査概報』（奈良国立文化財研究所）
中島三千男「天皇と国民統合」（『講座日本歴史十三　歴史における現在』、東京大学出版会）
村井康彦「大嘗祭と風俗歌」（同『王朝文化断章』、教育社）
八木意知男「元文三年度大嘗会和歌」（『皇學館大学神道研究所紀要』一）
八木意知男「大嘗会御屛風和歌の世界」（『神道史研究』三十三—三）
山折哲雄「後七日御修法と大嘗祭」（『国立歴史民俗博物館研究報告』七）
山中裕「御堂関白記と年中行事—新嘗会・五節を中心として」（小笠原長和編『東国の社会と文化』、梓出版）
「〈日本のXデー〉天皇崩御の日　上・中・下」（『選択』四・五・六）

昭和六十一（一九八六）年

荒木敏夫「古代国家と民間祭祀〔古代史部会報告〕」（『歴史学研究』五百）
矢野健一「律令国家の祭祀と天皇〔古代史部会報告〕」（同右）
大野健雄「大嘗祭について」（『神道古典研究会報』八）
菊地照夫「顕宗三年紀二月条・四月条に関する一考察」（『千葉史学』九）
高森明勅「大祀と大嘗祭について」（『神道宗教』百二十五）
高森明勅「式における「大嘗」の表記について」（『国学院雑誌』八十七—十一）
武部敏夫「元文度大嘗会の再興について」（『大正大学大学院研究論集』十。『天皇代替り儀式の歴史的展開』〈前掲〉所収）
土橋寛「中臣寿詞と持統朝」（『文学』五十四—五）
奈良国立文化財研究所『昭和六十年度　平城宮跡発掘調査部発掘調査概報』（奈良国立文化財研究所）
西宮秀紀「律令制国家の〈祭祀〉構造とその歴史的特質〔古代史部会共同研究報告〕」（『日本史研究』二百八十

三）
廣畑輔雄「大嘗祭の久米舞と中国禘祭の大武」（『民族学研究』五十一―一）
福井款彦「丹波国山国元文三年「大嘗会木寄帳」について」（『神道史研究』三十四―三）
平井直房「出雲国造新嘗会の古史料」（『国学院雑誌』八十七―十一）
丸山茂「倚廬、休廬、廬」（『建築史学』六）
八木意知男「明和八年度大嘗会和歌」（『皇學館大学神道研究所紀要』二）
八木意知男「元暦元年度「註進風土記」」（『京都文化短期大学紀要』五）
八木意知男「大嘗会御屛風」（『神道史研究』三十四―三）
八木意知男「大嘗会和歌と本文」（『皇學館論叢』十九―五）

昭和六十二（一九八七）年
岩井忠熊・岡田精司・河音能平「座談会　天皇祭祀と即位儀礼について」（『日本史研究』三百）
大前栄美子「原新嘗祭と殯宮儀礼」（『日本書紀研究』十四、塙書房）
上川通夫「中世の即位儀礼と仏教」（『日本史研究』三百）
加茂正典「持統五年十一月戊辰条について」（『日本書紀研究』十六、塙書房）
加茂正典「語部考証二題」（『文化史学』四十三）
加茂正典「大嘗祭・新嘗祭関係文献目録」（『神道史研究』三十五―四）
西郷信綱編『週刊百科　日本の歴史四十二　古代王権　祭と政』（朝日新聞社）
高木博志「明治維新と大嘗祭」（『日本史研究』三百）
高嶋弘志「古代人と神祇」（『古代史研究の最前線』三、雄山閣）
高森明勅「『江家次第』大嘗祭記事の検討(上)(下)」（『神道学』百三十四・百三十五）
中澤伸弘「大嘗祭和歌小攷」（『国学院雑誌』八十八―一）
八木意知男「天地之正四時之極、不易之道」（『皇學館大学神道研究所紀要』三）
八木意知男「明和元年度大嘗会和歌」（『神道史研究』三十五―三）
八木意知男・真弓常忠「大嘗会関係資料稿」（『皇學館論叢』二十―三・四）

昭和六十三（一九八八）年
大林太良「王権の系譜」（『日本の古代　別巻　日本人とは何か』、中央公論社）

岡田荘司「式年遷宮と大嘗祭　上・中・下」（『神社新報』二千八・二千九・二千十）
加茂正典「大嘗祭の女工所について」（『国書逸文研究』二十一）
佐々木孝浩「六条藤家から九条家へ」（『芸文研究』五十三）
末次智「古代琉球の王権儀礼と王の即位」（『立命館文学』五百五）
末次智「琉球古代王権と言語表現」（『日本文学』三十七）
高森明勅「大嘗祭の成立についての管見」（『国学院雑誌』八十九—十）
八木意知男「天明度大嘗会五尺御屛風本文」（『皇學館大学神道研究所紀要』四）
八木意知男「天明七年度大嘗会和歌」（『神道史研究』三十六—二）
安江和宣「天神の寿詞奏上における「賢木」の意味」（『神道史研究』三十六—一）

平成元（一九八九）年
赤坂憲雄「天皇霊・再考—折口信夫の大嘗祭論をめぐって—」（『仏教　別冊二』、法蔵館）
上田正昭「古代天皇と大嘗祭」（『東アジアの古代文化』六十、大和書房）
上田賢治「真床覆衾論について」（『神社新報』二千五十三）
大林太良「大嘗祭と米—混沌から秩序への契機—」（『春秋生活学』五、小学館）
岡田荘司「真床覆衾と〝国学院流神道〟」（『国学院雑誌』九十—七）
岡田荘司「大嘗・新嘗の淵源」（『大美和』七十七）
岡田荘司「大嘗祭の本義をめぐる研究史」（『明治聖徳記念学会紀要』復刊二）
加茂正典「過去十年間の大嘗祭研究の動向」（『国書逸文研究』二十二）
倉林正次「大嘗祭と芸能」（『儀礼文化』十三）
黒崎輝人「大嘗祭」（『岩波講座東洋思想　十五　日本思想』、岩波書店）
小堀桂一郎「皇位継承儀礼の改変を嘆ず」（『文芸春秋』六十七—四）
近藤成一「天皇の代替り儀式について」（『歴史学研究』五百九十一）
櫻井勝之進「天皇と即位儀礼」（『神社本庁教学研究所所報』一）
薗田稔「稲の司祭王」（『仏教　別冊二』〈前掲〉）
高木博志「日本の近代化と皇室儀礼—一九八〇年の〈旧慣〉保存—」（『日本史研究』三百二十）
高森明勅「大嘗祭の成立をめぐる諸問題」（『国学院大学大

学院文学研究科紀要』二十）
高森明勅「中臣氏の天神之寿詞奏上と忌部氏の神璽之鏡剣奉上について」（『神道学』百四十二）
高森明勅「神祇令践祚条の成立」（『神道宗教』百三十六）
高森明勅「古代大嘗祭における二、三の儀礼上の変遷について」（『宗教研究』二百七十九）
谷省吾「大嘗祭」（『神を祭る』）
谷川健一「近代「大嘗祭」批判」（『春秋生活学』五〈前掲〉）
所功「『貞観儀式』と『三代実録』―代始諸儀式の式文と記事の比較―」（『創立十周年記念　皇學館大学史料編纂所論集』、皇學館大学出版部）
所功「即位礼と大嘗祭―宮中祭祀は皇室の私事にあらず―」（『文芸春秋』六十七―四）
所功・大原康男・阪本是丸他「共同討議　近現代の皇室祭祀と法制」（『神道宗教』百三十五）
戸村政博「大嘗祭のイデオロギー」（『講解　天皇儀礼―非国民のすすめ―』）
日本を守る国民会議シンポジウム「大嘗祭―その伝統と現代―」（『祖国と青年』百三十三）
藤田勝重「大嘗祭・新嘗祭の真意義―祈年祭があって新嘗祭があるのではない―」（『神道文化』一）
松前健「大嘗・新嘗祭と記紀神話」（『東アジアの古代文化』六十）
溝口睦子「古代王権と大嘗祭」（『大野晋先生古稀記念論文集　日本研究』、角川書店）
村松剛・西部邁・大原康男・高橋史朗「シンポジウム　大嘗祭と日本文化」（『日本の息吹』二十七）
牟禮仁「大礼使官制問題関係史料㈠㈡㈢㈣」（『芸林』三十八―一・二・三・四）
牟禮仁「大嘗祭論寸感」（『神社新報』二千四十）
安江和宣「『江記』天仁大嘗会記事の検討」（『神道古典研究会報』十一）
安見隆雄「礼儀類典と大嘗祭の再興」（『水戸史学』三十）
山折哲雄「仏教＝大嘗祭のかげの演出者」（『文芸春秋』六十七―四）
山本ひろ子「天・天祖・天孫―会沢安に見る大嘗祭の構造―」（『仏教　別冊二』〈前掲〉）
吉野裕子「大嘗祭とはなにか」（『思想』七百七十九）

平成二（一九九〇）年

赤坂憲雄「大嘗祭と柳田国男」（『世界』五百四十三）
安蘇谷正彦「大嘗祭と〝政教分離〟」（『国学院雑誌　特集　大嘗祭をめぐる諸問題』九十一―七）
赤松徹真「天皇の代替りと西本願寺教団の対応」（『仏教史研究』二十七）
赤松徹真「天皇の代替りと真宗」（『竜谷史壇』九十六）

石上七鞘「大嘗祭悠紀主基再考」（『国学院雑誌　特集大嘗祭をめぐる諸問題』九十一―七）
井上辰雄「大嘗祭と新嘗祭の地域的構造」（同右）
今江廣道「江戸時代の大嘗祭」（同右）
岩本徳一「明治四年国郡卜定考」（同右）
宇野正人「民俗学における大嘗祭」（同右）
江崎公朗「幻の米　赤米」（『郷土文化』四十四―三）
榎村寛之「物部の楯をめぐって」（『日本書紀研究』十七）
榎村寛之「律令国家の皇位継承儀礼―その性格と展開―」（『別冊文藝　天皇制―歴史・王権・大嘗祭―』）
大野健雄「大嘗祭の本質と憲法」（『国学院雑誌　特集大嘗祭をめぐる諸問題』九十一―七）
大林太良「大嘗祭における食事と籠り―民族学的考察―」（同右）
大原康男「大嘗祭と政教問題」（『神道宗教　特集大嘗祭』百四十・百四十一）
岡田荘司「即位奉幣と大神宝使」（『古代文化』四十二―一）
岡田荘司「皇位継承儀礼・御一代一度の大嘗祭」（『大美和』七十九）
岡田荘司「天皇祭祀と国制機構―神今食と新嘗祭・大嘗祭―」（『国学院雑誌　特集大嘗祭をめぐる諸問題』九十一―七）
岡田荘司・洞富雄・山折哲雄「検証座談会・アマテラスとの共食か「寝具の儀」があったか」（『月刊Ａｓａｈｉ』十八）
岡田荘司「『内裏式』逸文「神今食」条について」（『国学院大学日本文化研究所報』二十七―二）
岡田精司「即位儀と大嘗祭」（『天皇制を問う』、人文書院）
岡田精司「折口信夫の大嘗祭論と登極令」（『仲尾雅博先生古稀記念　仏教と社会』、永田文昌堂）
岡田精司「歴史学から見た天皇就任の儀礼」（『歴史評論』四百八十八）
岡田精司「古代天皇の即位儀礼と大嘗祭の起源」（『別冊文藝　天皇制―歴史・王権・大嘗祭―』）
岡部隆志「秘儀論―祝詞と大嘗祭の構造―」（『論集・神と天皇―祝詞と儀礼をめぐって―』）
小川光暘「タタミとムシロ」（同『昔からあった日本のベッド』、エディション・ワコール）
小川常人「真木和泉守の水戸学継述と孝明天皇御即位礼拝観」（『水戸史学』三十三）
落合偉洲「平成即位大礼考」（『国学院雑誌　特集大嘗祭をめぐる諸問題』九十一―七）
筧敏生「律令国家祭祀と大宝神祇令」（『ヒストリア』百二十七）
加藤隆久「絵図にみる即位式・大嘗祭の諸問題」（『国学

院雑誌　特集大嘗祭をめぐる諸問題』九十一―七）
金子善光「〈天つ水〉考」（同右）
金子善光「中臣寿詞論」（『神道宗教　特集大嘗祭』百四十・百四十一）
神谷正昌「九世紀の儀式と天皇」（『史学研究集録』十五）
神谷正昌「『内裏式』と弘仁期の儀式」（『国学院大学大学院紀要―文学研究科―』二十一）
神野志隆光「神と人―天皇即位の思想と表現―」（『国語と国文学』六十七―十一）
加茂正典・茂木栄・松村一男・岡田荘司他「共同討議　大嘗祭の諸問題」（『神道宗教　特集大嘗祭』百四十・百四十一）
加茂正典「『儀式』から見た平安朝の皇位継承儀礼―剣璽渡御・即位式・大嘗祭―」（『京都精華学園研究紀要』二十八）
北爪真佐夫「即位礼と大嘗祭について」（『歴史評論』四百七十五）
倉林正次「折口信夫の大嘗祭論」（『民俗学研究紀要』十四）
倉林正次「直会文化論―辰日節会・巳日節会について―」（『国学院雑誌　特集大嘗祭をめぐる諸問題』九十一―七）
黒崎輝人「大嘗祭と大嘗会」（『江戸川女子短期大学紀要』五）
小林茂文「奸・嬪・王位継承―古代王権と女性（二）―」（『民衆史研究』三十九）
小松馨「大嘗祭の神事服」（『国学院大学日本文化研究所所報』百五十四）
小松馨「神宮祭祀と天皇祭祀―神宮三節祭由貴大御饌神事と神今食・新嘗祭の祭祀構造―」（『国学院雑誌　特集大嘗祭をめぐる諸問題』九十一―七）
近藤成一「践祚・即位・大嘗祭」（『別冊文藝　天皇制―歴史・王権・大嘗祭』）
櫻井勝之進「神今食の寝具」（『皇學館大学神道研究所所報』三十八）
桜井満「天皇即神の発想と大嘗祭」（『国学院雑誌　特集大嘗祭をめぐる諸問題』九十一―七）
佐藤眞人「大嘗祭における神仏隔離―その変遷の通史的検討―」（同右）
佐野和史「「天皇霊」小考」（同右）
色川大吉・網野善彦・安丸良夫・赤坂憲雄「（座談会）天皇制の過去・現在・未来」（『別冊文藝　天皇制―歴史・王権・大嘗祭―』）
椙山林継「粥と強飯―祭祀遺跡と炊飯具―」（『国学院雑誌　特集大嘗祭をめぐる諸問題』九十一―七）
鈴鹿千代乃「文武天皇御即位と持統朝雑歌―その配列順

序の意図するもの―」(同右)

鈴木正崇「悠紀主基小考―大嘗祭の二元的世界観―」(同右)

鈴木正崇「大嘗祭試考―王権の人類学的考察―」(『民俗宗教』三)

相馬万里子「大嘗祭和歌について」(『神道古典研究会報』、十二)

高木博志「立憲国家形成と天皇の代替り儀式」(『歴史科学』百二十一)

高木博志「近代天皇制と即位儀礼」(『別冊文藝　天皇制―歴史・王権・大嘗祭―』)

高森明勅「大嘗祭神論の一視点」(『宗教研究』六十三―四)

高森明勅「再び大祀と大嘗祭について―田中卓博士・川北靖之氏の御高批を拝して―」(『国学院雑誌　特集大嘗祭をめぐる諸問題』九十一―七)

高森明勅「神祇令即位条の成立」(『神道宗教　特集大嘗祭』百四十・百四十一)

瀧川政次郎「(談話室)昭和御大典の思い出」(『国学院雑誌　特集大嘗祭をめぐる諸問題』九十一―七)

竹田旦「韓国における初穂儀礼」(『民俗文化』二)

武田秀章「明治大嘗祭の一考察―国民国家の成立と大嘗祭の転換―」(『国学院雑誌　特集大嘗祭をめぐる諸問題』九十一―七)

武田秀章「明治大嘗祭前史の一考察」(『神道宗教　特集大嘗祭』百四十・百四十一)

谷川健一「「まどこ・おふすま」論」(『民俗文化』二)

所功「高御座の伝来と絵図」(『京都産業大学世界問題研究所紀要』十)

所功「『礼儀類典』の成立と概要」(『国書逸文研究』二十三)

所功「『御即位大嘗会絵巻』の紹介」(『三浦古文化』四十八)

所功「『高御座勘物』の紹介」(『産大法学』二十四―一)

鳥羽重宏「大嘗祭と神宮奉幣と摂政・関白」(『神道宗教　特集大嘗祭』百四十・百四十一)

中澤伸弘「大嘗會和歌の中絶と再興継承と(上)(下)」(『国学院雑誌』九十一―十二・九十二―二。(下)は平成三年刊行)

中嶋宏子「大嘗祭の御禊行幸―装束司・次第司の任命―」(『国学院雑誌　特集大嘗祭をめぐる諸問題』九十一―七)

中嶋宏子「大嘗祭における御禊行幸の成立と特徴」(『国学院大学大学院紀要―文学研究科―』二十一)

中嶋宏子「大嘗祭と御禊行幸―古儀の採用と踏襲の意識―」(『神道宗教　特集大嘗祭』百四十・百四十一)

西牟田崇生「八神の一考察―大嘗祭斎院八神と神祇官西

院八神について―」（『国学院雑誌　特集大嘗祭をめぐる諸問題』九十一―七）

萩原秀三郎「中国の初穂儀礼と収穫儀礼」（『民俗文化』二）

平井直房「火継ぎ神事と大嘗祭」（『神道史研究』三十八―三）

古相正美「荷田在満『大嘗会便蒙』御咎め一件」（『神道宗教　特集大嘗祭』百四十・百四十一）

前田晴人「河内三野県主の服属儀礼について」（『日本歴史』五百七）

松前健「大嘗・新嘗祭と真床追衾」（『国学院雑誌　特集大嘗祭をめぐる諸問題』九十一―七）

松前健「古代アジア地域と日本の王権儀礼」（『別冊文藝　天皇制―歴史・王権・大嘗祭―』）

溝口睦子「神祇令と即位儀礼」（黛弘道編『古代王権と祭儀』、吉川弘文館）

三橋健「五節舞起源伝説考」（『国学院雑誌　特集大嘗祭をめぐる諸問題』九十一―七）

三谷栄一「大嘗祭と文学誕生の場」（同右）

三谷栄一「大嘗祭と万葉集」（『東アジアの古代文化』六十四）

宮地正人「天皇制イデオロギーにおける大嘗祭の機能」（『歴史評論』四百八十六）

牟禮仁「大礼使官制問題関係史料㈤㈥㈦」（『芸林』三十九―一・二・三）

牟禮仁「折口信夫『大嘗祭の本義』と「天子非即神論」」（『神道宗教　特集大嘗祭』百四十・百四十一）

茂木栄「折口信夫の大嘗祭観―天皇たる由縁―」（『国学院雑誌　特集大嘗祭をめぐる諸問題』九十一―七）

森田康之助「和銅元年戊申元明天皇御製―解釈学的試論――」（同右）

八木意知男「『私撰集』入集大嘗会和歌」（『京都文化短期大学紀要』十三）

八木意知男「『備中名勝考』所引大嘗会和歌」（『京都文化短期大学紀要』十四）

安江和宣「保安四年度・大嘗祭記録『法性寺殿御次第』の成立―特に卯日の記事について―」（『神道宗教　特集大嘗祭』百四十・百四十一）

山折哲雄「隠れた天皇霊継承のドラマ―「大嘗祭」の文化比較―」（『月刊Ａｓａｈｉ』九）

山折哲雄・小松和彦『（対談）王権と大嘗祭をめぐって』（『仏教』十三）

山口和夫「近世即位儀礼考」（『別冊文藝　天皇制―歴史・王権・大嘗祭―』）

山野善郎「大嘗宮正殿と住吉神社本殿の建築的類似に関する諸問題」（『日本建築学会計画系論文報告集』四百九）

横田耕一「国民と天皇　象徴天皇制の軌跡と将来　即位の礼と大嘗祭一・二・三」（『法学セミナー』四百二十四・四百二十五・四百二十六）
吉田靖「マドコオブスマと王者誕生儀礼」（『花園史学』十一）
渡部真弓「神鏡奉斎考」（『神道史研究』三十八—二）

平成三（一九九一）年

伊藤哲夫・大原康男・高森明勅・鈴木正「（座談会）御大典を顧みて」（『不二』四十六—一）
今谷明「大嘗祭中絶の実態と影響」（同『天皇家はなぜ続いたか』、新人物往来社）
岩尾勝太郎「御神服入目籠謹作を終へて」（『不二』四十六—一）
上山春平「大嘗祭について」（『神道宗教』百四十二）
榎村寛之「古代皇位継承儀礼研究の最新動向をめぐる一考察」（『歴史評論』四百八十九）
大野宣寿「「天皇とは何か—大嘗祭・即位の礼を中心に—」（『現代宗教研究』二十五）
大平聡「「大嘗」の成立」（『宮城学院女子大学基督教文化研究所研究年報』二十四）
大平聡「古代の皇位継承」（『歴史評論』四百九十三）
岡田精司「律令祭祀の特質」（菊地康明編『律令制祭祀論考』、塙書房）
岡田荘司「講演録　大嘗の祭り」（『明治聖徳記念学会紀要』復刊四）
小川常人「真木和泉守観即位礼記と其の後」（『神道史研究』三十九—一）
粕谷興紀「天神寿詞の性格」（『皇學館大学神道研究所紀要』七）
祭祀史料研究会「「大嘗祭論」をめぐって」（『歴史評論』四百八十九）
齋藤憲司「象徴天皇制年表（続）」（『ジュリスト』九百七十四）
齋藤憲司「資料集成　即位の礼・大嘗祭」（同右）
阪本是丸「近世の新嘗祭とその転換」（『明治聖徳記念学会紀要』復刊四）
櫻井敏雄「神殿成立期の原初的空間形態」（『神道文化』三）
笹川紀勝「即位の礼・大嘗祭と憲法」（『ジュリスト』九百七十四）
佐藤宗諄「古代天皇制とその系譜」（『歴史評論』四百九十二）
佐野利久「大嘗祭に奉仕して」（『兵庫神祇』五百三十四）
杉山光信「「天皇と皇室の季節」が過ぎるにあたって」（『思想』七百九十九）

白川静「中国古代の即位儀礼と大嘗祭」（『東アジアの古代文化』六十六）
脊古真哉「アマツヒツギとヲスクニ」（『愛知学院大学大学院文学研究科紀要』二）
薗田稔「大嘗祭に祭礼論を学ぶ」（『神道文化』三）
高野良徳「大嘗祭儀に於ける神服社小考」（『神道研究集録』十）
田中卓「〝即位礼・大嘗祭〟その後」（『日本』四十一―八）
田中真人「地方賜饌の招待者たち」（『同志社大学人文科学研究所　社会科学』四十七）
谷川健一「『稲の日本史』を再読する―『大嘗祭の成立』補記―」（『民俗文化』三）
土田長三「大嘗祭の火炬手を御奉仕して」（『不二』四十六―一）
所功「平成の即位礼と大嘗祭を振り返る(上)(下)」（『日本』四十一―二・三）
所功「明治四年大嘗祭記録」（『京都産業大学世界問題研究所紀要』十一）
所功「皇位継承儀礼―『北山抄』を中心に―」（『平安時代の文学と生活　平安時代の儀礼と歳事』、「国文学　解釈と鑑賞」別冊、至文堂）
中嶋宏子「大嘗祭の負名氏」（『神道研究集録』十）
中嶋宏子「大嘗祭における古儀の採用と踏襲の意識」（『宗教研究』二百八十七）
仲町啓子「寛永御即位・新殿御移徙図屏風」（『実践女子大学美学美術史学』六）
中村英重「古代祭祀と天皇」（瀧音能之編『律令国家の展開過程』、名著出版）
橋本義彦「即位儀礼の沿革」（『書陵部紀要』四十二）
広川禎秀「天皇「代替り」と戦後天皇制研究の課題」（『歴史評論』五百）
真壁葭子「古代の「皇位継承」」（『歴史評論』四百九十三）
松前健「践祚大嘗祭の成立と律令制」（『宗教研究』二百八十七）
水林彪「大嘗祭の本義―八世紀 Verfassung または原天皇制についての一考察―」（『法律時報』六十三―七）
三宅克広「備中国得芳・阿智両荘の大嘗会経費の負担について」（『倉敷の歴史』一）
宮地正人「天皇制イデオロギーにおける大嘗祭の機能―貞享度の再興より今日まで―」（『歴史評論』四百九十二）
宮地正人「九〇年代の天皇制を考える―Xデー・即位儀礼を振り返るなかで―」（『歴史科学』百二十四・百二十五合併号）
牟禮仁「『天仁大嘗会記』「供神座」条を読む」（『史料　皇學館大学史料編纂所所報』百十一）

森田悌「大嘗祭・神今食の本義」（山中裕・森田悌編『論争　日本古代史』、河出書房新社）
森田悌「大嘗祭・神今食の祭神」（『金沢大学教育学部教科教育研究』二十七）
八木意知男「古典文庫本『歌枕名寄』入集独自大嘗会和歌によせて」（『京都文化短期大学紀要』十五）
八木意知男「伝能因法師撰『名所歌枕』入集大嘗会和歌」（『神道史研究』三十九―三）
薬師寺慎一「即位式とカラス」（『東アジアの古代文化』六十八）
矢野健一「律令国家と村落祭祀」（菊地康明編『律令制祭祀論考』、塙書房）
山田哲生「地域から見た即位礼・大嘗祭」（『歴史教育・社会科教育年報　一九九一年版　歴史教育と世界認識』、三省堂）
横田耕一「国民と天皇―象徴天皇制の軌跡と将来　十四―即位礼と大嘗祭の実際」（『法学セミナー』四百三十四）
吉川智「王位継承と憲法」（『明治聖徳記念学会紀要』復刊四）
米田雄介「所謂『文安御即位調度図』について」（『日本歴史』五百十六）
渡部真弓「内侍所神鏡奉斎考」（『国学院雑誌』九十二―三）

平成四（一九九二）年

阿部真司「忌部氏の職掌と神話」（『高知医科大学一般教育紀要』八）
安藤美紀「天孫降臨神話について」（『史林』七十五―一）
飯田勇「〈鎮魂〉・〈天皇霊〉を考える」（『思想』八百二十）
石上英一「律令国家と天皇」（『講座前近代の天皇』一、青木書店）
榎村寛之「斎王卜定と即位・大嘗祭」（『延喜式研究』六）
神野志隆光「古代王権と日本神話」（『講座前近代の天皇』一、青木書店）
黒崎輝人「日本古代の神事と仏事」（源了圓・王懸博之編『国家と宗教』、思文閣出版）
小林敏男「天皇霊と即位儀礼」（『日本歴史』五百三十三）
小林丈広「大正大典期の地域社会と町村誌編纂事業」（『京都市歴史資料館紀要』十一）
小松馨「新発見の藤波家所蔵「中臣秘書（天神寿詞）の紹介と考察」（『国学院大学日本文化研究所紀要』七十）
佐野公治「中国の郊祀と日本の大嘗祭」（『中国（社会と文化）』七）
白川哲郎「平安末〜鎌倉期の大嘗会用途調達」（『ヒストリ

ア』百三十四)
中嶋宏子「律令国家の確立と大嘗祭」(『神道宗教』百四十七)
西牟田崇生「島根県大田市物部神社所蔵明治大嘗之記」(『神道学』百五十三・百五十四)
藤野豊「「昭和大礼」下の悠紀・主基地方の民衆」(『部落問題研究』百十八)
古川淳一「祈年祭・月次祭の本質」(『ヒストリア』百三十四)
前田勉「近世大嘗祭観の展開」(『国家と宗教』〈前掲〉)
水谷昌義「大嘗祭の原初形態に関する一考察」(『同志社大学博物館学年報』二十四)
三谷邦明「智＝感覚と天皇制」(『横浜市立大学論叢』四十三―一)
柳沼千枝「践祚の成立とその意義」(『日本史研究』三百六十三)
渡辺勝義「古代日本における「儀礼と神話」考」(『宗教研究』六十六―三)

平成五(一九九三)年

赤坂憲雄「大嘗祭の本義・再考」(同『結社と王権』)
石上七鞘「新嘗と大嘗と」(『万葉集の民俗学』、桜楓社)
上野邦一「平城宮の大嘗宮再考」(『建築史学』二十)
加茂正典「剣璽渡御と時刻」(『京都精華学園研究紀要』三十一)
高木博志「大嘗祭斎田抜穂の儀の歴史的変遷」(『日本史研究』三百七十二)
土井郁磨「「譲位儀」の成立」(『中央史学』十六)
西宮一民「天孫降臨神話の解釈」(同『古事記の研究』、桜楓社)
林一馬「大嘗宮正殿の史的変遷」(『建築史学』二十)
林一馬「貞観儀式大嘗宮及び廻立殿の配置再考」(『日本建築学会中国・九州支部研究報告』九)
松前健「鎮魂の原義と宮廷鎮魂祭の成立」(『松前健教授古稀記念論文集　神々の祭祀と伝承』、同朋舎出版)

平成六(一九九四)年

井口樹生「大嘗祭と歌謡及び和歌」(『芸文研究』六十五)
岩瀬平「『延喜式』新嘗会白黒二酒について」(『山口県神道史研究』六)
上杉和彦「大嘗会御禊地点における「絵図」」(『日本歴史』五百四十九)
笠井純一「大刀契と即位儀礼」(『続日本紀の時代』、塙書房)
加茂正典「土御門殿における「神器」の奉安場所について」(『皇學館大学神道研究所所報』四十七)

阪本是丸「幕末維新期の雅楽」(『雅楽界』六十)
高森明勅「神器相承と昇壇即位」(『神道宗教』百五十五)
土田直鎮「奈良時代の大嘗祭」(同『平安京への道しるべ』、吉川弘文館)
所功「大正・昭和の「大礼の要旨」」(『京都産業大学世界問題研究所紀要』十三)
西川明彦「日像・月像の変遷」(『正倉院年報』十六)
布目順郎「新嘗祭の起源を探る」(『月刊文化財』三百六十八)
林一馬「大嘗宮の配置構成とその意味」(『建築史学』二十三)
藤森健太郎「平安期即位儀礼の論理と特質」(『延喜式研究』九)
松原弘宣「久米氏についての一考察」(『日本書紀研究』十九、塙書房)
宮原武夫「上総の望陀布と美濃絁」(千葉歴史学会編『古代国家と東国社会』、高科書店)
森明彦「陶邑・ミツキ・大嘗祭」(井上薫編『大阪の歴史と文化』、和泉書院)
森田悌「新嘗とエビス講」(『信濃』四十六—九)
矢野健一「八・九世紀における大嘗祭の斎戒と祭日」(『専修史学』二十六)

平成七(一九九五)年
荒木敏夫「即位儀礼と葬送儀礼」(『講座前近代の天皇』四、青木書店)
伊藤喜良「王土王民・神国思想」(同右)
小野恭靖「「田歌切」資料続考」(『汲古』二十七)
金子修一「中国の皇帝制」(『講座前近代の天皇』五、青木書店)
加茂正典「天孫降臨神話と大嘗祭」(『皇學館大学神道研究所紀要』十一)
鬼頭清明「吉士集団と難波」(田中健夫編『前近代の日本と東アジア』、吉川弘文館)
熊谷保孝「律令国家と祈年・月次・新嘗祭」(『政治経済史学』三百四十四)
斎藤英喜「祟る神と託宣する神」(山折哲雄編『日本の神』一、平凡社)
宍戸忠男「帛服・斎服小攷」(『神道宗教』百六十)
田村円澄「践祚大嘗祭」(同『伊勢神宮の成立』、吉川弘文館)
土井郁磨「践祚儀礼について」(『中央史学』十八)
所功「『禁秘御抄補註』と『大刀契考』覚書」(『谷省吾先生退職記念神道学論文集』、国書刊行会)
中尾瑞樹「大嘗祭〈本義〉考—陪膳采女の祝詞をめぐって」(『論究日本文学』六十二)

中澤伸弘「空帽黒幘の安永度御治定」（『神道古典研究紀要』一）
西牟田崇生「黄櫨染御袍考」（『国学院雑誌』九十六—十）
平山浩三「一国平均役賦課における鎌倉幕府と荘園」（『日本歴史』五百六十五）
松原弘宣「古代天皇制研究」（『講座前近代の天皇』五〈前掲〉）
三島京子「日本古代における天皇即位儀礼」（『寧楽史苑』四十）
溝口睦子「皇祖神の転換とその歴史的意義」（『日本古代の伝承と東アジア』、吉川弘文館）
百地章「大嘗祭関連訴訟判決をめぐって」（『明治聖徳記念学会紀要』十六）
吉村武彦「新嘗祭と初尾儀礼」（『日本古代国家の展開』上、思文閣出版）
米田雄介「礼服御冠残欠について」（『正倉院年報』十七）

平成八（一九九六）年

石野雅彦「古代国家と即位儀—レガリア奉上儀を中心に—」（林陸朗・鈴木靖民編『日本古代の国家と祭儀』、雄山閣出版）
加茂正典「伊勢神宮と「天衣」伝承」（『皇學館大学神道研究所紀要』十二）
加茂正典「『大嘗会儀式具釈』管見」（『朱』四十七）
加茂正典「古代即位儀礼史料年表稿ⅠⅡ」（『皇學館大学神道研究所所報』五十・五十一）
川北靖之「律令における「神璽」の一考察」（『京都産業大学日本文化研究所紀要』一）
斎藤英喜「大嘗祭—もう一つの「秘儀」」（同『アマテラスの深みへ』、新曜社）
桜井好朗「社寺縁起と説話」「後醍醐天皇と天の羽衣」（同『儀礼国家の解体』、吉川弘文館）
島田潔「中世諏訪上社の大祝と職位式」（『国学院大学日本文化研究所紀要』七十七）
所功「平成の即位礼と大嘗祭」（同『皇室の伝統と日本文化』、広池学園出版部）
西本昌弘「八世紀の神今食と御体御卜」（『続日本紀研究』三百）
藤森健太郎「九世紀の即位に付属する上表について」（『日本歴史』五百七十四）
茂木貞純「大嘗祭をめぐる国会論争」（『神社本庁教学研究所紀要』一）
山下克明「陰陽道と護身剣・破敵剣」（同『平安時代の宗教文化と陰陽道』、岩田書院）
米田雄介「袞冕十二章と礼履」（『日本歴史』五百七十四）

平成九（一九九七）年
石野雅彦「大王即位とレガリア奉上」（『国学院大学大学院紀要』二十八）
内田順子「「譲国儀」の検討」（岡田精司編『古代祭祀の歴史と文学』、塙書房）
内田順子「王位就任儀礼の場についての覚え書き」（奈良古代史談話会編『奈良古代史論集』三、真陽社）
加茂正典「「神祇令」践祚条私注」（『皇學館大学神道研究所紀要』十二）
加茂正典「古代即位儀礼史料年表稿ⅢⅣ」（『皇學館大学神道研究所所報』五十二・五十三）
東野治之「大嘗会の標の山と古代の作り物」（『ｉｓ』七十八）
西宮秀紀「相嘗祭に関する二、三の問題」（岡田精司編『古代祭祀の歴史と文学』〈前掲〉）
ネリー・ナウマン「久米歌の起源と伝承」（同『久米歌と久米』、言叢社）
安江和宣「『天仁大嘗会記』卯日の亥一刻の条に関する一考察」（『神道宗教』百六十八・百六十九）
安江和宣「平居瓶（ひらいがめ）考」（『皇學館大学神道博物館館報』八）

平成十（一九九八）年
井上亘「天皇の食国」（同『日本古代の天皇と祭儀』、吉川弘文館）
笠井純一「皇位継承儀礼と大嘗祭」（大阪大学文学部日本史研究室編『古代中世の社会と国家』、清文堂）
加茂正典「「奉翳女孺」考」（『皇學館大学神道研究所紀要』十四）
高森明勅・所功・黒崎輝人・加茂正典・（石見清裕）「シンポジウム　日本古代の天皇即位儀礼をめぐる諸問題―践祚・即位・大嘗祭―」（同右）
松岡恵子「南北朝期公武関係の一側面」（『常民文化』二十一）

あとがき

本書は、著者が同志社大学大学院博士後期課程在学中から平成十年迄に報告した論文・資料の中から、日本古代即位儀礼に関する論考を選び、それに新稿を加えて一書として構成したものである。
本書を構成する論文・資料の執筆年次及び発表誌は次の通りである。

第一篇　序説
第一章　新稿。但し、第四節の一部は「過去十年間の大嘗祭研究の動向―古代史を中心として―」（『国書逸文研究』第二十二号、平成元年十月）に拠った。
第二章　『京都精華学園研究紀要』第二十八輯、平成二年十一月。原題は「『儀式』から見た平安朝の皇位継承儀礼」。

第二篇　即位式の研究
第一章　『皇學館大学神道研究所紀要』第十三輯、平成九年三月。
第二章　『皇學館大学神道研究所紀要』第十四輯、平成十年三月。

第三篇　大嘗祭の研究
第一章　横田健一先生古稀記念会編『日本書紀研究』第十六冊、塙書房、昭和六十二年十二月。原題は「持統五年十一月戊辰条について―持統大嘗祭記事―」。

第二章　『文化史学』第三十九号、昭和五十八年十一月。のちに、岩井忠熊氏・岡田精司氏編『天皇代替り儀式の歴史的展開－即位儀と大嘗祭－』（柏書房、平成元年）に再録。

第三章　新稿。

第四章　『文化史学』第四十三号、昭和六十二年十一月。原題は「語部考証二題－大嘗祭私注－」。

第五章　『国書逸文研究』第二十一号、昭和六十三年十月。

第六章　『皇學館大学神道研究所紀要』第十二輯、平成八年三月。

第七章　『皇學館大学神道研究所紀要』第十一輯、平成七年三月。

第八章　『朱』第三十九号、平成八年三月。

第四篇　践祚儀（剣璽渡御儀礼）の研究

第一章　『歴史手帖』第十八巻第十一号、名著出版、平成二年十一月。

第二章　『京都精華学園研究紀要』第二十九輯、平成三年十一月。原題は「平安時代における剣璽渡御儀礼」。但し、覚書は新稿。

第三章　『京都精華学園研究紀要』第三十一輯、平成五年十一月。

第四章　『皇學館大学神道研究所所報』第四十七号、平成六年七月。

第五篇　資料篇

第一章　『皇學館大学神道研究所所報』第五十号～第五十三号、平成八年三月～平成九年六月。

第二章　新稿。但し、昭和六十二年六月迄の文献目録は「大嘗祭・新嘗祭関係文献目録－昭和二十年～昭和六十二年六月－」（『神道史研究』第三十五巻第四号、昭和六十二年十月）に拠った。

本書に収めた論考の殆どは既発表論文ではあるが、旧稿報告後、批判をうけたもの、また、著者の理解が深まった点もあり、本書所収に際しては、いずれの論考にも補訂を加え、さらに、その後の関連研究があるものについては、付記において述べることに努めた。とはいえ、執筆期間が十五年間に亙っているので、已むを得ないとは言いながらも、文章表記から内容に到る迄の統一は完全とは言い難い点がある。なによりも考察・分析があまりにも表面的で、成果としては極めて乏しく、忸怩たる思いに駆られるが、現時点では己の浅学菲才を改めて直視し、本書を研究の一区切りとして、さらに自らの研究課題と対峙したいと考えている。

本書は平成十年度文部省科学研究費補助金（研究成果公開促進費）の交付を受けての刊行であるが、本書上梓に到る迄、実に多くの先学の学恩を被り、また、先生方・先輩の御指導を賜わった。総ての方の御名前を挙げることはできないが、同志社大学文学部・同大学院文学研究科の指導教授である笠井昌昭先生、また、拙い抜き刷りを御送りする度に懇切な御助言と励ましを頂いた岡田精司先生、国書逸文研究会の所功先生・竹居明男先生、日本書紀研究会の横田健一先生、そしてその会員の方々、に特に深甚の謝意を申し述べたい。さらに、伊勢の皇學館大学神道研究所に赴任後、研究所で継続されている大嘗祭研究会において御指導を賜わっている谷省吾先生からは、学問だけではなく研究者としてのあり方を学び得たことはまことに大きな収穫であった。

最後に、私事に亙るが、母、妻、そして今頃、比叡山を眼前に仰ぐ京都の弊宅でかすかな寝息をたてているであろう娘、と共に、本書刊行の喜びを頒かち合いたいと思う。

平成十一年二月

加茂正典

索　引

※本索引は第一篇から第四篇までの本文と注を対象とする。但し、表、また、引用史料・文章は対象外とした。
※本索引はⅠ 一般事項、Ⅱ 研究者名(明治以降)に大別して掲げた。

Ⅰ　一般事項

あ

い

う

さ

し

す

へ

ほ

ま

み

II　研究者名(明治以降)

つ

と

な

に

の

は

ひ

ふ

ほ

ま

み

む

め・も

や

よ

り

わ

著者略歴

加茂正典（かも・まさのり）

1955年　大阪府に生まれる.

1979年　同志社大学文学部文化学科文化史学専攻卒業.

1987年　同志社大学大学院文学研究科文化史学専攻博士後期課程単位修得.

現　在　皇學館大学神道研究所助教授.

思文閣史学叢書

日本《にほん》古代《こだい》即位《そくい》儀礼《ぎれい》史《し》の研究《けんきゅう》

一九九九年二月二十五日　発行

著　者　加茂正典

発行者　田中周二

発行所　株式会社　思文閣出版

京都市左京区田中関田町二−七

電話（〇七五）七五一−一七八一（代）

印刷　同朋舎　製本　大日本製本紙工

ISBN4-7842-0995-6 C3021

加茂正典(かも　まさのり)…皇學館大学文学部神道学科教授

日《に》本《ほん》古《こ》代《だい》即《そく》位《い》儀《ぎ》礼《れい》史《し》の研《けん》究《きゅう》(オンデマンド版)

Digital Publishing

2019年8月10日　発行

著　者　　加茂　正典
発行者　　田中　大
発行所　　株式会社 思文閣出版
〒605-0089　京都市東山区元町355
TEL　075-533-6860　FAX　075-531-0009
URL　http://www.shibunkaku.co.jp/

装　幀　　上野かおる(鷺草デザイン事務所)
印刷・製本　株式会社 デジタルパブリッシングサービス
URL　http://www.d-pub.co.jp/

AK586

ISBN978-4-7842-7042-2　C3021　Printed in Japan